新訂版

新学習指導要領（平成29年告示）対応

視覚障害教育入門 Q&A

—確かな専門性の基盤となる基礎的な知識を身に付けるために—

編著　全国盲学校長会　　監修　青木隆一　神尾裕治

発刊に当たって

全国盲学校長会会長　矢野口　仁

　前書が世に出てから18年。決して短くない時間が経過しましたが、「発刊に当たって」に記された当時の盲学校の状況は基本的には現在のそれと大差ありません。視覚障害教育の専門性の維持と一層の発展・普及を願う発刊の趣旨も同様ですから、前書の存在意義は少しも減ずるものではありません。

　その中で全文を書きかえ、新訂版として本書を世に問うのには3つの理由があります。

　一つ目は教育制度の大きな変更です。平成19年度以降特別支援教育の推進が図られるなかで、盲学校とは逆に、小・中学校の弱視学級や弱視通級指導教室で学ぶ子供の数は増える一方です。今や視覚障害がある子供が通常学級で学ぶことも普通に想定して学級運営や授業等を行わなければいけないようになりました。

　二つ目は教材・教具、特にICT関連のものの急激な進歩と教育現場への浸透です。点字版や実物教材等視覚障害教育の不易なるものを大事にしつつも、最新のものも学んでおかないと、技術の進歩による果実を子供たちが食べ損ねるおそれがあります。

　三つ目は教員養成の仕組みの変化です。かつて大学で「特殊教育」を専攻すれば、希望する領域（例えば視覚障害領域）の勉強に浸ることができましたが、特別支援教育に応えなければいけない現在では、大学院まで進まないと視覚障害の専門的な勉強ができにくくなりました。ということは、多くの教員が現場で学ばざるを得ないということです。

　これらに対応するためには、教育の場を広く想定し、最新の情報を取り入れ、教育現場の要望に答える内容が必要と考えました。最新の情報はすぐに古くなるかもしれませんが、新しいものに対して臆病にならない気構えこそ大事と考えて取り入れることにしました。出版方法はインターネットによるダウンロードでもよかったかもしれませんが、ここは手に取って見たり、書き込んだりできる紙の本という形にこだわりました。

　視覚障害教育に関心をもたれた方は、また、教育現場にいて視覚障害教育に係る情報を少しでも多く手にしたい方は、本書を手に取り、興味をひかれ必要を感じる頁から読み始めてください。きっとそこには教育現場でなくては、または研究を通してでなくては書くことのできない匂いを感じることになるでしょう。数多く掲載したコラムを読めば、視覚障害教育の様々な面やエピソードに触れることになるでしょう。

　視覚障害教育関係の学校、学級、教室は、その魅力で選ばれる時代がもう来ていますので、それぞれの場所で教育にあたる教職員の専門的な力量の底上げは不可欠です。この本で学ばれた方がそれを生かして教室で幼児児童生徒を笑顔にし、さらに視覚障害教育のセンターである盲学校や学問のセンターである大学・研究機関に集まり、「魅力ある盲学校」や「魅力ある大学・研究機関」を創っていくことになれば、それに勝る喜びはありません。

　本書の刊行にあたっては、文部科学省初等中等教育局視学官（併）特別支援教育課特別支援教育調査官の青木隆一先生、元長野大学教授神尾裕治先生に丁寧なご指導、ご支援をいただきました。また、視覚障害教育を愛する気持ちから本書作成の趣旨に賛同し原稿を寄せてくださった諸先生方にも厚く感謝申し上げます。

新訂版 視覚障害教育入門Q＆A
―確かな専門性の基盤となる基礎的な知識を身に付けるために―

目次

「発刊に当たって」　全国盲学校長会会長　矢野口　仁 …………………… 3

「新訂版 視覚障害教育入門Q&A」の活用に当たって …………………………… 11

序章 …………………………………………………………………………………… 12
 1　視覚障害教育の現状と課題 …………………………………………… 12
 2　新学習指導要領等 ……………………………………………………… 21

コラム①　世界に誇る全盲の学者・塙保己一 ……………………………… 29
コラム②　視覚障害疾患の今昔 ……………………………………………… 30

第1章　視覚障害のある幼児児童生徒を理解するために　31

Q1　視覚障害教育の対象と教育目標について教えてください。………… 32
Q2　視覚障害の原因となる疾患にはどのようなものがありますか。…… 34
Q3　視覚障害のある人は、どのように見えているのでしょうか。……… 36
Q4　視機能とその発達について教えてください。………………………… 38
Q5　視機能検査の種類や方法にはどのようなものがありますか。……… 40
Q6　触知覚に関する基礎的な知識を知りたいのですが。………………… 42
Q7　幼児児童生徒の実態把握はどのようにしたらよいでしょうか。…… 44
Q8　弱視の幼児児童生徒の実態を把握するうえでの留意事項について
  教えてください。………………………………………………………… 46
Q9　盲学校に在籍する重複障害者の実態について教えてください。…… 48
Q10　実態把握に必要な心理検査や発達検査には
  どのようなものがありますか。………………………………………… 50
Q11　盲学校で行う教育相談の内容と留意事項について
  教えてください。………………………………………………………… 52
Q12　幼児児童生徒の視覚障害を理解するというのは
  どのようなことですか。………………………………………………… 54

コラム③　日本の点字を育んだ人々―暁天の星から満天の星へ― ……… 56
コラム④　点字図書館とはどのような施設？事業の内容や利用状況は
  全国組織やインターネット上でのサービスは？……………………… 57
コラム⑤　「点字毎日・活字版」のご紹介 ………………………………… 58

第2章　視覚障害教育の望ましい内容と方法　　59

(1) 総論

Q13　幼児児童生徒の障害の状況等に即した教育課程の編成の
　　　ポイントについて教えてください。……………………… 60

Q14　視覚障害のある幼児児童生徒の個別の教育支援計画及び
　　　個別の指導計画の作成と活用のポイントを教えてください。……… 62

Q15　対話的な学びの充実を踏まえ、少人数に応じた指導は
　　　どのようにしたらよいでしょうか。……………………… 64

Q16　小・中・高等学校等の通常の学級に在籍する児童生徒への
　　　指導に当たっての配慮すべき内容について教えてください。……… 66

Q17　小・中学校における弱視特別支援学級の教育課程の編成と
　　　指導に当たっての配慮事項について教えてください。……… 68

Q18　小・中・高等学校等における通級による指導（弱視）の
　　　教育課程の編成と指導に当たっての配慮すべき内容に
　　　ついて教えてください。……………………… 70

Q19　色覚異常と配慮事項について教えてください。……………………… 72

Q20　視覚認知について教えてください。……………………… 74

Q21　概念形成と言葉の指導は、どのように考えればよいでしょうか。… 76

Q22　触察の指導のポイントについて教えてください。……………………… 78

コラム⑥　触るって面白い！　………………………… 80
コラム⑦　触る絵本、テルミ　………………………… 81

Q23　中途視覚障害者の児童生徒に対して配慮しなければならないことには、
　　　どんなことがありますか。……………………………… 82

(2) 早期からの指導・支援

Q24　なぜ、0歳からの早期支援が必要といわれるのでしょうか。…… 84

Q25　視覚障害のある乳幼児の運動・動作の発達について
　　　教えてください。……………………… 86

Q26　視覚障害のある乳幼児の認知・言葉・社会性の発達について
　　　教えてください。……………………… 88

Q27　視覚障害のある乳幼児の発達を支える環境設定について
　　　教えてください。……………………… 90

コラム⑧　教材・教具づくりの愉しみ　………………………… 92
コラム⑨　視覚認知障害の教育相談　………………………… 93

目次

目　次

  Q28　幼稚部における教育課程について教えてください。………………… 94
  Q29　就学先を検討するうえでの留意点について教えてください。……… 96

(3)　学習を支える教材
  Q30　視覚障害のある児童生徒が使用する教科書について
    教えてください。……………………………………………………… 98
  Q31　視覚障害教育を支える教材・教具には
    どのようなものがありますか。…………………………………… 100
  Q32　視覚補助具にはどのようなものがありますか。………………………… 102
  Q33　視覚障害のある児童生徒の学習や生活に有用なコンピュータ等の
    教育機器にはどのようなものがありますか。…………………… 104
  Q34　視覚障害のある児童生徒は、パソコンやタブレット型端末を
    どのように活用しているのでしょうか。………………………… 106
  Q35　学習や生活に有効なアプリケーションやソフトには
    どのようなものがありますか。…………………………………… 108

(4)　各教科等の指導
  Q36　点字の習得の基盤となる知識や能力について教えてください。…… 110
  Q37　点字の読み書きに関する指導のポイントについて
    教えてください。…………………………………………………… 112
  Q38　弱視児童生徒の文字の読み書きの指導は
    どのようにしたらよいでしょうか。……………………………… 114
  Q39　盲児童生徒に対する漢字・漢語の読み書き指導はどのようにしたら
    よいでしょうか。…………………………………………………… 116

  コラム⑩　「舌読」「唇読」………………………………………………… 118
  コラム⑪　全国盲学校弁論大会 …………………………………………… 119

  Q40　社会科等における地図などの指導はどのようにしたら
    よいでしょうか。……………………………………………………120
  Q41　算数・数学科における図形等の指導はどのようにしたら
    よいでしょうか。…………………………………………………… 122
  Q42　算数における珠算の指導はどのようにしたらよいでしょうか。…… 124
  Q43　弱視児童生徒に対する算数・数学等における作図・測定に関して
    どのような配慮が必要ですか。…………………………………… 126
  Q44　理科における実験や観察の指導はどのようにしたら
    よいでしょうか。…………………………………………………… 128

  コラム⑫　科学へジャンプ ………………………………………………… 130

コラム⑬　全国盲学校珠算競技大会・点字競技大会……………………… 131

Q45　算数・数学科、理科等で使用する記号の点字表記について
　　　教えてください。……………………………………………………… 132
Q46　音楽科の指導における配慮事項はどのようなものが
　　　あるのでしょうか。…………………………………………………… 134
Q47　図画工作科や美術科の指導における配慮事項はどのようなものが
　　　あるのでしょうか。…………………………………………………… 136

コラム⑭　手で見る博物館 …………………………………………………… 138
コラム⑮　芸術教育　視覚障害者の美術鑑賞教育のすすめ ……………… 139

Q48　家庭科や技術・家庭科の技術分野の指導における配慮事項は
　　　どのようなものがあるでしょうか。………………………………… 140
Q49　家庭科や技術・家庭科の家庭分野の指導における配慮事項には
　　　どのようなものがあるでしょうか。………………………………… 142
Q50　体育科や保健体育科の指導のポイントについて教えてください。… 144
Q51　弱視児童生徒に対する体育科や保健体育科の指導における
　　　配慮事項はどのようなものがあるでしょうか。…………………… 146
Q52　体育の授業で一般的に行われている種目や競技には
　　　どのようなものがあるか教えてください。………………………… 148

コラム⑯　全国規模のスポーツ大会 ………………………………………… 150
コラム⑰　全国盲学校野球大会を振り返って ……………………………… 151

Q53　外国語（英語）における点字表記について教えてください。……… 152
Q54　盲学校における安全教育の意義や実際について教えてください。… 154
Q55　盲学校における主権者教育の意義や実際について
　　　教えてください。……………………………………………………… 156
Q56　特別活動に自主的・実践的に参加できるようにするために、
　　　どのような工夫が必要ですか。……………………………………… 158
Q57　生活指導等に当たって配慮事項はどのようなものがありますか。… 160
Q58　盲学校の保健室、養護教諭の役割について教えてください。……… 162
Q59　寄宿舎の意義と役割について教えてください。……………………… 164
Q60　交流及び共同学習の目的やしくみについて教えてください。……… 166
Q61　「心のバリアフリー」推進事業の実際について教えてください。… 168

目　次

目　次

(5) 自立活動の指導

- Q62　自立活動の内容と指導に当たって配慮事項はどのようなものがあるのでしょうか。 …………………………………………………… 170
- Q63　自立活動において、実態把握から具体的な指導内容の設定まで、どのように考えればよいでしょうか。 ………………………………… 172
- Q64　視覚障害のある児童生徒に対する自立活動の具体的な指導内容として、どのようなものがありますか。 ……………………………… 174
- Q65　歩行指導の概要について教えてください。 ………………………… 176
- Q66　弱視の児童生徒に対する視覚補助具の指導の概要について教えてください。 …………………………………………………………… 178

(6) 重複障害のある児童生徒の指導

- Q67　重複障害児の教育課程をどのように考えたらよいのでしょうか。 … 180
- Q68　重複障害者の日常生活の指導のポイントを教えてください。 ……… 182
- Q69　重複障害児のコミュニケーション指導はどのように行えばよいですか。 …………………………………………………………… 184
- Q70　重複障害者に対する各教科等の指導のポイントを教えてください。 ……………………………………………………………… 186
- Q71　頭を振ったり、目押したりなどの行為についてはどのように指導したらよいですか。 …………………………………………… 188
- Q72　知的障害をともなう場合の指導のポイントを教えてください。 …… 190
- Q73　肢体不自由をともなう場合の指導のポイントを教えてください。 … 192
- Q74　聴覚障害をともなう場合の指導のポイントについて教えてください。 …………………………………………………………… 194

コラム⑱　全国盲ろう教育研究会
　　　　　―盲ろうの幼児児童生徒を担当している先生方へ― ………… 196
コラム⑲　杉山和一検校 …………………………………………………… 197

(7) キャリア教育と進路指導

- Q75　視覚障害のある幼児児童生徒にとってのキャリア教育の意義と留意事項について教えてください。 ……………………………… 198
- Q76　視覚障害者が従事している職業にはどのようなものがありますか。 200
- Q77　盲学校におけるあん摩マッサージ指圧師、はり師及びきゅう師の養成課程について教えてください。 ……………………………… 202
- Q78　盲学校における理学療法士、柔道整復師の養成について教えてください。 …………………………………………………………… 204
- Q79　「理療科」、「保健理療科」の卒業後の進路はどのようになっていますか。 ……………………………………………………… 206

Q80	理療以外の職種の開拓はどのようになっていますか。	208
Q81	インターンシップ（現場実習）の実際と留意事項について教えてください。	210
Q82	重複障害者である生徒に対する進路指導における留意事項を教えてください。	212

コラム⑳　各種資格取得の方法 …… 214
コラム㉑　2020年　ゴールボールで金メダル …… 215
盲学校児童生徒文学作品 …… 216

第3章　視覚障害教育を支えるために　217

(1) センター的機能

Q83	盲学校は、視覚障害教育に関するセンター的機能をどのように発揮したらよいでしょうか。	218
Q84	地域の学校等で学ぶ視覚障害のある幼児児童生徒等への支援の仕組みや内容について教えてください。	220

コラム㉒　併設校のメリット「ミニ共生社会」
　　　　　～お互いを知り合おう～ …… 222
コラム㉓　障害者差別解消法が目指すもの …… 223

Q85	視覚障害者に対する理解の推進をどのように進めたらよいでしょうか。	224
Q86	視覚障害者に対する合理的配慮を教えてください。	226
Q87	大学等の入学試験における点訳はどのようにしているのですか。	228
Q88	大学等における視覚障害のある学生に対する学習支援や就職状況はどのようになっていますか。	230

(2) 医療・福祉・労働との連携

Q89	重複障害者のための通所や入所福祉施設の現状について教えてください。	232
Q90	就学奨励費について説明してください。	234
Q91	身体障害者手帳の概要と関連する福祉制度について教えてください。	236
Q92	視覚障害教育と関連のある教育や福祉の団体にはどんなものがありますか。	238
Q93	医療との連携に当たっての留意点について教えてください。	240
Q94	家庭との連携に当たっての留意点について教えてください。	242

目次

目次

コラム㉔　全国盲学校PTA連合会 …………………………………………… 244
コラム㉕　障害者支援のボランティア………………………………………… 245

Q95　視覚障害者をとりまくネットワークの現状について
　　　教えてください。………………………………………………………… 246
Q96　企業等が視覚障害者を雇用した場合の助成制度等について
　　　教えてください。………………………………………………………… 248
Q97　諸外国の視覚障害教育の現状について教えてください。…………… 250

コラム㉖　海外のWBU等の動向 ……………………………………………… 252
コラム㉗　生活のしづらさなどに関する調査 ………………………………… 253

(3) 生涯学習

Q98　視覚障害者が参加しやすいよう工夫された芸術、文化活動には
　　　どのようなものがありますか。………………………………………… 254
Q99　パラリンピック競技大会の競技・種目になっている
　　　視覚障害者スポーツにはどのようなものがありますか。…………… 256

コラム㉘　オリンピック・パラリンピック…………………………………… 258
コラム㉙　「パラ駅伝 in TOKYO」からみた障害者スポーツの普及 …… 259

Q100　視覚障害者の災害時の支援について教えてください。 …………… 260
Q101　視覚障害者が社会参加するための外出支援などについて
　　　教えてください。………………………………………………………… 262

コラム㉚　サイトワールド ……………………………………………………… 264

第4章　教育実践をさらに深めるために　265

(1) **参考文献・資料・サイト等** ……………………………………………… 266
(2) **すべての視覚障害児の学びを支える**
　　視覚障害教育の在り方に関する提言 ………………………………… 272
(3) **関係法令等** ……………………………………………………………… 282
●監修者・執筆者一覧 …………………………………………………………… 290
●点字の読み方一覧表 …………………………………………………………… 294

盲学校児童生徒芸術作品 ………………………………………………………… 295

「新訂版 視覚障害教育入門Q＆A」の活用に当たって

> 「新訂版 視覚障害教育入門Q＆A」においては，視覚障害者である幼児児童生徒に対する教育を行う特別支援学校を「盲学校」と表記しています。

1　新訂版 視覚障害教育入門Q＆A（以下「本書」という。）は、視覚障害教育に携わっている教職員、学生も含めてこれから視覚障害教育に携わる者にとって必要となる全101項目を選定し、各項目について最低限知っておくべきポイントを中心に、Q＆A方式により見開き2頁構成で簡潔に解説しています。従って視覚障害教育に関する幅広い知識を身に付ける点において大変有効です。また、新訂版として最新情報をもとに編集していますので、視覚障害教育の経験の長い教職員にとっても新しい情報を入手したり、基本的事項を確認したりする際に役に立つのではないでしょうか。一方、あくまでも視覚障害教育への入門編としての位置付けであり、本書を読んだだけで視覚障害教育に関する専門性が直ちに身に付くわけではありません。本書から得られる基本的な知識に、関連する文献や各種研修会や研究会等から得た知識を積み重ね、なにより実践を通してその専門性を高めていくことが大切です。

2　Qの項目によっては、具体的な指導方法の例を示しているものがありますが、あくまでも一般論としての事例であり、本書に示されている指導方法等によらなければならないということではありません。実際に担当する子供の障害の状態や発達段階等を踏まえて、最も適切な指導方法を検討することが大切です。

3　各項目の構成は次のようになっています。

- Q（質問）として、視覚障害教育を推進していく上で必要な事項が「〜でしょうか」などと質問形式で示されています。3つの章の下に101のQが掲載されています。
- 当該項目を理解していく上での本質が要点として簡潔にまとめられています。
- A（回答）として、両頁にわたって当該項目の説明文が記述されています。本書の中核をなす部分です。
- 両頁とも左欄は、A（回答）における説明文を理解していく上で必要な補足情報等が記述されています。

4　随所に30のコラムが掲載されています。101のQ＆Aに加えて、さらに幅広い知識を得ることができます。一息つきたいときに読んでください。

—11—

序章　1　視覚障害教育の現状と課題

　視覚障害教育を取り巻く現状と課題について述べる前に、盲学校に関連する歴史に若干触れます。

　日本においては、明治11年に京都で創立された「京都盲唖院（現在の京都府立盲学校）」が、最初の近代的盲学校（当時、視覚障害教育及び聴覚障害教育を行っていた。）とされています。さらに明治12年には、「私立楽善会訓盲院（現在の筑波大学附属視覚特別支援学校）」が開校し、翌年から2名の生徒に対して授業を開始しました。これ以降、明治から大正にかけて、多くの盲学校の前身が全国各地で設立されています。

　大正12年には、道府県による盲学校および聾唖学校の設置義務を定めた「盲学校及聾唖学校令」が制定（大正13年施行）され、学校教育としての体制が確立されました。さらに、昭和13年、教育審議会が盲聾教育義務制の必要性を答申したことを受けて、昭和23年「中学校の就学義務並びに盲学校及び聾学校の就学義務および設置義務に関する政令」が公布され、盲学校及び聾学校の義務制が開始されました。

　時代は飛びますが、平成19年4月1日に施行された改正学校教育法等により、盲学校、聾学校及び養護学校（総称して、特殊教育諸学校と言っていた。）は、法令上一本化され、「視覚障害者、聴覚障害者、知的障害者、肢体不自由者又は病弱者（身体虚弱者を含む。）に対して、幼稚園、小学校、中学校又は高等学校に準ずる教育を施すとともに、障害による学習上又は生活上の困難を克服し自立を図るために必要な知識技能を授けること」を目的とする特別支援学校になりました。また、各特別支援学校において、いずれの障害種別に対応した教育を行うこととするかについては、当該学校の設置者が、その学校の施設及び設備等の状況並びに当該特別支援学校の所在する地域における障害のある児童等の状況を踏まえて定めることも規定されました。「盲学校」は法令上姿を消し、視覚障害教育を行う特別支援学校となりましたが、現在も「○○盲学校」といった従来からの校名である学校が多いです。（41校　61.2％）

　これは、平成18年7月18日の「特別支援教育の推進のための学校教育法等の一部改正について（通知）18文科初第446号」において、次のように示されたことによります。

> 第6　留意事項
> （1）特別支援学校の設置については、公立学校は設置条例において、当該学校が学校教育法上の特別支援学校として設置されている旨を明確に規定した上で、現に設置されている盲学校、聾学校又は養護学校を<u>特定の障害種別に対応した教育を専ら行う特別支援学校とする場合には、「盲学校」、「聾学校」又は「養護学校」の名称を用いることも可能であること</u>。（以下、略）

　つまり、それまで各盲学校が行ってきた教育内容や機能を引継ぎ、視覚障害教育を専ら行うこととした場合は、「○○盲学校」の名称をそのまま使用できることが示されたわけです。

　さて、盲学校の現状について各種データをもとに紹介していきます。ここでは、全国盲学校長会に加盟している学校を「盲学校」とし、主に全国盲学校長会が集計しているデータを参考としています。

⑴全国の盲学校
① 全盲学校数　67校（H30.4.1）
　・国立　　1校（筑波大学附属視覚特別支援学校）
　・公立　　63校
　・市立　　2校（横浜市、神戸市）※大阪市立はH28から大阪府に移管
　・私立　　1校（学校法人横浜訓盲学院　横浜訓盲学院）
② 複数障害種に対応する盲学校数（H30.4.1）
　前述の通り、平成19年4月1日から特別支援学校は、設置者がいずれの障害種別に対応した教育を行うこととするかを定めることになっており、現在、次の5校が複数の障害種に対応しています。
　・東京都立久我山青光学園（視覚障害＋知的障害）
　・神奈川県立相模原中央支援学校（視覚障害＋聴覚障害＋知的障害＋肢体不自由）
　・富山県立富山視覚総合支援学校（視覚障害＋病弱・身体虚弱）
　　※病弱・身体虚弱部門は、高等部普通科のみ
　・山口県立下関南総合支援学校（全障害種）
　・福岡県立柳河特別支援学校（視覚障害＋肢体不自由＋病弱・身体虚弱）
　複数障害種への対応とは異なりますが、聴覚障害特別支援学校（聾学校）が併設され、一人の校長が両校長を兼務している学校が3校あります。
　・青森県立八戸盲学校（青森県立八戸聾学校）
　・奈良県立盲学校（奈良県立ろう学校）
　・徳島県立徳島視覚支援学校（徳島県立徳島聴覚支援学校）
③ 校名に「盲学校」が含まれていない盲学校数（H30.4.1）
　26校（38.8％）が、「○○視覚特別支援学校」、「○○視覚支援学校」など「盲学校」以外の校名です（26校には横浜市立盲特別支援学校と横浜訓盲学院も含まれています）。特徴的な校名としては、埼玉県立特別支援学校塙保己一学園があります。全国で唯一個人名（塙　保己一）を校名にしている公立特別支援学校です。
④ 学部の設置形態（H30.4.1）
　・高等部単独校　2校　　　東京都立文京盲学校
　　　　　　　　　　　　　　福岡県立福岡高等視覚特別支援学校
　・小・中学部校　1校　　　青森県立八戸盲学校
　・幼・小・中学部校　8校　北海道旭川盲学校
　　　　　　　　　　　　　　北海道帯広盲学校
　　　　　　　　　　　　　　北海道函館盲学校
　　　　　　　　　　　　　　東京都立葛飾盲学校
　　　　　　　　　　　　　　東京都立久我山青光学園
　　　　　　　　　　　　　　神奈川県立相模原中央支援学校
　　　　　　　　　　　　　　福岡県立福岡視覚特別支援学校
　　　　　　　　　　　　　　福岡県立柳河特別支援学校

- 学部（学科）別
  幼稚部設置校　　　　　55校（82.1%）
  小学部・中学部設置校　65校（97.0%）
  高等部普通科設置校　　55校（82.1%）
    ※京都府立盲学校の高等部普通科には、大学進学に特化した「京都フロンティアコース」が設けられています。

⑤ 職業学科等の設置校（H30.4.1）
- 理療に関する教育を行っている学校　　　58校（86.6%）
    本科保健理療科　　45校（79.0%）
    専攻科保健理療科　39校（68.5%）
    専攻科理療科　　　56校（96.6%）※手技療法科、鍼灸手技療法科を含む
- 専攻科理学療法科　　2校　　筑波大学附属視覚特別支援学校
  　　　　　　　　　　　　　　大阪府立大阪南視覚支援学校
- 専攻科柔道整復科　　1校　　大阪府立大阪南視覚支援学校　※平成27年度新設
- 専攻科音楽科　　　　2校　　筑波大学附属視覚特別支援学校
  　　　　　　　　　　　　　　京都府立盲学校
- 本科音楽科　　　　　2校　　筑波大学附属視覚特別支援学校
  　　　　　　　　　　　　　　京都府立盲学校
- 専攻科生活情報科　　1校　　秋田県立視覚支援学校（1年課程）
- 専攻科生活科　　　　1校　　横浜訓盲学院
- 本科総合生活科　　　1校　　千葉県立千葉盲学校
- 本科生活技能科　　　1校　　福岡県立福岡高等視覚特別支援学校
- 専攻科普通科　　　　1校　　京都府立盲学校（1年課程）
- 専攻科研究部理療科　1校　　京都府立盲学校（1年課程）
- 専攻科鍼灸手技療法研修科　1校　筑波大学附属視覚特別支援学校（1年課程）
- 専攻科研修科　　　　1校　　福岡県立福岡高等視覚特別支援学校（1年課程）
    ※課程年数の記載がないものは3年課程。
    ※大阪府立大阪南視覚支援学校は、専攻科を専修部としていますが、本誌では専攻科と表記しました。

(2)我が国の特別支援教育の現状

　平成29年度5月1日現在、我が国の義務教育段階で学ぶ児童生徒数は約989万人です。少子化により毎年10万人程度減少する一方で、特別支援学校及び小・中学校の特別支援学級の在籍者数、通級による指導で学んでいる児童生徒数は、約38万7千人で全体の4.2%（内訳：特別支援学校約7万2千人で0.7%、特別支援学級約23万6千人で2.4%、通級による指導約10万9千人で1.1%）と年々増加傾向にあります。（**表1**）

　表1にはありませんが、幼稚部から高等部までの特別支援学校全体の在籍者数も増加傾向であり、その大多数は知的障害特別支援学校高等部の在籍者数の増加が反映されたものです。

　さらに、平成24年に文部科学省が行った「通常の学級に在籍する発達障害の可能性のある特

別な教育的支援を必要とする児童生徒に関する調査」において、小・中学校の通常の学級に、学習面又は行動面で著しい困難を示すとされた児童生徒の割合が6.5％程度在籍しているという推計結果があります。これらを踏まえると、特別支援学校や特別支援学級だけでなく、全ての学校、学級において発達障害を含めた障害のある児童生徒が在籍することを前提とした学校経営、学級経営を行っていくことが求められます。

(3) 盲学校の現状
ア 盲学校の在籍者数の推移等

特別支援学校全体の在籍者数が増加傾向にある一方で、盲学校の在籍者数は、年々減少傾向です。平成28年度に初めて3,000人を下回り、平成30年度は2,731人でした。（**グラフ1**）この減少傾向はここ数年の特徴ではな

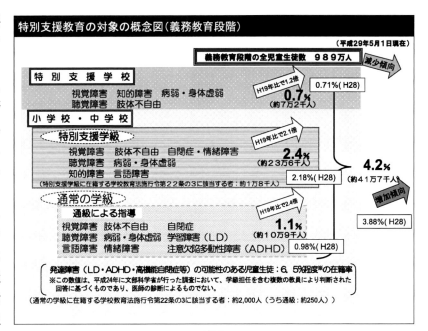

表1

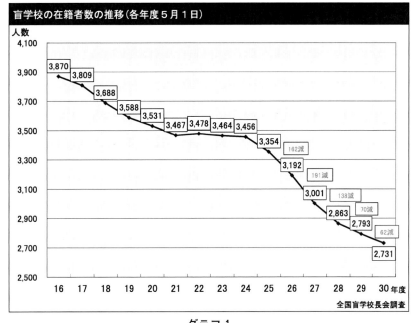

グラフ1

く、昭和23年に小学部から年次進行で開始された盲学校義務制が完了した後の昭和34年をピーク（10,264人）に、多少の増減があるものの減少の一途をたどっています。（**グラフ2**）

次に盲学校の在籍者数の分布です。39人以下の盲学校で全体の約6割近くを占めており（**グラフ3**）、在籍者がいない学年がある盲学校が多くあることが想定されます。また、1校当たりの在籍数平均は、前述した在籍数のピーク時である昭和34年が約135人であったのに対し、平成30年は約41人となり、昔は各学校とも校舎内が賑やかであったことでしょう。

盲学校の学部別在籍者数の推移についてです（**グラフ4**）。全体的には各学部とも減少傾向にありますが、平成30年度は幼稚部、小学部、高等部が微増しています。また、平成26〜29年度に中学部が若干増加しました。これは、障害者権利条約に示されているインクルーシブ教育システム構築の流れのなかで、小学部段階を地域の小学校で学んだ子供の保護者が、視覚障害の状態等に応じた教育的ニーズに最も的確に応える場は盲学校であるとの理解が深まり、中学校への進学時に盲学校中学部を選択したのではないだろうか。とすれば、各盲学校が視覚障害教育のセンターとしての役割を果たし、地域支援を丁寧にやってきた結果であると考えられます。
　あん摩マッサージ指圧師、はり師及びきゅう師の養成課程である

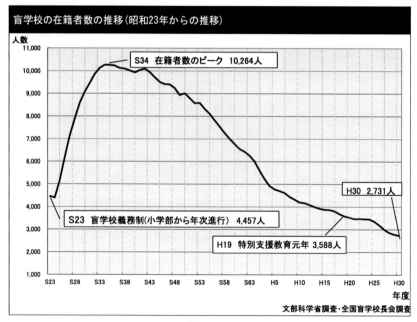

グラフ2

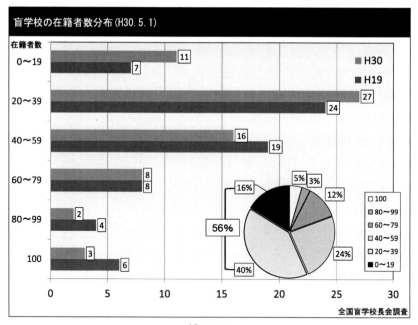

グラフ3

保健理療科及び理療科、また理学療法科（筑波大学附属視覚特別支援学校と大阪府立大阪南視覚支援学校の2校に設置）の在籍者数も減少傾向です。本科に設置される保健理療科にいたっては全国で100人を下回っている状況で、設置しているものの在籍者がいないという盲学校もあり、教職員の配置という観点でも課題になっています。
　これらの背景としては、医学の進歩という要因も考えられますが、以前であれば視覚障害になると、その仕事をあきらめざるを得ない状況にあったものが、パソコンの音声読み上げソフ

ト等に代表されるICT機器等の技術革新により、仕事を続けることができるようになってきていることも要因として考えられます。

平成28年に改正障害者雇用促進法が施行されました。本法では雇用の分野における障害者に対する差別の禁止及び障害者が職場で働くに当たっての支障を改善するための措置（合理的配慮の提供義務）を定めるとともに、障害者の雇用に関する状況に鑑み、精神障害者を法定雇用率の算定基礎に加える等の措置を講ずるものであり、平成30年4月1日からは障害者の法定雇用率も引き上げられました。視覚障害者が、様々な職業分野で活躍できる体制が整うことになり喜ばしいことですが、いざ盲学校経営の視点に転ずれば、職業教育課程の在籍者の減少につながり教職員の確保が難しいという状況になります。

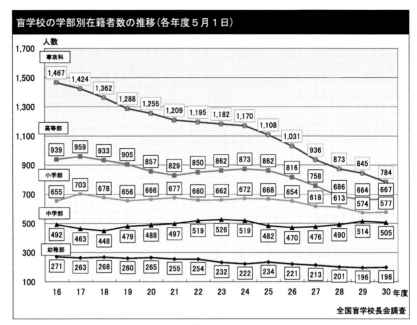

グラフ4

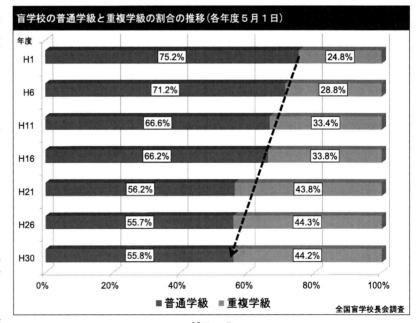

グラフ5

次に、盲学校の普通学級（視覚障害のみの学級）と重複学級の割合についてです（**グラフ5**）。平成元年度の学級全体における重複学級の割合は24.8％であったものが、平成30年は44.2％となっており、年々重複学級の比率が増えてきています。いわゆる児童生徒の障害の重度・重複化です。なお、重複障害の児童生徒数が増えているということではなくむしろ微減であり、視覚障害のみの児童生徒数が大幅に減少するなか、相対的に重複学級の割合が増えているという

ことに留意が必要です。

イ 盲学校の教員に関する状況

　幼児児童生徒数の減少は教員数の減少につながることから、視覚障害を担当する教諭、助教諭、講師の数も減少傾向にあります。

　盲学校での勤務年数の分布では（**グラフ６**）、視覚障害教育を担当する教員のうち、専攻科教員においては７年目以上の教員が77％を占めていますが、高等部普通科までの教員においては７年目以上の教員は22％であるのに対して、３年目未満の教員が52％と半数以上となっています。寄宿舎指導員も同様の傾向です。盲学校７年以上の勤務経験があるから、視覚障害教育の専門性を深く、幅広く身に付けているということではありませんが、現場での実践経験は貴重な財産となります。

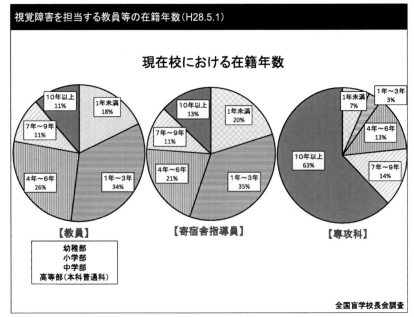

グラフ６

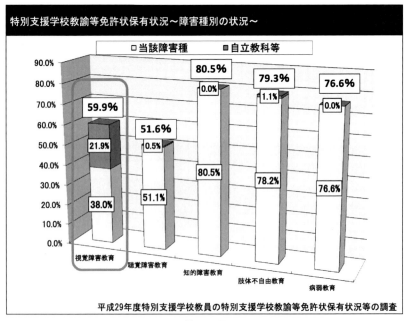

グラフ７

　各盲学校においては、人事異動があることを前提とした人材育成に計画的に努めていく必要があります。

　次に、教員免許状の保有状況についてです。特別支援学校教諭の特別支援学校教諭免許状（当該障害種）の所有率については、平成29年度全体として77.7％でした。そのうち、盲学校教諭の特別支援学校教諭免許状（視覚障害教育領域）の所有率（**グラフ７**）は、平成29年度59.9％（前年度比1.2％増）です。特別支援学校の教員の専門性の向上がさけばれるなか、平成27年12月21日、中央教育審議会が「これからの学校教育を担う教員の資質能力の向上について〜

学び合い、高め合う教員育成コミュニティの構築に向けて〜」について答申を行いました。本答申では、教育職員免許法附則第16項の廃止も見据え、平成32年度までの間に、おおむね全ての特別支援学校の教員が免許状を所持することを目指し、国が必要な支援を行うことが適当であることが示されました。

(4) 小学校及び中学校の現状

ア　弱視特別支援学級

小・中学校に設置されている弱視特別支援学級については、「拡大鏡等の使用によっても通常の文字、図形等の視覚による認識が困難な程度のもの。」（平成25年10月4日付け25文科初第756号初等中等教育局長通知）を対象として開設されています。

全国的にこれまで学級数、在籍者数ともに増加傾向でしたが、平

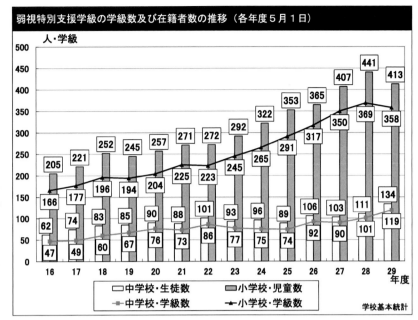

グラフ8

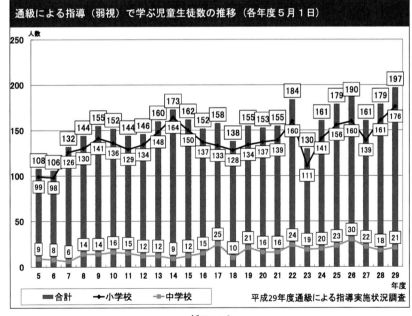

グラフ9

成29年度の文部科学省学校基本統計によれば（**グラフ8**）、小学校の弱視特別支援学級が358学級（前年度比11減）、在籍者数が413人（同28減）とそれぞれ減少しました。また、中学校においては119学級（前年度比18増）、134人（同23増）と引き続きの増加傾向です。小学校の減少についての要因は不明ですが、滋賀県、香川県、徳島県での減少が影響しています。

イ　通級による指導（弱視）

通級による指導は、通常の学級に在籍し、各教科等の授業を通常の学級で受けつつ障害によ

— 19 —

る学習上又は生活上の困難を改善・克服するための指導を、例えば「通級指導教室」といった特別の指導の場で受ける教育の形態で、平成5年度から制度化されました。学校教育法施行規則の一部改正に伴い、平成30年度4月1日から高等学校においても通級による指導が制度化されました。

通級による指導（弱視）は、「拡大鏡等の使用によっても通常の

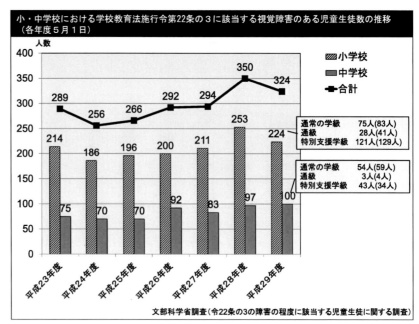

グラフ10

文字、図形等の視覚による認識が困難な程度の者で、通常の学級での学習におおむね参加でき、一部特別な指導を必要とするもの。」（平成25年10月4日付け25文科初第756号初等中等教育局長通知）を対象として設置されています。

通級による指導（弱視）で学ぶ子供の数は（**グラフ9**）、平成26年度から平成27年度にかけて小学校、中学校ともに減少しましたが、平成30年度は小学校が176人（前年度比15増）、中学校は21人（同3増）です。

ウ　小・中学校における学校教育法施行令第22の3に該当する視覚障害の児童生徒の状況

学校教育法施行令第22の3は、特別支援学校の対象となる障害の程度が示されており、この程度に該当していない場合、特別支援学校に就学することはできません。視覚障害は、「両眼の視力がおおむね〇・三未満のもの又は視力以外の視機能障害が高度のもののうち、拡大鏡等の使用によっても通常の文字、図形等の視覚による認識が不可能又は著しく困難な程度のもの」と規定されています。

グラフ10は、学校教育法施行令第22の3の視覚障害者の程度に該当する子供が、どのくらい小学校又は中学校に在籍しているのかを示すものです。

平成29年度324人（前年度比26減）であり、学校別では小学校が224人（同29減）、中学校100人（同3増）でした。

(5)視覚障害教育の課題

これまで述べてきた現状を踏まえ、全国の盲学校に共通する課題を整理します。

○　盲学校の在籍者数の減少、障害の重複化という現状からは、
　ア　教職員数の減少
　イ　ベテラン層の教職員の人事異動等による組織としての専門性の低下
　ウ　教師が子供への実践を通して、専門性を高める機会の減少

エ　子供が仲間と共に学び合う機会の減少
　　オ　重複障害のある子供に対する適切な教育課程、教育の質の向上
○　小・中学校等に在籍する弱視児等の増加という現状からは、
　　ア　各地域における視覚障害教育のセンターとしての役割のより一層の発揮
　　イ　地域支援を担当する教員の確保とその専門性の向上
　　ウ　弱視特別支援学級等の担当者への支援とその専門性の向上
　　エ　域内の視覚障害教育ネットワークの構築など
他にも職業教育である「保健理療」等を取り巻く動向を踏まえた課題もあります。
　　ア　国家試験の合格率の向上と既卒の不合格者対策
　　イ　あはき師免許を有しない無免許業者への対応
　　ウ　晴眼者を対象とするあん摩マッサージ指圧師の養成施設の新設に向けた動き
　　　　（あん摩マッサージ指圧師、はり師、きゅう師等に関する法律第19条関係）
　　エ　卒業生・修了生の進路先の確保、職種の拡大、合理的配慮の理解と推進
　全国的に共通する課題について述べましたが、すでに学校や地域の状況等を踏まえた課題の解決に向けた様々な取組が進められています。その具体的な取組は、本書でも随所に紹介されています。「視覚障害教育入門Ｑ＆Ａ新訂版」も、各学校における視覚障害教育の専門性の底上げを図るための取組の一つです。

序章　2　新学習指導要領等

　教育要領並びに学習指導要領（以下『学習指導要領等』と言う。）は、教育基本法に定められた教育の目的等の実現を図るため、学校教育法に基づき国が定める教育課程の基準であり、教育の目標や指導すべき内容等を示すものであり、時代の変化や子供たちの状況、社会の要請等を踏まえ、おおよそ10年ごとに、数次にわたり改訂されてきました。
　今回の改訂に当たっては、平成26年11月20日に文部科学大臣から中央教育審議会に対して「初等中等教育における教育課程の基準等の在り方について」諮問が行われたことを受け、中央教育審議会の下に設けられた各学校段階等や教科等別に設置された専門部会における2年以上におよぶ議論を経て、平成28年12月21日、中央教育審議会から文部科学大臣に対して「幼稚園、小学校、中学校、高等学校及び特別支援学校の学習指導要領等の改善及び必要な方策等について」答申（以下「中教審答申」とする）がなされました。
　文部科学省では中教審答申を踏まえ、平成29年3月31日に幼稚園教育要領、小学校学習指導要領及び中学校学習指導要領、平成30年3月30日に高等学校学習指導要領をそれぞれ公示しました。
　特別支援学校については平成29年4月28日に特別支援学校幼稚部教育要領、特別支援学校小学部・中学部学習指導要領を公示しました。特別支援学校高等部学習指導要領については、今後公示の予定です。また、各学習指導要領等の解説書がそれぞれ発行（高等学校学習指導要領及び特別支援学校高等部学習指導要領を除く）されていますので、ご覧いただきたいと思いま

す。特別支援学校学習指導要領等の解説は3部構成（総則編、各教科等編、自立活動編）になっています。（平成30年9月1日現在）

　本稿では誌面の都合上、今回の改訂における特別支援教育並びに視覚障害教育に関する記述の概要について述べます。

(1)中教審答申

　中教審答申においては、「教育課程全体を通じたインクルーシブ教育システムの構築を目指す特別支援教育」の項に、「特別支援教育に関する教育課程の枠組みを、全ての教職員が理解できるよう、総則に通級による指導や特別支援学級における教育課程編成の基本的な考え方を示していくこと」、「全ての教科等において、一人一人の教育的ニーズに応じたきめ細かな指導や支援ができるよう、障害種別の指導の工夫のみならず、各教科等の学びの過程において考えられる困難さに対する指導の工夫の意図、手立ての例を具体的に示していくこと」、「通級による指導を受ける児童生徒及び特別支援学級に在籍する児童生徒については、一人一人の教育的ニーズに応じた指導や支援が組織的・継続的に行われるよう、「個別の教育支援計画」や「個別の指導計画」を全員作成することが適当であること」などが示されました。

(2)小学校学習指導要領

　中教審答申を踏まえて、小学校学習指導要領では「第1章総則」における特別支援教育に係る規定について次のとおり改訂をしました。（中学校も同様の改訂）

新（平成29年3月31日告示）	現行（平成20年3月28日告示）
第1章　総則 　第4　児童の発達支援 　2　特別な配慮を必要とする児童の指導 (1)　障害のある児童などへの指導 ア　障害のある児童などについては、特別支援学校等の助言又は援助を活用しつつ、個々の児童の障害の状態等に応じた指導内容や指導方法の工夫を組織的かつ計画的に行うものとする。 イ　特別支援学校において実施する特別の教育課程については、次のとおり編制するものとする。 　(ア)　障害による学習上又は生活上の困難を克服し自立を図るため、特別支援学校小学部・中学部学習指導要領第7章に示す自立活動を取り入れること。 　(イ)　児童の障害の程度や学級の実態等を考慮の上、各教科の目標や内容を下学年の教科	第1章　総則 　第4　指導計画の作成等に当たって配慮すべき事項 (7)　障害のある児童などについては、特別支援学校等の助言又は援助を活用しつつ、例えば指導についての計画又は家庭や医療、福祉等の業務を行う関係機関と連携した支援のための計画を個別に作成することなどにより、個々の生徒の障害の状態等に応じた指導内容や指導方法の工夫を計画的、組織的に行うこと。特に、特別支援学級又は通級による指導については、教師間の連携に努め、効果的な指導を行うこと。

の目標や内容に替えたり、各教科を、知的障害者である児童に対する教育を行う特別支援学校の各教科に替えたりするなどして、実態に応じた教育課程を編成すること。 ウ　障害のある児童に対して、<u>通級による指導</u>を行い、特別の教育課程を編成する場合には、特別支援学校小学部・中学部学習指導要領第7章に示す自立活動の内容を参考とし、具体的な目標や内容を定め、指導を行うものとする。その際、効果的な指導が行われるよう、各教科等と通級による指導との関連を図るなど、教師間の連携に努めるものとする。 エ　<u>障害のある児童</u>については、家庭、地域及び医療や福祉、保健、労働等の業務を行う関係機関との連携を図り、長期的な視点で児童への教育的支援を行うために、<u>個別の教育支援計画を作成し活用すること</u>に努めるとともに、各教科等の指導に当たって、個々の児童の実態を的確に把握し、<u>個別の指導計画を作成し活用すること</u>に努めるものとする。 　特に、特別支援学級に在籍する児童や通級による指導を受ける児童については、個々の児童の実態を的確に把握し、<u>個別の教育支援計画を作成し、効果的に活用する</u>ものとする。	
第5　学校運営上の留意事項 2　家庭や地域社会との連携及び共同と学校間の連携 イ　他の小学校や、幼稚園、認定こども園、保育所、中学校、高等学校、特別支援学校などとの間の連携や交流を図るとともに、障害のある児童生徒との交流及び共同学習の機会を設け、<u>共に尊重し合いながら協働して生活していく態度を育む</u>ようにすること。	第4　指導計画の作成に当たって配慮すべき事項 2　以上のほか、次の事項に配慮するものとする。 （省略）また、小学校間、幼稚園や保育所、中学校及び特別支援学校などとの間の連携や交流を図るとともに、障害のある幼児児童生徒との交流及び共同学習や高齢者などとの交流の機会を設けること。

　現行の規定から、大きく改善・充実されていることがご理解いただけると思います。
　第1章第4の2の(1)「障害のある児童などへの指導」が新設され、アからエまで大きく四項目で示されています。アにおいては、現行の規定から引き続いて、特別支援学校の指導・助言を活用すること、指導内容や指導方法の工夫を組織的かつ計画的に行うことが示されています。イにおいては、特別支援学級における教育課程編成の基本的な考え方、ウにおいては、通級に

よる指導における教育課程の基本的な考え方がそれぞれ示されています。エにおいては、個別の教育支援計画及び個別の指導計画について作成のみならず活用にも努めること、さらに特別支援学級に在籍する児童や通級による指導を受ける児童は、全員作成・活用することが示されました。

新設された「第5　学校運営上の留意事項」においては、交流及び共同学習の機会を設け、共に尊重し合いながら協働して生活していく態度を育むようにすることとし、心のバリアフリーの推進について示しています。

また、第1章総則以外でも、第2章以下の各教科等の「第3　指導計画の作成と内容の取扱い」において、各教科等共通的に「**障害のある児童などについては、学習活動を行う際に生じる困難さに応じた指導内容や指導方法の工夫を計画的、組織的に行うこと**」と示しました。同解説では、各教科等の学びの過程において考えられる困難さに対する指導の工夫の意図、手立ての例を具体的に示しています。

例えば、中学校保健体育科では「見えにくさのため活動に制限がある場合には、不安を軽減したり安全に実施したりできるよう、活動場所や動きを事前に確認したり、仲間同士で声を掛け合う方法を事前に決めたり、音が出る用具を使用したりするなどの配慮をする。」などです。

この「困難さ」「指導の工夫の意図」「手立て」は、各教科等における学びの過程を踏まえ教科等ごとに例示していますが、例えば国語科で示す「文章を目で追いながら音読することが困難な場合」に関する例示は、他教科であっても教科書を使って学習する場面において有効であることから、該当する教科の例示だけではなく、全体を通して参照し、指導に生かすようにすることが大切です。

(3)特別支援学校学習指導要領等

本章では、指導に当たっての視覚障害のある幼児児童生徒への配慮事項、自立活動における視覚障害に関する記述等の改訂の概要について述べます。

改訂に当たっては、中教審答申の議論において、文部科学省の発刊物は分かりやすく示すことが重要であるとの意見があったことを踏まえ、解説において具体例を示すなどして、視覚障害教育に初めて携わる教師や保護者等が読んでも理解しやすいことを念頭において改善を図っています。

①　幼稚部教育要領（第1章総則　第6特に留意する事項）

新	現行
(1)視覚障害者である幼児に対する教育を行う特別支援学校においては、早期からの教育相談との関連を図り、幼児が聴覚、触覚及び保有する視覚などを十分に活用して周囲の状況を把握できるように配慮することで、安心して活発な活動が展開できるようにすること。また、身の回	(1)視覚障害者である幼児に対する教育を行う特別支援学校においては、早期からの教育相談との関連を図り、幼児が聴覚、触覚及び保有する視覚などを十分に活用して周囲の状況を把握し、活発な活動が展開できるようにすること。また、身の回りの具体的な物事・事象及び動作と言葉

りの具体的な物事・事象及び動作と言葉とを結び付けて基礎的な概念の形成を図るようにすること。	とを結び付けて基礎的な概念の形成を図るようにすること。

　視覚障害がある幼児が感覚を活用して周囲の状況を把握できるように、教師が幼児にかかわる際や環境構成で丁寧な配慮をすることが必要です。この配慮により、幼児は聴覚や触覚等様々な感覚を活用して身近な環境に主体的に関わり、安心して体験や遊びを積み重ねて生活を広げることが可能になります。
　そこで、今回の改訂では、「周囲の状況を把握できるように配慮することで、安心して活発な活動が展開できるようにする」としました。

② 　小学部・中学部学習指導要領（第2章各教科　第1節小学部　第1款視覚障害者、聴覚障害者、肢体不自由者又は病弱者である児童に対する教育を行う特別支援学校）
※中学部においても同様。
　従前同様、(1)的確な概念形成と言葉の活用、(2)点字等の読み書き等の指導、(3)指導内容の精選等、(4)コンピュータ等の情報機器や教材等の活用、(5)見通しをもった学習活動の展開の5項目で示しています。
　本改訂では(3)、(4)及び(5)において改善を図りました。次に、改善を図った項目について述べますが、(1)及び(2)についても、解説においては具体例を交えるなど記述を充実させていますので、ぜひ参照ください。

ア　(3)指導内容の精選等について

新	現行
(3)児童の視覚障害の状態等に応じて、指導内容を適切に精選し、基礎的・基本的な事項から着実に習得できるよう指導すること。	(3)児童の視覚障害の状態等に応じて、指導内容を適切に精選し、基礎的・基本的な事項に重点を置くなどして指導すること。

　視覚障害のある児童は、初めての内容を理解することには時間を要することがありますが、その内容の本質の理解や基礎的・基本的な事項の習得が十分であれば、それをもとに予測し、演繹的に推論したり、考えを深めたりすることが可能になります。
　そこで、今回の改訂において、まずは基礎的・基本的事項から積み上げて指導することが重要であることから、「基礎的・基本的な事項から着実に習得できるように指導する」と改めました。なお、指導の工夫や配慮により履修が可能であるにもかかわらず、見えないことなどを理由に各教科の内容を安易に取り扱わないことは、指導内容の精選には当たらないことに留意が必要です。

イ (4)コンピュータ等の情報機器や教材等の活用について

新	現行
(4)視覚補助具やコンピュータ等の情報機器、触覚教材、拡大教材及び音声教材等各種教材の効果的な活用を通して、児童が容易に情報を収集・整理し、主体的な学習ができるようにするなど、児童の視覚障害の状態等を考慮した指導方法を工夫すること。	(4)触覚教材、拡大教材、音声教材等の活用などを図るとともに、児童が視覚補助具やコンピュータ等の情報機器などの活用を通して、容易に情報の収集や処理ができるようにするなど、児童の視覚障害の状態等を考慮した指導方法を工夫すること。

　視覚を活用した学習が困難な児童は、聴覚や触覚から情報を得て学習します。触覚教材や音声教材を活用したり、モデル実験を行ったりするなど、視覚的な情報を聴覚や触覚で把握できるように指導内容・方法を工夫することが大切です。そして、主体的な学習をできるようにするために、視覚補助具やコンピュータ等の情報機器、各種教材のどれもが重要であり、それらの効果的な活用により情報を収集・整理することが大切です。
　そこで、今回の改訂において、「視覚補助具やコンピュータ等の情報機器等、触覚教材、拡大教材及び音声教材等各種教材の効果的な活用を通して、情報を収集・整理し、主体的な学習ができるようにする」と改めました。

ウ (5)見通しをもった学習活動の展開について

新	現行
(5)児童が場の状況や活動の過程等を的確に把握できるよう配慮することで、空間や時間の概念を養い、見通しをもって意欲的な学習活動を展開できるようにすること。	(5)児童が空間や時間の概念を活用して場の状況や活動の過程等を的確に把握できるよう配慮し、見通しをもって意欲的な学習活動を展開できるようにすること。

　視覚障害のある児童は、空間や時間の概念の形成が十分でないために、周囲の状況や事象の変化の理解に困難が生じる場合があります。例えば、空間の概念を養うには、地図や図形等の系統的な指導により概念形成を図ったり、自分を基準とした位置関係などを把握したりできるように指導を重ねる必要があります。
　そこで、今回の改訂では、教師の支援や工夫により、児童生徒が場の状況や活動の過程等を、的確に把握できるよう配慮された学習を重ねることが、空間や時間の概念を養うことにもつながることから、「場の状況や活動の過程等を的確に把握できるようにすることで、空間や時間の概念を養い」と改めました。

○　自立活動
ア　自立活動全体の改訂の要点
　・発達障害や重複障害を含めた障害のある幼児児童生徒の多様な障害の種類や状態等に応じた指導を一層充実するため、自立活動の内容として、「１健康の保持」の区分に「(4)障害

の特性の理解と生活環境の調整に関すること。」の項目を新たに示しました。これにより、従前の6区分26項目から27項目となりました。
- 自己の理解を深め、主体的に学ぶ意欲を一層伸長するなど、発達の段階を踏まえた指導を充実するため、「4 環境の把握」の区分の下に設けられていた「(2)感覚や認知の特性への対応に関すること。」の項目を、「(2)感覚や認知の特性についての理解と対応に関すること。」と改めました。
- 感覚を総合的に活用した周囲の状況の把握にとどまることなく、把握したことを踏まえて、的確な判断や行動ができるようにすることを明確にするため、「(4)感覚を総合的に活用した周囲の状況の把握に関すること。」の項目を、「(4)感覚を総合的に活用した周囲の状況についての把握と状況に応じた行動に関すること。」と改めました。
- 実態把握から指導目標（ねらい）や具体的な指導内容の設定までの手続きのなかに、「指導すべき課題」を明確にすることを加えました。
- 児童生徒自身が活動しやすいように環境や状況に対する判断や調整をする力を育むことが重要であることから、「個々の児童又は生徒に対し、自己選択及び自己決定する機会を設けることによって、思考したり、判断したりすることができるような指導内容を取り上げること。」を新たに示しました。
- 児童生徒自らが、自立活動の学習の意味を将来の自立と社会参加に必要な資質・能力との関係において理解したり、自立活動を通して、学習上又は生活の困難をどのように改善・克服できたか自己評価につなげたりしていくことが重要であることから、「個々の児童又は生徒が、自立活動における学習の意味を将来の自立や社会参加に必要な資質・能力との関係において理解し、取り組めるような指導内容を取り上げること。」を新たに示しました。

イ 学習指導要領解説　自立活動編（幼稚部・小学部・中学部）
- 「実態把握」から「具体的な指導内容の設定」までのプロセスについて、視覚障害の事例を追加しているので参考にしてください（P128）。本事例は、先天性の眼疾患により光を感じることができる程度の視覚障害のある小学部第5学年の児童に対して、学校近辺の安全な道路まで白杖を用いて歩行できるようにするための、実態把握から具体的指導内容を設定するまでの流れの例です。
- 自立活動の内容で6区分の下に設けられた27項目についての解説部分は、次のように構成されています。
    ①この項目について
    　→各項目で意味していることを解説しています。
    ②具体的指導内容例と留意点
    　→当該項目を中心として考えられる具体的な指導内容例を、幼児児童生徒の障害の状態を踏まえて示しています。
    ③他の項目との関連例
    　→当該項目を中心としながら他の項目と関連付けて設定する指導内容例を示しています。

上記の②と③について、視覚障害の例を改善・充実させています。②に18事例、③に4事例

を掲載しています。
　例えば、「5 身体の動き(4)身体の移動能力に関すること」の②では、「視覚障害のある幼児児童生徒の場合、発達の段階に応じて、伝い歩きやガイド歩行、基本的な白杖の操作技術、他者に援助を依頼する方法などを身に付けて安全に目的地まで行けるように指導することが重要である。また、弱視の児童生徒の場合は、白杖を用いた歩行の際に、保有する視覚を十分に活用したり、視覚補助具を適切に使ったりできる力を付けることも必要である。」と示しています。
　その他の記述の詳細は、自立活動編を参照してください。

コラム①

世界に誇る全盲の学者・塙保己一
（はなわほきいち　1746-1821）

　「刻む歩みに保己一の　まこと心をうけつぎて」…これは、埼玉県立特別支援学校塙保己一学園（埼玉県立盲学校）の校歌の歌詞です。

　校歌に歌われている塙保己一は、江戸時代後期に活躍した埼玉県本庄市出身の全盲の国学者です。近代日本経済の礎を築いた渋沢栄一、日本の公認女医第1号となった荻野吟子とともに、埼玉の三偉人と呼ばれています。塙保己一は、全国各地に分散していた貴重な文献を収集・編集・出版した『群書類従』、国学の発展に大きく貢献した『和学講談所』の設立など、多くの偉業を成し遂げた人物です。また、世界的な偉人として讃えられているヘレン・ケラーが目標とした世界に誇る偉人です。

　塙保己一は、1746（延享3）年に武蔵国児玉郡保木野村（ほきのむら）に生まれました。7歳で病により失明し、12歳で母を亡くしました。15歳のときに江戸へ出て、その後学問の道を目指しました。1779（安永8）年、保己一34歳のときから、全国に散乱していた多くの古い記録や資料を集めて分類、整理を41年間にわたって行い、1819（文政2）年、74歳のとき、670冊にまとめて出版するという大事業を成し遂げました。これが『群書類従』であり、「これをなくしては日本文化の歴史を理解することは困難」と言われ、今でも歴史研究に使われています。また、1793（寛政5）年、保己一48歳のとき、日本独自の精神、日本古来の文化、日本人の心を研究する学問所『和学講談所』を設立し、後継者を養成しました。1821（文政4）年、盲人社会の最高位である惣検校（そうけんぎょう）につき、76歳の天命を全うしました。

　「私は特別の思いをもって、埼玉にやってまいりました。それはつらく苦しいときでも、この埼玉ゆかりのハナワ・ホキイチ先生を目標に頑張ることができ、今の私があるからです」…これは、ヘレン・ケラーが1937（昭和12）年に埼玉会館で開かれた講演会で語った言葉です。埼玉県では、平成19年度から塙保己一の精神を受け継ぎ、障害がありながらも不屈の努力を続け社会的に顕著な活躍をしている人、障害者のために様々な貢献をしている人に贈る「塙保己一賞」が授与されています。埼玉県立特別支援学校塙保己一学園からも、教諭が視覚障害者柔道の実績により奨励賞を、PTAが点字ブロック理解啓発推進キャンペーンの功績により貢献賞を受けています。このように、埼玉の地では、脈々と塙保己一のまこと心が受け継がれています。

コラム②

視覚障害疾患の今昔

　「視覚障害の研究をしたいのなら、ぜひ日本へ行くことを自信を持って勧める。日本ほど視覚障害の多い国はない。」…幕末に長崎に来ていたオランダ人医師ポンペが本国に送った手紙の一節といわれています。眼科医療のレベルが極めて低かった幕末～明治初期、このころのある地方の調査では、視覚障害の出現率は知的障害の2.4倍、聴覚障害の3.6倍、肢体不自由の8.8倍であったとも記録されています。これは現在とは格段の差で、ポンペの指摘は必ずしも誇張ではなかったようです。当時の疾患名は天然痘・トラコーマ・性感染症・寄生虫などによる感染性疾患、また鉱山での粉塵や不衛生な生活環境による角膜・ブドウ膜疾患や白内障も多かったとされています。
　明治以降、近代医学と衛生思想の普及によりこれらの眼疾患は漸減していきました。
　しかし、その後太平洋戦争終結までの間、急速な産業の機械化による事故や、相次ぐ戦争の影響で、外傷性失明が増加しました。
　終戦直後から復興期の間は、特に乳幼児を中心に、栄養不足による失明や抵抗力低下による感染性疾患が、また特徴的な疾患としては不良酒（メタノール混入酒）中毒による失明というのも特記されます。
　戦後の医療の進展は目を見張るものがあり、感染性疾患の多くは治癒可能となり、また白内障なども一部を除き失明を免れるようになりました。ただしその過程では産科医療の進展で多くの未熟児の命が救われた一方で、未熟児網膜症の多発（1960年代を中心に）を招くといった悲劇も発生しました。筆者は担任をしていた弱視生徒たちの「ボクは○○県の未熟児記録保持者だったよ！」「それを破ったのはワタシよ！」などという会話をよく耳にしたものでした。
　1960年代後半以降、飽食の時代といわれる食生活習慣の広がりとともに、糖尿病網膜症による中途失明も増加しました。関係者による食生活改善の啓発が功を奏し、発症にブレーキが効き始めたのは2000年代になってのことです。
　現在はこれら医療関係者の努力の甲斐もあって、多くの眼疾患に対する予防や治療法が進展し、特に若年層での発症数は減少に向かっています。さらに「残された眼疾患」として失明原因の上位にランクされている緑内障に対する早期発見の啓発や、加齢黄斑変性・網膜色素変性症に対するiPS細胞の応用研究なども現在進行中です。今後に大いに期待したいものです。

Ⅰ章　視覚障害のある幼児児童生徒を理解するために

1 視覚障害教育の対象と教育目標について教えてください。

●視覚障害のある幼児児童生徒の教育の場

特別支援学校（視覚障害）

両眼の視力がおおむね0.3未満のもの又は視力以外の視機能障害が高度のもののうち、拡大鏡等の使用によっても通常の文字、図形等の視覚による認識が不可能又は著しく困難な程度のもの
（学校教育法施行令第22の3）

弱視特別支援学級

拡大鏡などの使用によっても通常の文字、図形等の視覚による認識が困難な程度のもの。
（25文科初第756号初等中等教育局長通知）

○**通級による指導（弱視）**

拡大鏡の使用によっても通常の文字、図形などの視覚による認識が困難な程度の者で、通常の学級での学習におおむね参加でき、一部特別な指導を必要とするもの。（25文科初第756号初等中等教育局長通知）

A

●視覚障害教育の対象となる幼児児童生徒について

平成25年に学校教育法施行令の一部改正が行われました。これによって、学校教育法施行令第22条の3については、就学基準ではなく、特別支援学校に入学できる障害の程度を示すものとなりました。視覚障害のある幼児児童生徒の教育の場としては以下の通りです。

(1) **盲学校**

多くの盲学校には、幼稚部・小学部・中学部・高等部（本科・専攻科）が設置され、幼児期からの一貫した教育を行っています。幼稚園・小学校・中学校・高等学校に準ずる教育を行いますが、「自立活動」などを通して、障害を改善・克服するための特別な指導が系統的・継続的に行われます。重複障害がある幼児児童生徒については個人差も大きいため個々の実態に合わせた教育を行っています。また多くの学校には、通学困難な幼児児童生徒のために寄宿舎が設置されています。

(2) **弱視特別支援学級**

小・中学校に設置される視覚障害のある児童生徒が在籍する学級です。教育課程は自立活動を取り入れ、弱視レンズ、タブレット型端末及び視覚補助具の使い方等の指導が行われ、また拡大教材等を使用するなど見やすい環境で学習が進められています。

(3) **通級による指導（弱視）**

視覚障害の児童生徒が、通常の学級に在籍し障害の状態に応じて特別の指導を受けることができます。通級指導教室では、週1～8単位時間、自立活動を参考とした指導、さらに特に必要があるときは、障害の状態に応じて各教科の内容を取り扱いながら指導を行うことができます。また、平成30年度より高等学校においても通級による指導が制度化されました。

(4) **通常の学級での障害に配慮した指導**

軽度の視覚障害のある児童生徒については、通常の学級でも多くの視覚障害のある児童生徒が学んでいます。視覚障害があることに配慮しながら、個々の児童生徒の見え方や学校

要点 個々の教育的ニーズに応じることのできる多様な学びの場が整えられています。カリキュラム・マネジメントを踏まえ、自立と社会参加を目指す教育目標が設定されることが大切です。

の状況を踏まえ教育を行います。どのような場で教育を受けるにしても、適切な配慮がなされ安心して学校生活を送り子供のもつ可能性を最大限に伸ばすことが大切です。

●就学支援システムについて

　子供一人一人のニーズに応じた支援を保証するために、乳幼児期からの一貫した支援を行うことが大切です。就学についても、早期から保護者、関係者との連携を取りながら進めていくことで保護者の障害特性の理解受容につなげることができます。就学先を決定するまでの手順や、就学時の「学びの場」が固定したものではなく、個々の児童生徒の発達の様子や環境の変化などを考慮して、転学など柔軟に対応できるようになっていることを本人・保護者にも伝えていきます。そのためには、就学前も就学後も教育相談をしっかりと行い、個別の教育支援計画等をもとに適切な「学びの場」がどこであるのかを総合的に考えなければなりません。また、本人・保護者の意見を最大限に尊重することは言うまでもありません。

●教育目標について

　学校教育の目的や目標は、教育基本法を踏まえています。特別支援学校の目的は学校教育基本法第72条に、目標は各学部のそれぞれの学習指導要領等に、それぞれ示されています。様々な場で学ぶ視覚障害のある幼児児童生徒は、それぞれの学校において、個々の実態を踏まえ、育成を目指す資質・能力を明らかにして、学校教育目標が設定されることになります。

　新学習指導要領の解説では、カリキュラム・マネジメントの側面として「幼児児童生徒や学校・地域の実態を適切に把握し、教育の目的や目標の実現に必要な教育内容を教科等横断的な視点で組み立てていくこと」とあります。

　教育目標を設定し、その目標を達成するために、教育課程が各学校で編成されています。教育課程を軸にして改善・充実の良い循環を生み出していくのがカリキュラム・マネジメントであるため、教育目標については、カリキュラム・マネジメントの視点を踏まえて考えていく必要があります。

特別支援学校の目的

　特別支援学校は、視覚障害者、聴覚障害者、知的障害者、肢体不自由者又は病弱者に対して、幼稚園、小学校、中学校又は高等学校に準ずる教育を施すとともに、障害による学習上又は生活上の困難を克服し自立を図るために必要な知識技能を授けることを目的とする。
（学校教育法72条）

カリキュラム・マネジメント

　学校教育にかかわる様々な取組を、教育課程を中心に捉えながら組織的かつ計画的に実施し、教育活動の質の向上につなげていくこと。

Q2 視覚障害の原因となる疾患にはどのようなものがありますか。

●眼球の模式図

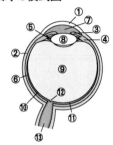

①角膜　②強膜　③虹彩
④毛様体　⑤毛様体小帯
⑥脈絡膜　⑦前房　⑧水晶体
⑨硝子体　⑩網膜　⑪中心窩
⑫視神経乳頭　⑬視神経

●視覚障害の原因

　社会的環境の変化や治療医学の進歩、衛生思想の普及により、視覚障害の原因疾患は著しく変化しました。以前は感染症や栄養障害による視覚障害も頻発しましたが、現在では激減し、早産や先天素因、原因不明、外傷などのほか糖尿病などの全身病がその原因を占めています。

●弱視児への配慮

　弱視児では視機能保存のための定期的な受診が重要です。強度近視、小眼球・虹彩欠損、未熟児網膜症、白内障、糖尿病網膜症などでは、網膜剥離の危険があり、運動や姿勢の制限などを検討します。

●全盲児への配慮

　全盲児では外見に対する配慮や眼球保存のために、医療を含む関係機関との連携が大切です。

　その他、カウンセリングも必要です。

A ●視覚障害の原因疾患について

　盲学校に在籍する幼児児童生徒の視覚障害原因疾患については5年ごとの調査研究があります。平成27（2015）年の調査の結果、幼稚部相当の3～5歳では、小眼球・虹彩欠損がもっとも多く、未熟児網膜症、視中枢障害、角膜白斑、緑内障・牛（水）眼、白内障、視神経萎縮、網膜芽細胞腫が頻度の高い疾患でした。小学部相当の6～12歳では、これらに網膜色素変性症が加わり、中学部相当の13～15歳では網膜色素変性症の割合が高くなり、未熟児網膜症、視神経萎縮、小眼球・虹彩欠損に次いで第4位でした。高等部相当の16歳以上では糖尿病網膜症や黄斑変性の割合が高くなります。

　このように、幼・小学部段階では眼の発生異常である小眼球・虹彩欠損、角膜白斑、先天緑内障・牛（水）眼や、重複障害と関連する未熟児網膜症と視中枢障害が高い割合を占め、中学部以上では中途視覚障害（網膜色素変性症、緑内障、糖尿病網膜症、黄斑変性）の割合が増えます。白内障やベーチェット病、屈折異常による視覚障害の発生は減少しています。

●主な眼疾患

(1) 小眼球・虹彩欠損：胎生期の眼球形成の異常です。小眼球では遠視や視野異常が生じます。虹彩欠損では羞明と視野上方の欠損が生じます。屈折異常の矯正、見やすい視野位置の確認、網膜剥離の予防、遮光眼鏡の装用を検討します。

(2) 未熟児網膜症：未熟児に生後まもなく発症の可能性がある網膜の異常です。視力・視野は正常から全盲まで個人差があります。屈折異常の矯正、網膜剥離の予防、知的障害などの重複障害対応を検討します。

(3) 視中枢障害：視中枢の損傷が原因で視覚障害が生じた状態です。視力や視野は個人差があります。光凝視や指を眼前でひらひらさせる常同行動が認められることがあります。運動発達・知的発達に伴い視反応は向上することがあり、様々な側面からのアプローチを着実に、継続して行います。

(4) 角膜白斑：角膜が白く濁った状態です。Peters奇形や強膜化角膜などがあります。光線が乱反射し、コントラストの

要点 視覚障害の原因疾患についての基礎的な知識を身に付け、眼科医等との連携を密にして、教育における配慮事項を理解します。

●眼球部位別の主な視覚障害原因疾患
眼球全体：緑内障・牛（水）眼、小眼球・虹彩欠損、視神経欠損、屈折異常、眼球ろう、白子、眼振、全色盲
角膜疾患：角膜白斑
水晶体疾患：白内障
硝子体疾患：硝子体混濁
ぶどう膜疾患：ぶどう膜炎、ベーチェット病
網膜疾患：網膜色素変性症、黄斑変性、網脈絡膜萎縮症、未熟児網膜症、網膜芽細胞腫、網膜剥離、糖尿病網膜症
視神経視路疾患：視神経萎縮、視神経炎、視中枢障害
その他：機能弱視

●弱視の見え方と眼疾患
ピンボケ状態（網膜に像が鮮明に結ばれない状態）：屈折異常、小眼球
混濁状態（光が乱反射している状態）：角膜白斑、白内障、硝子体混濁
暗幕不良状態（眼球内が暗く保てない状態）：虹彩欠損、白子
照明不良状態（光量の過不足状態）：網膜色素変性症、全色盲、白子
振とう状態（網膜像が常に動いている状態）：眼振
視野の制限状態（視野狭窄や中心暗点のある状態）：網膜色素変性症、緑内障、黄斑変性、網膜剥離、視神経萎縮

低下と羞明が生じます。照明の工夫や文字などの白黒反転を検討します。

(5) 緑内障・牛（水）眼：眼圧が高くなり、視神経の萎縮が生じます。視野の異常のほか、先天性では屈折異常や角膜白斑が生じることがあります。眼球破裂の危険性があり、防御眼鏡の装着を検討します。

(6) 白内障：水晶体が混濁した状態です。眼の中で光が乱反射するため、コントラストの低下や羞明が生じます。照明の工夫や白黒反転を考えます。先天白内障の術後無水晶体眼では、眼鏡の常時装用などによる視機能の発達を促します。

(7) 視神経萎縮：視神経組織が変性あるいは機能不全を起こした状態です。視野欠損が生じます。視神経萎縮の程度には個人差があり、視力、視野の状態も個人差が大きいので、個々人の見え方の把握が大切です。

(8) 網膜芽細胞腫：乳幼児の網膜に発生する悪性腫瘍です。視力予後は腫瘍の大きさや位置で異なります。生命予後は比較的良好で、5年生存率は90％以上です。しかし、二次腫瘍発生の可能性があり、生涯にわたる経過観察が必要です。

(9) 網膜色素変性症：網膜桿体の機能低下が生じた状態です。その多くは進行性です。暗い所が見えにくい夜盲と周辺が見えない視野狭窄が生じ、歩くことや球技が難しくなります。一方、発症初期は読書が可能ですが、病気の進行とともに難しくなります。進行性の疾患のため、心理的ケアが必要です。

(10) 糖尿病網膜症：糖尿病の合併症としての、網膜の異常です。網膜症の程度によって見え方は様々ですが、視力の低下や視野の欠損が生じます。視力の低下や視野の欠損が急速に進むことがあり、心理的ケアが必要です。

(11) 黄斑変性：遺伝性と加齢性があり、いずれも網膜黄斑部の視細胞の変性です。視力低下と中心暗点、色覚異常が生じ、読書が難しくなります。一方、歩行や運動は多くの場合可能です。羞明を訴える場合には遮光眼鏡を装着します。進行性の黄斑変性の場合、心理的ケアが必要です。

Q3 視覚障害のある人は、どのように見えているのでしょうか。

A 視覚障害者の見え方には、大きな個人差がありますが、大きくは盲と弱視に分けられます。

●盲

光覚がない場合を失明、光覚がある者のうち、眼前で手を動かすのがわかる場合を手動弁、眼前に出した指の数がわかる状態を指数弁といいます。光覚があることは方角や方向、色合いなどを知る大きな手がかりになるとともに、生活リズムの安定にもかかわります。

盲の人は触覚や聴覚など視覚以外の感覚を活用し、点字や音声機器等を使用して学習します。

●弱視

視覚による学習や生活に困難があるものの、視覚補助具を活用して文字を拡大したり反転したりすれば読み書き学習が可能です。視力だけでなく、視野等の障害を併せもつ人も多く、見えにくさは以下のように多様な状態があります。

370方式

平成6年から、学校健診での視力検査は、視力0.3、0.7、1.0の指標で行う「370方式」になっています。

ABCD判定で視力を把握します。視力1.0以上がA、0.9から0.7がB、0.6から0.3がC、0.3以下がDとされます。

教室で黒板の文字が最前列で見えるのに必要な視力は0.3、最後列では0.7が必要です。D判定では教室の最前列でも板書が見えません。

身体障害者程度等級表　改正（視覚障害抜粋）

1級
視力の良い方の眼の視力が0.01以下のもの

2級
1　視力の良い方の眼の視力が0.02以上0.03以下のもの
2　視力の良い方の眼の視力が0.04かつ他方の眼の視力が手動弁以下のもの
3　周辺視野角度の総和が左右眼それぞれ80度以下かつ両眼中心視野角度が28度以下のもの
4　両眼開放視認点数が70点以下かつ両眼中心視野視認点数が20点以下のもの

3級
1　視力の良い方の眼の視力が0.04以上0.07以下のもの
2　視力の良い方の眼の視力が0.08かつ他方の眼の視力が手動弁以下のもの
3　周辺視野角度の総和が左右眼それぞれ80度以下かつ両眼中心視野角度が56度以下のもの

1　ピンぼけ
網膜像のピントが合っていない状態

2　混濁
すりガラスを通したような見え方

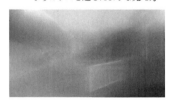
3　明暗順応不良（左は暗順応障害、右は明順応障害）
映画館などでの明暗の変化に対応できず見えにくい感じ

4　求心性視野狭窄（左は視野30度、右は視野10度）
中心視力は良好な場合もある

> **要点** 視覚障害のある人の見え方は多様で、健康状態や環境によっても変化します。本人も自覚しづらく、周囲への伝えにくさもあります。

4　両眼開放視認点数が70点以下かつ両眼中心視野点数が40点以下のもの

4級
1　視力の良い方の眼の視力が0.08以上0.1以下のもの
2　周辺視野角度の総和が左右眼それぞれ80度以下のもの
3　両眼開放視認点数が70点以下のもの

5級
1　視力の良い方の眼の視力が0.2かつ他方の眼の視力が0.02以下のもの
2　両眼による視野の2分の1以上が欠けているもの
3　両眼中心視野角度が56度以下のもの
4　両眼開放視認点数が70点を超えかつ100点以下のもの
5　両眼中心視野視認点数が40点以下のもの

6級
視力の良い方の眼の視力が0.3以上0.6以下かつ他方の眼の視力が0.02以下のもの
（身体障害者福祉法施行規則別表第5号）

心理的ケア
　網膜色素変性症や緑内障など進行性や慢性の眼疾患の場合、あるいは脳の視覚中枢に腫瘍ができた場合など、徐々に、または急激に見え方が悪化していきます。失明への不安、視覚障害を受け入れられない心の葛藤など、見え方以外にも心の変化への対応等きめ細かなケアが求められます。

5　中心暗点（中心視野の欠損）　　6　羞明（まぶしさで見えない）

　他に、色の認識がしにくい特性がある色覚異常、立体視が困難な両眼視の不良、眼球運動の不良、眼球が不随意に揺れる眼振、視線が正面を向いていない斜視や偏心視などの状態も見られます。
　多くの弱視者が上記の状態を重複して抱えています。疾患の種類や進行状況によっても見え方は変容します。見え方は季節や天候、体調によっても、また一日の間でも変動します。

●**視覚障害児者への配慮**
(1)　**周囲の気付き**…視覚障害の状態を的確に把握すること
　弱視児は自分の見え方をよく見える状態と対比させて認識したり言語化することが困難なため、「見えているよ」と答えてしまうことがあります。周囲が行動観察などから見え方の困難に気付き、必要な配慮を整えることが求められます。
(2)　**保有する視覚の活用**…見えやすい環境を整えること
・網膜像の拡大を図る。
・情報の精選、単純化とノイズの除去。
・コントラストを上げ、色の組合せを工夫し、鮮明に見せる。
・明るさの調節…ブラインドやカーテンの設置、照明の活用。
・適切な机の選定と書見台の利用。
・視覚補助具や見やすく使いやすい学用品の利用。
(3)　**視覚以外の感覚の活用**
　聴覚や触覚、その他のあらゆる感覚を活用して視覚を補うとともに、言語化で確かなイメージをもてるようにする。
(4)　**見えにくさの理解**
　弱視児自身が自分の見えにくさを理解し、自分で工夫したり周囲に援助を求めたりして環境を整備し、自己選択や自己決定による自立を促せるような支援が必要です。

Q4 視機能とその発達について教えてください。

「見える」みちすじ

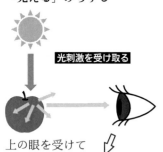

水晶体：光を集めたり、ピントを調節したりします。
黄　斑：眼のなかで最も良く見えるところで眼の中心と言われています。
虹　彩：光の量やピントを調節します。
脈絡膜：血管があり網膜に栄養を送っています。
網　膜：光を感じるところです。光を神経の信号に変えます。

大脳までのみちすじ

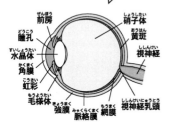

視力の発達（PL法を用いた視力の発達）

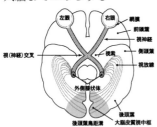

A ●視覚（見る）機能について

　視覚機能（以下「視機能」という）は、視力、視野、光覚、色覚、屈折、眼球運動、調節、両眼視等の機能から成り立っています。ここでは、盲学校の教員として知っておくべき視力、視野、眼球運動、色覚について取り上げます。

　視覚とは、眼を通して与えられる感覚です。光が網膜によって感受され、視神経を経て大脳に送られ明暗、形、色彩、奥行、運動などの感覚が生じます。視覚をつかさどる器官は眼から大脳に至る数多くの部分より成っています。

　「見える」みちすじは、よくカメラの仕組みと対比されます。カメラのレンズ（角膜）で光を集め、しぼり（瞳孔）で光の入る量を調整します。ピント調節（水晶体）で焦点を合わせ、フィルム（網膜）に形として写ります。写った映像は現像され運ばれ（視神経）、写真（脳）として判断されます。

　眼は胎生3週に形成が始まり、胎生5週末に全般的な構造が認められ、眼球全体としては、胎生8か月ころまでにはおおむね完成すると言われています。

　視力の発達は、生後2か月で片方の眼で見たときの縞視力（TAC）は0.02、4か月で0.05、11～12か月で0.08～0.15、24か月で0.36、36か月で0.91という報告があります。1歳前後で視力の発達は一度停滞するとされていますが、その後急激にピント合わせ機能や眼球運動のコントロールができるようになります。左の図「視力の発達」では、3歳で視力は最高視力まで完成するように見えますが、8歳ころまでは視機能は不安定で確立の時期にあります（視覚感受性期）。視力の発達期は、はっきりとした画像を見る環境が条件となりますが、この時期にその条件を阻害する状況に置かれると、一旦発達した視力も低下することがあることに注意が必要です。

　視野は眼を動かさないで見ることのできる範囲です。その発達については測定が難しく、これまで十分に検討されていません。報告によっては、生後2～6週では左右方向の視野がそれぞれ15～20度で、生後8週以後、視野は徐々に拡大し、学齢期以降も発達を続け、12歳前後で成人の範囲である、固

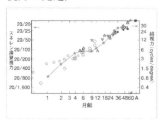

要点
視機能は徐々に発達していきますが、ロービジョンの場合、「見る」力を伸ばすためには見る楽しさの体験や支援が必要です。

ロービジョンとは
医学用語としての「弱視」とは区別して用いられます。「社会的弱視」とも言われます。視力(矯正視力)や視野などに機能低下が生じ、日常生活に支障が認められます。保有する視機能を活用できる可能性がある状態です。

乳幼児の見え方

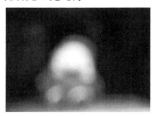

（2か月くらい）
大きいものでも輪郭がぼやけて見えます

（6か月くらい）
おもちゃをじっと見つめたり眼で追ったりします

（1歳くらい）
ピント合わせができます

視点からおよそ鼻側へ60度、耳側へ100度、上方へ60度、下方へ70度に到達すると考えられています。

新生児には随時目的のない眼球運動が認められています。次いで目的をもった眼の動きが現れ、そこから眼をコントロールできるようになります。追視などを意識して行える眼球運動は生後3か月では未確立ですが、徐々に発達すると言われています。近くの物を見る際に眼球を内側に寄せる寄り目は、3か月以前にも認められますが、6か月で成人と同じようにできるようになります。また視覚障害児の眼の動きを観察すると、無意識に生じている眼の揺れを認めることがあります。これは眼振と言われる症状で、視力障害と関係します。

2か月で色に反応する報告があるように、色覚の発達が完成するのは他の機能に比べ意外と早いと言われています。しかし、発達が完成したとしても、個体差が大きいことに注意が必要です。

● 「見えていること」と「見てわかること」について

一言で「見る」と言っても、物がぼんやりと目に入る状態から、自分から形を意識して見ること、その物の意味まで見てわかる（認知する）ことまで段階的に発達していきます。しかし、ロービジョンの場合、視力的にはある程度見えてしかるべきだと思われるのに、見えない、見ようとしない段階に留まっている子供もいます。こうした子供たちは、見ることの楽しさを体験することで、見る能力相応に見ることができる段階に達することができます。さらに、見て「これは何である」と物を認知するためには、大脳で概念形成が成されていなければなりません。網膜に映った像は、大脳の視中枢に伝えられ、過去の経験やイメージ等（概念）と照合して意味づけされるからです。視体験は、概念形成に大きな影響を与えますが、視覚に障害があったとしても、教育の工夫で補うこともできます。言葉での説明や、実物や模型を触って具体的な情報を伝える（植物や昆虫の観察等）ことが、確かで豊かな概念やイメージの獲得につながると言えるのです。

Q5 視機能検査の種類や方法にはどのようなものがありますか。

A

医学的検査と教育的評価

視機能の医学的な検査は定められた条件・方法で行います。教育的な評価は、医学的検査の原理を踏まえたうえで、その子供にとって可能な方法で視機能を捉えようとするものです。なので、測定可能な対象は広がりますが、正確性は低下する可能性があります。しかし、医学的検査では把握できない視覚的特徴を把握できます。これらを踏まえ、積極的に現場で見え方を捉えていきましょう。

視力の計算

視力の値は、ぎりぎり見える角度（視角といいます）の逆数です。角度の単位は「分」で、1度の1／60が1分です。つまり、視力＝1／視角（分）です。下の図で切れ目や縞の幅が視角1分だと1／1で視力1.0、10分だと1／10で視力0.1です。また、視力0.4＝1／視角から、0.4では2.5分まで見えます。

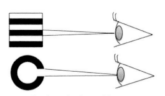

視力は視角に基づく

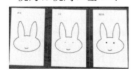

森実式ドットカード

●視力の検査

どれくらい小さなものまで見えるかを測定するのが視力検査です。視覚障害児の測定では主に単独視標（各視力の視標が個別になったもの）を用います。視力が低くて視標での測定が難しい場合、指の数がわかるか（指数弁）、眼前で手を振ったのがわかるか（手動弁）、明暗の認識ができるか（光覚弁）といった表記で視力を表します。その他の測定法もあります。「縞視力」は、グレーの面と白黒の縞の面を同時に提示し、縞の面を見たら見えたと判断し、認識できた最も細い縞の幅と視距離から視力を求める方法です。検査を受ける人が方向を示す必要が無いのが特徴です。代表的なものに、TAC（Teller Acuity Cards Ⅱ, Precision Vision）やLEA Grating Acuity Test（LEA-Test Ltd.）があります。「ドットカード」は、「キャラクターの眼がある」と反応した最も小さな眼の直径と視距離から視力を求める方法です。課題がわかりやすく反応しやすい特徴があります。代表的なものに、森実式ドットカード（はんだや）があります。これらの方法だと、通常の検査が難しい乳幼児や知的障害を有する視覚障害児の測定可能性が高まります。また、視力検査キット「たべたのだあれ」（はんだや）は、弱視児の視力の把握には適していませんが、幼児の「おおむね0.3未満」の判別に用いることができます。

●視野の検査

どれくらいの範囲見えているのか、見えていない部分があるのかといったことを測定するのが視野検査です。一般的な検査には、外側から近づく視標がどれくらいの範囲で見えるか、あるいは視野内に見えない部分があるかの検査（動的視野）と、中心30度内の様々な位置の網膜の感度の検査（静的視野）があります。これらは専門的な機器と技術が必要なため医療機関で測定します。それゆえ学校に提供された測定結果から見え方を理解する必要があります。また、簡便な把握法としては、対面して視野を比較する対座法という方法や、周辺視野に興味を引きそうなものを提示して反応を確認する

> **要点** 各種の視機能検査が何を測定しているのかを理解し、検査結果から見えにくさの把握につなげ、指導に生かすようにしましょう

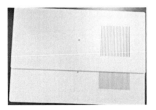
Teller Acuity Cards II

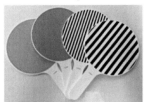
LEA Grating Acuity Test

日用視野測定アプリ

日用視力測定アプリの設定例

MNREAD-J

白黒反転の効果
　特にまぶしさを訴える視覚障害児では白黒反転させるとよく見えることが多いので、反転の効果についても評価することが大切です。

方法等があります。また、iPad（Apple Inc.）用のアプリ「日用視野測定」を用いても、視野内のよく見える位置や見えにくい位置を簡便に把握できます。

●**コントラストの検査**
　明暗の違いの比をコントラストと言います。コントラストが低下すると見えにくくなる視覚障害児やコントラストを反転（白黒反転）させると見えやすくなる視覚障害児もいます。この特性を把握するのがコントラストの検査です。明るさの変化に伴う視力や行動の変化の観察や、iPad（Apple Inc.）用のアプリ「日用視力測定」を用いると、コントラスト低下や白黒反転の際の見え方の変化を簡便に評価できます。

●**色覚の検査**
　混同しやすい色を把握するのが色覚の検査です（Q19参照）。視覚障害児のなかには、赤緑色覚異常（特性）、青黄色覚異常（特性）および両者の混合した色の見え方の者や、透光体混濁によって短波長（青系）を中心とした色の見え方が低下している者もいます。それゆえ、代表的な検査の石原式色覚検査表では実態把握が難しい場合があります。具体物や色紙等を用いた色認識の特徴把握の方が支援につなげやすいでしょう。また、教室での配慮として「赤チョークを避け、白と黄色を使う」という考え方がありますが、白と黄色のチョークの区別が難しい視覚障害児もいるので、実態に基づいた配慮が大切です。

●**読書の評価**
　必要な文字サイズ（倍率）や読書速度を把握するのが読書の評価です。評価にはMNREAD-J（はんだや）がよく用いられます。本人の選択する文字サイズが最適とは限らないため客観的な評価が大切です。評価結果は、拡大教科書や補助具の選定、使用文字の選択の際の資料となります。また、白黒反転の効果も測定できます。なお、文字サイズ（倍率）は視距離と併せて考える必要があることに留意してください。

Q6 触知覚に関する基礎的な知識を知りたいのですが。

A
●触知覚とは
　人間の触覚は外的環境を受容する皮膚感覚（圧覚、温覚・冷覚、痛覚）と身体の内的環境を受容する平衡感覚、運動感覚、有機感覚が複合的に関連した、身体の広範囲にちりばめられた多種類の感覚です。これらの感覚を通じて刺激を受け取ることを触知覚といいます。全盲児の触知覚の中で環境認知、知識や概念の獲得、言葉や読み書きの学習のために特に重要といえる触覚部位は手指となり、手指による触知覚の特徴を表す代表的な用語として触覚2点弁別閾と能動的触知覚があげられます。

●触覚2点弁別閾
　指先で2つの離れた点を2点として認識できる最小の距離のことを触覚2点弁別閾といいます。人間の感覚刺激は感知できる刺激の最小量である刺激閾と最大量である刺激項の間でしか成立しないため、手指による触知覚も小さすぎる刺激では知覚することができません。これは視力が視覚的鋭敏さの指標と考えられているのと同様に、触覚の鋭敏さを表す指標となります。晴眼者の触覚2点弁別閾は2mm程度、全盲者の触覚2点弁別閾は1.4mm程度といわれており、全盲者の閾値の方が低いことが明らかにされています。しかし、これは視覚に障害があるから閾値が低くなるわけではなく、手指を用いた経験や学習による脳の可塑的変化から手指の触知覚が機能しやすい状態に変化したためと考えられています。

●能動的触知覚
　触覚2点弁別閾を測定する際、全盲者は指を細かく動かしてしまう傾向があり、この微細な運動を強制的に中止させると、晴眼者と閾値の差がなくなることが知られています。これは全盲者が意図せずとも身につけた触知覚のスキルと考えることができますが、指先で触れる範囲の触覚刺激をより良く触知する際に、積極的に指を動かすことが有効であることを示しています。このように動きを伴う触知覚のことを能動的触知覚といいます。能動的触知覚は指先で触れる範囲だけでなく、手指運動をより多く伴う物体の形の認識の際に、静

表1　感覚の種類と受容器

感覚の種類		適刺激	受容器
視覚		光波	眼（網膜）
聴覚		音波	耳（蝸牛殻）
嗅覚		化学物質（揮発性）	鼻（嗅粘膜）
味覚		化学物質（水溶性）	舌（味蕾）
皮膚感覚	圧覚	機械的刺激	圧点
	温覚	温度刺激（温）	温点
	冷覚	温度刺激（冷）	冷点
	痛覚	諸種の有害刺激	痛点
平衡感覚		身体の位置の変化	耳（三半規管）
運動感覚		身体諸部分の運動	筋肉、腱、関節
有機感覚		身体の一般的状態	食道、血管

（福田幸男（1991）心理学.川島書店.P.64より改変して引用）

表2　身体部位の触覚2点弁別閾

身体部位	閾値(mm)
指先	2.2
背中	60
唇	4.5
舌	1.1

（佐藤泰正（1988）視覚障害心理学.学芸図書.P.48より引用して作成）

> **要点** 触知覚の生理・心理学的知見を理解することは、視覚障害教育において重要なポイントになります。その知識を実際の指導に役立てましょう。

○ ◡ ☆ ✿ ★ △

図1 図形の認識実験の刺激図

実験参加者は刺激図形を能動的触察条件、受動的触察条件、受動的触察で刺激図形を回転させる条件で触察し、視覚提示した刺激図形とのマッチングを行ったところ、能動的触察条件＞受動的触察＋回転＞受動的触察という正答率の順であった。
（佐藤泰正（1988）視覚障害心理学. 学芸図書. P.62より引用）

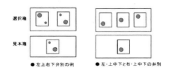

図2 点の位置弁別の学習
（文部科学省（1970）重複障害教育の手引き. P.69より引用）

止した手指に刺激をあてるような受動的触知覚よりも優れた触察法であることが明らかにされています。

● **能動的触知覚に基づく触察の指導**

触知覚に関するこれらの知見は実際の視覚障害教育における指導の根拠となります。例えば触読指導を開始するためのレディネスとして触運動の統制と触空間の形成があげられます。能動的触知覚に基づく触察の指導として手のひらで平面をまんべんなく撫で、必要な部分に着目し指先で詳しく調べることから始め、上・中・下、左・中・右といった位置関係の理解、円・三角形・四角形などの様々な図形の弁別を行うことで、触空間の形成が可能となります。

● **点の弁別から触読指導へ**

次に、点の弁別から触読指導を行っていきます。点字は1マス縦3点×横2点の組み合わせを文字表記に対応させており、点字を構成する各点の間隔は約2mmです。これは触覚2点弁別閾の特徴を考慮すれば指先で読むには最適な読み媒体といえます。点字を構成する点の数、点の位置、点が閉じているか開いているかといった点字の物理的特徴は、熟達者よりも未熟達者や初学習者の触読時間に強い影響を与えますが、触読材料の量的拡大に伴い点字の意味、内容理解といった言語的要因を上手に処理できる読指運動が重要になってくるため、点の弁別から読指運動まで触知覚の特性を生かした系統的な指導が求められます。

● **思考の道具としての触運動知覚**

晴眼児にとって手指は物を掴む、手渡す、物を扱うといった道具的役割として用いられることがほとんどですが、全盲児の場合は手指の道具的役割に加え、触知覚による探索的役割が重要な意味をもちます。様々な事物を直接触る経験を積み重ねていくことで、事物の判別や概念学習につなげていくことが可能となり、思考の道具として手指を用いることができるようになります。これらの役割については全盲児が自然と身に付けることができるわけではないため、一つ一つ丁寧に指導していく必要があります。

Q7 幼児児童生徒の実態把握はどのようにしたらよいでしょうか。

個人情報の保護と保護者への配慮

実態把握で収集する情報は、子供や家庭に関する個人情報であり、子供や保護者自身のものです。私たちは必要のない情報は集めませんし、集めた個人情報の管理は徹底しなければなりません。学校は子供に応じた教育を保護者とともに考えるため、情報を収集します。保護者から生育歴や家庭状況、保護者のねがいを聞くことは実態を把握するために不可欠です。その際、その心情に配慮し、共感的な態度で接することが大切です。また、なぜその情報が必要なのかを根拠をもって説明し、保護者の理解を得ることが大切です。

実態把握のための検査

客観的な評価には検査が有効です。視覚障害児用発達検査に広D-K式発達診断検査（Q10参照）が、視知覚検査にはフロスティッグ視知覚能力検査があります。また視覚的な支援を行うためには視機能検査の実施と、最適な文字ポイントや補助具の選定が必要になります（Q5及びQ8参照）。

検査を実施した際は、結果を保護者に説明する必要がありますが、その際IQ値など

A ●実態把握の内容について

平成29年4月改訂の特別支援学校学習指導要領 第7章自立活動では、実態把握について「障害の状態、発達や経験の程度、興味・関心、生活や学習環境などの実態を的確に把握すること」と明記されています。幼児児童生徒について実態把握をしておくべき具体的な例を表1にまとめました。

これらの項目を日常の様子を観察する、面接などで個別に聞き取る、検査を実施するなどの方法で情報を収集します。

これを実態把握（アセスメント）では、集めた情報を基に子供の実態と課題を理解・解釈し、子供と保護者のニーズを踏まえ、具体的な支援の指針をたてていきます。これが個別の教育支援計画につながります（Q14参照）。具体的な支援を考える際に、子供の好きなこと、得意なことを活用すると

表1 視覚障害児の実態把握の具体的な例

生　育　歴	出生時の状況　発達経過など
家　庭　状　況	家族構成　子供の養育と地域生活に関連した事項
相談・教育歴	通級・巡回指導　リハビリセンター等での相談・訓練
身体・視機能	眼疾患（診断・検査・治療の経過　手術歴　現在の利用医療機関　眼鏡処方・補助具等に関する経過と現況　投薬の経過と現状）　視機能（視力・視野・色覚・明暗・眼球運動）　合併症　その他の医学的所見・診断　身体障害者手帳の取得状況
発達の状態	認知特性　発達段階など（心理・発達検査を実施）
学習上の配慮	使用文字　施設設備　補助具の使用など
学習能力と課題	各教科の到達度　歩行、点字、弱視訓練、触察、時間・空間の把握、日常生活動作（ADL）、コミュニケーション、社会性など自立活動領域の能力
生活・自立に関する能力と課題	基本的生活習慣　学習・生活への意欲　興味・関心（好きなもの・得意なこと）　安全への意識　活動への参加と役割意識　障害の自己認識（障害受容　援助依頼）　余暇活動　進路希望（本人・保護者のねがい）　職業への意識・能力

> **要点** 実態を的確に把握することが適切な支援の第一歩です。日常生活場面の観察や検査によって客観的な情報を収集します。

の数値だけでなく、結果を今後の支援にどう生かしていくのかを伝えることが大切です。

自立活動領域の項目

自立活動の6区分27項目（Q62参照）や、各盲学校で作成されているチェックリストは、実態把握するべき項目の参考になります。

代表的なものに広島県立広島中央特別支援学校の「自立活動指導書」があります。また障害の自己認識には京都府立盲学校の「こんなふうに見えてます」が有効なツールになります。どちらも学校ホームページに掲載されています。

効果的です。また指導の振り返りにも実態把握を行い、指導の効果を評価します。

●**具体的で客観的な記録を心がける**

指導の振り返りに活用するためにも、実態把握の際は、具体的に何ができているか（例：読速度150文字／分）どこまで理解しているか、何につまずいているのか（何が課題なのか）、どのような支援を行うのかを、誰でもわかる具体的で客観的な内容で記録するよう心がけましょう。動画等による記録も有効です。それが客観的な評価につながります。

●**実態把握の際に注意するポイント**

実態把握は検査だけではなく、普段の会話や行動、生活の場面でも行い、そのなかで子供の課題や次の目標が見えてきます。ただ、いくつか注意するポイントがあります。

先天弱視児の多くは本来の見え方を知らず、我々が認識してほしい視覚情報を認識していなくても「見えています」と答えてしまうことがあります。また本人の心情的に見えていなくても「見えています」と答えることもあります。また視覚情報がないため、語句の名称は知っていてもその具体的な内容を知らない、実体験がないなどの問題（Q21参照）もあります。さらに触察の際には部分と全体像を確認せず、一部だけを触って答えることがあります。いずれにせよ、表面的な言動の確認で終わらず、子供自身が説明する、実際に動作を行う場面を設定し、本当にどこまで理解できているか（何につまずいているのか、何が課題なのか）、検査結果と併せてきちんと確認することが、その子供の見え方や理解度、認識などをより詳細に理解する手がかりにつながります。

また場面が変われば、子供の実態が大きく異なることは珍しくありません。校内で自立活動担当や各教科担当の意見を聞く、実態把握資料の様式を統一して学部間で適切に引継ぐ（校内体制の整備）、家庭や地域生活、福祉機関での様子を確認する、医療機関や訓練施設と連携するなど、担任が中心となって実態把握のための役割分担を明らかにし、協力を心がけましょう。

8 弱視の幼児児童生徒の実態を把握するうえでの留意事項について教えてください。

保有視力と学習手段としての使用文字について

点字と墨字の境界の視力は0.02程度といわれていますが、視覚補助具の活用状況等により、これよりも低い視力でも墨字で学習している弱視児童生徒がいます。一方、視力が0.02より高くても、視野の状況により点字を常用している児童生徒もいます。常用する文字の選択が学習手段として適切であるか否か、視力以外の実態とあわせて総合的に判断する必要があります。

ランドルト環以外の検査視標

ランドルト環による視力検査は3歳代でも月齢によって検査可能であったり難しかったりします。3歳以前であったり重複障害の幼児児童生徒の視力検査視標としては、次のものが利用できます。
- Teller Acuity Card Ⅱ™
- Lea GRATINGS™
- 森実式ドットカード
- 単独絵視標（幼児用視力検査）
- STジャンケンカード
（Q5参照）

A

●実態把握するうえで

実態把握は、目の前の幼児児童生徒を理解するといった視点に留まらず、指導方針や指導内容の決定、また必要な配慮事項を検討するうえで教育的にとても重要です。そのため、目的に応じて実態把握の観点も異なる場合があります。しかしながら、例えば4月の段階で把握した実態や情報収集を基にして日々の教育活動を通して、実態把握を深めていくことも大切です。

●視機能の把握

弱視幼児児童生徒の実態把握においては、眼疾患や視力や視野、色覚等の視機能についての正しい理解が基本となります。これらは、医療機関から提供される情報を活用するものです。また、日常の学習が行われている教室において担任の教員が検査することも大切な取組となります。

(1) 遠距離視力・近距離視力・最大視認力

視力については、5mの視距離で測定する遠距離視力と30cmの視距離で測定する近距離視力があります。前者は、遠方の情報がどの程度見えているのかの参考に、後者は机の上などの情報がどの程度見えているのかの参考になります。さらに、弱視幼児児童生徒が視対象に目を極端に近づけている姿から「目で触る」と表現されることがありますが、このような視認知状況でどれくらい細かいものが見えているのかを教育的に評価するものが、最大視認力といわれるものです。

(2) 視野

視野検査については、医療機関や保護者からの情報提供に頼ることが多いと考えられますが、行動観察や目の使い方から教員が把握することも可能です。さらに、行動観察から視野の障害が疑われる場合は「対座法」を用いて、上下左右の4方向について把握できるとよいでしょう。

(3) 色覚

色覚に関しては、視力が0.1程度あれば錐体細胞が機能しているために色覚はそれほど低下していないといわれています。逆にとらえると、視力が0.1を下回る場合には色覚にも注意を向けてください。教育的には色鉛筆や色紙などを用い

— 46 —

> **要点** 弱視幼児児童生徒の見え方は「十人十色」といわれます。実態把握は教育的なニーズや指導方針に基づき適切に実施されるものです。

最大視認力

最も小さい事物を認知する能力の指標として1970年代から教育的に測定され始めました。弱視幼児児童生徒が最も見やすい視距離で視認することのできる近距離視力用のランドルト環の大きさとその視距離をもって最大視認力といわれます。記録は、「最大視認力：0.6（3cm、右）」のように記載されます。

視力等の情報の理解

次のように視力が記載されていることがあります。ここからどのような情報が読み取れるでしょうか。
RV＝0.1(1.0 × －2.5D◯ cyl－0.75D 180°)

RVは右眼です。vdと表すこともあります。左眼はLVまたはvsです。＝の次の0.1は裸眼視力です。さらに（　）の中の1.0が矯正視力となります。加えて、近視（－2.5D）と乱視（－0.75D）があることとその程度が読み取れます。

弱視の見え方

弱視幼児児童生徒の見え方や生活を理解するためには、次の書籍が参考になります。
小林一弘（2003）視力0.06の世界　見えにくさのある眼で見るということ．ジアース教育新社．

て、同じ色を選ばせたり、色名をいわせてみるのが現実的な把握方法となります。なお、視神経萎縮では赤から緑にかけての感受性が特に低下し、網膜や脈絡膜の疾患では黄色から青にかけての感受性が特に低下することが指摘されています（原田、1989）。

●眼疾患情報について

視覚障害教育では、幼児児童生徒の眼疾患を必ず把握します。これは、疾患名から視野障害の可能性や、羞明（まぶしさ）の有無等が見え方を推測する重要な情報となるからです。また、教育的に配慮を要する眼疾患もあります。例えば、強度近視は、網膜剥離のおそれがあるため体育などで上半身や頭部に強い衝撃を与えないようにすることが指摘されています（湖崎・田中、1997）。眼疾患名を把握することとあわせて、その配慮事項に関する知識を有することも重要な専門性となります。

●学習や生活に則した実態把握

弱視児童生徒の教育にあたっては適した文字の大きさについても把握する必要があります。児童生徒に好みの大きさを尋ねることもあるかもしれませんが、MNREAD－Jや筑波大学附属視覚特別支援学校で活用されている最適文字サイズ検査などを用いて客観的に捉えることが大切です。これとあわせて、どの程度の読み速度を有しているのか、弱視レンズや拡大読書器等の視覚補助具の活用状況、遮光眼鏡や白杖の携帯の必要性等も把握する必要があるでしょう。

さらに、弱視幼児児童生徒に特化しているわけではありませんが、生育歴や治療歴、教育歴、保護者の願い、発達や経験の程度、興味・関心、意欲、自分自身の障害の程度などを把握しておくことは当然のことです。なお、実態把握していくなかで様々な視点で幼児児童生徒の理解が進んでいきますが、現在の状況を総合的に捉えるだけでなく、見えにくいなかで種々の経験を積んできていることを改めて意識することが重要です。

9 盲学校に在籍する重複障害者の実態について教えてください。

●学校教育法施行令第22条の3による障害の程度
視覚障害者
両眼の視力がおおむね0.3未満のもの又は視力以外の視機能障害が高度のもののうち、拡大鏡等の使用によっても通常の文字、図形等の視覚による認識が不可能又は著しく困難な程度のもの
聴覚障害者
両耳の聴力レベルがおおむね60デシベル以上のもののうち、補聴器等の使用によっても通常の話声を解することが不可能又は著しく困難な程度のもの
知的障害者
1　知的発達の遅滞があり、他人との意思疎通が困難で日常生活を営むのに頻繁に援助を必要とする程度のもの
2　知的発達の遅滞の程度が前号に掲げる程度に達しないもののうち、社会生活への適応が著しく困難なもの
肢体不自由者
1　肢体不自由の状態が補装具の使用によっても歩行、筆記等日常生活における基本的な動作が不可能又は困難な程度のもの
2　肢体不自由の状態が前号に掲げる程度に達しないもののうち、常時の医学的観察指導を必要とする程度のもの

A
●重複障害者とは
重複障害者とは、「複数の種類の障害を併せ有する幼児児童又は生徒」であり、原則的には学校教育法施行令第22条の3において規定されている程度の障害を複数あわせ有する者をさしています。

●盲学校における重複障害者の在籍状況
「特別支援教育資料（平成29年度）」（文部科学省初等中等教育局特別支援教育課　平成30年6月）の「特別支援学校障害種別重複障害学級在籍率」の推移によれば、平成28年度の小・中学部の重複学級の在籍率は40.6％です。また、全国盲学校長会が全国の盲学校（視覚障害者に対する教育を行う特別支援学校67校）を対象として実施した平成29年度の幼児児童生徒在籍状況によれば、全児童生徒数に占める重複障害者の在籍の割合は以下の通りとなっています。

小学部　49.3％　　中学部　43.8％
高等部普通科　38.8％

また、国立特別支援教育総合研究所が平成29年度に全国の盲学校を対象として実施した「重複障害学級在籍の幼児児童生徒が併せ有する障害の状況」の結果は、図1の通りです。視覚障害と知的障害を併せ有する場合が最も多く、次いで視覚障害・知的障害・肢体不自由の場合が多いことが示されています。

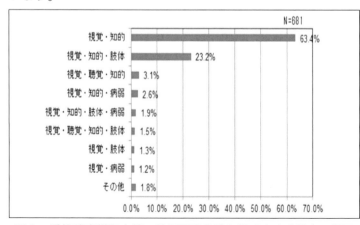

図1　重複障害学級在籍の幼児児童生徒が併せ有する障害の状況

> **要点** 視覚障害に加えて、知的障害など他の障害を併せ有する幼児児童生徒が多く在籍しており、その割合は年々増加しています。

病弱者
1　慢性の呼吸器疾患、腎臓疾患及び神経疾患、悪性新生物その他の疾患の状態が継続して医療又は生活規制を必要とする程度のもの
2　身体虚弱の状態が継続して生活規制を必要とする程度のもの

● 盲学校における重複障害者の教育の開始

1948（昭和23）年度の盲学校、聾学校の義務制後、当時の山梨県立盲唖学校長堀江貞尚氏が県内に在住する盲と聾の両方に障害のある盲ろうの男児を探し出し、1949（昭和24）年、家庭指導を始め、翌1950（昭和25）年には寄宿舎に入舎、指導を始めました。そして、山梨で盲ろう児の教育が行われていることを知った横浜の福祉司が盲ろうの女児を連れてきました。1950（昭和25）年4月から校長となった三上鷹麿は、この2名の盲ろう児の教育を行うことを決断しました。この取組が、盲学校における重複障害者の教育の開始と言われています。学校と東京大学の梅津八三を中心としたグループの共同の取組は、一名には17年間、もう一名には15年間に渡って続けられ、その教育の成果は多くの人々から高く評価されました。現在、その資料の電子化事業が進められています。

視力の状況としては、「全国視覚特別支援学校児童生徒の視覚障害原因等に関する調査研究－2015年度調査－報告書」（筑波大学）によれば、視力0、あるいは手動弁以下で触覚活用が主体となる児童生徒の割合と視覚活用が主体となる児童生徒の割合がほぼ同程度在籍していることが報告されています。また、重複障害のため、視力不明・測定ができない幼児児童生徒については、日常生活において行動観察から評価を行っていくことも大切になってきます。

● 重複障害者の実態把握について

重複障害のある幼児児童生徒の障害の種類や程度、発達の状態は幅広く多様です。実態を客観的に把握するためには、重複している障害それぞれに関する診断や治療の経過、生育歴、発達の経過などの情報を正確に把握することが重要です。そして、以下の側面等から、実態を総合的に把握し、教育活動に生かしていくことが大切です。

　健康（生活リズム、発作の状況など）
　身辺自立（食事、衣服の着脱、衛生、排泄など）
　視覚・聴覚の状態（見え方・聞こえ方の状態など）
　姿勢・粗大運動（対案や全身の状態、移動、バランスなど）
　微細運動（手指の操作性、掌握機能など）
　認知（視覚認知、触覚認知、概念形成、空間認知）
　言語（理解言語、表出言語、コミュニケーション手段など）
　対人関係（教員・友だちとの関係、集団参加など）

● 他機関との連携

教育機関だけではなく、行政・医療・福祉・労働など、関係する各種機関との連携が大切です。医療・療育機関には、理学療法士（PT）、作業療法士（OT）、言語聴覚士（ST）などの専門家がいます。特別支援学校（聴覚障害、知的障害、肢体不自由、病弱）には、それぞれの専門性を有した教師がいます。学校内では、十分に対応ができないことについては、協力や情報を求めていきましょう。卒業後の生活・進路についても、他機関と連携を図っていくことが大切になってきます。

Q10 実態把握に必要な心理検査や発達検査にはどのようなものがありますか。

心理検査とは

　心理学的な諸検査は、知能・知覚・運動・言語・学力・性格など、様々な領域があります。発達検査も心理検査の一つです。障害のある子供の実態把握でよく活用されるのは、発達検査と知能検査です。

発達検査と知能検査

　発達検査は主に0歳から6歳・7歳程度の幼児期の発達段階における、認知・言語・運動・日常生活習慣など発達領域から評価するものです。
　知能検査は、おおむね4歳から5歳以降の年齢から適用するものが多く、知的機能を複数の検査領域から評価するものです。

発達検査の結果の解釈

　発達の初期段階は、視覚障害が発達に影響を及ぼします。例えば、「うがい」は晴眼幼児では2歳ぐらいからできますが、盲幼児では4歳を過ぎても獲得が難しい動作です。定型発達の正しい知識と、視覚情報と視覚的模倣なしに学ぶ視覚障害児の発達への深い洞察に基づいて、結果を解釈し、日々の学習環境・教材・接し方にその結果を生かします。

A

●実態把握と心理検査・発達検査の活用

　実態把握とは、①診断名や視力の程度等の視機能状態、生育歴、心理検査・発達検査の結果などの基本情報と、②現在の学習や生活の状況等とを総合的に分析して、子供の発達の全体像（発達像・臨床像）を見立てること、と定義できます。したがって、的確な実態把握には、心理検査・発達検査の活用が必要不可欠です（Q7参照）。

●視覚障害児への心理検査・発達検査の活用の留意点

　一般標準化された検査は晴眼児を対象に開発され、記号や絵、迷路等の視覚的課題や、積み木を積む・紐を結ぶなどの動作を伴う課題が含まれています。これらは盲児には実施困難であり、弱視児の結果は視力の影響を受けるため、知能や発達のみを反映した結果ではありません。したがって、視覚障害の影響を含めて、検査結果の慎重な解釈が必要です。

●視覚障害乳幼児・重複障害児への発達検査の活用

(1) 広D－K式視覚障害児用発達検査

　視覚障害幼児用に標準化された唯一の発達検査であることから、適用可能の子供には必ず実施します。運動発達（全身運動・手指運動・移動）、知的発達（表現・理解）、社会的発達（活動・食事・衣服・衛生・排泄）から構成され、0歳から5歳の範囲で発達指数を求めることができます。

(2) 標準発達検査の活用

　質問紙による間接評価で、視覚障害児に活用される発達検査には、遠城寺式乳幼児分析的発達検査（0－4歳8か月、移動運動・手の運動・基本的生活習慣・対人関係・発語・理解）、津守式乳幼児精神発達（0－7歳、運動・探索・社会・生活習慣・言語）、KIDS（0－6歳11か月、運動・操作・理解言語・表出言語・概念・対子供社会性・対成人社会性・しつけ・食事）などがあります。いずれも質問紙による間接検査です。このうちKIDSは、領域のバランス、項目の内容、広D－K式の適用範囲外の幼児期後半まで評価できる点から視覚障害乳幼児に活用しやすい検査です。

　新版K式は直接検査で、0歳から成人まで評価が可能です。

> **要点** 広D-K式発達検査、KIDS、WISC-Ⅳなどがあります。学校全体の実態把握システムとして年1回、定期的に実施することが大切です

視覚的課題の解釈

　WISC-Ⅳ知能検査を例にとると、処理速度の下位検査である符号と記号は、視覚作業の処理速度や視覚と運動の協応の力の評価が目的なので、視力の程度が結果に強く影響します。一方、知覚推理の下位検査の積木模様は抽象的視覚刺激の分析・統合能力の評価を目的とし、比較的視力の影響を受けにくい検査です。重度弱視で処理速度の得点が高ければ、極めてその能力が高いと解釈できます。

視覚障害児の特徴的プロフィール

　WISC-Ⅳでは、視覚障害児の多くはワーキングメモリの数唱の得点が非常に高い傾向を示しました。日常で聴覚記憶の活用の機会が多く必要性も高いことが背景にあります。数唱の得点が指標得点全体を押し上げる点に留意してプロフィールを読みとります。また、ワーキングメモリの低い視覚障害児はその能力に特に困難があると捉えられるとともに、記憶によって視覚障害の困難を補うことが難しいため、生活や学習上の影響が大きいと解釈することができます。

姿勢・運動、認知・適応、言語・社会の3領域328項目が37の年齢区分に配置されており、発達段階の把握が容易です。1項目ずつの標準通過年齢も示されているので、視覚の影響を受けない項目の結果から発達像を分析することができます。積木を大きいサイズにする、丸を数える視覚的図を丸磁石に変更する等の工夫をし、慎重に結果を判断します。

● **標準知能検査の活用**

　WISC-Ⅳ知能検査（適用年齢：5歳0か月～16歳11か月）は15の下位検査から構成され、言語理解・知覚推理・ワーキングメモリ・処理速度の4つの指標得点と全検査IQを算出する包括的知能検査です。このうち、言語理解とワーキングメモリは視覚的課題を含まない言語のみによって実施可能な指標であることから盲児の知能検査として有用であり、適用可能な子供には必ず実施します。図版を用いて数を数える課題は磁石に置き換えるなど、触覚によって実施できるような工夫をして、視覚障害によって課題の実施や理解に不利が生じないようにします。また、知覚類推・処理速度を弱視児に実施することは可能ですが、視力の状態の影響を受け、その影響も下位検査によって異なることから、慎重な解釈が必要です。また、重度の弱視児には実施困難あるいは負担が大きいことから、個々に判断し無理な実施は避けます。

　この他、田中ビネー知能検査Ⅴ、日本版 KABC-Ⅱ、DN-CAS認知評価システムなどがありますが、いずれも下位検査に視覚的課題が多く、実施・結果解釈の難しい検査です。

● **実態把握の定期検査としての心理検査**

　毎年1回、同じ評価スケールで児童生徒の成長・発達を客観的に捉えることは教育上、極めて重要です。学校の実態把握システムとして視力等とともに定期的に実施することが大切です。

11 盲学校で行う教育相談の内容と留意事項について教えてください

●教育相談の実施形態
(1) 来校
　相談者に盲学校の施設や教育内容を直接見てもらうことができますが、遠方から来ていただくケースも発生します。
(2) 訪問
　相談者の身近な地域の情報や生活に接することができますが、予算や人的な制約が伴います。
(3) 電話・FAXやメール
　頻繁にやりとりすることが可能な便利なツールですが、お互いの姿を直接見ることができないため、限界があります。

●教育相談の対象者
(1) 本人
(2) 保護者
　父母、祖父母、施設職員等
(3) 保育・教育機関
　発達支援センター職員、保育士、教諭(通常学級担任、特別支援学級担任、特別支援教育コーディネーター)、管理職等
(4) 関係機関・その他
　福祉担当、保健担当、労働担当、保健師、ソーシャルワーカー、福祉サービス職員等

●教育相談の留意事項
(1) 教育的なアセスメント
①医療面での診断情報(眼疾患・視力・視野・両眼視・色覚など)
②心理や発達検査の結果、普段の学習や生活、行動の様子

A
●教育相談とは
　小・中・高等学校における「教育相談」は、不登校児童生徒、いじめや暴力行為などの児童生徒の問題行動のほか、友人・先生・親などとの対人トラブル等の対応に当たって、児童生徒の心に働き掛けるカウンセリング等の機能を指します。盲学校においては、この機能に加え、「目」にかかわる様々な内容について、学校における学び、家庭での生活、就労を含めた社会生活など、あらゆる面から専門的な見地から対応します。
　また、学校教育法第74条には、盲学校を含む特別支援学校には、「第72条に規定する目的を実現するための教育を行うほか、幼稚園、小学校、中学校、義務教育学校、高等学校又は中等教育学校の要請に応じて、第81条第1項に規定する幼児、児童又は生徒の教育に関し必要な助言又は援助を行うよう努めるものとする」として、いわゆる特別支援教育における"センター的機能"の役割が規定されています。

●盲学校が行う教育相談
(1) 就学や就労に関する相談
　先天的な障害で生まれた子供の場合、見えない・見えにくいことによって阻害される可能性のある発達を促すため、生後早期からの対応が必要です。そこで幼稚部入学を前提とした相談活動を家族とともに始めます。低視力の状態の子供の場合、どの園や学校で学ぶことが望ましいのか、どのような支援が必要となるのかを検討します。学齢期に中途で障害に気付く、または見えにくさが明らかになった場合には、そのままの学校で学び続けるのか、盲学校への転校が必要かといったことを、本人・家族・在籍校の教員等とともに考えます。さらに成人期以降に視覚障害となった方の場合は、その方の年齢に応じた学びや就労について考えます。乳児期から成人までの視覚障害教育を担う盲学校としての中心的な役割です。
(2) 見え方や視知覚に関する相談
　医療的に生後すぐ発見が可能な疾患を除くと、視覚の発達や課題は乳幼児の段階では明らかにならない場合も多くあり

> **要点** 盲学校には、視覚障害教育にかかわる相談対応と、見え方や触り方といった感覚教育の専門家としての対応が求められています。

　盲学校にしかできないアセスメントをもとに、学習や生活につなげます。
⑵　**本人や家族に寄り添う**
①見えない、見えにくいことへの理解
②今後の可能性や困難と思われること
③遠方からの相談や通学
④寄宿舎への入舎
　蓄積した情報と、視覚に障害のある教員も当事者として寄り添います。
⑶　**生涯を見据えて**
①日常生活動作や技能の確立
②文字処理や歩行技術、交通機関の利用など
③就労に向けた知識と技能
④福祉サービスの利用
⑤余暇活動の紹介
　学校段階だけではなく、生涯に渡る生活を考えます。
⑷　**園や学校との連携**
①継続した支援
②教職員への理解啓発・研修支援
　見えない・見えにくいことについて詳しく知る人々は多くありません。
⑸　**他の関係機関との連携**
①医療や行政とのネットワーク
②視覚障害者団体への紹介
　相談者を一人にせず、かつ盲学校だけの支援にならないように間をつなぎます。

ます。また、眼球や視神経等に器質的な障害が明らかにならないけれども、見る力（視知覚）に課題があるという子供もいます。このような場合は学齢期になって課題に気付くケースがほとんどです。乳幼児期から学齢期に至るまでの時期は視知覚の発達に大事な時期であり、学習に大きな影響があることから、医療機関における視力矯正や治療に加え、本人及び家族や園・学校に対して、見る力を育てることや補助具活用の重要性について盲学校が支援する意義は大きいのです。

⑶　**学習に関する相談**

　見えにくさにより、学習活動に困難を生じることが多くあります。園や学校では、「読む」「書く」「触る」「動かす」など様々な活動を行いますが、感覚のなかでも重要な位置を占める「見る」ことに困難さがあると、本来身に付くべき力が十分に身に付きません。学習活動のなかで理解を妨げている原因を探り、それが「見る」ことにかかわっていると考えられる場合は、どのような支援が必要であるかを在籍する園や学校とともに検討していくことになります。弱視教育や教科指導のノウハウをもつ盲学校の役割が重要となります。

⑷　**その他の相談**

　福祉関係の相談窓口のない地域や、窓口があっても相談対象者がいない（少ない）ため視覚障害者に対応するノウハウが蓄積されていない地域もあります。そのような場合は、盲学校が窓口となり地域の視覚障害者のための支援機関や福祉サービス事業者と連携し、対象者を支援する役割を担う必要があります。また、視覚障害者は、見えない・見えにくいことによって、できない・できにくいことがうまく伝わらず、相手に理解してもらえないこともあるようです。そのようなときは、見えにくさを理解できる専門家としての盲学校が「通訳」として携わることも必要と考えます。

12 幼児児童生徒の視覚障害を理解するというのはどのようなことですか。

A

●視覚障害＝空間に関する情報障害

私たちは視覚、聴覚、皮膚感覚（触覚）、嗅覚、味覚などの感覚から外界の情報を入手し、それを処理して行動を起こします。そのうち、視覚から得た視覚情報は、全感覚から得た情報量の8割以上と多く、「百聞は一見に如かず」という言葉にもあるように、聴覚情報や触覚情報よりも確かなものです。このため、視覚障害は情報障害といってもよいでしょう。

そのような子供たちは、見える子供のように「パッ」と見て理解することができず、移動や読み書き、日常生活の動作、コミュニケーションなどに困難さがあります。これらを改善するための指導を適切に行うためには、本当に見えていないのかどうか、見えていない場合にはいつ見えなくなったのか（視覚記憶は活用できるのか）、また触覚や聴覚をどの程度使えているのか、見えにくさがある場合にはどのような見え方なのかなど、確かな実態把握が必要です。

●見えない子供の理解

点字使用者といっても、全く見えない者、明暗がわかる者、ぼんやり物の形がわかる者など様々な子供がいます。また3～5歳まで見えていた子供は視覚記憶があるため、「パトカー」と聞いて視覚的なイメージを想起できるかもしれません。「点字使用者＝全く見えない人」とか「見えない世界＝真っ暗な世界」と考えがちですが、それは違います。

外界を把握する際、見えない子供は視覚の代わりに触覚を活用します。ただ触覚では直接触らないとその空間に何があるのかという全体像を把握できません。そのため、盲学校の調理実習では、最初にどのような材料・調理器具が調理台のどこにあるのかを丁寧に確認させます。また事物の形状を把握するには、見える子供のように二次元の視覚情報（絵や写真）を活用するのではなく、実物やスケールモデルが必要になります。例えば、富士山の形は頂点が欠けた三角形を二次元の触図で説明するのではなく、先が欠けた円錐の形状をした三次元スケールモデルを活用する必要があります。

●困難さと具体的な指導の例

移動

見える子供は視覚から多くの情報を得られるので意識しなくても安全で効率よく歩けます。見えにくい子供は足元や白杖、耳から得る限られた情報から確かな歩行の手がかりを見つけ、予測と確認を繰り返しながら目的地まで歩けるよう系統的な指導が必要になります。

読み書き

見える子供は、教室のどこにいても板書を書き写すことができます。見えにくい子供は一番前の座席でも難しいです。視覚補助具の活用の仕方を指導する必要があります。

日常生活の動作

牛乳パックにストローを刺すとき、見える子供は指導をせずともできますが、見えにくい子供の場合は、刺す場所を確認させ、ストローのとがっている方で刺せるようにするための指導が必要です。

コミュニケーション

見える子供は人の表情を見て感情を判断できますが、見えない子供や見えにくい子供は見て判断することはできません。言葉では「怒っていないよ」といっても、表情はそうではない場合もあるので、声の抑揚や足音の強さなどから判断できるような指導をします。

要点 個々の障害の状況及びどのような困難さがあるのかを把握し、子供の心情によりそった指導・支援を行うことが大切です。

十人十色の見えにくさ

弱視の見え方は一人一人違います。例えば、同じ眼疾患の眼皮膚白皮症（アルビノ）であっても視力はおおよそ0.05〜0.5までの幅があり、羞明の程度も異なります。

インビジブルな障害

外見では障害の状況がわかりにくい障害（弱視や発達障害など）のことを海外ではインビジブルな障害と呼ぶことがあります。その認知度は低く支援の必要性も伝わりにくいという問題があります。

成功体験の大切さ

社会人5年目の弱視者Aさんは電話対応が苦手です。電話がきたら担当者のデスクまで走って行き確認しますが、お客様を待たせてしまうために憂鬱です。一方、同じ社会人5年目の弱視者Bさんは入社してすぐ「私は見えにくいので電話をつなぐときはつなぎたい方の名前を呼ぶので、いらっしゃるかどうか教えてください」と伝えていたので苦手意識はありません。Bさんは「見えないから困った時は助けてね」と友達に伝えるよう物心ついた時から教えられ、その都度実践してきたそうです。成長の過程で支援というメリットを実感できれば、障害開示や援助要請への抵抗も少なくなります。

●**見えにくさがある子供の理解**

墨字を使う弱視児はインビジブルな障害であり、その見えにくさは十人十色です。視覚障害による困難さがあるにもかかわらず、「物言わぬ弱視」と言われてきたように、困っていることを伝えられない弱視児は多いです。そのため、指導に当たっては、眼疾患や視機能（視力・視野・光覚・色覚・眼球運動など）の状態、読書速度、眼と手の協応、視行動、その他の発達特性について、まず教師が理解する必要があります。

弱視児の見えにくさについては、先天性の方がはっきり見えた経験がないために、見えていたころとの比較ができる後天性よりも自覚がしにくいものです。そのため、先天性の場合は見える人の見え方と自身のそれとの比較が必要になります。また弱視児は時間をかければ見える人のようにふるまえてしまうこともあるため、困難さの自覚も希薄であり、読書速度が遅いのに小さい文字が読めるために困っていないという子供もいます。その場合はできるかできないかに加え、効率性の観点から理解を促す必要があります。

●**自分の障害の説明や援助依頼**

弱視児が合理的配慮を得るためには、障害を周囲に説明（障害開示）し、援助依頼（援助要請）することが必要になります。しかし、自己を客観的にみつめ、抽象概念を理解できる年齢になるまでは、大人のように障害開示をすることはできません。年齢の低い弱視児の場合は「拡大鏡や単眼鏡を使えば文字は読めるけど、すごく見えにくいので、困ったときやわからないときは助けてね」と、同級生への伝え方を具体的に教える必要があります。そして、拡大鏡を携帯できたときや、援助要請ができたときはほめてあげることが大切です。障害開示や援助要請をすることは大人の弱視者であっても勇気のいることです。子供のころから、そうした行動によるメリットを実感できるような成功体験の積み重ねも大切です。

コラム③

日本の点字を育んだ人々
―暁天の星から満天の星へ―

　2018（平成30）年3月9日、文化庁の文化審議会が京都府立盲学校・聾学校が所蔵する歴史資料3,000点を国の重要文化財に指定する答申を行いました。この資料は、日本の点字を生み育んだ人たちの日々も伝えてくれます。

　1887（明治20）年、小西信八が東京教育博物館から借りた一冊の本、アーミテージの『The Education and Employment of the Blind』。それが日本の点字研究を促しました。東京盲唖学校での盲生たちも加わった吟味を経て、1890年11月1日に石川倉次の翻案が日本点字として選ばれました。

　「京都盲唖院関係資料」一括には、それから間もないころの点字一覧表や卒業生の点字答辞も所蔵されています。1895年に京都を訪れて共同研究に加わった東京盲唖学校の青山武一郎が自ら製作した「6点点字の発明者ルイ・ブライユ」石膏レリーフも残っています。点字を知る人は「暁天の星」のように少ないとされた明治期、東西の教員がその表記法などを巡って交わした書簡群も残されていて、交流の熱い息吹を感じとることができます。

　後に京都ライトハウスを創立する鳥居篤治郎は、京都市立盲唖院の生徒時代に文部省刊『訓盲楽譜』を点字印刷用の亜鉛原盤に仕立てました。その実物も良好なまま京都ライトハウスに保たれています。鳥居は、日本点字研究会会長として、アーミテージの「点字良心」という言葉を大切にしようと呼びかけ、「正しい点字」「読みやすい点字」を唱えました。

　点字は、こうして、記録・表現・伝達・認識を支えるツールとして磨かれ、教科書にも活かされて、眼の見えない子らの発達を支え、点字投票に象徴される社会参加の土台になっていきました。現在、点字や拡大文字にもデジタル化の波が押し寄せています。

　歴史の何を引き継ぎ、どう発展させていけばよいでしょうか。全国各地に学びうる足跡や豊かな蓄積が存在します。21世紀を生きる視覚に障害のある子らの「書きたい！読みたい！」という願いを受けとめ、点字を満天の星として輝かせましょう。

コラム④

点字図書館とはどのような施設？事業の内容や利用状況は？全国組織やインターネット上でのサービスは？

「点字図書館」と呼ばれてきた福祉施設は、現在は身体障害者福祉法第34条で「視聴覚障害者情報提供施設」として規定されています。NAIIV（全国視覚障害者情報提供施設協会）に加盟している101の施設・団体のうちの76施設が、情報提供施設として国からの補助を受けています。

点字図書館（情報提供施設）の主たる事業は、点字図書や録音図書等の製作と貸し出しです。著作権法第37条は、公表された著作物を点字図書館が点字や音声等で複製（点訳や録音等）して、利用対象者に無償で提供することを認めています。貸し出しのほとんどは郵送で行われており、現在の郵便制度では送料は掛かりません。点訳や音訳（朗読）のほとんどをボランティアが行っていることから、その養成も各施設の重要な事業です。また、規模の大きな一部の施設では、図書に関する情報の提供、個人向けの点訳・音訳、情報機器の利用技術の指導などの事業も行っています。

NAIIVは、電子図書館を中核とする情報提供Webサイト「視覚障害者情報総合ネットワーク・サピエ」（https://www.sapie.or.jp/cgi-bin/CN1WWW）を運営しています。この電子図書館には、2018年1月時点で点字図書約196,000タイトルと録音図書等約85,000タイトル、点字・録音図書目録約700,000件の電子データが所蔵されており、視覚障害者等約15,000人の個人と、点字図書館、公共図書館、大学図書館、盲学校、ボランティアグループ等約350の施設・団体が利用登録をしています。各点字図書館は、点訳・音訳の目録情報の収集や、点字図書・録音図書等の電子データの入手にサピエを利用するとともに、自館所属の点訳者や音訳者が製作した点字図書・録音図書等の電子データをサピエの蔵書としてアップロードしています。

東京にある社会福祉法人日本点字図書館（http://www.nittento.or.jp/）は、全国の点字図書館の中央館の役割を果たしており、サピエのシステム管理も担っています。同館は、点字図書約21,000タイトル、録音図書等を約17,000タイトル所蔵し、点字図書・録音図書等を年間約1,300タイトル製作しています。全国を対象とする図書貸し出しサービスには約13,000人が利用登録しており、年間約210,000タイトルの点字図書や録音図書等が、郵送貸し出し並びにデータ提供されています。日本点字図書館は、この情報提供事業のほかに、視覚障害者や支援者が使う用具の販売と開発、視覚障害者を対象とする自立支援（相談支援と機能訓練）などの事業も行っています。

コラム⑤

「点字毎日・活字版」のご紹介

　毎日新聞社が週刊の点字新聞「点字毎日」を発行して、2018（平成30）年5月で96年となりました。その点字の紙面内容をより多くの人に読んでもらおうと、1998（平成8）年に創刊した「点字毎日・活字版」は、2018（平成30）年2月で20年の節目を迎えました。

　活字版は、日曜日発行の点字版から4日遅れの木曜日発行。先行する点字版編集の結果を反映した墨字データを、編集者が独自の見出しと写真・イラストともにタブロイド判12ページの紙面にレイアウト。印刷した新聞は郵送で読者に届けています。

　「点字毎日」の創刊は1922（大正11）年。近代日本の視覚障害教育が始まって40年ほど後のことです。初期の盲学校教育は、伝統的な鍼按や音曲の職業教育を原点に、同じ盲人同士で助け合い、後輩を支える福祉の意味合いももっていました。やがて普通教育を取り入れていくとはいえ、「同人」を支えるという要素は今なお理療教育のなかにうかがえます。「点字毎日」も当初、新聞社として自ら読みうる情報を提供するという使命とともに、自身も盲人であった編集長が全国の仲間に紙面を通じて自覚を促すことにより盲人社会の改善につなげようとしました。そして今日まで一貫して続くのが、視覚障害者のさまざまな営みを、同時代を歩みながら記録していく役割です。

　長らく点字だけで発行された「点字毎日」ですが、盲学校関係者など、内容を知りたいという点字使用者以外のニーズは少なからずありました。点字版制作と新聞制作の技術革新により1990年代後半、ようやくそうした声に応えることができました。

　活字版発行からの20年間で、視覚障害者の情報環境が目まぐるしく変化発展を遂げ、社会における障害者に対する理解の広がりも感じられるような時代となりました。その生活史のなかでも特筆すべきことです。視覚障害者の多くが携帯電話を持ち公衆電話を探す必要がなくなり、今ではスマホを使ってネットショッピングを楽しむ人も珍しくなくなったこと一つ捉えてみても、この間の流れを従来の点字だけでなく、より多くの人に共有できる形で記録し伝えてきた意義は大きいものがありました。

　今日、視覚障害児が減るなかで点字版の読者が増えることはないでしょう。点字版の発行を支える意味合いも、これからの活字版には大きくなりそうです。2018（平成30）年度で87回目を数える全国盲学校弁論大会を共催するなど、全国盲学校長会をはじめ視覚障害教育関係者と「点字毎日」の関係は長く続いてきました。この先も紙面や事業の充実にご協力をいただければ幸いです。

Ⅱ章　視覚障害教育の
　　　　望ましい内容と方法

13 幼児児童生徒の障害の状況等に即した教育課程の編成のポイントについて教えてください。

A ●教育課程編成の基準

教育課程の編成及び実施に当たっては、国が一定の水準を確保するために基準として定めた学習指導要領に従いながら、創意工夫を加えて、地域や学校及び幼児児童生徒の実態に即して取り組むことが必要です。

盲学校では、幼稚園、小学校、中学校、高等学校に準じた教育を行うとともに、視覚障害等による様々な困難を克服するために必要な知識・技能・態度及び習慣を養うことを目的とした教育を行います。そのため、多様な実態に即した教育課程が編成できるように様々な取扱いが設けられています。新学習指導要領では、指導内容の精選、視覚補助具やコンピュータの情報機器の活用に関する事項、見通しをもった学習活動の展開に関する事項などの改善がなされましたので、それらを十分活用して、一人一人の「生きる力」を育む教育課程の編成をしなくてはなりません。

●実態に合わせた教育課程の編成

(1) 準ずる教育課程

盲学校の在籍者数は減少傾向にあり、適切な学習集団を形成することが難しい状況です。主体的・対話的で深い学びの実現に向け、学年や学部を超えた様々な集団による学習を意識しなくてはなりません。また、各教科の指導に加えて自立活動の時間を確保する必要があります。さらに、視覚障害のある幼児児童生徒は、初めての内容を理解することに時間を要します。基礎的・基本的な事項から積み上げて着実に習得できるように指導するには、限られた授業時間数のなかでは学習内容を精選する必要があります。ただし、指導の工夫や配慮で履修が可能であるにもかかわらず、見えないことなどを理由に各教科の内容を扱わないことは、指導内容の精選には当たらないので留意しなくてはなりません。

(2) 併せ有する教育課程

知的障害を併せ有する児童生徒について、新学習指導要領改訂では、小学校及び中学校の各教科の目標、内容との連続性を確保する観点から、特別支援学校の各教科において小学

教育の基本と教育課程の役割

各学校においては、教育基本法及び学校教育法その他の法令並びにこの章以下に示すところに従い、児童又は生徒の人間として調和のとれた育成を目指し、児童又は生徒の障害の状態や特性及び心身の発達の段階等並びに学校や地域の実態を十分考慮して、適切な教育課程を編成するものとし、これらに掲げる目標を達成するよう教育を行うものとする。
（特別支援学校小学部・中学部学習指導要領　第1章総則第4　1抜粋）

重複障害者等に関する教育課程の取り扱い

1．一部を取り扱わないこと
　障害の状態により、特に必要がある場合は各教科及び外国語活動の目標及び内容に関する事項の一部を取り扱わないことができる。
2．知的障害を併せ有する
　知的障害を併せ有する者については、知的障害特別支援学校の各教科の目標及び内容に関する事項の一部又は全部によって替えることができる。また小学部の児童については、外国語活動の目標及び内容も同様。小学部の児童については、外国語科及び総合的な学習の時間を、中学部の生徒については、外国語科を設けないことができる。

要点 幼児児童生徒の障害の状態や特性及び心身の発達の段階、進路、地域や学校の実態等を考慮して全職員協力の下、編成します。

3．自立活動との代替

重複障害者のうち、障害の状態により特に必要がある場合には、各教科、道徳科、外国語活動若しくは特別活動の目標及び内容に関する事項の一部又は各教科、外国語活動若しくは総合的な学習の時間に替えて、自立活動を主として指導を行うことができる。
（特別支援学校学習指導要領解説総則等編一要約）

弾力的な教育課程の編成

知的障害者である児童若しくは生徒又は複数の種類の障害を併せ有する児童若しくは生徒を教育する場合において特に必要があるときは、各教科、特別な教科である道徳、外国語活動、特別活動及び自立活動の全部又は一部について、合わせて授業を行うことができる。
（学校教育法施行規則第130条第2項抜粋）

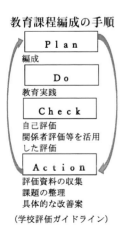

（学校評価ガイドライン）

部、中学部共に段階ごとに各教科の目標及び内容が示されているので、本規定を適用する際には参考にします。新学習指導要領で小学部5学年、6学年で新たに設けられた外国語科、小学部3学年、4学年に導入された外国語活動においては、障害の状態によって一部又は全部を設けないこともできるとしています。知的障害者である児童に対する教育を行う特別支援学校の小学部に新設された外国語活動は、個々の児童の障害に応じて小学部6年間にわたり取り扱うことや、外国語を使う場面を見聞きすることに重点が置かれた内容であることを留意して判断する必要があります。

(3) **自立活動を主とした教育課程**

重複障害者のうち、障害の状況により特に必要がある場合は，自立活動を主として指導することができます。しかし、道徳科及び特別活動は、その目標及び内容の全部を替えることができません。自立活動を主とした指導を行う場合、この2つが時間割に明記されないことがあります。学校教育法施行規則130条の規定により、各教科等を合わせた指導として、生活単元学習や遊びの指導などで道徳科や特別活動を実施できるためです。自立活動を主とした教育課程を編成する場合に、障害が重複している、あるいはその障害が重度であるという理由だけで、安易に自立活動に替えることのないようにすることが大切です。育成を目指す資質・能力を明らかにしたうえで、本当に各教科の指導ができないのかどうか、十分に検討することが大切です。

●**個に応じた教育課程の柔軟な運用**

教育課程の編成には、幼児児童生徒の教育的ニーズの把握が不可欠です。個々の指導や評価に基づいて教育課程も改善が必要です。改善に向けては学校の運営組織を生かし、学部の域を超えて教師が連携して全職員の協力の下で編成作業を行います。さらに、教育課程を評価するための資料を収集、整理し、問題点を検討して改善案を作成して実施します。このようなPDCAサイクルが教育課程の柔軟な運用につながります。

Q14 視覚障害のある幼児児童生徒の個別の教育支援計画及び個別の指導計画の作成と活用のポイントを教えてください。

個別の教育支援計画

　障害者基本計画では、教育、医療、保健、福祉、労働等の関係機関が連携・協力を図り、障害のある幼児児童生徒の生涯にわたる継続的な支援体制を整え、それぞれの年代における望ましい成長を促すため、個別の支援計画を策定することが示されています。

　この個別の支援計画のうち、幼児児童生徒に対し、教育機関（学校）が中心となって作成するものが、個別の教育支援計画です。関係機関と連携を図りながら、長期的視点に立って幼児児童生徒に教育的支援を行うために、それぞれの場での適切な指導と必要な支援を明確にし、実施するためのツールが個別の教育支援計画です。

個別の指導計画

　個別の指導計画は、個々の幼児児童生徒の実態に応じて適切な指導を行うために学校が作成するものであり、一人一人の指導目標、指導内容及び指導方法を明確にして、きめ細やかに指導するために作成されるものです。

A

●**個別の教育支援計画と個別の指導計画の作成について**

　特別支援学校では、平成21（2009）年3月告示の学習指導要領において、すべての幼児児童生徒に対し個別の教育支援計画と個別の指導計画を作成することが規定されました。

　また、小・中学校でも、平成29（2017）年3月に告示された学習指導要領において、特別支援学級と通級による指導を受ける児童生徒に対し、2つの計画を全員について作成し、効果的に活用することが規定されました。さらに、通常の学級に在籍する障害のある児童生徒などの指導においても、個別の指導計画の作成に努める必要性が示されました。

●**個別の教育支援計画作成のポイント**

　長期的な視点で幼児期から学校卒業後までの一貫した支援を行うことが重要です。具体的には、障害のある子供が生活のなかで遭遇する制約や困難を改善・克服するために、本人及び保護者の意向や将来の希望などを踏まえ、障害のある子供を支える学校、家庭、医療機関、福祉機関等で、どのような支援が必要かを洗い出し、支援目標を立て、それぞれが行う支援内容を具体的に記述し、それぞれの役割を明確にします。寄宿舎を利用している児童生徒は、寄宿舎での支援も位置付けます。

●**個別の指導計画作成のポイント**

　個別の教育支援計画で設定した学校で行う支援を具体化し、短期的視点から教育活動における指導計画を作成します。的確な実態把握と、障害の状態や特性、発達段階、学習進度等を考慮したうえで、次のような事項に配慮して作成します。

・基礎的・基本的な事項に重点を置く。
・指導方法や指導体制の工夫改善により、個に応じた指導の充実を図る。
・情報活用能力の育成を図るために、コンピュータや情報通信ネットワーク等を適切に活用した学習活動の充実と、視聴覚教材・教育機器等の教材・教具を適切に活用する。

●**個別の教育支援計画活用のポイント**

　就学前に個別の支援計画が作成されていた場合は、保護者や就学前に利用していた関係機関等と支援会議を開き、行われてきた支援・継続したい支援等を確認します。支援会議は、行った支援結果を確認し、修正や継続について話し合うなど、継続的に行っていくことが大切です。個別の教育支援計画は、

> **要点** それぞれの目的や意義の違いを理解し、子供とかかわる全員で十分な共通理解を図るとともに、PDCAを回すことが大切です。

PATH

障害のある人とかかわる人が、その人の夢や希望に基づきゴールを設定し、そのゴール達成のための作戦（計画）を立てるツールとしてカナダで開発されました。

【作成で期待される効果】
・長期的視野に立った目標を明らかにできる。
・長期目標に向かって、一貫性と継続性をもちながら、現段階で取り組むべきことが明確になる。
・図の作成を通して互いの意見交換ができ、様々なアイディアの重要性が理解でき、協力関係を構築することができる。

などがあります。

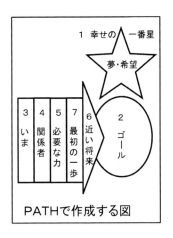

PATHで作成する図

支援者・機関間の連携のツールとして活用してこそ意義が果たせます。

個別の教育支援計画の内容は、その子にかかわる全教員で共通理解し、学校で行う支援の内容を個別の指導計画に反映させることが重要です。

長期的視点の目安として3年程度で新たに作成する学校が多いようですが、進捗状況や関係機関の変更等の確認は1年ごとに行う必要があります。

卒業や転学に際し、進路先に教育支援計画の内容をしっかり引き継ぎ、切れ目のない支援としていくことが大切です。

また、多くの関係者がかかわるため、保護者の同意を得るなど個人情報の取扱いに十分留意する必要があります。

本人の夢や希望を大切に、支援計画を作成するためのツールとして、PATHを取り入れている学校も多くあります。

社会参加、将来の夢の実現を念頭に、生涯にわたって必要な支援を継続的に得られる体制構築が大切です。また、公的機関やサービスに限らず、ボランティア等の民間の支援団体も有効な支援の資源となります。

●個別の指導計画活用のポイント

Plan（実態把握→目標設定→指導内容・支援の設定）→Do（授業実践）→Check（評価）→Action（改善）というPDCAサイクルを機能させることが重要です。日々、各教員がこのサイクルを意識して行うことで、授業改善につながります。

視覚障害のある幼児児童生徒の個別の指導計画の作成及び活用にあたっては、学習指導要領に示されている指導上の配慮事項に留意することが大切です。

【視覚障害教育における指導上の配慮事項（特別支援学校小学部・中学部学習指導要領第2章・抜粋・要約）】

(1) 保有する視覚の十分な活用による、的確な概念形成と言葉の正しい理解と活用
(2) 文字の読み書きの系統的指導と習熟
(3) 指導内容を精選し、基礎的・基本的な事項を着実に習得
(4) 視覚補助具や情報機器、教材を効果的に活用し、情報の収集・整理と、主体的な学習のための指導方法の工夫
(5) 場の状況等を的確に把握できるよう配慮することで、空間や時間の概念を養い、意欲的な学習活動を展開

Q15 対話的な学びの充実を踏まえ、少人数に応じた指導はどのようにしたらよいでしょうか。

資料
平成30年度幼児児童生徒在籍状況（序章参照）

出典
視覚障害教育の現状と課題
－平成29年度年報－第57巻
（全国盲学校長会編）

物との対話の例

小学部2年　算数
「はこの形」導入で、大きな段ボールに実際に入ったり、いろいろな形の箱をたくさん触ったりすることで、箱の概念を広げています。

A

●盲学校の在学者数、学級数について

資料「平成30年度幼児児童生徒在籍状況」からわかるように、在籍者数は2,731人で3,000人を切っています。また、学級数と在籍者数（小中普）を比較すると、1学級平均2.3人程度になっていることがわかります。このように全国的に少人数化していると言えます。

●学習指導要領の改訂について

平成29年3月に学習指導要領が告示され、総則において、「主体的・対話的で深い学び」の実現に向けた授業改善をしていくことが示されました。各教科等において身に付けた知識及び技能を活用したり、思考力、判断力、表現力等や学びに向かう力、人間性等を発揮させたりして、学習の対象となる物事を捉え思考することにより、各教科等の特質に応じた物事を捉える視点や考え方（以下「見方・考え方」という。）が鍛えられていくことに留意することが必要です。また、児童生徒が各教科等の特質に応じた見方・考え方を働かせながら、知識を相互に関連付けてより深く理解したり、情報を精査して考えを形成したり、問題を見いだして解決策を考えたり、思いや考えを基に創造したりすることに向かう過程を重視した学習の充実を図るようにすることが示されています。

●授業のなかでの対話的な学びを実現するためには

(1) 人との対話

複数の子供がいる場合は、子供同士の対話が可能です。その際、解決するまで教師は黙って見守るという姿勢が大事です。個別指導の場合は、教師が対話できるような発問を作り出すことが必要です。「どうして？」「どのように？」などの発問があると対話が生まれます。教師を説得したい、説明したいと思わせるような学習過程を設定するとよいでしょう。

(2) 物との対話

対話というと、人との関わりだけではありません。視覚障害教育では、「触ってわかる」「よく見てわかる」が基本です。授業のなかでは、教材・教具の存在は大きいものです。例えば、算数科で形を扱う際には、基本となる形を何度も自分で

| 要点 | 少人数の良さを生かして、一人一人の思考過程を大切にします。「人との対話」、「物との対話」、「自己との対話」等様々な工夫を行って学びの質を深めることが大切です。 |

人や物との対話の例

中学部3年 数学「関数」
生徒同士で、ピザの模型を操作しながら大きさと値段の関係について考え、根拠を示して説明し、課題解決しています。

自己との対話例（核となる体験）

幼稚部 野菜を育てる様子
幼児期から体験活動をじっくり行うことが学習の基礎となる経験になります。

少人数の指導の例
　　　　　（課題設定の工夫）

高等部普通科2年
家庭総合「乳児の衣服」
自分の弟にはきやすいパンツをつくるという課題を設定し、意欲を高めることで、主体的に乳児の衣服について調べています。

分解したり、組み立てたりしながら、形の構造や特徴をつかんでいきます。基本となるものを理解した後、それと比較しながら他のものを触り、概念形成を図る学習過程が重要になってきます。教材・教具を操作し、試行錯誤して失敗と成功を繰り返すなかで、課題解決を図る学習過程を設定することも、思考を深めるための対話の一つと言えます。

(3) 自己との対話

　自己との対話とは、「考える」ことで、自分のこれまでの経験や知識と向き合うことです。子供に言葉の意味を正しく理解させたり、核となる体験が十分にできるように配慮したりすることで考える活動が生まれます。

●指導者の姿勢について

　少人数の指導は広がりがないように思えますが、工夫次第で思考が深まるなど、きめ細かい指導ができます。このメリットを十分に生かして思考力、判断力、表現力を付けていくことがこれからの時代には求められています。

●対話の環境を整える

(1) 授業形態の工夫

　必要に応じて他の学年と合同での授業を実施したり、目的に応じて学び合う体制を整えたりすることも有効です。

(2) 対話の相手の工夫

　交流及び共同学習において、地域の学校の多人数の同年齢の子供たちとの交流で対話することも必要です。また、盲学校のなかには、視覚障害のある教師もいることから、視覚障害者との対話を進めることも大切にしたいものです。

●情報ネットワークの活用について

　自治体を越えて教職員で情報ネットワークを活用した会議を試験的に行ったり、海外との学校間交流を行ったりしている学校もあります。今後は、このような形で交流しながら意見交換をして、考えを広げたり深めたりする取組も積極的に行う必要があります。

Q16 小・中・高等学校等の通常の学級に在籍する児童生徒への指導に当たっての配慮すべき内容について教えてください。

図の単純化の例
「千葉の山と川」

色彩への配慮
①同系色で彩度の低い色を隣り合わせに用いない。
②同系色を用いる場合には、2度以上の明度差をつけるよう心がける。
③色と色との境界には、できるだけ輪郭線を入れる。
「視覚障害教育に携わる方のために」（慶應義塾大学出版会）参照

弱視児に困難な学習内容の例
・ものさしの使用（2年生算数）
・彫刻刀の使用（図工）
・星の動き（5年生理科）
「教師と親のための弱視レンズガイド」（コレール社）参照

「学校環境衛生基準」による日常点検のポイント
・明るさは十分にあるか（文字・図形等がよく見えるか）
・まぶしさはないか
・光るような箇所はないか

A

●授業のポイント

　見てわかりやすい環境を整え、見えにくさを補うための言葉掛けを行うことは、弱視の児童生徒だけでなく全ての児童生徒にとってもわかりやすい授業であるというユニバーサルデザインの考えに基づいた視点が大切です。

　板書では、席から認知できる文字の大きさを把握し、書いた文章を読み上げると有効です。チョークはコントラストの高い白や黄色を使用することや、波線や囲み枠などの色以外の手がかりを工夫するなどの板書の仕方を全校で統一するとよいでしょう。また、板書量にも留意し穴埋めプリントなどを用意するとよいです。黒板周りの掲示物も整理し、見るべきものに集中できる環境を作りましょう。

　プリントは見やすいポイント数や字体を使用します。図や表は不要な視覚情報を省いて単純化し、色を使う際は鮮明な色を用い、色の境界に輪郭線を入れます。インクの濃さや紙の種類によって見えやすさが異なることにも留意します。

　動きを伴う活動では、活動の手順や道具の配置などの説明があると、活動全体に見通しがもてます。また、「あれ」「そこ」などの指示語や身振りはわかりにくいため、場所や動きを具体的に言葉で伝えます。

●環境の工夫

　教室内の明るさを保つことは見やすさにとって重要な要素です。明るさが不足する場合は、個別に卓上ライトなどを使用するとよいです。まぶしくて見えにくい場合は、本人が遮光眼鏡をかけるだけでなく、カーテンを引いたり、座席の配置を工夫したりすることが必要です。

　弱視児童生徒は、視覚補助具、書見台、拡大教科書など、様々な道具を使って学習します。それらを使用したり保管したりするための補助机やロッカーなどを用意するとよいです。（Q31、Q32参照）

　また、遠くが見えにくい、視野が狭いなどの理由から、段差や物に気がつかないことがあります。安全を確保するためには、床に物を置かない、廊下や階段の明るさを確保することが重要です。また、段差や下駄箱、掲示物等の配色を工夫

要点 学校全体で児童生徒の見えにくさについて理解し、教師はわかりやすい授業や環境を心がけ、共通理解する場をもつことが大切です。

特別支援学校小学部・中学部学習指導要領　第7章　自立活動
　6区分27項目参照
　（Q62参照）

国語科での例
【困難さの状態】
文章を目で追いながら音読することが困難な場合には
【配慮の意図】
自分がどこを読むのかが分かるよう
【手立て】
教科書の文を指で押さえながら読むように促したり、行間を空けるための拡大コピーをしたり、語のまとまりや区切りが分かるように分かち書きをしたり、読む部分だけが見える自助具（スリット等）を活用したりするなどの配慮をする。（後略）
（小学校学習指導要領解説　国語編　4章の1　参照）

したり、教室表示などを目の高さに配置したりすると見つけやすくなります。ふだんはない場所に物があったり、あるはずの場所になかったりすると困ります。教室内が整理整頓され、決められた配置どおりになっていることで、見通しをもって学校生活を送ることができます。これらの配慮は弱視の児童生徒だけでなく、全ての児童生徒にとってわかりやすい環境であると言えます。

● **学級や保護者への理解推進**

　弱視児童生徒は常に見えにくい状態にあることから、自己の見えにくさを認識することが難しいです。見えにくいために自信をもてず、学習面や友人関係に不安を感じていることも多いことから、自己肯定感を育む支援が必要であると同時に、周囲の理解が不可欠です。そのため、盲学校等の専門機関と連携し、在籍学級だけでなく、学校全体の教師や児童生徒へ見えにくさの理解を図っていくことが大切です。障害理解を目的とした授業として、当該児童生徒が使う補助具の体験や見えにくさの体験（恐怖や不安をもたせないように留意）等を年齢に合わせて行ったり、保護者会などで学級の保護者への理解を図ったりすることで、学級・学校全体によい効果があります。また、本人が自分の見え方を周囲に伝える力や、支援を依頼する力をつけていくことも必要です。もてる力を発揮することができるよう、自己肯定的な姿勢と、必要な視覚補助具を安心して使える環境づくりが大切です。

● **教師間連携の重要性**

　特別支援教育コーディネーターを要として校内委員会等で情報交換や共通理解の時間を確保し、チームで対応することが重要です。校内委員会等での助言や協力を得ることが、適切な支援のための確かな一歩となります。養護教諭や特別支援教育支援員等との連携も重要です。加えて中学校や高校では教科担任間できちんと連携を取りながら教科指導に当たらなければなりません。いずれにしても、学級担任が、一人で抱え込まないで学級組織として支援に当たることが必要です。

17 小・中学校における弱視特別支援学級の教育課程の編成と指導に当たっての配慮事項について教えてください。

視覚障害のある子供の教育の場

弱視の児童生徒が学ぶ専門的教育の場として、盲学校と、小・中学校の弱視特別支援学級や小・中・高等学校の弱視通級指導教室（通級による指導）があります。

弱視特別支援学級の対象

拡大鏡等の使用によっても通常の文字、図形等の視覚による認識が困難な程度のもの（25文科初第765号初等中等教育局長通知）

自立活動

特別支援学校小・中学部学習指導要領に示されている指導領域で、障害による学習上または生活上の困難の改善・克服を目的としています。6区分27項目の指導内容のなかから必要とする指導項目を選び、相互に関連付けて具体的な指導内容を設定して指導を行います。（Q62参照）

A

●弱視特別支援学級の教育課程

特別支援学級は、基本的には小・中学校の学習指導要領に基づいて編成します。小・中学校の学級の一つであり、学校教育法に定める小・中学校の目的及び目標を達成するものです。ただし、対象となる児童生徒の障害の種類や程度等によって、特に必要がある場合は、「特別の教育課程によることができる」（学校教育法施行規則第138条）と規定されています。特別の教育課程について、小学校学習指導要領（平成29年告示）総則に次のように規定されています。

(ｱ) 障害による学習上又は生活上の困難を克服し自立を図るため、特別支援学校小学部・中学部学習指導要領第7章に示す自立活動を取り入れること。

(ｲ) 児童の障害の程度や学級の実態等を考慮の上、各教科の目標や内容を下学年の教科の目標や内容に替えたり、各教科を、知的障害者である児童に対する教育を行う特別支援学校の各教科に替えたりするなどして、実態に応じた教育課程を編成すること。

●弱視特別支援学級の指導

弱視特別支援学級では、見やすい学習環境を整えるとともに、見え方の状態や特性等に配慮しながら保有する視覚を最大限に活用できるように、視覚による認知力を高めるための指導や各教科等の指導を行います。指導内容やねらいによっては、学習の場を通常の学級に設定することで、効果的な学習活動が展開できるようにします。なお、指導に当たっては、視力等の視機能や学習状況等の適切な実態把握に基づき、個別の教育支援計画や個別の指導計画を作成し指導を行います。

(1) 環境の整備

学習環境の工夫としては、教室全体の照明や机上照明による照度の調整、直射日光を避け教室の照度を調節するためのカーテンやブラインド等の設置、良い姿勢で読書や作業を行うことができる机や書見台の整備、反射光によるまぶしさを抑えることができる黒板の設置等があります。また、児童生徒が安全かつ安心して学校生活を過ごせるように、教室内のみならず、昇降口や階段等の段差の縁に目立つ色を付けたり、廊下に歩行の障害となる物を置かないようにしたりする等の

要点 障害の状態や発達段階に対応した個別指導と、通常の学級での交流及び共同学習を効果的に組み合わせることが大切です。

校内での共通理解を図ることも大切です。

このような弱視児童生徒にとって見やすい・わかりやすい・活動しやすい環境は、学校内のすべての児童生徒にとっても見やすい・わかりやすい・活動しやすい環境であり、弱視特別支援学級からユニバーサルデザインの環境整備を発信することが大切です。

(2) 教材・教具、視覚補助機器等の活用

拡大教科書や拡大教材等の視覚的に認知しやすい教材・教具を活用して学習の理解を図ります。さらに、拡大読書器や弱視レンズ、タブレットPC等の視覚補助機器を整備し、必要に応じて効果的に活用できるように指導を行います。ノートや筆記具等の文房具類に関しても、見やすく学習しやすい物を用意し、児童生徒や保護者に紹介できるようにします。

(3) 見る意欲の喚起

視覚補助機器を用いてはっきり視認できたときの「見えた」「わかった」喜びが、さらにまた「見たい」という意欲につながります。児童生徒の見る意欲を引き出し、高めることが大切です。この積み重ねにより、たとえ明確に見えなくとも、豊かな学習経験をもとに、推測し、正しく読み取る力を付けることができます。

(4) 自己の障害理解

自分の見えにくさを理解し、前向きに生きていこうとする姿勢や力を育むことが大切です。必要に応じて周囲の人へ自分の見え方を説明し、理解を求めたり援助を依頼したりする力を伸ばす指導も大切となります。

●**通常の学級での学び**

交流学級の担任と連携を図り、通常の学級の児童生徒との交流及び共同学習を計画的に行います。学習のねらいを明確にし、弱視特別支援学級での個別指導で学ぶ内容と通常の学級での集団のなかで学ぶ内容を組み合わせます。また、通常の学級で弱視理解教育を行うこともよいでしょう。

●**盲学校のセンター的機能の活用**

盲学校と密接な連携を図ることが有効です。高い専門性に基づくアドバイスは日々の教育活動に役立ちます。

感覚を総合的に活用した周囲の状況の把握

保有する視覚を活用するとともに、聴覚や触覚等の他の感覚を総合的に活用して情報を収集して周囲の状況を把握することが大切です。

弱視理解教育

弱視理解教育の一例として、シミュレーションレンズの利用があります。見えにくさを体験することで、弱視の友だちの困難さを実感し、援助の方法を考えることにつながります。

盲学校のセンター的機能の活用

児童生徒の実態把握、指導内容・方法、校内環境の整備等のアドバイスを受けることができます。また、視覚障害に関する医療や福祉、進路の情報を受けることができます。盲学校の児童生徒や、他の弱視特別支援学級の児童生徒等、同じ障害のある友だちとの交流の機会を得る場にもなります。

Q18 小・中・高等学校等における通級による指導（弱視）の教育課程の編成と指導に当たっての配慮すべき内容について教えてください。

A

「通級による指導」は、学校教育法施行規則第140条及び第141条に基づいて行われています。

さらに「障害のある児童生徒に対する早期からの一貫した支援について」（25文科初第756号初等中等教育局長通知）では、「通級による指導」の対象となる子供について次のように記されています。

エ　弱視者
　拡大鏡等の使用によっても通常の文字、図形等の視覚による認識が困難な程度の者で、通常の学級での学習におおむね参加でき、一部特別な指導を必要とするもの

特別な配慮を必要とする児童への指導

障害のある児童に対して、通級による指導を行い、特別の教育課程を編成する場合には、特別支援学校小学部・中学部学習指導要領第7章に示す自立活動の内容を参考とし、具体的な目標や内容を定め、指導を行うものとする。その際、効果的な指導が行われるよう、各教科等と通級による指導との関連を図るなど、教師間の連携に努めるものとする。
　（小学校学習指導要領（平成29年告示）第1章　第4　2 (1) ウ）

●**「通級による指導」における教育課程の編成**
　通級による指導は、小・中学校の通常の学級に在籍している障害のある児童生徒に対して、各教科等の大部分の授業を通常の学級で行いながら、一部の授業について当該児童生徒の障害に応じた特別の指導を特別の指導の場（通級指導教室）で行う教育形態です。通級による指導を行う場合には、特別の教育課程によることができ、児童生徒の障害による特別の指導を、小・中・高等学校の教育課程に加え、又は、その一部に替えることができるとしています。

●**「通級による指導」の指導内容**
　「通級による指導」とは、障害の状態に応じ、障害による学習上又は生活上の困難の改善又は克服を目的とする指導、すなわち特別支援学校における自立活動に相当する内容を有する指導を指します。また、障害の状態に応じた各教科の補充指導を行うことができます。平成30年度より、高等学校でも通級指導が始まっています。

●**自立活動の指導について**
　自立活動の指導内容は、主として視覚認知、目と手の協応、視覚補助具の活用等の指導が中心となります。目と手の協応動作は日常生活や学習の様々な場面で必要となる重要な力です。子供の実態に合わせて段階的に指導することにより視知覚の発達の向上が期待できます。また、拡大読書器や弱視レンズ等の視覚補助具を積極的に活用することができるようにするための指導も重要です。弱視レンズを使いこなすためには早期からの練習と個別指導が大切です。地図学習、社会科見学、自然観察、作図作業等において、弱視レンズを効率よく活用して学習を進めていけるように支援します。単眼鏡やタブレット端末などを活用する際は、子供の「見ること」に対する意欲を大切に、道具を使う心地よさを子供が実感し、「もっと使いたい」という気持ちが高まるように支援します。また、通常の学級における学習や生活を円滑に行うために書見台や拡大読書器の活用、適切な明るさ等自ら環境を整えることができるようにすることも大切です。

> **要点** 子供たちの教育的ニーズに応じたきめ細やかな指導と通常の学級でもその指導内容を生かした支援が行われることが大切です。

通級指導を受けている視覚障害児数

通級指導を受けている視覚障害児は、2017（平成29）年5月1日現在、全国に小・中学校あわせて197人です。（序章参照）

● 障害の状態に応じた各教科の指導内容について

弱視については、視覚的に複雑なパターンの認識等で学習上困難な面があり専門的な指導が必要となる場合があります。

国語における新出漢字や文章の読み書きの指導（形の似た漢字や画数の多い漢字を中心とした指導）。算数・数学は、図形やグラフなどの指導（図形を正しくかく、細かい目盛りを正確に読み取る指導）。社会は、地図指導（複雑な地図を正確に読み取る、白地図に記入する指導）。図画工作、美術、技術・家庭は、各種用具類の使い方、色に対する指導、細かい作業を正確・安全に行うための指導など。体育（保健体育）は、器械運動、球技、ダンス等見えにくさのために困難が生じる運動の指導を行います。

● 保護者、在籍校担任との連携

保護者とは連絡帳の活用、懇談、送迎時の連絡を通して連携を図ります。学校での様子を含め、家庭での様子を確認したり、情報交換をしたりするなかで具体的な指導や支援内容が明確になります。

通級による指導の課題として、通級指導教室まで遠く、在籍校の授業が受けられない、在籍校担任との連携の難しさ、通級担当の専門性等が挙げられます。解決の方策としては、在籍校担任とは、通級担当が中心になって在籍校との連携を図ります。通級担当は学級担任に具体的な指導内容等を伝え、在籍学級での様子や課題を担任から聞き取るなどして共通理解を図ります。さらに、通級の学習で身に付けた力を在籍校で自信をもって発揮するためには、担任だけでなく校長をはじめとする全教員が、その子の情報を共有し支援方法について共通理解を図っていくことが重要になります。

子供たちがこの指導を受けるのは週に数単位時間程度で、各教科等のほとんどの授業は通常の学級で受けています。「通級による指導」において子供たちのニーズに応じたきめ細やかな指導が行われると同時に、通常の学級でもその指導内容を生かした支援が行われることで、障害による学習上又は生活上の困難を改善・克服する力を身に付けることができるのです。

Q19 色覚異常と配慮事項について教えてください。

色が見えるしくみ

色覚は、眼球の網膜にある三種類の錐体で可視光線を感知し、各波長に応じた信号が視神経を経由して脳の視覚野に情報として伝えられることで、色の特性(色相・明度・彩度)を細かく判別することができる視機能です。

色覚検査

色覚検査には、石原色覚検査表、パネルD-15テスト、東京医大式色覚検査表、ランタンテスト、Farnsworth-Munsell 100 hue testがあり、先天色覚異常のスクリーニングや程度判定に用いられています。また、確定診断のためにはアノマロスコープによる検査が必要です。

後天色覚異常の色覚検査は色の見え方を、視覚障害教育では、弱視児の生活や学習における色の実用的能力を知ることが大切となります。

NPO法人カラーユニバーサルデザイン機構(CUDO:http://www.cudo.jp/)

社会の色彩環境を多様な色覚をもつさまざまな人々にとって使いやすいものに改善してゆくことで、「人にやさしい社会づくり」をめざすNPO法人。

色盲・色弱・色覚異常などと呼ばれた人たちや高齢者、ロービジョンの方たちにもわかりやすい色づかいの社会を作る活動を推進しています。

A

●色覚異常と弱視教育

医学的な色覚異常は、先天色覚異常と後天色覚異常に大別されます。

先天色覚異常とは、男性の約5％、女性の約0.2％で出現する非進行性の遺伝性疾患で、有効な治療方法はありません。先天色覚異常の大半は赤緑異常型で、色覚以外の視機能低下がないことから視覚障害の対象となっていません。しかし、進学や就職において色覚の制限が設けられていたことから、本人・家族の被る教育的・社会的な不利益を解消する運動が1990年代に展開され、教員養成系・理工系・医師薬系の大学への進学も可能となり、雇用時の健康診断から色覚検査が原則廃止される等の見直しが行われてきました。学校での健康診断の必須項目であった色覚検査(石原色覚検査表)は2003(平成15)年度から除かれて、希望者のみの実施となっています。なお、先天色覚異常の1色覚型では、視力障害、眼振、羞明等の症状が併発することから、これまでも弱視教育の対象となってきました。

一方、多様な眼疾患が原因となる後天色覚異常は、視力・視野等の視機能障害が顕著な場合に、弱視教育の対象となってきました。特に、原疾患の悪化・進行によって色を識別する困難さも増していくことから、さまざまな眼疾患(白内障、緑内障、黄斑変性など)の色の見え方に応じて、弱視教育における教材・教具の色使いの工夫、補助具の使用や指導方法の開発が必要とされています。また、近年、色の見え方に配慮する情報保障という取組が進んできて、カラーユニバーサルデザイン、色覚特性(色覚障害)や弱視(ロービジョン)という用語が積極的に用いられるようになってきています。

●色覚への配慮が必要な眼疾患

角膜混濁や白内障のような透光体混濁では、光の散乱等によって色合いの識別が困難になります。全色盲、黄斑部変成や網膜色素変性等の網膜疾患、緑内障や視神経萎縮等の視神経疾患では、視力や視野等の障害に加えて、色の識別が困難になります。また、視力やコントラスト感度が低下している弱視児では小さな面積の色の識別や細かな色合いの識別が困

> **要点** 色覚に関する理解を深めて、色の識別に困難さのある弱視児に対する学習面又は生活面の指導上の配慮を検討します。

眼科医会の調査

2003（平成15）年に学校での色覚検査が義務から希望者への実施に規則改正されたことを受けて、日本眼科医会が先天色覚異常者の実態調査を実施し、2014（平成26）年に調査結果を公開しました。色覚異常と診断された学齢期の本人または保護者の「気付いていた」認知度は約5割と低いものでした。

色覚異常に関する資料（ホームページからダウンロードできます）

公益社団法人　日本眼科医会（2015）先天色覚異常への対応（改訂版）
公益社団法人　日本眼科医会（2018）色の見え方
公益財団法人　日本学校保健会（2016）学校における色覚に関する資料

難になります。さらに、先天色覚異常を合併している男性では色の混同と色の判別困難とが重複してきます。

● **学校における色覚検査**

学校における色覚検査は2003（平成15）年度より健康診断の必須項目から除かれ、希望者に対して個別に実施されることになりました。しかし、その後の日本眼科医会の調査で、本人または保護者の先天色覚異常に関する認知度が低下していたこと等が報告され、平成26年4月30日の文部科学省「学校保健安全法施行規則の一部改正等について（通知）」では、色覚の検査について、①学校医による健康相談において、必要に応じて、適切な対応ができる体制を整えること、②教職員が色覚異常に関する正しい知識を持ち、学習指導、生徒指導、進路指導等において、色覚異常について配慮を行うとともに、適切な指導を行うよう取りはからうこと、本人が自身の色覚の特性を知らないまま不利益をうけることがないように、保護者等への周知を図る必要があることが示されています。

● **学校における指導上の配慮**

先天色覚異常の児童生徒に配慮した指導方法として、板書では白と黄色のチョークを主に使用します。一般的には、黒板は濃緑色となっているので、赤や緑のチョークを使用すると文字と背景の識別が困難になります。地図などの教材に使用されている色分け（平野は緑、山は茶色）も見分けにくい場合があるので、言葉で説明したり、具体的に位置を示して確認することが大切です。また、日常生活での注意点や進学・就職において特定の分野（航空、船舶、鉄道の業務）で色覚検査が必要とされること等について、本人・保護者の理解を求めることが大切になります。

弱視教育の対象となる色の識別に困難さがある児童生徒では、色の見え方が多様であることから、実用的な色の識別力を把握することが必要になります。香川等（2016）は、10cm程度の色紙を用いて、色名の呼称や色のマッチングをすることから始めて、色の識別ができる紙の大きさや色の特性（色相・明度・彩度）のわかる範囲について把握して、積極的に色の指導をしていくことが大切としています。

Q20 視覚認知について教えてください。

盲学校における視覚認知発達指導の重要性

盲学校に在籍する児童生徒の実態として、重度・重複化傾向が指摘されていますが、低年齢群における未熟児網膜症の割合の増加も指摘されています。未熟児の子供たちは、発達障害になる割合が高いことが知られています。盲学校においても視覚障害だけでなく、認知発達全体を捉えたかかわりがこれまで以上に重要になっています。

眼球運動の観察

読みの眼球運動の観察には、文字を印刷した透明板の読みの様子を観察しています。視距離の短い弱視児の観察にも有効です。

A

●視覚認知障害とは

視覚認知とは、「見てわかる」ことです。見たものをうまく認知できない状態を視覚認知障害と言うことがあります。

認知は、過去の自分自身の経験に基づく記憶に照らし合わせ判断するプロセスで、それには知覚、注意、記憶、表象、象徴、言語、そして判断といった高次脳機能が統合的に関与します。これらの高次脳機能を用い、身体を介して「わかる」ことが認知です。自らの概念を通して体験的に捉え、概念を参照しながらより高度の認知に向かいます。視覚認知は、認知発達の一部として発達します。

視覚認知は、視覚対象を能動的に捉え、手で操作することを通して発達していきます。手を使うことで、外界への触運動探索が広がり、事物操作への関心が高くなることで視覚運動系処理力が育ち、その結果、視覚認知が育ちやすくなります。視覚障害のある子供たちは、初期の認知発達の段階で、その見えにくさのために外界への働きかけの動機をもちにくくなります。そのために発達を促すための適切なかかわりが必要になります。

●眼球運動の課題

眼球運動は網膜像を安定させ、視覚的解像度を高め、視線移動をします。生後5か月までには基本的な眼球運動機能を獲得し、外界への興味・関心からの環境への働きかけを支えます。

弱視の子供たちのなかには、視覚活用の基礎技能としての注視や追視、注視点移行などの眼球運動に課題のある子もいます。また、発達障害の子供たちも目の運動精度が低い段階にとどまることがあります。

●目と手の協応動作の課題

目と手の協応動作は、視覚認知発達の根幹となる部分です。自らの行為と外界からのフィードバックの協応の活動での試行錯誤的経験と、そのなかでの気付きが認知発達を支えます。その発達は、運動優位な状況から、視覚優位な状況に高次化していきます。目と手の協応ができるようになると、視覚的

要点

視覚認知発達を促すには、眼球運動等の視覚活用の基礎技能の習得に加え、認知特性や発達の段階を踏まえた適切なかかわりが必要です。

目と手の協応

点つなぎの際の目と手の協応の様子をチェンジングボードで観察しています。

発達障害児の課題

発達障害の子供たちの場合には、読み書きや計算がある程度できていても、視覚認知に困難があることも多く、発達的に初期の段階で獲得されるべき力が育っていないことがあります。

同時処理と継時処理

```
テ テ テ
テ テ テ
テ テ テ
テ テ テ テ テ
```

「テ」で構成された「エ」を模写すると、継時処理に強く同時処理に弱い子は、部分に注目して「テ」を再現し、全体の空間構成のイメージがもてません。

比較や、模倣ができるようになります。目から得た情報を記憶し必要に応じて運動イメージと合わせて取り出せるようになり、全体との関係を把握して意味づけができるようになります。こうして概念化が進んでいきます。

生後5か月くらいで目と手の協応の基本はできてきますが、発達障害の子供たちのなかには課題としてもち続ける子もいます。見てわかっても思い浮かべた形を描けないなど、運動イメージに結びつけて捉えられないことが背景にある場合があります。

● 認知の課題

注意や記憶、概念など認知のアンバランスが、視覚認知に影響します。

視覚認知に困難を伴う子供の特徴として、視覚記憶よりも聴覚記憶が強く、同時処理よりも継時処理が優位なことがあげられます。部分的情報の把握によって外界を認知する特性による困難が様々な行動に表れます。

注意に課題がある場合には、「活動が完結するまで見ていられない」、「目に入る視覚情報に惑わされる」などのために、見てもわからなかったりします。

● それぞれの場合への対応

視覚認知に関する障害には様々な要因がありますが、経験を体制化し概念化していくための活動を保障することが大切です。

視覚認知発達を促すには、視覚活用の基礎技能の習得に加え、認知特性や発達の段階を見極めて適切なかかわりをしていく必要があります。情報の精選、ノイズの除去や刺激のコントロールをしながら、目と手の協応を促す指導を通して獲得を促します。その際、能動的、探索的、合目的的に注意を向けられるような魅力的な刺激や活動を準備することが大切です。

21 概念形成と言葉の指導は、どのように考えればよいでしょうか。

指導計画の作成と内容の取扱いの配慮事項
1 視覚障害者である児童に対する教育を行う特別支援学校
(1) 児童が聴覚、触覚及び保有する視覚などを十分に活用して、具体的な事物・事象や動作と言葉とを結び付けて、的確な概念の形成を図り、言葉を正しく理解し活用できるようにすること。
(2) 児童の視覚障害の状態等に応じて、点字又は普通の文字の読み書きを系統的に指導し、習熟させること。なお、点字を常用して学習する児童に対しても、漢字・漢語の理解を促すため、児童の発達の段階等に応じて適切な指導が行われるようにすること。
(3) 児童の視覚障害の状態等に応じて、指導内容を適切に精選し、基礎的・基本的な事項から着実に習得できるよう指導すること。
(4) 視覚補助具やコンピュータ等の情報機器、触覚教材、拡大教材及び音声教材等各種教材の効果的な活用を通して、児童が容易に情報を収集・整理し、主体的な学習ができるようにするなど、児童の視覚障害の状態等を考慮した指導方法を工夫すること。
(5) 児童が場の状況や活動の過程等を的確に把握できる

A

●言語能力の育成

子供は、乳幼児期から身近な人とのかかわりや生活のなかで言葉を獲得していき、発達段階に応じた適切な環境のなかで、言語を通して新たな情報を得たり、思考・判断・表現したり、他者とかかわったりする力を獲得していきます。

学校生活を例にとれば、先生の話を理解したり、教科書をはじめ様々な資料等から新たな知識を得たり、事象を観察して必要な情報を取り出したり、自分の考えをまとめたり、友達の思いを受け止めながら自分の思いを伝えたり、学級で目的を共有して協働したりするなど、言葉は児童生徒が行う学習活動を支える重要な役割を果たしています。

このように言語能力は、全ての教科等における資質・能力の育成や学習の基盤となるものです。今、学びの質を高めていくために、「主体的・対話的で深い学び」が重要な視点となっています。その際、今後より一層、言語活動の充実が求められていきます。

●イメージや概念の形成

視覚障害のある児童生徒の言語能力の育成に当たり、イメージや概念の形成は特に大切にされなければなりません。

私たちが外界からの情報を入手する手段として、多くの部分を視覚が担っています。

視覚障害のある児童生徒は、視覚による情報収集が困難であるため、限られた情報や経験の範囲でイメージや概念が形成されたり、理解が一面的だったりすることがあります。

例えば、「手を振る」という言葉を知っていても、状況に応じた動作ができなかったり、その言葉の背景にある心情や意味を理解することができなかったりと、わかっているようで実際には理解していない事柄が見うけられることがあります。

●的確な概念を形成するための指導

的確な概念を形成するためには、児童生徒が、聴覚、触覚及び保有する視覚などを十分に活用して、事物・事象や動作と言葉とを対応できるようにする指導が大切です。

要点 聴覚、触覚、保有する視覚などを十分に活用して、具体的な事物・事象や動作と言葉を結び付けて、的確な概念の形成を図りましょう。

よう配慮することで、空間や時間の概念を養い、見通しをもって意欲的な学習活動を展開できるようにすること。
（特別支援学校小学部・中学部学習指導要領　第2章　第1節　第1款）

言語活動による学習活動

学習活動は、言葉による記録、要約、説明、論述、話し合い等の言語活動を通じて行われます。「小学校学習指導要領解説」国語編の語彙についての記述を見てみましょう。

語彙は、全ての教科等における資質・能力の育成や学習の基盤となる言語能力を支える重要な要素である。このため、語彙を豊かにする指導の改善・充実を図っている。

語彙を豊かにするとは、自分の語彙を量と質の両面から充実させることである。具体的には、意味を理解している語句の数を増やすだけでなく、話や文章の中で使いこなせる語句を増やすとともに、語句と語句との関係、語句の構成や変化などへの理解を通して、語句の意味や使い方に対する認識を深め、語彙の質を高めることである。
（小学校学習指導要領解説国語編　第1章　2　(2)　①）

必要な情報を補うとともに様々な事物・事象をあらゆる感覚を動員して観察させたり経験させたりして、言葉と実態とが対応できるような指導を丁寧に行っていくのです。例えば、観察や実験、操作活動などを通じた直接体験によって具体的なイメージを形づくったり、見学・調査などの体験的な学習などによって経験の拡充を図ったりしていきます。授業は、できるだけ具体的な操作や活動を重視して進めるように気をつけていきましょう。体験を通してイメージをつくり、そのイメージを言葉で表現してみる、そして教師や友達とのコミュニケーションによってイメージを深め確かなものにしていくのです。また、日々の学習活動では、教師が適時に言葉で説明を加えたり、当然知っていると思われることでも、正しく理解しているか問い直してみたり、動作化や言い換え、短文作りや触察教材等を活用し、言葉のもつ意味をより明確なものにしていくことが重要です。

● **「核になる観察や体験」や「読書」による学びが有効**

このように多くの体験をさせることは大切なのですが、視覚障害のある児童生徒の場合、時間的な制約から体験が困難な場合も少なくありません。そのような場合、概念の枠組みをつくるための「核になる観察や体験」を計画することが大切です。また、直接経験ではありませんが、「読書」による学びも有効になります。読書は、多くの語彙や多様な表現を通して様々な世界に触れ、これを擬似的に体験したり知識を獲得したりして新たな考え方に出会うことを可能とします。本を通して作者の考えに触れ、自分の考えに生かすことなどを通して、知見や考えを広げたり、深めたり、高めたりすることが可能となります。読書は、言語能力を向上させる重要な活動の一つとなります。

このようにして、児童生徒が保有する感覚を活用して事物などをとらえることができるよう配慮することで、的確な概念の形成を図り、言葉を正しく表現したり、言葉で説明したりできるようにすることが重要です。

Q22 触察の指導のポイントについて教えてください。

A

●触察とは
　視覚障害者は視覚から得られる情報が制限されるので、視覚に頼らず、触ることによる観察が大切になります。これを「触察」といいます。視覚による観察は一度に多くの情報が得られますが、触察は部分的かつ断片的になりやすい傾向があります。そのため、触察ではまず全体像をおおまかにとらえたうえで細部の特徴をとらえ、継続的かつ総合的な観察をしていくことが重要です。

●触ることが好きになるために
　触察では色などの見てわかる情報は得られませんが、触ってこそわかる情報が得られます。銅とアルミの細い丸棒の下端を湯につけ、同じ高さを左右の手で触ると熱の伝わり方が速いのはどちらかがわかります。アジの歯は見た目ではわかりませんが指で触れるとすぐにわかり、指を引き出すときには歯の生える方向にも気付きます。文部省（1986）『観察と実験の指導』にもあるように、物質の本質に迫る気付きは観察者の喜びや触ることへの意欲を育てる力につながります。触ることが好きになるためには、観察者自身を発見者の立場に立たせることが大切です。

●触ってわかる力を高める指導の段階
　見てわかることと触ってわかることは異なります。そのため、①指導者が見てわかることと触ってわかることの違いを意識すること（全体と部分を踏まえた総合的な観察）、②触る環境や教材を整えること、③主体的に触らせることの三点が大切です。また、触察による観察は時間がかかります。そのうえ、触って二つ以上の物を比較することや動きを伴う物の触察は難しいです。そのため、指導者側が意図的に優先順位をつけて観察を行うことも必要です。つまり、体験の量だけでなく体験の質が大切になります。触ってわかったことは指導者との対話を通して言語化します。言葉で表現することで情報が整理され、確かな記憶としてイメージが保持されます。このとき、今まで学習した知識と重ね合わせることにより、深い学びへとつながります。

総合的な観察の例

　植物の学習では葉の観察があります。はじめは「ここがとがっている」「こっちはツルツルしている」「デコボコしているところがある」といった部分的で断片的な観察になってしまうことが多いです。しかし、生徒の気づきを促すような発問と対話を繰り返すことにより、「手のひらにおさまる大きさで厚さは薄い。とがった部分があり、紡錘形をしている。」など観察事項が言葉により整理され、葉の総合的な観察につながります。

葉の触察の様子

実物により体験することの大切さ

　ブタの心臓や肺の観察といった実物を用いた観察では、図や模型ではわからないことが実感できます。右心室と左心室の壁の厚さの違いから全身に血液を送り出すのはどちらかよくわかります。肺は風船のように膨らみ、呼吸に関係する体のしくみを実感できます。

ブタの心臓の触察（左右の厚みの比較をしています）

要点 実際に体験することを通して、触察から得られる情報を正しく言葉で表現し、全体像をとらえる総合的な観察が大切です。

ブタの肺の触察(肺に息を吹き込んで膨らませています)

基準点をつくって触る例

骨格標本の触察(観察者と骨格標本を同じ向きにして触ります)

触察により水の高さを確かめています(試験管の底を基準に触ります)

触察の際の配慮や工夫

ブタの眼球の触察(バットを使用し、枠組みをつくります)

眼球模型の触察(実物を観察する前に眼球の全体像や細部の構造や特徴、名称などを事前に学習します)

●指導方法

　青柳・鳥山(2012)の『視覚障害教育入門―改訂版―』にある①両手を使って触る、②すみずみまでまんべんなく触る、③基準点をつくって触る、④全体→部分→また全体と繰り返し触る、⑤触圧をコントロールして触る、⑥温度や触感を意識して触る、の六点にまとめられた上手な触察のポイントを参考に指導方法を考えます。例えば骨格標本の触察では、両手を使うことで骨格標本の大きさや形をつかむことができます。大きさや形の把握は他の骨格標本との比較でも有効です。次に、基準点をつくって触ります。目や口の位置や他の動物と比較したときの違いがわかります。各部分を把握したうえで、全体と部分の関係を理解すると、全体像のイメージをつくることができます。また、まんべんなく触ることで見ただけではわからない、ザラザラ、ツルツルといった表面の特徴などにも気付くことができます。なまものの観察の例では岩石の観察などとは異なり、優しく触圧をコントロールして触ることが必要です。試験管に入っている水の高さも触察によって確かめることができます。空気と水の比熱の違いにより、試験管をはさんだ手で感じる温度が異なります。このことから水面の高さを把握することができます。

●**触察の際の配慮や工夫**

　触察の際の配慮や工夫を二点挙げます。一つ目は触察しやすい環境設定です。バットなどの枠組みを作ることで視覚障害者は探す範囲が区切られ、触察する物を探しやすくなります。また、上下や左右といった方向も統制できます。また、触察する物の範囲を明確にすることや、大きさを両手に収まる範囲の物にすると触察しやすくなります。二つ目は模型や図、標本の活用です。触察は実物による体験が大変重要です。しかし、天体といった実際には触れられないもの、ハチのように触ると危険が伴うものは模型や図、標本を代替して活用します。ブタの眼球など触るだけでは細部がわかりにくいものの場合には模型や図、標本を併用して、総合的な観察に結びつけていくことが大切です。

コラム⑥

触るって面白い！

　目が見えにくい、あるいは見えない子供を育てるなかで、最も重点を置いているのは「触ることは、面白い！」「もっと触りたい。」と思えるようにすることです。触ることに抵抗がなくなり、積極的に触りたいという気持ちが芽生えることは、その後の育ちや学習の取組に大きな影響を及ぼします。目が見えていれば、無意識のうちにいろいろな物が目に入ってきますので、見ようとする気持ちも自然に起こってきます。一方物に触るという行為には、自発的に「触ろう」とする意欲があることが必要です。また、習慣化していることも重要です。そのため、触って確かめることが常に行えるよう、赤ちゃんの時期から周囲の大人が触って認知するのを促してあげることが大切です。手や指が物を知るための窓口になりますので、お母さんと一緒にいろいろな物に触れて、心地よさや楽しさを味わったり、自分が触って確かめようとしたら大いに褒めたりして、共感しあい、何でも触って調べる積極的な子供に育てたいと考えています。

　盲学校では、目が見える子供が知っていると考えられる物には、計画的にできるだけ触らせて、名称や形、用途などを教えるようにしています。建物や乗り物、動物など、実物に触るのが難しい場合には、模型を作ったりおもちゃを活用したりして全体像や構造を知らせるよう工夫します。日常生活には、様々な場面で手指を操作する活動が散りばめられていますので、その機会をとらえて一つ一つ触り方や動かし方を教え、徐々に手指の機能を高めていきたいと考えています。そして、「触るマナーの五原則『かきくけこ』*」に私たち自身が留意しながら、「軽く触る」「気を付けて触る」「繰り返し触る」「懸命に触る」「壊さないで触る」ことを子供たちに伝えています。

　触ることが面白いと感じるようになると、さらに多くのことを知りたいと思うようになるでしょう。そこで、盲学校では「エーデル」というソフトで作った迷路やあみだくじなどの点図教材の活用にも力を入れています。迷路をクリアすると達成感があります。あみだくじを上手にたどれたら嬉しい！　最初はおぼつかない手つきで、なかなかクリアできなかった子供が、「わかった！」と実感したときには顔が輝きます。簡単な形や事物から、複雑な物、触るのが難しい物まで、様々なジャンル、難易度の異なる点図教材を現在約400点作成しています。積極的に触る心を育て、確かなイメージを形成させ、全身を駆使して「触る」ことを存分に楽しむ子供になってほしいと願っています。

※広瀬浩二郎（2012）さわっておどろく！　岩波書店より

コラム⑦

触る絵本、テルミ

　「触る絵本」は、ボランティアの人たちが目の不自由な子供たちのために、布で作ったのが始まりで、その後発展し今ではいくつかに分類することができます。
　「布の絵本」は、布でできた台紙に布で作った素材を綴じ付け絵にしたものです。「さわる絵本」は主に市販の絵本を題材に、各ページに描かれたモノに感触が近い素材を同じ形に切り、台紙に貼り、墨字と点字を付けたものです。「点訳絵本」は、市販の絵本の各ページの文章や絵を点字と点図にした透明シートを各ページの上から貼ったものです。「点字絵本」は、点字用紙に点字と点図で書かれたものです。
　そして今回ご紹介する「テルミ」は、「点字つき絵本」で、発泡インクで印刷された絵や点字を熱で発泡させることで盛り上げ、触って分かるようにしている手で見る学習絵本です。文字は墨字と点字の両方が印刷されているので、目の見えない子供、見える子供が共に楽しむことができます。24ページで構成されているテルミは、1983（昭和58）年に小学館から創刊され、それ以降、日本児童教育振興財団からも欠かすことなく隔月で発行され、2018（平成30）年2・3月号で211号となっています。発行のきっかけは、目の見えにくい子供たちが楽しく学習できる定期的に発行される絵本がなかったことと、平面やテレビ画面など、普段ではその形を触わることができなかったり、困難なものを触れる絵にして届けられたらという思いからでした。今までさまざまな「普段触れないモノ」を紹介してきましたが、特に人気だったのは、知識としては持っているけれども、触ることができないもの、例えば「恐竜」とか「生き物の骨格」などに多くの反響がありました。人気コーナー「めいろ」は、点字が読めなくても楽しめるため、見える子も見えない子も一緒になって楽しむことができます。
　テルミが創刊から貫いている方針は、読者と共に作っていくことです。発行される度に、取り上げてほしいテーマから、形の表現方法まで幅広い感想や意見が届きます。その一つ一つを毎回検討し、視覚障害のある人も編集委員として参加し、より良いものへの貴重な共同作業が続いています。
　更に、触る絵本に関しては、2002（平成14）年に「点字付き絵本の出版と普及を考える会」が18の関係機関で設立され、業界としての取組も行われて広がっています。読む側と作る側での連携で作られる「触る絵本」が、更に多くの場面で活用されることを望みます。

Q23 中途視覚障害者の児童生徒に対して配慮しなければならないことには、どんなことがありますか。

日本人の視覚障害の原因疾患

白神史雄：厚生労働科学研究補助金 難治性疾患政策研究事業 網膜脈絡膜・視神経萎縮症に関する調査研究 平成28年度 総括・分担研究報告書

A

●原因と実態把握

　わが国では、中高年の視覚障害の原因として緑内障、網膜色素変性症、糖尿病網膜症があげられ、近年は加齢黄斑変性症が増えているといわれます。実際、学校でもこうした原因で入学する児童生徒が多くなっています。その他、網膜剥離、ブドウ膜炎、脳腫瘍、事故等、原因は様々で、これらの特徴を知り、一人一人の見え方等を把握する必要があります。

　緑内障では視野欠損と視力低下がみられ、眼圧の上昇に伴い、頭痛や吐き気を訴えることがあります。眼圧が上昇しているときに頭部をぶつけると眼球が破裂し失明する危険があります。眼圧を正常に保つために点眼薬を用います。

　糖尿病網膜症でも視野欠損と視力低下がみられます。血糖値が高いと眼底出血を起こす危険があるため、日頃から血糖値のコントロールに注意しなければなりません。またこうした眼の症状以外に、腎機能障害や末梢神経障害を伴うことがあり、全身のケアが必要となります。

　網膜色素変性症にはいろいろなタイプがありますが、多くの場合、周辺部の視野狭窄と夜盲、羞明（まぶしさ）が特徴となります。中心視力がある程度保たれるため、視野狭窄が軽度なうちは健常者と誤解されることがあります。しかし、個人差はあるものの進行する可能性が高く、また遺伝するケースもあり、失明の恐怖や家族をもつことに葛藤を抱く人も少なくありません。

　こうした疾患の特徴以外にも視覚障害になってから入学に至るまでの背景や家庭の状況、心理状態等、一人一人とコミュニケーションを図りながら実態把握に努めることが大切です。

●医療との連携

　中途視覚障害の児童生徒はその原因となった疾患等を経過観察する必要があります。なかには眼科だけでなく、内科や精神科を定期的に受診する児童生徒もいます。学校生活を送るうえで配慮しなければならないことを医療の立場から助言してもらうことも重要です。

　また視能訓練士と連携することで、視覚障害補助具の選定

> **要点** 中途視覚障害の原因とその特徴を知り、心理面に配慮しながら、自尊心を高めていくことが大切です。

障害の受容
上田（1983）はこの過程を
①障害発生直後のショック期
②否認期
③混乱期
④解決への努力期
⑤受容期
という5つの段階に整理しています。

自尊心
ジェームズ（1890アメリカ）は、
　自尊心＝成功÷願望
という公式で表現し、願望に対して成功を大きくすることで自尊感は高くなるとしています。

中途視覚障害者の点字指導（Q36、Q37参照）

をより効果的に行うことができます。ルーペや拡大読書器、遮光レンズ等、いろいろな種類があります。一人一人の状況に合わせてより見やすく、使いやすいものを選ぶことで、学習しやすい環境をつくることができます。

● **心理的支援と自尊心の育成**

中途で視覚障害となり入学する児童生徒は、大きな葛藤や不安を抱えている場合が多いです。視覚障害になった直後は「どうして自分だけがこんな目に合うのか」と周りと距離を置き、孤独を感じ、今まで簡単にできたことができなくなるもどかしさを感じたり、将来への見通しがもてず不安や絶望を感じたりします。

入学の時点でこうしたショック期から障害を受けとめ、前向きに進もうとする児童生徒はいますが、いまだショック期から脱することのできない児童生徒もいます。視覚障害になってから現在に至るまでの心の変化は一人一人異なるため、障害の程度や状況にかかわらず、一人一人に寄り添って話をすることが大切です。

ルーペや拡大読書器を使って文字が見えるようになったり、歩行練習で行動範囲が広がったり、ＩＣＴ機器を活用して情報収集ができるようになったりと、できることが一つずつ増えることは本人の自信へとつながります。さらに「○○の本が読みたい」や「○○まで行きたい」等、本人の願いがかなったり、欲求を満たしたりすることができれば、喜びや達成感はもっと大きくなります。こうした成功体験を一つずつ積み重ねていくことが自尊心の育成にもつながっていきます。

● **点字への切り替え**

点字の習得には相当な努力が必要となります。そのため、点字へ切り替える際、本人がその必要性を理解することが大切です。近年は情報機器が発達し、より学習しやすい環境が整っています。音声やＩＣＴ教材だけでなく、点字が必要な理由について、丁寧に動機づけを行い、本人が納得することで、点字に向き合う姿勢が変わります。

Q24 なぜ、0歳からの早期支援が必要といわれているのでしょうか。

A 乳幼児期は、家族との温かなかかわりを基盤に、心身ともに著しい発達を遂げる時期です。特に、乳幼児期前半の発達は、身体的・社会的・精神的側面が互いに強く影響し合って進んでいきます。視覚障害乳幼児も、基本的な発達の道筋は同じです。

●視覚障害児が抱える困難さ

視覚からの刺激や情報が十分に得られない視覚障害乳幼児は、外界への興味・関心をもちにくく、そのことが、様々な発達の側面に影響を及ぼしがちです。また、周囲の状況を把握できないことで、未知なものに対する不安感や拒否感が生まれ、行動が制限されてしまうこともあります。さらに、視覚的模倣の難しさは、姿勢や運動・動作等を身に付ける課題を一層困難なものにします。

●支援のポイント

(1) 安心感のある環境

身近な大人との愛着関係や信頼関係は、子供の気持ちに安定を与え、外界への興味・関心を高める力となります。また、周囲の状況や事物を視覚でとらえにくい視覚障害乳幼児にとって、大人からの積極的なかかわりは、外界と自分をつなぐ大切な役割も果たします。安心感のある環境を整え、子供が自らやってみようという気持ちを育てることは支援の基本となります。

(2) 外界への興味を誘う工夫

生後5か月ころになると、子供は離れたところにあるおもちゃなどを見て、手を伸ばし自発的につかもうとするようになります。この時期、視覚障害乳幼児に対しては、おもちゃを直接手に触れさせたり、子供の意図しない動きで偶然おもちゃが手に触れるようにおもちゃを近くにつるしたり、弱視児に視認しやすい色や大きさのおもちゃを準備したりといった支援の工夫をします。

(3) 移動や歩行を引き出す工夫

はいはいや歩行など移動を伴うことは、離れたところにある目標へのモチベーションをもちにくいため、つまずきがみられがちな領域です。おもちゃの活用などで興味・関心をもたせたり、言葉掛けで励ましたりして、動きを引き出す工夫が必要です。

視覚障害が発達に及ぼす影響
猪平眞理編著
「視覚に障害のある乳幼児の育ちを支える」慶應義塾大学出版会

「なにかあるよ！」

要点
視覚情報の不足から生じる困難を補うための支援を早期から行うことにより、子供がもっている力を十分に発揮させることができます。

「おいも？」

(4) 遊びや生活のなかで手指を活用する働きかけ

　視覚障害乳幼児の発達において、手指機能の発達は、生活や学習を支える重要な機能として特に重視されます。手指による探索や観察（触察）は、主体性や能動性がなければ有効なものにはなりません。乳幼児期には、外界のものに自ら働きかけようとする意欲、興味・関心を大切に育み、手指を積極的に活用しようとする基盤を培うよう支援します。

　このようにして、子供が得た力は、さらに高次の運動発達や知的発達を誘導していきます。本来、獲得できる力を、時期を逃したり、遅らせたりしないよう、タイムリーな支援が非常に重要です。一方で、それぞれの子供の発達には、個人差があり、家族の状況も異なります。個々の発達の様子や特性、子供を取り巻く様々な環境を考慮しながら、支援をしていくよう心がけたいものです。

●家族への支援

　早期からの支援は、子供のスムーズな発達を促す支援と、身近な養育者としての家族への支援の両面を考える必要があります。身近で言葉を掛け、見守り、スキンシップを図り、ともに楽しんでくれる家族とのかかわりは、子供にとって、欠かすことはできません。初めて視覚障害児を育てる家族は、子供の障害の受容、育児への不安、将来への不安など、多くの問題に悩みます。家族の気持ちに寄り添い、その不安を受け止め、将来への見通しをともに考え、家族を支えていくことが大切です。また、同じ思いを抱える家族との出会いは、気持ちに安らぎを与え、孤立感を和らげます。話をしたり、一緒に楽しんだりする交流の場を設けることも、有効な家族支援となります。

　適切な支援の下、乳児期に得た力は、幼児期の遊びを通した成長を経て、学童期の学習や生活へとつながり、生涯にわたってその人を支える基盤となります。視覚障害乳幼児が、自らのもつ力を十分に発揮し、心身ともに健やかに成長していけるよう、盲学校などの専門機関と連携した早期からの支援はとても重要なのです。

「体全体を使って、感じて、楽しむ」

25 視覚障害のある乳幼児の運動・動作の発達について教えてください。

●環境やかかわり

(1)乳幼児の方から働きかけやすいこと

　視覚障害のある乳幼児は身のまわりの状況をとらえにくいため、乳幼児が周囲の環境を知覚しやすいように心がけてかかわります。乳幼児の方から働きかけやすい環境であることが大切です。例えば、乳幼児に対して言葉を掛けたり、身体に触れたりし、誰がどこにいるかが乳幼児にわかるように努めます。また、ドアの開閉時に音が出るようにしたり、ロッカーなどの配置を一定にしたりし、乳幼児の頭のなかにその場所の地図ができ、働きかけやすくなるよう工夫します。

(2)乳幼児の働きかけに、環境がすばやく応じること

　視覚障害のある乳幼児は相手の表情をとらえることが難しいため、乳幼児からの働きかけに、すばやく言葉や触れることなどで返します。物の場合も、触れたときに鳴る音や感触などで認識できるようにします。ただ、それらの反応が乳幼児にとって快感であり、乳幼児の主体的な活動を引き出すようなものであることが大切です。

A ●運動・動作の発達の特徴

　乳幼児は、どうすれば母親の顔に手が届くか、おもちゃをつかめるかというように、腕や脚、身体を使い多くの時間を費やすことによって、運動・動作を発達させています。

　運動発達については多くの理論があり、視覚障害と発達との関連についても要因が多岐にわたるため、その直接の因果関係を把握することは困難です。

　五十嵐（1993）は、視覚障害のある乳幼児の発達の一般的傾向として、体力および運動能力の発達に関しては早期から遅れが現れ、また多かれ少なかれ手指運動の領域に遅れが現れると述べています。そして、その発達の阻害要因にも促進要因にもなり得るものとして、視覚障害から派生する主たる2次的要因（行動の制限、視覚的情報の欠如、視覚的模倣の欠如、視覚障害児に対する社会の態度）や環境的・学習的要因を挙げ、適切で意図的な環境やかかわりの重要性を伝えています。

　視覚障害のある乳幼児も視覚障害のない乳幼児も、本質的には同じ道筋で発達します。しかし、外界の情報、刺激の把握など個々に具体的に学び実行していくため、多くの時間と学習の機会を必要とします。

　発達は直線的な過程ではなく、螺旋を描くように進み、発達には個人差もあります。運動は、あおむけ、寝返り、うつ伏せ、お座り、はいはい、つかまり立ち、伝い歩き、立ち上がり、歩く、走る、跳ぶなど様々な姿勢で学習され発達します。そして物をつかむ、つまむ、押す、放す、操作する、道具を使うなど適応性のある動作は、全身の運動発達と深く結びつき、何度も何度も繰り返される遊びのなかで学習され発達します。乳幼児は、環境との相互作用のなかで、様々な感覚情報を使って、自己の身体と環境について学びながら、運動・動作を獲得していきます。

　乳幼児が、主体的に自己の身体や環境を探求し、発見し、喜べるような、一人一人の乳幼児に適した環境や遊び、かかわりをしていくことが重要です。

要点

環境との相互作用のなかで、様々な感覚情報を使って、自己の身体と環境について学びながら、運動・動作を獲得していきます。

ボディイメージ

身体からの感覚入力は、身体の明確な輪郭をもった「像」として統合されます。これは身体像（body image）、身体図式（body scheme）、身体概念（body concept）、身体知覚（body percept）とも呼ばれます。

固有覚

固有覚の受容器は、筋肉や腱、関節の周囲など身体の奥にあることが多いので、深部感覚、運動覚、関節位置覚と呼ばれることもあります。

前庭覚

前庭覚の受容器は、耳の奥の内耳にある三半規管と耳石器です。

固有覚、前庭覚の感覚情報は、姿勢を保ったり、運動・動作をスムーズに行ったりするためにとても重要であるにもかかわらず、ほとんど無意識のレベルで処理されることが多いので、なかなか意識することがない感覚です。

●ボディイメージ獲得への配慮

乳児が最初に出会う空間の位置関係への興味・関心は、自己の身体だといわれています。このボディイメージを出発点として空間への理解が広がっていきます。

ボディイメージとは、脳のなかで把握されている自己の身体の形や大きさ、身体の部位、どのくらいの運動・動作ができるか、力が出るかなどに関する情報のことです。

ボディイメージは様々な感覚を通して育まれ、環境に合わせて自己の身体の動きを自動的に調整するために使われます。例えば乳児は、自己の手や足に関心をもち、なめたりつかんだりする遊びを繰り返し行います。全身の皮膚からの触覚によって、身体の輪郭（身体と外界の境界線）や身体の大きさなどの情報が脳に伝わります。固有覚によって、筋肉を使ったり、関節が動いたりしているときの身体の格好や動き、力の入れ具合などの情報が脳へ伝わります。そして、自己の身体が空間のなかでどの位置にあるのか、地面とどんな関係にあるのか、どの方向に動いているのかなどの情報が前庭覚によって脳へ伝えられ、自己の身体を周囲の空間へ適応させ、他の感覚が働く基礎を作ります。ボディイメージは、これまで行った運動やそのときしている運動から得られる様々な情報によって随時修正されながら、新しい運動に取り組むときに自己の身体の大きさや運動能力に合った動きをするために必要なものです。自分の力で動く能力が高まれば高まるほど、ボディイメージもより確かなものに育っていきます。

2・3歳で、ボディイメージを基に相対的な位置概念が芽生えてきて、3・4歳になると、「頭は上、足は下」「お腹は前、背中は後ろ」「右手・左手」などの自分の位置と他の物の位置の関係がわかるようになるといわれています。

そこで、ボディイメージを明確化するに当たっては、身体各部の名称を理解できるように支援すること、また基本的な運動や動作と言葉とを結び付けてボディイメージを育てることも大切です。

26 視覚障害のある乳幼児の認知・言葉・社会性の発達について教えてください。

「特別支援学校幼稚部教育要領」文部科学省（平成29年3月告示）の第1章　総則　第3幼稚部における教育において育みたい資質・能力及び「幼児期の終わりまでに育ってほしい姿」として次の5領域をあげています。

健康：健康な心と体を育て、自ら健康で安全な生活をつくり出す力を養う。

人間関係：他の人々と親しみ、支えあって生活するために、自立心を育て、人と関わる力を養う。

環境：周囲の様々な環境に好奇心や探求心をもって関わり、それらを生活に取り入れていこうとする力を養う。

言葉：経験したことや考えたことなどを自分なりの言葉で表現し、相手の話す言葉を聞こうとする意欲や態度を育て、言葉に対する感覚や言葉で表現する力を養う。

表現：感じたことや考えたことを自分なりに表現することを通して、豊かな感性や表現する力を養い、想像力を豊かにする。

●視覚障害乳幼児の認知・言葉・社会性の発達の特徴

視覚障害のある乳幼児は、見えない、見えにくいために視覚的共同注意や共感、模倣が成立しにくいことが指摘されています。また、相手の表情を読んで判断するといった社会的参照も困難なため、認知や言葉、社会性の発達に影響等を与えると言われています。しかし、乳幼児の手指の動きをよく観察して応答したり、触れ合ったり、音を活用したりすることで乗り越えることができます。視覚による情報収集が困難なために、限られた情報や経験の範囲内で概念を形成する場合もあります。具体的経験を伴わない、言葉による説明だけで事物・事象や動作を理解してしまう傾向のことです。しかし、これは、程度の違いはありますが、多くの乳幼児において言語の習得過程に現れる現象ととらえるべきで、視覚障害児特有のものではありません。学校や家庭の対応によってその傾向を消滅・軽減することができます。乳幼児が聴覚、触覚及び保有する視覚などを十分に活用して、触る・聞く・嗅ぐ・感じる等の体験をできるようにし、具体的な事物・事象や動作と言葉とを結び付けて、的確な概念の形成を図り、言葉を正しく理解し活用できるようにすることが大切です。

盲児には触る経験を、弱視児には視る経験を中心として、認知・言葉・社会性の発達を促します。多くの物に触れ、多くの人と接する機会をもたせましょう。ただし注意すべきことは、「体験すること」を目的にしてしまい、無理やりさせることにならないようにすることです。興味をもち、知的好奇心にあふれ、「なんだろう」「なぜだろう」と自ら触る・聞く・嗅ぐ・感じる経験をさせたいものです。

●応答関係の獲得への配慮

視覚情報により周囲の状況を把握することが難しいため、初めての環境や周囲の変化に対して不安になることが多く、人間関係の形成においても、他者とのかかわりに消極的・受動的になる傾向が見られます。そのような場合は周囲の状況を丁寧に説明するとともに、話し掛けられた人の声の方向に顔を向け、相手との距離を意識させて声の大きさを調整する

> **要点** 乳幼児が自分から、多くの物に触る・聞く・嗅ぐ・感じる経験及び、多くの人と接する・話す機会をもてるようにしましょう。

元筑波大学教授の香川邦生先生が「視覚に障害のある乳幼児の育ちを支える」（猪平眞理　編著）のなかで、次のように述べています。以下抜粋

> 1970年代の初め頃まで、「視覚障害児の発達は著しく遅れる」と思われていた。盲児は目が見えにくいのだから、あれもこれもできないのが当たり前とみられ、両親や周りの者が何から何まで手助けしてやり、盲児が積極的に行動しようとしても、危険だからという理由で制止してしまうというのが日常的であった。米国の研究において、視覚に障害のない子どもと同等の発達の機会を与えようと、家庭訪問等により保護者に寄り添うとともに積極的な育児方法を指導することで、盲児は順調に発達し、ほとんど遅れは見られなくなったと報告されている。
> わが国においても、「発達の機会を奪わない」「発達の遅れを強調するよりも発達の促進方策を実践的に研究する」という積極的な対応に変わっていった。

具体的な方法を伝えるなど基本的な指導を行いましょう。例えば、「広い部屋にたくさん人がいるよ、大きな声で挨拶しようね。」と伝える。また、給食をいつも同じ教師とばかり食べるのではなく、多くの介助者と一緒に食べるなど、他者と積極的にかかわろうとする態度や習慣を養うことが大切です。幼児の学びは、多様な体験を通じて獲得されます。保護者・担任・他者とのかかわりのなかで、達成感や喜び・驚き・共感などの生きた経験を数多くもたせましょう。

●**保護者への支援**

わが子に視覚障害があると知ったときの両親の心理的打撃は深く、計り知れないものです。両親がわが子の障害を受容できるようになるには長い年月を要することが多いです。子供は母親の温かく明るい声に反応しやすいので、教師は両親の心の葛藤に寄り添い、学校での活動の様子や支援の仕方などを丁寧に伝えることで、不安を軽減し心の安定を与えられる支援を心掛けましょう。

●**関係機関等との連携**

乳幼児を取り巻く環境は、多く援助・支援を行っている（医療・保健衛生）眼科医、ＰＴ、ＯＴ、ＳＴ、医療機関、保健所、（相談）福祉事務所、身体障害者厚生相談所、盲学校、（施設）育児施設、放課後デイサービスなどの機関があります。

視覚障害のある乳幼児の支援において重要なのは、家庭を中心とした医療・福祉・教育等の相互の連携です。例えば、弱視児の視覚認知が「左上方の30cmのところの物を目で追うようだ」などの情報伝達や、食事で使うスプーンやフォークの形状や大きさを家庭・学校・施設で合わせるなど、眼科医からの情報はもちろん、気付いたことを家庭や施設・機関に伝え情報を共有することが大切です。その際、個別の教育支援計画を作成・活用することが有効です。

Q27 視覚障害のある乳幼児の発達を支える環境設定について教えてください。

A 環境には、教室、教材、遊具・用具という物的環境並びに家族、教師、友達といった人的環境があります。これらが相互に関連して、乳幼児の発達を支えていると考えられます。

● 教室などの物的環境

　視覚障害のある子供たちは、聴覚、触覚、嗅覚及び味覚といった視覚以外の感覚を活用して、視覚からは得られない、または得られにくい情報を補いながら、環境を把握していきます。

(1) 静かな配慮された環境

　全盲の子供には、音の手掛かりを邪魔しない静かな環境が必要です。また弱視児の見え方は、一人一人異なると言われており、羞明（まぶしさ）のある弱視児のためにカーテンなどを使い太陽光を調整したり、羞明のない弱視児には照明を使い室内を明るくしたりするなどの細かな配慮も必要です。

(2) 授業しやすく整理された環境

　室内の空間を理解するには、探索行動を繰り返し行うことで空間を把握していきます。それには子供たちが安全に、安心して行動できるよう、探索しやすく整理された環境に整備しておくことが大切です。

　遊具や玩具を収納する棚や引き出しなどは整理・整頓され、いつも決まった場所に収納されていると、子供が自ら探索して遊具や玩具を取り出して遊ぶことができます。また自ら遊ぼうという気持ちも引き出すことができて、安心感や自主性の芽を育てることにもなります。

　遊具や玩具類は、壁や棚などの背景となる色に対して目立つ色で、見てわかりやすい色合の物を選ぶと良いでしょう。

(3) ランドマークの利用

　室内の動線を明確にするために、基準となるランドマークが設置されていると良いです。ランドマークとは、空間認知の手掛かりのなかで、常に存在し、見つけやすい対象のことです。特定の目印を付けた自分のロッカーや誘導ブロックを模したマット、床材の色とコントラストのはっきりした色のテープのラインなどをランドマークにすると、室内の動線が

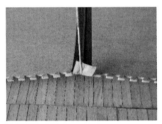

細い綿ロープなどをテープの下に入れて貼ると、足裏で踏んだときによりわかりやすくなります。
　全盲の子供にはよい手掛かりになります。

テープのラインは、朝の会や集団活動の場面で椅子に座るときのランドマークとなります。

要点 教室環境を整理・整備し、子供と信頼関係を築き、友達とのかかわりを育て、保護者の不安を和らげて、子供の発達を支えます。

「特別支援学校幼稚部教育要領」総則・幼稚園教育の基本に、「教師は、幼児との信頼関係を十分に築き、幼児が身近な環境に主体的に関わり、環境との関わり方や意味に気付き、これらを取り込もうとして、試行錯誤したり、考えたりするようになる幼児期の教育における見方・考え方を生かし、幼児と共によりよい教育環境を創造するように努めるものとする。」とあります。

「ようこそ幼稚部へ」

「早期の教育相談」

より明確になり探索行動がしやすくなります。

●人的環境について

(1) 子供との信頼関係を築く

　子供は安心できる環境があれば、自分から何かをしようとする気持ちが芽生え、自ら行動を起こしていきます。

　この安心できるという心の状態には、教師と子供との間に確かな信頼関係が必要です。子供は自分の気持ちや行動を、理解し共感しようとする教師に対して信頼を寄せていくのではないでしょうか。子供がうまくできなかったり、失敗したりしても、その気持ちを受け止め、気を取り直すように言葉を掛け、温かく励ましていくことで子供との間に確かな信頼関係を築いていくことができます。

　教師との信頼関係ができ、一人の人間として尊ばれ大切にされているという環境が、子供の自尊感情や自主性、外界に働き掛けようとする気持ちを育てていくのです。

(2) 教師は子供同士の遊びの仲介役になる

　視覚障害のある子供たちは、他の子供たちの遊びの様子が理解しにくく、子供同士でかかわって遊ぼうという気持ちが起こりにくいです。そこで教師が仲介役になり、子供同士の遊びをつなげたり、広げたりする必要があります。

(3) 保護者の不安を和らげ子供の発達を支援する

　乳幼児期の子供たちには安定した親子関係が必要です。一方、保護者がわが子の障害を知り、大きな不安と混乱のなかにいるのもこの乳幼児期です。子供のより良い成長・発達のためには保護者が障害を受容し、前向きに育児に向き合ってもらえるよう支援していくことが重要です。

　教師は保護者に対して不安や悩み等を聴き取り、その気持ちに寄り添うことで不安を和らげ、少しでも保護者に安心してもらうことが大切です。親子の安定した人間関係は、子供の心に安心と自信、積極性をもたらします。そのため確かな知識と経験に基づく教職員集団が協力しながら保護者を支援することも欠かせません。

コラム⑧

教材・教具づくりの愉しみ

　乳幼児の視覚の発達を基にした「しましま」模様の絵本が市販されたりして、０歳・１歳児用のカラフルで多様な玩具や触る絵本なども結構手に入ります。おもしろいことに、乳児は絵本のタグやひも、カシャカシャする包み紙に興味しんしんです。そんなときは、「あら、不思議」と見守って、やりたいように好きに遊んでもらいましょう。子供の舌唇や手指の使い方に即応して共感し支えるのが私たちの役割です。
　「教材・教具はコミュニケーションの道具、子供との間を媒介する言葉」「子供にとっては遊具、教員にとっては教具」（水口浚）という言葉をしみじみ考えます。子供が自分のした結果に気付くこと。結果がわかり、予測すること。「あれっ」と思い、またやってみること。それを引き出したい。VOCAを活用するのも良いでしょう。子供が興味・関心をもって自分から手を伸ばしそうなもの、ちょっと支えればできそうなものが目標の候補になります。それに合った教材・教具を考えてつくって試してみる。「できた、できない」ではなく、「正解、間違い」でもなく、子供がどう反応したか、手の動きだけではなく全身の動きを観察する。そして、子供の反応に合わせて少し工夫し、試してみると反応も少し変わる。ここに教材・教具づくりの醍醐味があります。
　視覚障害児と学んできて感心したことの一つは、棒をさしたり、玉を入れたり、木片をはめたりするときに、ちょっと抵抗感があると熱心にやることです。少しの力でもすーっと動くように、ぴたっと入るようにと工夫してつくった教具ですが、見えない子供には逆にわかりにくかったようです。自分でも目をつぶって触覚を頼りにやってみると納得がいきます。少し抵抗感があると、そこで「終わり」がわかりやすいのです。「始め」と「終わり」がはっきりすれば方向や順序も意識できて見通しがもてるようになります。空間が良くわかるように、子供の手の大きさや操作空間の大きさに合わせて、少し抵抗感のある教材・教具も工夫できました。これも教材・教具づくりのおもしろさです。
　教材・教具のヒントは、子供の行動を観察することから学びます。子供が興味をもってやっている行動を認め、「これはどうかな」と差し出してみる。ときには経験の横の広がりも大事です。様々な工夫をしている方がたくさんおりますので、発想の参考にさせてもらうとよいでしょう。手作りおもちゃ・教材のWebサイトや100均ショップは、教材・教具の宝庫です。一生懸命つくったからといって子供に強制しないことを肝に銘じて、子供の姿を想い浮かべて材料を探すわくわく感や、教材・教具を介した子供との双方向の気持ちの通じ合いの楽しさを共有したいものです。

コラム⑨

視覚認知障害の教育相談

　盲学校等では、古くから通常学校に在籍する視覚障害のある子供の教育相談を実施してきました。それに加え近年は、視覚認知障害の子供の教育相談も実施する学校が多くなってきました。これは、特別支援教育への移行を受け、各学校がセンター的機能の充実を図るなかで、弱視児への支援のノウハウが、視覚認知障害の子供の支援に活用できることが明らかになってきたからです。

　視覚認知障害とは、視力に問題がないにもかかわらず、視覚情報を認識する能力が低く、生活や学習に支障をきたす状態で、多くの子供は、漢字学習が苦手、文章を流暢に読むことができない、グラフ・地図がうまく読み取れない、定規やはさみなどが上手に使えないなどの「困りごと」があります。このことは、弱視児の「困りごと」ととても類似しています。

　視覚認知は、図と地の弁別など多くの視覚情報から必要な情報だけを取り出す力、上下左右などの空間関係を理解する力、目と手の運動を協応させる力、さらにはスムーズな眼球運動などもかかわっています。視覚認知障害の状態を調べる検査としては、フロスティッグ視知覚発達検査（DTVP）が一般的ですが、数年前にWAVESという視覚認知に関わる検査が発売され、これから広く利用されることが予想されます。

　視覚認知障害の子供の支援には、二つのアプローチが必要です。一つは、視覚認知の力の向上を図ることです。これには、市販されている視覚認知のドリルや自作教材を含む様々な教材を使ってトレーニングを行うことが多いです。もう一つは、教材や学習方法を工夫して、視覚認知の負荷を減らし「困り感」の軽減を図ることです。相談主訴として挙げられることの多い漢字の学習であれば、モデルの漢字を拡大することや部品の色を変えることで細部を見やすくしたり、漢字の画や部品を言葉で表現するようにして聴覚情報によって視覚情報を補助するなどです。いずれも、弱視児の自立活動や教科の指導のなかで使われることのあるノウハウです。

　教育相談の実際の場面では、子供に合った教材や学習方法をすぐには見付け出すことができないことも多く、試行錯誤を繰り返しながら個々の子供に合ったものを模索していきます。また視覚認知のトレーニングには一定期間の継続が必要なため、教育相談は一回で終了せずに、一定の回数を必要とすることが多くあります。

28 幼稚部における教育課程について教えてください。

特別支援学校幼稚部教育要領：前文

　一人一人の幼児が、将来、自分のよさや可能性を認識するとともに、あらゆる他者を価値のある存在として尊重し、多様な人々と協働しながら様々な社会的変化を乗り越え、豊かな人生を切り拓き、持続可能な社会の創り手となることができるようにするための基礎を培うことが求められる。このために必要な教育の在り方を具体化するのが、各学校において教育の内容等を組織的かつ計画的に組み立てた教育課程である。

幼稚部における教育において育みたい資質・能力
「知識及び技能の基礎」
「思考力、判断力、表現力等の基礎」
「学びに向かう力、人間性等」

幼児教育5領域
「健康」
「人間関係」
「環境」
「言葉」
「表現」

A

●**視覚障害のある幼児の教育**

　視覚障害のある幼児が教育を受ける場として、盲学校の幼稚部があります。幼稚園と同様に、主に3歳児からの教育を行っており、視覚障害に配慮した環境設定をして、触覚や聴覚、保有する視覚等あらゆる感覚を活用できる教育内容を実施しています。

●**幼稚部における教育の目標**

　幼児の生活は、家庭、地域社会、幼稚部と連続的に営まれます。そのため、幼稚部と家庭で連携を図り、個々の幼児の障害の状態、特性、発達の程度を考慮しながら、学校教育法第23条にある幼稚園教育の目標と、学校教育法第72条を受けた「障害による学習上又は生活上の困難を改善・克服し自立を図るために必要な態度や習慣などを育て、心身の調和的発達の基盤を培うようにすること」という目標達成に向けて、生きる力の基礎を育成していきます。

●**幼稚部の教育課程の編成**

　「特別支援学校幼稚部教育要領」では、幼稚部における教育において育みたい資質・能力（左欄参照）を達成するために、幼児の発達の側面から5領域（左欄参照）および障害による学習上又は生活上の困難の改善・克服に関する領域「自立活動」としてまとめ示されています。また、平成30年度から実施される教育要領において「幼児期の終わりまでに育ってほしい姿」（次頁左欄参照）をあげています。これらを各学校において、入学から修了に至るまでの長期的な視野をもって、幼児の障害の状態や特性及び発達の程度、学校や地域の実態に即応した適切な教育課程を編成します。

　このように編成された教育課程をもとに、ねらいや内容を組織し、指導計画の作成や具体的な指導が行われます。

●**指導計画の作成と評価**

　指導計画は、教育課程を具体化したものであり、長期的な見通しをもった年、学期、月、発達の時期などの長期の指導計画と、より具体的な幼児の生活に即して作成する週や日の指導計画等の短期の指導計画の両方を考えます。その際、幼

要点

「幼児期の終わりまでに育ってほしい姿」を踏まえ、学校の全体的な計画と関連させて教育活動を展開することが大切です。

幼児期の終わりまでに育ってほしい姿
「健康な心と体」
「自立心」
「協同性」
「道徳性・規範意識の芽生え」
「社会生活との関わり」
「思考力の芽生え」
「自然との関わり・生命尊重」
「数量や図形、標識や文字などへの関心・感覚」
「言葉による伝え合い」
「豊かな感性と表現」

視覚障害幼児の指導に当たって留意する事項

　視覚障害者である幼児に対する教育を行う特別支援学校においては、早期からの教育相談との関連を図り、幼児が聴覚、触覚及び保有する視覚などを十分に活用して周囲の状況を把握できるように配慮することで、安心して活発な活動ができるようにすること。
（特別支援学校幼稚部教育要領第1章　第6　4　(1)）

　児の発達に即して、主体的・対話的で深い学びが実現するように、体験の質の向上を目指して指導の改善を図っていく必要があります。

　幼児一人一人には個別の指導計画を作成します。実際の指導を通して幼児にとって指導内容が適切であるかどうか、計画（P）実践（D）評価（C）改善（A）の過程において適宜評価を行い、指導内容や方法を改善し、より効果的な指導を行うことが重要です。

　個別の指導計画の実施状況の評価・改善が、教育課程の評価と改善につながるように工夫することが大切です。

●指導に当たっての留意事項

　早期からの教育相談との関連を図り、十分な安全確保とともに、視覚障害幼児が自分で判断したり確かめたりすることができる遊具や用具、素材を創意工夫することが必要です。また、興味や関心をもって周囲の人や遊具等に主体的に働き掛けることができるようにかかわり、語りかけることも必要です。さらに、保有する視覚を活用して見ることの楽しさや見ようとする態度を育て、目と手の協応動作や豊かな視覚的経験を積むことも大切です。

　このような教育活動を、学校保健計画や学校安全計画などと関連させて、一体的に展開できるように教育課程を編成することが大切です。

　「学びの連続性」を意識し、幼稚部における教育が小学部又は小学校以降の生活や学習の基盤の育成につながることに配慮し、幼児期にふさわしい生活を通して、創造的な思考や主体的な生活態度などの基礎を培うように配慮することが重要です。

幼稚部の一日（日課表）

時間	活動内容	
9:00～9:35	登校 チャレンジタイム （個別活動）	荷物の片付け 健康観察、シール貼り 自由遊び
9:50～10:35	おはようタイム （集団活動）	朝の会 音楽リズム遊び 絵本読み聞かせ
10:50～11:35	ともだちタイム （集団活動）	散歩 感触遊び、造形遊び 遊具遊び、運動遊び
11:50～12:35	ぐんぐんタイム （個別活動）	手指や目を使った活動 体操、歩行練習 給食前準備
12:35～13:05	給食	給食 後片付け
13:05～13:40	さようならタイム 下校	歯磨き 帰りの準備 帰りの会

29 就学先を検討するうえでの留意点について教えてください。

「学校教育法施行令の一部改正について（通知）」
第1　改正の趣旨
・・・改正は、平成24年7月に公表された中央教育審議会初等中等教育分科会報告「共生社会の形成に向けたインクルーシブ教育システム構築のための特別支援教育の推進」において、「就学基準に該当する障害のある子どもは特別支援学校に原則就学するという従来の就学先決定の仕組みを改め、障害の状態、本人の教育的ニーズ、本人・保護者の意見、教育学、医学、心理学等専門的見地からの意見、学校や地域の状況等を踏まえた総合的な観点から就学先を決定する仕組みとすることが適当である。」との提言がなされたこと等を踏まえ、所用の改正を行うものであること。
第2　改正の内容
1　就学先を決定する仕組みの改正
2　障害の状態等の変化を踏まえた転学
3　視覚障害者等による区域外就学等
4　保護者及び専門家からの意見聴取の機会の拡大
（25文科初等655号文部科学事務次官通知　抜粋）

A

●視覚障害のある子供の就学について

　平成25年、学校教育法の一部改正により障害のある子供の就学先決定の仕組みが変わりました。学校教育法施行令第22条の3の就学基準に該当する障害のある子供については、市町村教育委員会が、障害の状態や教育的ニーズ、本人・保護者の意見等、様々な事情を勘案したうえで就学先を決定します（左記参照）。視覚障害のある子供の就学先としては小・中学校通常の学級、弱視特別支援学級、盲学校等があります。また、通常の学級に在籍しながら弱視通級指導教室で通級による指導を受けたり、盲学校の教育相談等を受けたりすることもできます。さらに、視覚障害と他の障害を併せ有する重複障害の子供については、他の障害種の特別支援学校も選択肢の一つであり、就学先は多様になっています。

●本人・保護者への説明を丁寧に

　それぞれの学校でどのような指導、支援を受けることができるのか本人・保護者への十分な情報提供を行うことが大切です。保護者が知りたいのは、「この学校に入学すればわが子はどうなるか」ということです。盲学校については、"はじめて知った"という保護者もおり、学校見学等を通して丁寧に説明を行う必要があります。その際、就学相談担当者には自立活動をはじめ教育内容や方法などの視覚障害教育に関する知識、学校の施設設備等幅広く熟知しておくことが求められます。また就学時に決定した「学びの場」は固定したものではなく児童生徒の発達の程度、適応の状況等により必要な支援の方法等を定期的に見直していくこと、転学等の柔軟な見直しが可能であることも伝えることが大切です。

●盲学校と小・中学校の違いとは

　盲学校に就学した場合、視覚障害に配慮された環境において、小集団のなかで専門的な指導を受けることが可能です。しかし、県に1校しか設置されていない地域も多く、通学が困難なことがあります（通学保障のため多くの学校に寄宿舎が設置されています）。小・中学校に就学した場合、多くの同年齢の友だちとかかわることができ、居住地域で教育を受

要点 就学先検討に際しては、本人・保護者への情報提供を十分に行い、それぞれの教育について正しく理解してもらうことが大切です。

●就学先検討のポイント

盲学校

○基礎的環境整備の充実
○視覚障害の専門的指導
○個に応じた指導
○同じ障害を有する児童生徒同士の日常的なかかわり
○視覚障害に関する情報入手のしやすさ

●比較的小集団である
●通学が難しいことがある

小・中学校

○多くの同年齢の子供とのかかわり
○居住地域とのかかわり
○盲学校等との連携による必要な支援の提供

●環境整備が十分ではないことがある
●個別対応が難しい

●体験入学における配慮（例）

教室環境
・教室の明るさ
　（照明、ブラインド）

教材・教具
・配付物の文字の大きさ、フォント
・使いやすい道具類
　（弱視用ノート、定規等）

補助具等
・書見台の使用
・拡大読書器、タブレット端末等の視覚補助具の使用

教師の支援
・板書の工夫
・言葉掛けの工夫
・手を添えて動作を教えるなどの個別の対応

けることができます。反面、視覚障害に十分に配慮された環境における活動が難しいことが考えられます。ただし、現在公立学校には合理的配慮の提供が義務付けられており（私立学校は努力義務）、盲学校のセンター的機能等を利用して情報収集を行い、見え方に応じた支援に取り組んでいます。例えば盲学校では、視覚障害の児童生徒が移動しやすいよう基礎的環境整備の一つとして校内では階段の始まりや段差をわかりやすくするため点字ブロックやコントラストのはっきりした滑り止め等が設置されています。一方、小・中学校では学校全体に設置することは難しいので、視覚障害の子供が日常的に使用する場所を中心にテープ等で目印を付けてわかりやすくするという配慮を行っている学校もあります。また見やすい文字サイズ等について盲学校から情報をもらい、それを基に学習プリント等を作成し提供しているケースもある等、子供たちが多様な学びの場において学習できるよう体制整備が進んできています。

●体験入学等の充実

　多くの学校において保護者や関係者に対し就学先の検討に向けた情報提供を行うために、学校公開や学校見学、体験入学等が実施されています。特に体験入学は、学校見学とは異なり、子供が在籍児童生徒とほぼ同じ環境において活動する様子を見ることができ、保護者にとってはその学校の教育が子供の教育的ニーズに合致しているかを確認しやすいというメリットがあります。盲学校で体験入学を実施するに当たっては、保護者から得た視機能等に関する情報を基に使用する教材・教具も含めた必要な支援を行い、どのような教育が行われるかを具体的に理解してもらうようにすることが大切です。その際、学級に児童生徒が増えるので、安全面への配慮も十分に行うようにします。

　就学先検討においては、保護者の様々な思いを受け止めながら、障害のある子供にとってよりよい教育環境を一緒に考えていくという姿勢が大切です。

Q30 視覚障害のある児童生徒が使用する教科書について教えてください。

●法令上の位置付け

学校教育法では、小・中・高等学校では文部科学省検定教科書又は文部科学省著作教科書を使用することと定め、これらの教科書の使用が適さない場合にその他の図書を教科書として使用できるとしています（第34条、附則第9条）。法令により教科書は以下のように分類されています。

文部科学省検定済教科書
・文部科学大臣の検定を経た教科書（一般の墨字教科書）。

文部科学省著作教科書
・小学部点字教科書（国語、社会、算数、理科、道徳科）
・中学部点字教科書（国語、社会、数学、理科、英語）
H30に道徳科を編集予定。

学校教育法附則第9条の規定による一般図書
・上記以外の点字教科書
・拡大教科書
点字出版社や教科書出版社作成の市販教科書のほか、教科書作成ボランティア作成の教科書もこれに当たります。

点字教科書（3年国語上）と原典

A　視覚障害のある児童生徒が使用する教科用図書（以下「教科書」という）には、点字教科書及び拡大教科書があります。補助具を使用したり距離を調整したりして、一般の検定済教科書をそのまま使う弱視児童生徒もいます。点字教科書及び拡大教科書は、小・中・高等学校で用いられる教科書と同じ内容ですが、視覚障害への配慮がなされていることが大きな特徴です。

●点字教科書

児童生徒の実態に即して、原典となる検定済教科書の内容に、必要最小限の削除・付加・修正等が行われています。大きさはB5判縦型が標準です。小学校用検定済教科書1冊は、点字教科書では2～3巻になります。各巻を分冊と呼びます。各分冊の厚みは3～4cmほどです。

義務教育段階の点字教科書は、検定済教科書のうち各教科1種を原典として作成されています。原典の内容のほか、小学部国語では点字学習のための導入教材、小学部算数ではそろばんを用いた計算力を育成するための「珠算編」など、点字を常用する児童生徒に必要な知識や技能を系統的に指導するための特別な内容が付加されています。また、理科では点字で学ぶ児童生徒が自分の手で観察や実験を行えるよう、観察や実験の方法や題材に工夫がなされるなど、点字を常用する児童生徒の実態に応じた配慮のもとに編集されています。

文部科学省著作教科書については、編集の方針や具体的内容、指導にあたっての配慮事項等が「特別支援学校（視覚障害）点字教科書編集資料」として示されており、文部科学省のウェブサイトでも閲覧することができます。

●拡大教科書

弱視児童生徒のために文字や図版を拡大して見やすくした教科書です。内容は一般の教科書と同じですが、単純に文字や図形を拡大したものではなく、文字の拡大や書体（フォント）の変更、レイアウトの変更、図版や表の拡大や色の調整、コントラストの調整など、見やすくするための様々な配慮がなされています。義務教育段階では、文部科学省が定めた標準的な規格に準じて、1教科につき①A5判18ポイント、②

要点

点字教科書、拡大教科書などがあります。内容は一般の教科書と同様です。デジタル教科書活用への動きも広がっています。

特別支援学校（視覚障害）点字教科書編集資料
http://www.mext.go.jp/a_menu/shotou/tokubetu/material/1400790.htm

拡大教科書、点字教科書（文部科学省ウェブサイト）
・教科用拡大図書の標準的な規格の策定等
・市販拡大教科書一覧
・拡大教科書相談窓口一覧
http://www.mext.go.jp/a_menu/shotou/kyoukasho/kakudai.htm

拡大教科書と原典（小6算数）

関係法令
・学校教育法
　第34条、附則第9条
・障害のある児童及び生徒のための教科用特定図書等の普及の促進等に関する法律（教科書バリアフリー法）
・義務教育諸学校の教科用図書の無償措置に関する法律
・盲学校、聾学校及び養護学校への就学奨励に関する法律

B5判22ポイント、③A4版26ポイントの3種類が作成されることが多いです。文字サイズの選択にあたっては、個々の児童生徒により見やすさが異なるため、大きければ良いというわけではないことに留意し、最も学習効率の良い文字サイズ（最適文字サイズ）を選択することが望ましいといえます。

市販されている拡大教科書の一覧は、文部科学省のウェブサイトで確認することができます。小学校・中学校ではほぼ全ての教科書の拡大教科書が出版社から発行されていますが、高等学校はまだ発行が十分ではありません。

●市販教科書とボランティア作成教科書

出版されている点字教科書が在籍校の採択と異なる場合や、拡大教科書の文字の大きさ等が児童生徒の実態に合わない場合などに、教科書作成ボランティアに依頼し、個別のニーズに合わせて作成された教科書を用いることができます。

●教科書の無償給与

義務教育諸学校の教科用図書の無償措置に関する法律により、義務教育の教科書は無償給与されています。点字教科書、拡大教科書も同様に無償です。学校や教育委員会が需要数を報告し、都道府県教育委員会がとりまとめ、文部科学省へ報告する手続きをとります。

高等学校段階では、盲学校高等部生徒については、就学奨励費により教科書が無償で提供されます。しかし、高等学校については無償とする制度がなく、点字教科書も拡大教科書も発行数が少なく高額であるため、課題となっています。

●デジタル教科書

教科書デジタルデータや電子教科書の活用について、拡大教科書の出版がまだ十分ではない高等学校段階を中心に研究・検討が進められてきました。平成30年2月、デジタル教科書を正式な教科書に位置付ける学校教育法改正案が閣議決定されました。視覚障害のある児童生徒は全教育課程でデジタル教科書を使うことができるようになります。平成31年4月1日の施行を目指し、今後整備が進むことが見込まれます。最新情報は文部科学省のウェブサイトで確認してください。

Q31 視覚障害教育を支える教材・教具にはどのようなものがありますか。

●見やすい教材・教具例
ノート
太い罫線、黒地に白い数字など見やすい工夫があります。

拡大地図
都市と鉄道の情報及び山地、平野、川などの情報に絞ってページが構成されています。

点友会　拡大字日本地図

A　弱視幼児児童生徒（以下「弱視児」という）には、見やすい工夫がなされた拡大教材を用意します。視覚の活用が難しい場合は、触覚、聴覚等からの情報により学習できるよう、触覚教材や音声教材を用意することが必須です。いずれも、市販品や市販品に工夫を加えることで活用できるものもありますが、学習のねらいや幼児児童生徒の実態等に合う適当なものがない場合は、自作することも大切です。

●視覚を活用して学習を進める際に見やすい教材・教具

　定規やノートなど、弱視児向けに開発された様々な文房具があり、見やすい工夫がなされています。教師が教材を作成する際にも、こうした工夫の視点は原則的には同じです。以下に見やすい教材の条件を述べます。

(1) 文字等の視覚情報を視認しやすい大きさで表示する

　最も簡便な方法として拡大コピーが考えられますが、この場合、紙面全体が拡大されるため視覚で探索する範囲が広くなり、必要な箇所を探しにくいという難点が生じます。できる限りコンピュータ等により最適な大きさの文字等に編集し直すようにします。

(2) 情報量を調整する

　学習に不必要な情報を除去したり、情報を単純化したりします。情報ごとにシートに分けて表示するのも一つの方法です。

(3) コントラストを高める、色覚に配慮するなどして情報を明瞭化する

　文字等の色と背景色の明度に差を付けたり、輪郭や境界線等を太く描き境目をわかりやすくしたりします。ただし、安易に文字や線を太くすると隙間がつぶれ、逆に見にくくなるので注意が必要です。また、グラフや地図等は、色覚の特性に配慮し、色の情報のみではなく線種や網掛けの種類等によって違いがわかるようにします。

●触覚を活用して学習を進める際の教材・教具

(1) 立体の教材

　触ることができる実物が入手できればいいのですが、実際には触覚で弁別・認識できるものは限られています。花のめ

| **要点** | 視覚以外の感覚を活用して情報入手できる触覚教材、音声教材、弱視児童生徒が見やすいよう工夫された拡大教材等があります。 |

●触察教材例
アブラナの花の模型
　触っても見ても理解しやすい、大きく堅牢な模型。
心臓の模型
　人体模型に他の臓器とともに組み込まれています。

バキュームフォーマーで作成した教材
　漢字の成り立ちの説明教材です。

盲人用定規等
　凸線付き定規等です。目盛りや描線を触りやすいよう固定ピンでレーズライター用紙に固定して使います。

●音声教材・教具例
感光器
　光量を音の高低で表す機器です。明暗、色とその変化、光の屈折の様子など様々な実験・観察場面で活用します。

しべなど小さなものや、火山など大きすぎるもの、触れると変形するものなどは標本や模型を活用します。市販されている模型の多くは視覚障害教育用教材として作られたものではありませんが、盲幼児児童生徒だけでなく、弱視児にとっても有効な教材となる場合があります。点図等の触図のみではなく立体の触察や操作も併せて行うことで、構造や全体像の的確な理解を促し、的確な概念形成を助けます。

(2) 平面の教材

　図や絵などを触図にする方法として、コンピュータで作成する点図、立体コピー、バキュームフォーマー、レーズライター（表面作図器）、感触の異なる布など様々な素材を貼って作成する触図等があります。立体コピーは簡便に教材を作成できますが、凸部分がシャープでなく、精緻な線や面の表現は困難です。バキュームフォーマーは、高さの違いや立体交差等を表現でき、繰り返し使用できる半立体的な教材を作成できますが、一定の手間と技術が必要です。用途に合わせた触図の選択が必要です。触察は指先等で直接触れる活動ですから、心理面への影響や皮膚による弁別の限界を考慮し、触れる際の快適性・安全性、情報の単純化という条件を満たすものでなければなりません。さらに、学習者の発達段階や知識や経験によっても得られる情報が異なることを十分理解したうえで教材の選定や作成をする必要があります。

●視覚情報を聴覚情報に置き換える教材・教具

　視覚障害者用の音声温度計、計算機、タイマー等の他、近年、音声で知らせる機能を備えた機器が増え、学習場面でも簡便に利用できます。場面に応じて活用しましょう。

　教育活動を通して最も多くの聴覚情報を提供するのは教師です。言葉による説明は大切ですが、幼児児童生徒の学習への主体性を育てるためには、教材・教具の工夫等をすることで、幼児児童生徒自身が様々な事象に直接に接する際にあらゆる感覚を活用し、自ら直感できるようすることが重要です。

Q32 視覚補助具にはどのようなものがありますか。

A 弱視児童生徒の見えにくさを補うための視覚補助具には、弱視レンズ、拡大読書器等があり、用途によって使い分けます。

●弱視レンズ

弱視レンズとは、小さなものを大きく拡大して見せる光学的器具のことで、使用目的によって遠用と近用に分けられます。小さくて持ち運びがしやすいので、場所や時間を選ばずに使うことができます。

(1) 遠用弱視レンズ

遠用弱視レンズは、黒板の文字やスクリーン、掲示板や駅の時刻表などを見るのに用います。30～40cmの至近距離から無限遠までピントが合うように作られています。倍率はメーカーによって異なりますが、2倍から15倍くらいまであります。双眼鏡や眼鏡型のものもありますが、持ちやすさや倍率の豊富さから考えると、単眼鏡が適していると言えます。多くの弱視児童生徒は右眼と左眼の視力や屈折の状態が違うことから双眼鏡を使っても単眼鏡と同じ効果しか得られないことも単眼鏡が選択される理由の一つです。単眼鏡のなかでも、円筒型のものが、非円筒型よりピント合わせが容易なので、弱視児には適していると言えます。単眼鏡は、眼鏡とは異なり、処方されればすぐに見えるようになるのではなく、見たいものにピントを合わせたり、広い範囲のものを全体的にとらえたりするための練習が必要です。

(2) 近用弱視レンズ

近用弱視レンズ（ルーペ）は読書や観察など、近くのものを見るのに使います。手持ち型、眼鏡型、卓上型に分けられ、倍率は2倍から20倍くらいまであります。手持ち型は携帯性に富み、目とレンズ、レンズと対象物の距離の関係から、個々の状況に合わせてピントを調節することができるうえに、紙面から離して使うことを前提として設計されているので、紙面との摩擦もなく、速さを要求される読書に適しています。レンズの倍率が高くなるほど、視界が暗くなる傾向が強くなりますが、照明付きのレンズもあり、明るさを調整できます。眼鏡型は、レンズを手で持つ必要がないため、両手を使う作

遠用弱視レンズ（単眼鏡）

遠用弱視レンズ（眼鏡型）

近用弱視レンズ（手持ち型）

照明付きのタイプ（左）、ケースから繰り出すタイプ（中央）、レンズが何枚か重なったタイプ（右）

要点

視覚補助具には、遠方を見る遠用弱視レンズ、手元の視物を見る近用弱視レンズ、拡大読書器等があり、用途に応じ使い分けます。

近用弱視レンズ（卓上型）

スタンドルーペ（左）、スタンプルーペ（中央）、バールーペ（右）

拡大読書器（据置型）

拡大読書器（携帯型）

業などに適しています。しかし、一般の眼鏡と違い、網膜像を拡大することが目的で作られているため、ピントが特定の範囲にしか合わず、ピントを合わせるのに技術が必要です。卓上型は机の上に置くだけでピントが固定されるのでピント合わせの必要はありませんが、個々の眼の状態に合わせてピントを調節することは難しく、弱視児童生徒には向かないことが多いと言われています。

近用弱視レンズのなかには、表示倍率の代わりに20Dのように D（ディオプター）というレンズの屈折率を表示しているものもあります。こういった表示のレンズがどの程度の倍率であるのかを知りたい場合には、「D÷4＋1」で算出することができます。20Dの場合には、20÷4＋1で、6倍のレンズということになります。

●拡大読書器（CCTV）

拡大読書器は、ビデオカメラで見たいものを映し、その映像をモニターに拡大して映し出す装置でCCTV（closed-circuit television）とも呼ばれます。拡大読書器を用いると高倍率（2～200倍）の拡大が可能で、強度の弱視児も文字を読むことが可能になる場合があります。ズーム式に拡大率を変え、白黒反転や色やコントラストも調整できます。読みたい部分だけを表示し、不要な部分を隠してしまうマスキング機能や補助線を表示する機能をもった機種もあります。据置型は、モニターの下にあるテーブルに本や紙を置き、テーブルを前後左右に動かしながら見たい場所を映して使用します。モニター位置が調整可能で、カメラ位置が手前にあるタイプは、疲れにくい姿勢での読書や筆記が可能になります。カメラの向きを自由に変えて手元のものを拡大したり、黒板など遠くのものを映し出したりする機能をもつものもあります。据置型の他に、カメラとモニターが一体になっており、いろいろな場所に持ち運んで使用できるポータブル型や携帯型もあります。視覚補助具を選ぶ際には、使用者の見え方や使用の目的によって要求される性能が異なりますので、実際に操作して使い勝手を確かめることが重要です。

Q33 視覚障害のある児童生徒の学習や生活に有用なコンピュータ等の教育機器にはどのようなものがありますか。

学習指導要領（平成29年告示）上の配慮点

視覚補助具やコンピュータ等の情報機器、触覚教材、拡大教材及び音声教材等各種教材の効果的な活用を通して、児童が容易に情報を収集・整理し、主体的な学習ができるようにするなど、児童の視覚障害の状態等を考慮した指導方法を工夫すること。
（特別支援学校小学部・中学部学習指導要領　第2章　第1節　第1款）

ユーザー補助機能

Windowsの場合は、読み上げ機能として「ナレーター」が、拡大機能として「拡大鏡」が標準で搭載されています。MacOSの場合は、読み上げ機能として「VoiceOver（ボイスオーバー）」、拡大機能として「ズーム機能」が搭載されています。その他にも配色を設定したりコントラストを向上したり、マウスポインタの大きさや速度を変更するなど、様々な補助機能がありますので、児童生徒の実態に応じた環境の設定を行う必要があります。

市販のユーザー補助ソフトも活用してみよう

音声化する場合は、PC-Talker（高知システム開発）の利用者が多いと思います。同社は音声ユーザに特化した、ワープロソフトやメールソフト等も開発しているため、初学

A

●情報機器の活用は視覚障害教育の配慮の柱の一つ！

学習指導要領（平成29年告示）には、視覚障害者等の配慮事項が列記されています。その4つ目に「コンピュータ等の情報機器」を「効果的に活用」して、「容易に情報を収集・整理し、主体的な学習」を促すことと、「視覚障害の状態等を考慮した指導法」の工夫について記されています。現行の学習指導要領と比較すると、「収集・処理」から「収集・整理」へと変更され、さらに、「主体的な学びを促すこと」が追記されています。情報処理機器が1番目に挙げられていることも変更点です。このように、視覚障害者が主体的な学びを遂行するうえで、情報処理機器の活用は必須です。

●コンピュータ

コンピュータとは、一般的にパーソナル・コンピュータを指します。代表的な基本システムにはWindowsとMacOSがあります。どちらの基本システムも、情報を収集・整理することにおいて大差はありません。ただし、点字を書いたり点図を描くことは、Windowsが得意ですし、ePub形式のデータを表示したり、iPhoneやiPadなどと連携した作業を行うことはMacOSが得意です。

コンピュータを利用する際は、視覚障害の特性に応じた使用環境を構築することが重要です。画面を目で見られない場合は、音声読み上げをする必要がありますし、拡大して見る必要がある場合は拡大機能を利用する必要があります。どちらの基本システムもユーザー補助機能のなかに読み上げ機能や拡大機能、配色を変更する機能やコントラストを上げる機能が搭載されていますので、まずはそれらの機能を利用することをお勧めします。

ただ、標準のユーザー補助機能では物足りない場合があります。その場合は、市販の音声読み上げソフトや拡大ソフトを利用する必要があります。専用のユーザー補助ソフトを利用することで、例えば6点入力を行ったり、2つのディスプレイを利用して拡大したりなど多彩な機能を利用できます。

要点

障害の特性に応じたハードとソフトの環境の設定が重要です！パソコンを軸に、様々な機器の活用を系統的に一貫して行いましょう。

者には便利です。Windowsタブレットにも対応しています。画面拡大ソフトにはZoomText（アメディア）というソフトがあります。このソフトは様々な拡大方法を実現できます。共にWindows対応です。

6点入力！

6点入力とは、通常のキーボードの例えば、Fを1の点、Jを4の点といった具合に割り当てて、パーキンスブレイラーのように入力する方法です。しかし、小学校卒業までには、ローマ字入力への移行を完了しておく方が便利です。

点字情報端末

6点入力と点字ディスプレイを備えた携帯型情報端末のことです。

サピエの利用

オーディオDAISYを利用する際、身体障害者手帳のある児童生徒は、サピエ図書館に登録して利用方法を学ぶことで、生涯にわたっての読書の機会が得られます。
https://www.sapie.or.jp/cgi-bin/CN1WWW

パソコンの指導は基本

タッチタイピング、ファイル・フォルダの操作、ワープロ・表計算・メール・ブラウザの操作とソフト間の連携、携帯端末との連携など、パソコンの指導は不可欠です。進学、就職を見据えた一貫教育を！

ZoomTextを利用した拡大の例

外部モニターの一部をノートパソコンに拡大している例　　ノートパソコンの一部を外部モニターに拡大して、白黒反転している例

● **音声図書再生機**

DAISYやMP3などを聴いたり、録音・編集できる機器に、Plex Talk Portable 3（シナノケンシ）などがあります。

● **点字情報端末**

点字使用者にとって、点字情報端末の操作方法の獲得は学習や卒業後の生活や就労のうえで重要です。ブレイルセンスU2（エクストラ）やブレイルメモ（KGS）などがあります。

● **スマートフォンやタブレットなどの携帯端末**

スマートフォンやタブレット型端末の操作方法を身に付けることで、いつでも情報の収集や整理が可能となります。特にiPhoneやiPad（アップル）は、アクセシビリティと呼ばれるユーザー補助機能が充実しています。

● **一貫した指導が重要！**

「担任が変わったら、情報機器を利用しなくなった。」といったようなことのないよう、学校内で学年間、学部間の連携による系統的指導が必要です。幼稚部から高等部までが設置されているという盲学校の一貫した教育の強みを生かしてください！

● **指導内容が重要！**

パソコンを軸にした、様々な機器の操作と連携の指導が重要です。高等部では就学奨励費を活用した個人用機器の購入が可能ですので、生徒の主体的な学習に生かすようにしてください。

※商品名は一例を挙げました。他にも探してみてください。

Q34 視覚障害のある児童生徒は、パソコンやタブレット型端末等をどのように活用しているのでしょうか

パソコン及び周辺機器

入力の様子

スクリーンリーダの詳細読みの例
松島（しょうちくばいのしょう・まつ、はんとうのとう・しま）
松嶋（しょうちくばいのしょう・まつ、やまへんにとり・しま）

A

●視覚障害者のパソコン操作

現在のパソコン操作は、マウスやアイコンで操作するGUI方式が主流です。また、タブレット型端末などのタッチパネル式の物も多く利用されており、これらの情報機器は視覚障害者にとって本来大変に使いにくいものです。そこで、視覚障害者が独力でパソコン等を操作できるようになるためには、画面表示を音声や点字に変換したり、拡大したりする仕組みが必要です。この機能を果たすソフトウェアをスクリーンリーダーと言います。スクリーンリーダーは、音声出力装置や点字ディスプレイ装置などのアクセス機器を制御して、画面上の表示内容などをユーザーに伝えます。

日本語は、漢字かな混じりの文章で同音異義語があり、さらに漢字には音読みと訓読みがあるため、スクリーンリーダーがその文字列から読み方を正確に判断して音声に変換することは難しく、誤読も見受けられます。しかしながら以前に比べ、技術の向上によりかなり正確に読み上げるようになってきました。また、英文等は大変流暢に読み上げることができます。

●パソコン活用の実際

全盲者もパソコンを使えば独力で墨字の文章を書くことができます。スクリーンリーダーの辞書機能により、変換したい漢字の説明を聞きながら正しい漢字を選ぶことができます。一文字一文字音声で確認することで、文章の編集や構成が可能です。入力したデータは、そのまま墨字で印刷することはもちろん、ソフトウェアを用いて点字に変換し、点字で出力することもできます。

一方、印刷された墨字文章を読み上げさせることも可能です。スキャナーとOCRというソフトウェアを使って印刷物をパソコンのなかにテキストデータとして取り込み、それを音声や点字に自動変換します。

パソコンは、インターネットへのアクセスにも使われています。視覚障害は情報障害ともいわれ、情報を得ることに対して受け身な状態であることが多々ありました。しかしイン

> **要点** 情報機器を活用することで、視覚障害者の生活の幅は大きく広がります。視覚障害者にとって情報機器の活用技術の習得はきわめて重要です。

ターネットにアクセスすれば、膨大な情報量のなかから本当に必要な情報を取捨選択し、能動的にリアルタイムで得ることができます。また、携帯電話同様、電子メールも頻繁に活用されています。このように、インターネットを介して視覚障害者のコミュニケーションの場や情報の世界が飛躍的に広がりました。

パソコンは点字の読み書きにも便利です。墨字と同様、文章の編集や修正が自在にでき、点字データとして保存することも可能です。また、点字データのデータベースから、読みたい書物をダウンロードすることで、音声や点字ディスプレイでそれをすぐに読むことができます。

今日ではタブレット型端末の利用が日常的になってきました。取り扱い方がとても手軽で、カメラ機能やズーム機能を使って見えにくいものを拡大してすぐに確認することができます。持ち運ぶことも容易なので、校庭で見かけた鳥の名前を検索したり、鳴き声を聞いてみたりすることも可能です。筆順のアプリケーションを使い、指でタッチパネルをなぞって、漢字学習にも用いられています。検索文字の入力が難しい場合でも、質問事項を呼びかけるだけで、タブレット型端末が答えてくれる機能も備わっています。特定の機能を呼び出したり、YouTubeを検索したりと、使い方はユーザーの考え次第で幾通りにも増えます。その他デジタル教科書など、今後の支援機器としての活用がますます広がると考えられます。

●視覚障害者へのパソコン指導

パソコンは、情報社会における視覚障害者のデジタルデバイド（情報格差）を補うのに大変に有効な機器です。したがって、それを使う技能の習得は重要です。視覚障害者に対するパソコンの指導では、パソコンのシステムに関する基礎知識、キーボードの操作法、基本ソフトの使用法、スクリーンリーダーの使用法、アクセス機器の操作法、アプリケーションソフトの使用法などを習得させます。それと同時に、漢字の知識や文章力、点字の能力や英語力といった広い意味でのコミュニケーション能力を充分に身に付けさせることが必須です。

筆順の自己確認

計算問題の自己確認

35 学習や生活に有効なアプリケーションやソフトにはどのようなものがありますか。

アクセシビリティ機能

Windows OSでは「設定」のなかの「簡単操作」(もしくは「コントロールパネル」の「コンピュータの簡単操作」)を選択すれば、音声読み上げ(スクリーンリーダー)、拡大鏡、配色の変更等が設定可能です。また、Windows 10では、弱視児の読みやすさを考慮して開発された「UDデジタル教科書体」等の見やすいフォントを利用することもできます。Mac OSでも「システム環境設定」の中から「アクセシビリティ」を選択すれば、同様の設定が可能です。また、iPadやiPhone等のiOSでは「設定」のなかの「一般」にある「アクセシビリティ」を選ぶと、VoiceOver(音声読み上げ)、ズーム機能、拡大鏡、白黒反転、カラーフィルタ等が設定可能です。

PDF版拡大図書(教科書)

文部科学省の委託を受け、慶應義塾大学が提供しているPDF形式の教科書デジタルデータです。教科書・教材閲覧用アプリ「UDブラウザ」で利用できます。弱視生徒の見やすさや使いやすさを考慮して作成されており、ページジャンプ、書き込み、辞書検索、読み上げ等の機能が搭載されています。

どの機種を選べば良いの?

ICT機器には、パソコン、

A

●**情報活用能力は学習指導要領(平成29年告示)の要の一つ**

学習指導要領等(平成29年告示)において、学習の基盤となる資質・能力である「情報活用能力」が重要事項に位置付けられました。そのため、タブレット型端末、スマートフォン、パソコン等(以下「タブレット等」という)のICT機器のアプリやソフト(以下「アプリ等」という)を使いこなす能力は、必要不可欠だと考えられます。

●**アプリやソフトを使う前に!**

アプリ等を使う前に、タブレット等のアクセシビリティの設定をする必要があります。アクセシビリティ機能を利用すれば、画面の情報を音声で読み上げたり、画面を拡大したり、白黒反転やコントラストを上げたり、ブルーライトを低減したりして見やすくすることが可能になります。

●**デジタル教科書は学習の基本**

平成31年度から、タブレット型端末などを活用したデジタル教科書を、視覚障害のある小・中・高校生が教育課程の全てで使用できるようになります。平成32年度には、紙の教科書と同一の内容をデジタル化した「デジタル教科書」が本格導入される予定です。出版社が発行するデジタル教科書以外にも、視覚障害のある児童生徒の見やすさや扱いやすさを考慮して作成された「PDF版拡大図書(教科書)」や「音声教材」を利用できる閲覧アプリがあります。教科書を読み上げたり、文字サイズやフォントを変更したりすること等が可能

教科書・教材閲覧用アプリ「UDブラウザ」

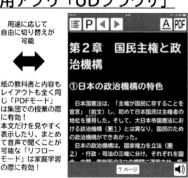

- 紙の教科書と内容もレイアウトも全く同じ「PDFモード」は集団での授業の際に有効!
- 本文だけを見やすく表示したり、まとめて音声で聞くことが可能な「リフローモード」は家庭学習の際に有効!

PDFモード(紙の教科書と全く同じ表示) 　　リフローモード(本文だけを見やすく表示)

> **要点** 情報活用能力は学習指導要領の要です。自分にあったアプリ等を適切に活用して、情報化社会を生き抜く力を養うことが大切です。

タブレット端末、スマートフォン、携帯電話等、様々な種類があります。外見や大きさが異なるだけでなく、OSという基本ソフトウェアも重要です。OSによって、音声読み上げや画面拡大等のアクセシビリティの充実度や使えるアプリ等の種類等も異なります。盲学校で最も利用されている機種は、アクセシビリティ機能が充実しているiPadやiPhone等のiOS搭載機です。

購入のための補助制度

平成26年度から特別支援学校高等部（本科）に在籍している生徒には、就学奨励費によるICT機器の補助制度がスタートしました。従来の「学用品・通学用品購入費」の補助対象限度額に一律5万円が加算されます。また、日常生活用具の情報・通信支援用具としてアプリ等に補助が出る自治体もあります。

卒業後も継続して合理的配慮を受けるために！

ICT機器は卒業後や受験の際には利用できないと諦めていませんか？　卒業後等に配慮を受けるためには、普段の学習等でアプリ等を利用していたという実績が大切です。合理的配慮を切れ目なく受けるためにも、個別の教育支援計画や個別の指導計画等にアプリ等を利用した指導の実績を記載しましょう。

です。

●**カメラ・アプリを使いこなそう！**

板書を確認したり、観察や実験を行ったりする際に便利なのがカメラ・アプリです。ルーペ等と比べると、倍率を自由に変更できたり、明るさを調整できたり、白黒反転ができたり、薄暗いところや明るすぎるところでも利用できる点が便利です。ビデオ機能を使えば、変化する対象や触ることができない運動等を記録したり、速度を変えて再生したりすることも可能です。

●**学習に使えるアプリ等**

漢字等の筆順をわかりやすく表示してくれる筆順アプリ、色や明るさ等を教えてくれるセンサー・アプリ、手書きも可能な計算・電卓アプリ、文字を選択するだけで意味や読み方を教えてくれる辞書アプリ等、学習に使えるアプリ等は数多くあります。

●**生活に便利なアプリ等**

行きたい場所に案内してくれるナビ・アプリ、電車やバスの経路を教えてくれる乗り換え案内アプリ、時間等を教えてくれるタイマー・アプリ、お金を識別してくれるお札識別アプリ、印刷物の文字を認識して読み上げてくれるOCRアプリ、見えにくさを伝えるのに便利なシミュレーション・アプリ等があります。もちろん、メールやSNS等の通常のアプリ等も、OSの機能で拡大したり、音声化したりして利用できます。

●**重複障害の子供たちが使えるアプリ等**

重複障害の子供たちが利用できるアプリ等もたくさんあります。例えば発話が困難な子供たちのコミュニケーションを支援してくれる意思伝達・筆談アプリ、予定や時間等を管理してくれるタイムエイド・アプリ、音声を文字に変換してくれる音声認識アプリ、日記やメモの代わりになる録音・録画アプリなどです。また、スイッチやセンサーでアプリ等を操作することも可能です。

36 点字の習得の基盤となる知識や能力について教えてください。

点字の読み書きの教材

点字の読み書きの導入の使用教材として次のようなものがありますが、児童生徒の発達段階や生活年齢にあったものを選んでいく必要があります。
①文部科学省　「点字学習指導の手引　平成15年改訂版」
②他動スライディング方式
③道村静江方式「点字導入学習プログラム」
④原田方式「中途視覚障害者への点字触読指導マニュアル」
⑤日本点字図書館版「中途視覚障害者のための点字入門」

6ピン点字器

熊本大学工学部が開発した音声式6ピン点字器「ぴん六」は点の位置づけを学習するのには大変有効な教具です。

点字の例

A

点字学習のレディネスとして次のような項目が考えられますが、情緒が安定し、ある程度の集中力があることが大切です。

●触運動の統制

手指の感覚で外界の情報を得ることになりますが、受け身姿勢では十分な情報は得られません。自分から手を出して触っていくことができるようになっている必要があります。

点字を読むには、指を点字用紙の左から右に行を外すことなく動かしていきます。次の行に進むためには、読んできた行を正確に行頭に戻さなければなりません。このような能力の前段階として直線、曲線、折れ線などの線たどりができるようになっている必要があります。

パーキンスブレイラーで点字を書くためには、指の機能が分化している必要があります。そのため、点字を学習する前の段階から、手を使った遊びをしっかりとしておく必要があります。こうした手指運動の分化は楽器の演奏にも通じるものです。

●触空間の形成と点の位置付け

点字は6点で構成されており、点の配列は縦3点、横2列になっています。例えば、点字で「き」を表す場合は、左の上、左の中、右の下に点がくることになりますが、左右、上中下の空間概念が身に付いていないと点字は理解できないことになります。このためにも点字の学習を進める前にボディーイメージを身に付けておく必要があります。

点字の「る」と「句点」の違いは、点字と点字の間の空間関係が理解されるようになるとわかるようになります。点字学習を始める前の段階から、具体的な活動場面と結びついた空間概念を培う言葉掛けを、意識的に行っていくことも必要になります。

●音声言語の分解・合成

点字では文節分かち書きの原則があります。2拍か3拍かによって複合名詞の切れ方が異なってきます。「きゃ」「きゅ」「きょ」等の拗音は小文字の「ゃ」「ゅ」「ょ」が入りますが

要点 負担過重な指導にならないように、導入は時間をかけて丁寧に、遊びを通したりして楽しい雰囲気で指導していきます。

点字間隔可変印刷プログラム
　新潟大学の渡辺哲也研究室が公開している点字間隔可変印刷プログラムを使うと点間の広い点字が印刷できるので、点字触知覚能力を高める教材を作ることができます。
（http://vips.eng.niigata-u.ac.jp/）
　USBポートしかないパソコンの場合、USBシリアルコンバーター REX-USB60Fを使うとWindows8が搭載されているパソコンからでも印刷することができます。

一拍と数えます。長音も一拍、促音の場合も、「っ」は音としては発音されませんが、これも一拍と数えることになります。このような学習を幼児のころに音当てクイズ等でしておくことによって、点字を書くときのマスあけの仕方が理解しやすくなります。

●象徴機能
　言葉は単なる音の羅列ではなく、ある物やある事柄を表しているものです。言葉を聞いてそれが何を意味するものかイメージできることが大切です。
　全盲の幼児は、視覚情報が得られないので、実物や半具体物を言葉に結び付けることができにくい場合があります。そこで実物や半具体物に触り、言葉と結び付けていく必要があります。その際は、様々な動作と体験を言葉と結び付けることで正しい理解と表現につなげるようにします。ただ触ればよいというものではなく、系統的な指導をしていくことが大切です。

●触知覚と弁別能力
　点字は触覚を使って認識していくことになりますが、主に指先のメルケル盤が使われます。メルケル盤は皮膚の浅い層に存在し、0.7mmの間隔を識別する解像能を有すると言われています。多くの点間は2.1〜2.3mmになっているので簡単に識別できそうな印象を受けますが、ここでつまずいている児童生徒もいますので、根気強く繰り返し指導していく必要があります。
　形・大小・長短・太細・厚薄・深浅・軽重・粗滑・硬軟・冷温などの弁別学習を通して、事物の概念形成の基礎を養うようにしていきます。
　点字学習が可能な触知覚として、点字弁別カードを提示して、左端の点字と右端の点字の形が同じか違うかを答えさせる問題で、20枚以上弁別して80％以上正解できる能力が必要であると考えられています。

Q37 点字の読み書きに関する指導のポイントについて教えてください。

A　点字は、6つの点の組み合わせで合理的に表現された文字です。学習やコミュニケーションの手段として用いられるほか、点字投票や点字受験など、視覚障害者を取り巻く人々の間で「最も有効な文字」として、幅広く用いられています。

　点字の指導では、読む楽しさ、書く喜びを実感できるように、個に応じた段階的な指導に努めることが必要です。

● 読みの指導

　点字指導の導入期（小学部低学年）には、読みを重視することが大切です。その理由として、読みの方が、書きの指導よりも時間を要することが挙げられます。肝心な「読速度を上げる」ためには、この初期段階がとても大切です。

　まず、左、右手のそれぞれの読みを意識し、触読力をバランスよく伸ばすことが必要で、「両手によるリレー読み」などが効果的です。この時期の指導に十分時間を掛けましょう。

　それぞれの手による触読力が身に付いてきたら、左右の手を使い分けて、効率よく読む「両手読み」の技法を習得することが必要です。行替えの際に、両手の分業がスムーズにできるようになると、読速度は飛躍的に伸びていきます。

　また、導入期に「他動スライディング法」などを用いて、適切な触圧や触運動を確立することも重要な指導のポイントです。

　触読の基本が身に付いた児童生徒には、清音、濁音、拗音、特殊音、数字を難易度順に段階を追って指導します。続いて、単語・短文・長文の順に触読指導を進めます。練習を重ねることで、速く正確に読むことができるようになりますが、文の前後から流れを理解し、読み取る力も必要となってきます。

● 書きの指導(1)

　導入段階では、パーキンスブレーラーなどの「表書き点字タイプライター」で練習することが大切です。その利点は、「機器の操作で生じるストレスが少ない」「書いた文字を即座に確認できる」「読みと書きの混乱が生じにくい」などの点にあります。

　点字タイプライターでの書きに慣れてきたら、点字盤で点

他動スライディング法

　五十嵐信敬氏らによって開発された指導法です。触運動と触圧を指導者が調整し、点字上をスムーズにスライディングできるようにしたものです。

パーキンスブレイラー

　アメリカ製のとても頑丈なタイプライターです。重さが4.8kgあり、持ち運びには不便ですが、下から上に向かって点が打ち出されるので、点字を読む側の凸面と同じ点が出て、書いた点字をすぐに確認できるという利点があります。

点字盤（通常版，小型版）

　最近は、プラスチック製が主流です。通常の点字盤は、1行が32マスからできています。ノートの役割を果たし、持ち運びにも便利です。上から下に点筆で打っていくので、下向きに点が出ます。日本点字図書館や仲村点字製作所からは、小型点字盤も出ています。メモ帳代わりとして使うことができます。いろいろな行数サイズがあり、目的によって選択できます。

要点

効率的な両手読みの指導は、点字導入期が効果的です。点字の読み書きの指導は、要点を押さえ、繰り返していねいに行いましょう。

凸面点字器

下板の凸面で、読む形の点字を書くことができる4行26マスの携帯型点字器です。点字サイズが、通常の1.2倍のLサイズで、テープガイドを使って、12ミリ幅のテープにも点字が書けます。

分かち書き

文の意味をわかりやすくするため、文節ごとにマスを一つ空けます。原則として、「名詞」「形容詞」「動詞」などの自立語は前を区切って書き、「助詞」などの付属語は、前の語に続けて書きます。

墨字（すみ字）

点字に対して普通の文字を活字（墨字）と言います。

英語点字の指導

アルファベットを完全に習得した後、英語としての単語や短文読みの練習を行います。その後、英語を速く読み書きするために使用されている略語・略字を学習します。

文部科学省著作点字教科書

検定済教科書のなかから選定されたもの（原典教科書）を、文部科学省が、挿絵や写真の取扱い、内容の差し替え、削除、追加などを行って、著作教科書として発行しています。

を打つ練習を開始します。「めの字書き」や「五十音書き」を通して、しっかりした点を打つ練習をする必要があります。点字盤では、右から左に書きますが、点の位置を番号で覚え、音と対応させるようにする必要があります。

● **書きの指導(2)**

点字盤の操作に慣れた後、文字を正確に打つことから始めて、点字表記特有の仮名遣いやマス空け、分かち書き、読み返しやすいレイアウトなどについて、繰り返していねいに指導します。

分かち書きの指導では、特に間違いやすい補助動詞や複合動詞、漢字を多く含む複合語に関するマス空けなど、重点的に取り扱う必要があります。さらに、左手で読みながら右手で書き写す「転写」の指導や、指導者が話した言葉や文章を聞いて正しく書き取る「聴写」の指導を行い、効率よく学習する力を身に付けるようにすることが大切です。

併せて、点字使用者は、墨字使用者が使用するようなノートはないので、一枚一枚の点字用紙を自分でとじなければなりません。読み返す際に、目的の箇所をより速く探し出すためにも、点字紙の最上段に日付やタイトルを打つ習慣を付けるようにするなど、適切な「ファイリング指導」も必要不可欠です。

● **中途視覚障害者の点字指導**

点字の歴史や生活のなかにある点字について学習し、点字を身近なものとして認識することが出発点です。

導入期は、パーキンスブレイラーや、1行のマスの数が少ない点字盤を用いて作成した少し大きめの点字教材の活用、凸がしっかり出る厚手の紙の使用が効果的です。また、教材は、1行空きなど、文字間・行間に配慮する必要があります。

中途視覚障害者の場合、点字の習得に時間は掛かりますが、点字の読み書きができるようになると、大きな自信が生まれ、その後の学習意欲の向上にもつながります。

Q38 弱視児童生徒の文字の読み書きの指導はどのようにしたらよいでしょうか。

学習環境の整備
教材…弱視児の視力・視野に応じた拡大率（行間・字間を含む）、白黒反転等
環境…適切な照明やコントラスト、机やいすの高さ、書見台の使用、弱視レンズ、拡大読書器の使用等

晴眼児の読速度

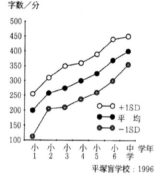

晴眼児が初めて読む文章を1分間に何文字読めるか示したグラフです。弱視児童生徒の読速度もこれを目安に考えるとよいでしょう。

スムーズな行移りの配慮
読み終えた行から目を離さずにスムーズに次の行に移ることが大切です。読んできた行をそのまま行頭まで戻り、次の行の行頭に移る方法と、読んできた行の行末から次の行末に移り、そのまま行をたどって行頭に移る方法があります。

A ●読みの指導
(1) 読みの実態把握
　弱視児童生徒（以下「弱視児」という）の読書の際の視距離、文字の認知、最小可読文字サイズ、読速度等、児童生徒の読みの実態を定期的に把握することが大切です。特に読速度の測定は、①文字を認知する力、②音読（発表）する力、③教師や他の児童生徒の音読に合わせて文字を追視する力等を把握するために重要です。そのうえで個に応じた学習環境を整備する必要があります。

(2) 弱視児の読みの指導方法
① 文字の認知力の向上
　文字の認知力とは「瞬間的に文字を認識して読む力」のことです。見慣れる、読み慣れる、使い慣れることで文字の認知力を向上させることができます。例えば、文字の指導初期はフラッシュカード等を用いて、文字レベル、単語レベルで読み分ける力の向上を図ります。

② 文章の読解
　事前にキーワードを説明したり複雑な漢字や熟語等を確認したりして、段落ごとに簡単にまとめたりしながら読み進める練習を積み重ねると効果的です。意味を理解しながら読むためには、ある程度の読みスピードが必要とされます。

③ 読速度の向上
　ある程度文章を正確に読めるようになったら、速く読むことをねらいます。目標タイムを設定して、同じ文章を何度も読み、児童生徒に読速度の結果をフィードバックしましょう。また、家庭と連携するなどして家庭学習等で継続的に音読の練習に取り組むことも大切です。

④ 視覚補助具を使った読みの指導
　読みたいものは、いつも自分の読みやすい大きさに拡大されて出てくるとは限りません。そのため、拡大読書器やルーペ等、自分の見え方に合った視覚補助具（Q32参照）を使用して文章を読む学習をすることも大切です。拡大教材を読んだときと同じぐらいの速さと正確さで読めるようになること

要点 適切な学習環境を整え、興味・関心を喚起しながらスムーズに読んだり、字形をイメージして書いたりするための工夫が必要です。

学習用具の準備
次のことに配慮して学習用具を準備しましょう。
① 鉛筆…適度な濃さ（4B等）の鉛筆や太さ0.7mm～0.9mmのシャープペンシルがよい。
② 消しゴム…必要な部分だけ消せる細めのものがよい。
③ ノート…見やすく、文字よりも目立たない（太さ0.2mm程度）マス目や罫線が入ったものがよい。

弱視児の誤字の傾向
誤字の傾向として①点や画の過不足、②類似した部品の誤り、③点や線の方向の誤り、④位置や大きさのバランスの悪さ等が挙げられます。

筆順の指導
筆の運びが自然で正しく整った字を書くために、筆順は次のように指導します。
① 「縦」「横」「ななめ」等、言語化して文字をたどる。
② 「左から右」「上から下」等の筆順の原則を伝える。
③ 指でたどったり、空書きしたりして筆順を確認する。
なお、弱視児童生徒の実態を考慮し、筆順及び（「はね」「とめ」「はらい」等の）漢字の細部に関わる許容範囲を設定することも必要です。

を目指します。

● 書きの指導

(1) 書きのレディネス
幼児期は、書きのレディネスとして手指運動訓練、視知覚訓練が必要です。また、鉛筆の正しい持ち方、適切な筆圧等に留意して、いろいろな筆記用具を使って書きたいことを自由に書いたり、様々な線を伸び伸び描いたりする等、書き慣れる経験をすることが大切です。

(2) 学習環境の整備
ひらがな、カタカナ、新出漢字の文字の初期指導では、次のことに留意して学習環境を整備します。
① 初めは比較的大きな文字で形を整え、徐々に小さくして書くことを原則とする。
② 見本は見やすいように、読み資料よりも大きめのものを用意し、右利きであれば、マス目の左横に見本を置く。
③ 文字の配置がわかるように、縦横の基準線が入ったマス目に書いたり、書き始めに印を付けたりする。

(3) 部首やパーツの学習の重視
弱視児は細部の識別が困難であり、漢字の習得を図るためには指導の工夫が必要です。特に、複合的な漢字を部首や細部のパーツに分解し、その組み合わせで唱えて覚えることが有効です。例えば「頭」は「一、口、ソ、一、一、ノ、目、ハ」、「同」は「縦、かぎはね、一、口」等と言語化し、字形のイメージ化を図ります。「まめ」、「おおがい」「どうがまえ」等が定着すれば、そのパーツを使って言語化します。

(4) 漢字学習への動機付け
漢字学習への興味・関心を喚起し、「わかる」「できる」といった達成感をもてるように次のような工夫をします。
① 学習する漢字を一覧にして覚えた漢字を消去していく。
② 形成的評価として漢字テストを実施する。
③ 漢字に親しみをもてるように、部首、パーツ、読み方等にかかわるカードゲームに取り組む。
④ イラスト、動画等を通して、漢字の成り立ちを説明する。

39 盲児童生徒に対する漢字・漢語の読み書き指導はどのようにしたらよいでしょうか。

A

●点字使用者への漢字教育の必要性

　21世紀に入り急激にIT環境が進化し、視覚障害者の世界でも音声読み上げ機能を活用して晴眼者と同等の情報の受信・発信、文書処理が可能な時代になってきました。盲学校でも情報教育が盛んに行われ、点字使用者も漢字を使用した墨字文書の表記を理解することが必要となりました。

　もう一つの必要性として、学校教育のなかで「漢語の壁を超える」という指導の大切さを意識してもらいたいと思います。盲児は会話から多くの情報を得て成長しますが、話し言葉の多くは和語（訓読み言葉）で、幼児期から小学校低学年にかけては和語中心の言葉習得になります。ところが、4年生以降は急激に漢語（音読み言葉）が増え、それらには意味の推測が難しい音読みからなる言葉や同音異義語が多く登場し、学習が急に停滞する点字使用の子供たちがいます。

●点字使用者にとっての漢字学習の最終目標

　点字使用者が漢字学習を通して最終的に身に付けたいことは、漢字の読み方（特に音読み）を知り、その熟語を知ることです。PCの音声読み上げ機能は、語例付きの音訓セットで漢字を特定できる優れたツールで、これを活用して進めると効果的です。これは漢字指導の場面だけでなく、各教科や日々様々に接する教職員がこの言葉感覚を共通に身に付けておくことが大切です。なぜならば、言葉を獲得していく過程で説明を加えたり意味を教えたりするときに、適切な言い方で漢字を想起させて説明すれば理解が容易になるからです。

　しかし、読み方と熟語習得に特化した学習を低学年から進めるには無理があります。導入の段階で漢字の形や意味を知って表意文字の楽しさを感じ、学習する字が増えていく段階で漢字のしくみを捉えた合理的な学び方をすると、高学年以降の漢語や日本語の正しい理解と活用につながります。

●漢字学習の指導ポイント

(1) **点字以外のかな文字としてカタカナを学ぶ**

　カタカナの形を知っておくことは漢字学習に役立ちます。また、直線構成のカタカナ学習で、線の向きや長さ、始点と

●盲学校で使用頻度の高い「音声読み上げソフト（スクリーンリーダー）」の種類

(1) PC対応のOS内
①PC-Talker
音読み熟語＋音読み＋訓読み
②Focus Talk
XP-Readerの流れを継承
音訓読みを短く表現する傾向
③NVDA
世界共通のスクリーンリーダーで日本語版があるフリーソフト

(2) 携帯用端末機器対応のOS内
①VoiceOver
iPhone,iPadなどiOSに対応
②TalkBack
Android搭載端末に対応

●漢字のしくみをとらえる

『視覚障害者の漢字学習、常用漢字総索引集』より

(1) 読みに関する特徴
（常用漢字2136字中）
・訓読みしかない漢字
　77字(3.6%)
・音読みがある漢字
　2059字(96.4%)
・音読みしかない漢字
　953字(44.6%)
カ行・サ行に集中する音読み
　1153字(54%)

(2) 漢字は部品の組み合わせでできている根拠の表
　初登場したときに正確に覚えて、以後の学習に活用する。3年生までに多くの形が登場し、4年生以降は極端に少な

要点 漢字を構成要素（部品）でとらえることで、意味や使い方の理解が進みます。音読みを習得して漢語を理解し語彙を増やすことが目標です。

くなる。
初めての形が登場する学年と数（列の表示内容）
A：学年で初登場の形の数／学年配当漢字数
B：基本漢字（学年で登場する数＋上の学年で習う数）
C：初登場する部首・部品数
D：初登場のカタカナ数

A	B	C	D
1年 52/80	41	11	21
2年 81/160	47	34	14
3年 63/200	28	35	1
4年 23/202	14	9	1
5年 18/193	8	10	0
6年 10/191	4	6	0
中学 24/1110	5	19	0
合計 /2136	147	124	37

『視覚障害者の漢字学習』シリーズは、一般図書（特別支援学校・学級用）（附則第9条図書）として無償給付教科書の対象となっています。点字の配本がない「書写」の代替教科書として採択が可能です。教科書以外の補助資料として活用したい場合は、就学奨励費の対象として扱えます。

終点を認識し再現できることは図形学習にも役立ちます。

(2) 漢字を「部品の組み合わせ」で捉える

漢字は「基本漢字＋部首などの部品＋カタカナ」で構成されていて、その組み合わせ方で学ぶと多くの漢字の認識が簡単になり、系統的に学ぶことができます。

(3) 部品の名称と意味を知る

漢字を構成する部品には必ず意味があり、それらは多くの漢字に使われています。初めて登場した段階で名称を覚え意味を知っておくと、次に登場したときに容易に理解でき、同じ部品を使ってある漢字を関連付けることができます。また、成り立ちは部品の組み合わせと関連しているので、単漢字の意味を知ることにもつながります。

(4) 漢字を「音訓読みのセット」で覚え、その熟語を知る

訓読みは理解が容易ですが、音読みはその音からだけでは意味がつかめません。しかも、同音異字がたくさんあって、それが漢語の読みになっているので、意識的に学ばなければ理解できません。漢字の形に興味をもち、組み合わせから成り立ちや意味まで知るようになれば、漢字が示す表現の楽しさや奥深さまで感じ取ることができて、最終目標である漢語の語彙を増やすということにつながっていくでしょう。

●漢字学習教材の紹介

『視覚障害者の漢字学習』（点字版と拡大墨字版）

「点字学習を支援する会」から小学1年～6年、中学校編が発行されています。この教材には視覚障害者が漢字を学習するうえで必要な情報が盛り込まれていて、漢字を唱えて覚える(言葉で説明できる)学習法で系統的に学べます。

この漢字学習法は弱視児にも大変有効であり、書くことの負担を減らせます。また、障害種別を問わない全ての児童生徒に効果的な「ユニバーサルデザインの学習法」です。

コラム⑩

「舌読」「唇読」

　元来、点字は指先で触れて読む文字です。その指に知覚麻痺や欠損があり、触読が困難な場合、感覚が残る舌や口唇で点字を読むことがあります。それを「舌読」「唇読」といいます。

　1950年代、ハンセン病の療養所において、点字の「舌読」「唇読」を習得しようとする動きが興りました。ハンセン病は末梢神経が侵される疾患で、後遺症として手足や顔面の変形、知覚麻痺、視覚障害などがあります。1950年代のハンセン病療養所では、特効薬の普及によって軽快退所者が出始めた一方、新憲法下での人権意識が高まり患者運動が興っていました。そのようななか、視覚障害者も自分たちのための主体的な取組を開始しました。そのうちの1つが点字学習です。手指での点字の触読が難しい者は「舌読」「唇読」に挑みました。その習得には、多くの苦難と葛藤、そして文字通りの血の滲む努力がありました。当時を伝える記録の一部を紹介します。

　「五十音を打ってもらって、なめてみたんだけど、とにかく最初は何もわからない。そして、じっとやっていると肩はこるし、目は真っ赤に充血するし、涙はボロボロ出るし、（略）」（入所者）、「（略）唇と舌先で触れ続けると、まるでコンクリートの壁をなでるような痛みに、唇が破れ紙面をしばしば血で染めたが、私は止めなかった。」（入所者）、「『どう、読める？』『いや駄目です。やっぱり私たちには無理なんです。』こんな会話を誰彼となく、なんべんとなくやりとりした。（略）『先生読めます。』金地君が用紙を口にあてた姿を私は忘れないだろう。

　（略）金地君の点字の書物は、どの1ページを開いても血に彩られていることを私は知っている。」（職員）

　自己実現への熱い思いが点字獲得へのエネルギーとなり、その習得によって、彼らは社会情勢を知り自分たちの思いを伝える社会参加への道を開きました。この先人の生き方は、学ぶことは生きることであることを、私たちに教えてくれています。

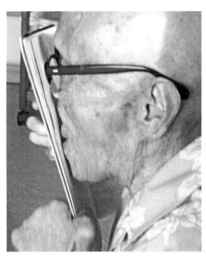

邑久光明園にて
（著者による撮影・2007年）

コラム⑪

全国盲学校弁論大会

　この大会は、弁論大会を通じて盲学校生徒の資質向上を図り、併せて盲学校教育の発展と社会の啓発に資することを目的として、全国盲学校長会、毎日新聞社点字毎日、毎日新聞東京・大阪・西部社会事業団の主催により開催されています。

　本大会は、全国を7地区（北海道、東北、関東・甲信越、中部、近畿、中国・四国、九州）に分けて地区大会を行い、そこで選出された9名（関東・甲信越地区と開催地区は1名を加える）が参加して行われます。

　1928（昭和3）年、「全国盲学生雄弁大会」の名称で始められ、戦時中（昭和19年～21年）と1959（昭和34）年を除き、現在まで継続して開催されており、2017（平成29）年で86回となりました。つまり現在まで5,000名以上の方が地区大会に参加され、500名以上の方が全国大会に参加されていることになり、視覚障害者を対象とした大会としては歴史を刻み続けた伝統ある大会です。

　出場資格は、原則、高等部の生徒ですが、中学部の生徒も参加することができます。過去には70歳を超えた方も出場されています。盲学校で学ぶ生徒が、日頃の思いや将来の夢、将来の目標などを、自分の言葉で、ときに熱く、ときに静かに語りかける姿に、多くの聴衆が心を動かされます。

　大会前日には、主催者、主管校、弁士・引率者などが参加し、前夜祭が開かれ、大会に向けての決意や心境などを語り合い、お互いの交流も深めています。

　最も新しい第86回の大会は2017（平成29）年10月に広島県立広島中央特別支援学校が主管校となり開催されました。主管校は「大会に参加してよかった。」と思われるよう「おもてなしの心」を持ち、準備を進めました。宿泊されるホテルの部屋番号やシャンプー・リンスなどに大きな文字や点字表記をしたり、前夜祭の食事に地元の特産物を加えたり、ホテルから学校までの案内を詳しくしました。また、大会当日は、案内表示をわかりやすくするため、色別に掲示したり、弁士の控室に広島ならではの菓子を用意してもてなしたりしました。来賓の皆様、主管校の児童生徒、保護者、教職員など多くの聴衆に深い感銘を与える大会となりました。

　自分の考えていること、将来のことなどを自分の言葉で伝えていくことは難しいことですが、とても大切なことです。この伝統ある大会がますます盛大な大会になることを祈念しています。

40 社会科等における地図などの指導はどのようにしたらよいでしょうか。

視覚障害がある児童生徒の地図学習を困難にする要因

全国の盲学校の社会科教員、関連分野の研究者で構成する日本視覚障害社会科教育研究会は、視覚障害教育における地図教材のあり方について研究協議を重ねてきました。そのなかで児童生徒が地図学習を不得意としている実態に着目し、その困難の要因を次に整理しました。

① 海岸線や地形、国境等の描写が複雑となっており地図の全体像がつかみにくい。
② 自然的な要素や人文的な要素が混在するとともに全体の情報量が多すぎる。
③ 複雑な表記となっている統計資料を構造的に読み取ることが難しい。
④ 上記の要因が重なり児童生徒の地図教材に対するモチベーションが低くなる。

さらに弱視の児童生徒については、地図上の地名や事物等の記載が見えにくいこと。多様な色彩で描写されていることから図と地のコントラストを理解することが困難になっています。

A

●視覚障害教育における地図指導

社会科の学習において地図を学習することは、国や地域を地理的に理解するうえできわめて重要です。ところが、児童生徒にとっての地図学習は、不得意な学習の筆頭に挙げられています。児童生徒が触察によって地図を読解するには膨大な時間が必要です。さらに地図に盛り込まれる情報が増えるほど、児童生徒の負担は増えてしまいます。

その背景には、児童生徒の障害特性に起因する問題と、地図教材そのものが抱える問題があります。これまでの地図帳は一般向けの地図帳を点字化したもので、児童生徒の障害特性に十分な配慮がなされているとは言えませんでした。弱視用の地図についてはより深刻で、拡大教科書が登場するまでは、指導者による一般の地図の拡大や修正、自作教材等に頼らざるを得なかったのです。

日本視覚障害社会科教育研究会（以下「研究会」という）はこのような状況を改善するため、視覚障害のある児童生徒の障害特性に配慮した地図帳の編集に関する研究を続けてきました。その成果を反映したものとして2008年に点字版『基本地図帳』が刊行され、現在全国の視覚障害教育現場で使用されています。2017年には弱視児用の地図帳を完成させ、教育現場への普及を目指しています。この項では研究会が編集した2つの地図帳の編集上の工夫に沿って地図指導のあり方を述べていきます。

●点字地図帳を活用した指導

点字地図帳では児童生徒の障害特性に配慮したさまざまな工夫が施されています。

(1) 地図の範囲と基準となる場所の明示

基本地図帳ではページごとに地図を枠線で囲んでいます。枠線の外側には経度や緯度の情報を示し、相対的な位置の検索を容易にしています。例えばアジア地域を学習する場合は、初めに日本の位置を知ることによって全体像の理解を容易にします。そのため枠外に日本の位置を示すマークを付け、児童生徒が線をたどることで日本の位置を見つけやすい工夫が

要点 児童生徒が主体的に地図を学習するためには、予め指導者が点字地図や拡大地図のコンセプトを理解しておくことが重要です。

点字版『基本地図帳』の特徴

高等学校地理で使用されている『基本地図帳2007-2008 世界と日本の今を知る』（二宮書店）を原典とし、日本視覚障害社会科教育研究会が協議を重ね編集した点字地図帳です。現在、全国の盲学校等で使用されています。その構成は次の通りです。

1 地図編
①世界の国々と自然
　23地域37枚の地図で構成、1地域を国・首都、自然の2枚の地図で構成。
②日本の地方と自然
　12地域、20枚の地図で構成、1地域を都道府県と都市、自然の2枚の地図で構成。
2 統計編
①世界の国々
　世界の独立国193カ国の基本データ10項目を50音順に掲載、巻末には地域別国名索引を掲載し利便性を高めています。
②日本の都道府県
　47都道府県をコード番号順に配列、都道府県の19項目の統計を一覧にしています。これらの情報は複数の都道府県を比較しやすいように配列しています。

されています。
(2) 地図の分割
　1枚の地図に多くの情報を盛り込んでしまうと触察を困難にしてしまいます。基本地図帳では1枚で表していた各地域の地図を数枚に分割することによって児童生徒の理解を容易にする工夫をしています。
(3) 地図のデフォルメ
　地形や海岸線を原典に忠実に点図化すると複雑すぎて触察が困難になります。例えば海峡の場合、実際の縮尺では陸地と陸地の幅が狭くなってしまいますので、この幅を意図的に拡大することで触察が可能となるようにしています。

●拡大地図を活用した指導

弱視用の地図教材には教科書会社が発行する拡大版地図帳、ボランティア団体等が発行する地図帳があります。前者は一般の地図帳を読みやすく工夫しているものの情報量の精選が十分になされていません。後者は弱視の見え方に配慮があるものの地図の専門性の視点からは十分とは言えません。そこで研究会では地図の専門性を重視しながら児童生徒に使いやすい地図帳の開発を進めました（問合せ先：筑波大学視覚特別支援学校社会科研究会事務局）。

研究会が編集した地図帳はB4版で、日本地図の場合は各地域を県と都市、自然、両者の3枚構成とし、1枚の情報量を少なく抑えています。地図は枠線で囲み、枠外にタイトル、緯度・経度等を表示し、文字のフォントは14ポイント程度としています。地図のデフォルメについては点字版での成果を反映し、はっきり・見やすい表示としています。さらに読みやすい文字列、たどりやすい線、識別しやすい色のコントラストに留意しています。なお弱視児の見え方は一人一人異なりますので、児童生徒の個々の見え方に配慮した教材を準備することが大切です。

Q41 算数・数学科における図形等の指導はどのようにしたらよいでしょうか

立体図形の触察

上：墨字定規　下：点字定規

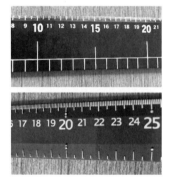

点字用三角定規セット

右下は「ぶんまわし」

A ●図形の指導について

　図形の理解には図形全体を把握するのに時間がかかることと、書いてある図を読み取ることなどに困難があります。そこでていねいな指導や工夫された教材・教具を用いて指導することで、それらの困難を解消していきます。

(1) 図形の理解

　＜点字使用の場合＞平面図形を理解するためには、点図または立体コピー（書いた線が盛り上がるコピー）を次のように手を上手に使って触察することが大切です。

　①両手を使って触る。②手のひらを使って、図形全体の大きさやおおまかな形を理解する。③基準となる位置を設定し、そこから辺の向きや長さなどを捉える。

　立体図形を理解するためには、実物をしっかり触って確かなイメージをもつことが大切です。

　①立体を両手で包み込むように持ち、全ての指を使って立体の全体を触察する。②基準となる位置を設定し、そこから部分を触る活動を十分に行う。

　これらの活動を行うために、立体は手のひらに収まる位の大きさのものが望ましいです。

　＜墨字使用の場合＞図形を一目瞭然で理解することは難しいので、十分によく見ること、さらに触って確かめることも有効です。触ることによって見えにくい部分も理解することができます。実物を十分に見たり、触ったりして特徴を理解し、図と見比べることを繰り返すことにより、図を見て理解できるようになります。

(2) 図形の表し方

　＜点字使用の場合＞点図、立体コピーを用いて表します。立体図形では見取り図の代わりに展開図と第3角投影図法を用います。第3角投影図法では「上から見た図」と「前から見た図」を用います。しかし、これらの図から立体を想像するのは難しいので、実物の立体と図をマッチングすることが重要です。

　＜墨字使用の場合＞太い線を用います。視力によっては立

— 122 —

要点 教科書の図だけで理解するのは難しいので、実物の図形をよく見る、またはていねいに触察することにより理解が深まります。

墨字三角定規他

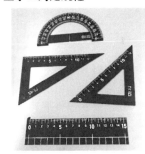

分度器の使用

基準の辺も触察できるようになっている

ぶんまわしの使用

レーズライターを使用しているので線が浮き上がっている

立体コピーを使用したグラフ

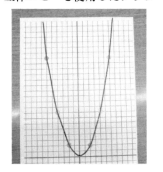

体コピーを用いると理解しやすいことがあります。

(3) 作図

＜点字使用の場合＞レーズライター（表面作図器）を用いて書きます。触ってわかる目盛のついた定規や三角定規、分度器があります。ミリメートルの単位まで指で触って識別するのは難しいので配慮が必要です。コンパスの代わりに「ぶんまわし」があります。半径が5ミリメートル刻みの円が書けます。

＜墨字使用の場合＞全体が黒く、白く大きな数字の定規や三角定規、分度器があります。また、使いやすい数字の大きい物差しなども一般的な店でも販売されるようになりました。しかし、ミリメートル単位のものを正確に測ったり書いたりすることは難しいので配慮と練習が必要です。

●**正負の数の指導の具体例**

＜点字使用の場合＞立体コピーや点図を用いて数直線を作成し、実際に操作をして理解を深めます。数直線上に書き込む課題は印を付ける課題に代えて、シールで印を付けます。

＜墨字使用の場合＞数直線を拡大して使用します。

●**文字式の指導の具体例**

図形を用いた導入教材や応用問題では、実物を使って実際に操作をすることで理解しやすくなります。

●**グラフの指導の具体例**

＜点字使用の場合＞立体コピーや点図を利用します。座標にシールを貼り、線や紐、糸、ホワイトボード用の罫線テープなどを用いてグラフを作成します。

＜墨字使用の場合＞市販されているものよりも、表計算ソフトなどを使って自作したものの方が使いやすいです。背景色や線の色を工夫するとより見えやすいものができます。

グラフの形を言葉で説明できるようにすることも大事です。「右上がりの直線」「原点を通る」「減少から増加する放物線」など、形を理解するとともに言葉でも表すことでイメージを確かなものにすることができます。

42 算数における珠算の指導はどのようにしたらよいでしょうか。

盲学校小学部点字教科書編集資料　抜粋（平成17年版）

「点字を常用して学習する児童についても、筆算形式で理解させることは大切ですが、これらの児童に対する筆算形式の指導は、それによって計算の速さを促そうとするものではなく、筆算形式に見られるような平面の広がりを生かして、二次元的な縦、横の関係を活用した思考や考察の力を養おうとするところにねらいがあります。（中略）

点字を常用して学習する児童の場合、実際の計算手段としては、速さと正確さの点から暗算と珠算が適当といえます。（中略）

珠算については、学習指導要領の第3学年において、加法および減法の計算について指導することになっていますが、点字を常用して学習する児童については、筆算形式の指導と関連付けて、第2学年から取り扱うのが望ましいといえます。また、筆算形式の関連を考慮すれば、乗法については、第3学年、除法については第4学年からそれぞれ指導するのが適当でしょう。（後略）

平成27年版では、「珠算編の趣旨と利用法および変更点」(p162)で編集の具体的な方針が記述されています。

A

●珠算指導の意義

盲学校において、特に点字を使用して学んでいる子供たちには珠算指導に力を入れています。それはどうしてなのでしょうか。

算数の教科書では、小学校2年生でたし算とひき算、3年生でかけ算、4年生でわり算の筆算を学ぶことになっています。盲学校でも墨字を使って学習している子供たちには筆算の技法を指導します。筆算は縦書きの形態、点字はご存知のように横書きの形態です。点字で学ぶ子供たちにも筆算とはどういうものかは指導しますが、実際の計算においては横書きの点字で縦書きの筆算を行うのは困難です。そこで筆算の代用としてそろばんがあるのです。点字で学ぶ子供たちの珠算の意義については、文部科学省発行の盲学校小学部点字教科書編集資料の算数珠算編に記載されています（左欄）。

点字で学ぶ子供たちにとってそろばんは、単に計算を速くするための道具ではなく、位取りを揃えて数を置いて操作をし、位取りを確認しながら数を読み取るための道具であり、視覚に障害のない子供たちの筆算に代わるものなのです。つまりそろばんの操作を通して、十進法の仕組みを理解しているのです。そこに音声電卓との大きな違いがあります。また、そろばんは、事前に申請すれば公式の試験会場への持ち込みも許可されています。小学校で扱うそろばんとはその必要性（重要性）において比較にならないほど大切な教具といえます。

●そろばんの導入

そろばんの珠を入れたり、払ったりすることを運指といいます。運指に習熟するには時間が必要です。繰り返し練習することで上達していきます。したがって筆算の単元に進んでから運指を最初から指導していたのでは到底間に合いません。教科書でその単元が出てくる前に珠算指導を始めておくのが良いでしょう。

導入期は、指先の巧緻性を高める自立活動の教具の一つとして扱うのがよいでしょう。ケースからの出し入れ、机上へ

— 124 —

要点 珠算は筆算の代用。算数の学習を理解するうえで、珠算技能の獲得は必要不可欠なスキルです。

そろばんの各部の名称

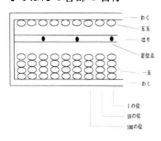

盲人用そろばん

六指法

八指法

の正しい置き方、運指の際の正しい姿勢、各部の名称（左図）なども併せて指導したいものです。

そろばんの指導では、「正しく計算する」ことと「速く計算する」ことの2つがポイントとなります。珠の操作そのものは、一般のそろばんも盲人用のそろばんも同じですが、速く計算するために、一般的には利き手の親指と人差し指の二指だけを使って運指するのに対し、盲人用そろばんでは六指法や八指法とよばれる技法で運指を行います。六指法とは両手の親指・人差し指・中指の6本の指を使うやり方で、八指法とはこれに薬指が加わる技法です。

●そろばんの応用

盲学校では、そろばんは整数や小数の四則計算だけでなく、いろいろな場面で応用されています。

例えばお金の操作や計算が苦手な子供たちがいるとしましょう。混乱する要因の一つとして、五円玉、五十円玉、五百円玉、五千円札の存在があります。そろばんにも五玉があります。関連付けて考えていくと理解がスムーズに進むことがあります。また時間の計算にも応用できます。そろばんを使って六十進法の計算をするわけです。さらに分数の約分や通分、たすき掛けを使う計算などにも応用されます。

これらの応用法は独自に考案されたもので「絶対指導しなければならない」というものではありません。しかし、そろばんを活用することで子供たちの理解が深まるのであれば大いに活用してみてください。

日々のたゆまぬ積み重ねこそが珠算技能習熟の秘訣です。子供たちのやる気を促し、モチベーションを高めるために、隔年実施される全国盲学校長会主催の「全国盲学校珠算競技大会」や全国盲学校長会と日本商工会議所共催の「視覚障害者珠算検定試験」などを受験し、目標をもって練習に励むとよいでしょう。

Q43 弱視児童生徒に対する算数・数学等における作図・測定に関してどのような配慮が必要ですか。

目盛りや数字がはっきりしている定規

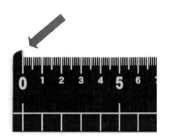

ストッパーのついた定規

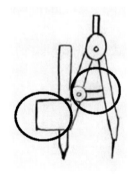

固定ねじがあり、筆記具が装着できる作図用コンパス

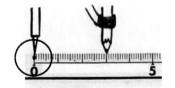

「0」の位置に穴をあけ、コンパスの針を固定する

A ●作図・測定の難しさ

　作図や測定の学習は、弱視児童生徒にとってつまずきやすい課題の一つです。原因としては次のようなことが考えられます。

・目盛りの読み取り等の際に誤差が生じやすい。
・目を近づけて作業するため、必要な始点・終点や図形の全体像をとらえることが難しい。
・自分の作業結果を視覚的に確認しにくい。

　弱視児童生徒の「見えにくい」状態を少しでも軽減するために、用具を選択したり、作図の方法を工夫したりするなどの物理的な側面からも支援することが大切です。

●弱視児童生徒が使いやすい用具の選択や工夫

(1) 市販されているもののなかから使いやすい用具を選定

①定規・三角定規・分度器

・目盛りや文字がはっきりしていて読みやすいもの（目盛りの部分が白黒反転されているものもあります）
・必要以上の目盛りや線のないシンプルなもの
・弱視用の定規（白黒反転や「0」の位置にストッパーがあり、鉛筆などの筆記具が止まりやすいように工夫してあります）
・触読用の定規（触って読み取ることができます）

②コンパス

・作業中に軸幅が広がらない軸幅固定ねじがついたもの
・濃い鉛筆、サインペンなど自分の見やすい太さの筆記具が装着できるもの

(2) 市販用具の改良（例）

・目盛りの線を太く記したり、5cmごとの目盛りにカラーシールやラインテープを貼ったりします。
・裏面に滑り止めを付け、定規が動かないようにします。
・コンパスの針の先に赤や黄色の見やすい色を塗り、支点を合わせやすくします。
・定規の「0」の位置に穴をあけ、コンパスの針を入れて固定できるようにします。
・触読用定規の浮き出た目盛りの線を太く記します。

要点 弱視児童生徒にとって使いやすい用具を選定し、見やすい教材で、苦手意識をもたせないように指導することが大切です。

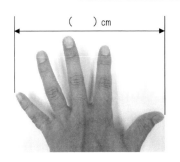

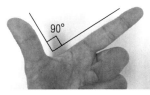

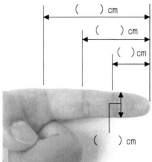

体の一部をスケールとして活用します

アームを取り付けたタブレット端末

●苦手意識をもたせない指導・支援

(1) おおまかな概念の習得

つめの幅は約1cm、手を広げた親指から小指までの幅は約15cm～20cm、3歩の歩幅が約1m、親指と人差し指を広げた角度は約90°など自分の身体を基準にして長さや角度の目安を把握することは、見通しをもって作業するうえで大切です。

(2) 基礎練習

選定した用具を使いこなすためには練習が必要です。基本的な作業を身に付けるために、大きさや線の太さを意識した教材を使用します。初期の段階では、始点と終点がとらえにくかったり定規が動いてしまったりして、思うように作業が進まない場合があります。目盛りの読み方、始点の合わせ方、2点間を直線で結ぶ作業、定規の押し方、コンパスの回し方等を習熟させることが大切です。鉛筆の先を見ながら作業ができるように定規の下辺で線を引いたり、縦方向に定規を使用して線を引いたりすることもあります。決められた長さの線を引くときには、指示された点から原点（0）に向かって線を引くなど、個々の弱視児童生徒にとって負担が少なく正確に引ける方法を採用し、繰り返し練習できる機会をつくりましょう。教科書に書き込むなど、不安定な用紙ではなく、安定した用紙に作図することも大切です。

(3) 一人一人の見え方や能力に応じた系統的な指導

指導者側の「弱視児童生徒には難しい」という安易な判断や見えにくさを無視した厳しすぎる要求がやる気をそぐことがあります。「5mmの誤差の範囲内で長さを測定する」「まっすぐな線を引く」など一人一人の実態に応じた目標設定を行い、徐々に段階的な指導をすることが重要になります。

(4) 拡大読書器等の使用

両手を使って作業をする際には、拡大読書器やアームを取り付けたタブレット端末などの利用が考えられます。画面を見ての作業になるため、操作の練習は必要ですが、より細かい作業ができ、教育効果が期待できます。

Q44 理科における実験や観察の指導はどのようにしたらよいでしょうか。

代替種別

花のつくりの観察において、観察しやすいユリを使用

感光器（Light Probe）

1960年代からいくつかの国で開発された代表的な盲人用実験器具です。

光によって抵抗値が変化する半導体などが内部の電気回路に組み込んであり、光の変化を音の変化で知らせます。

A
●実体験・触察を重視した指導

　理科の学習では、自然の事物との直接経験や生活体験を通して理解を深めていくことが大切です。特に、視覚障害があると身近な自然現象を視覚でとらえることが困難なうえ、日常生活での経験が不足しがちになるので、その体験不足を補うことが大切です。観察や実験の方法としては、視覚以外の感覚も活用することで、自然現象をいろいろな観点から観察することが可能です。特に視覚障害のある児童生徒は触ることが物を認識する上で重要です。生物における植物等の観察では、質感、大きさ、重さなどを実際に触ることによって感じとります。しかし、一度に触察できる範囲は決まっているので、手を動かして、順次得られた情報を頭のなかで構築してイメージさせることが必要となります。また、観察する物も教科書に掲載している物ではなく、児童生徒が触察しやすい大きさの代替の物を用意します。森や林など大きな地形の全体像を把握することや、月や星のような天体の観察において直接観察することが難しいものは、模型を効果的に活用しますが、より触察によるイメージの獲得が重要になってきます。化学実験においては、音、におい、温度の変化等を観察することで、化学変化を実感することができます。

●実験器具の工夫

　感覚を活用して自然と向き合うためには、視覚障害のある児童生徒が自分の手で実験や観察をする必要があります。そのためには、視覚に頼らない実験方法の開発とともに、「盲人用実験器具」が必要になります。現在使われている「盲人用実験器具」は次の3つのタイプに分けることができます。

　第1のタイプは、視覚障害者のための特別な器具で、その代表は感光器です。感光器は、光の強弱を音の高低などで示す器具で、盲児がこれを持って「日向と日陰」探しをしたり、光の反射や屈折の学習をしたりすることができます。また、化学実験の際、試験管に入っている液体の液面、溶液の色の変化なども感光器の音の変化で知ることができます。

　第2のタイプは、一般の測定機器の目盛りを触覚でわかる

要点 視覚以外の感覚も活用して実験や観察を行えるよう工夫するとともに、実施までの準備、計画、提示が大切です。

音声付き温度計

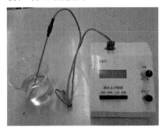

測った温度を音声で伝えます。

タブレット端末

タブレット端末のカメラ機能を使い、画面を拡大して、実験の数値を自分で確認できます。タブレット端末用アームを使うと、机に固定できるので、タブレット操作がしやすくなります。

ようにしたり、音声で知ることができるように改良したものです。

第3のタイプは、一般の実験器具そのものです。通常の実験器具も使い方次第で視覚障害のある児童生徒に有効な器具になります。たとえば、駒込ピペットは、スポイト（ゴム）の部分を1回押しつぶしたときに入る「ひとつまみの量」を単位として、ほぼ一定量の液体をとるために使います。倒れやすい器具の底面に板を貼って倒れにくくしたり、点字目盛りを付けたりするなど少し手を加えることで、さらに多くの実験器具の安全性を高めたり、使いやすくすることができます。

その他に、実験の補助具としてタブレット端末を有効に活用する方法があります。弱視児童生徒の観察実験では、観察したいものをタブレット端末のカメラ機能で撮影し、拡大操作することで、自分が見たい大きさにして細部まで観察することができます。また、目を近付けて見ることが危険な化学実験では、録画機能を利用することで、反応を後から確かめることができます。その他にもアプリケーションを利用する方法があります。例えば、盲児童生徒が、化学実験の反応後の色を識別する時に使用するアプリケーションとして、色を音声で伝えてくれる色識別アプリケーションがあります。

● **指導上の配慮、留意点**

視覚障害のある児童生徒が、自ら進んで実験できるようにするためには、以下のことが重要です。

- 実験する場所の状況理解
    （机上の実験器具を1つ1つ触って確かめる。）
- 実験器具の使用方法の理解
    （実験や観察前に器具の使い方を練習する。）
- 実験の目的の理解
    （何を調べるための実験なのかを明確にして提示する。）
- 実験方法の理解
    （実験や観察の手順をしっかり理解する。）

コラム⑫

科学へジャンプ

　「科学へジャンプ」は、「目が見えなくても、あきらめることなく科学への夢をはぐくんで果敢に挑戦して欲しい」という願いから、2008（平成20）年にサマーキャンプという形で初めて開催されました。このときには、視覚に障害のある人の教育や支援にかかわってきた有志の方々が、全国の盲学校や視覚特別支援学校、あるいは視覚に障害のある中学生・高校生に参加を呼びかけました。

　このサマーキャンプは当初から上記の願いのほか、視覚障害のある方々や支援にかかわる方々が互いに交流を深めることや、参加した教員や保護者向けの講演会の開催など多くの内容が盛り込まれ、魅力的なイベントとして注目を浴び、定員を大幅に超える応募がありました。

　本キャンプが大変好評であったことより、継続開催が強く要望されるなど大きな反響を呼んだことが、科学技術振興機構の「地域の科学舎全国ネットワーク事業」の採択につながり、「科学へジャンプ」の全国ネットワーク化が実現していきました。

　隔年で開催される合宿型のサマーキャンプと日帰りのイベントとして開催される全国8ブロック（北海道、東北、関東、北陸、東海、関西、中四国、九州）の地域版「科学へジャンプ」の体制が整い、毎年魅力的なプログラムやワークショップ等が準備され、参加者の心を引き付ける素晴らしいイベントとして定着していきました。

　当初は、視覚障害のある児童生徒が科学の面白さを味わうことを前面に参加を呼び掛けていましたが、現在では科学以外の他の分野も対象にして様々な願いを込めて、多くの人が参加しやすい活動になるよう工夫が施されています。このように今日の状況を踏まえ、新たな道を開拓したり、内容を改善しようとしたりする意識の高さにも注目したいところです。

　昨今、イベントや催しなどは、ホームページで閲覧して情報を得ることが容易になりました。しかし、見たり聞いたりするだけではなく、実際に触ったり、作ったり、実験したりすることによって本物に出会い、味わったり気付いたりすることが「科学へジャンプ」にはたくさんあります。視覚障害のある児童生徒にとって、大変貴重な体験になる「科学へジャンプ」が、今後も参加する児童生徒の心をとらえた素晴らしい活動として一層発展していくことを願っています。

コラム⑬

全国盲学校珠算競技大会

　第1回大会は盲教育義務化から3年目の1950（昭和25）年に東京で開催されました。当時は未就学者も多く、児童生徒の使う教具などにも不自由していた頃で、各地区の盲学校生同士の交歓の機会などほぼありませんでした。そのようななかで、全国の盲学校生の意気を盛んにし、未就学者に対する啓蒙宣伝活動のひとつとして、青鳥会（ヘレン・ケラー女史来日を記念して設立）の主催で開催されました。現在、青鳥会は解散しましたが、毎日新聞社点字毎日並びに全国盲学校長会の主催で、隔年・通信競技方式で実施されています。

　競技は、読上算・読上暗算・乗算・除算の4種目の合計点（同点の場合に順位決定のための乗算・除算も実施）で行われます。小学生の部と中学生の部とに分かれており、全国の同年代のなかでの自身の実力を知ることにより、反復練習の必要な珠算による計算技能の習得・向上を意欲づけることにもつながっています。

　珠算の指導方法・歴史については、古い資料になりますが『渡辺すみ著（1984）盲学校のそろばんてびき書改訂版・教師用、渡辺すみ学習塾』に詳しく記述されています。

コラム⑬

点字競技大会

　「点字競技会」と聞くと、学生時代を思い出し、今でも胸の高鳴りを覚えます。私の学生時代は、自身が全国でどれくらいの位置にいるかということよりも、校内でトップを取ることを目標に、がむしゃらに練習に打ち込んでいた日々でした。私が通っていた学校では当時学期に一度、校内点字競技会が行われており、読み上げられる成績に各自が一喜一憂し、成績が奮わなかったものは次回までにさらに練習し、成績の向上を目指していました。当時を振り返って思うことは、目標とする相手が身近にいることはとてもありがたいということです。点字競技会に一人で参加していたなら、点字を速く書くことに対してそれほど関心をもつことはなかったように思います。私の今の点字スキルは自分一人の力で獲得したものではないと、そう感じています。

　点字電子手帳が導入され、自治体によっては日常生活用具として認められているところもある昨今、点字板で速く点字を書くことに意義を見出せなくなってきているという話を耳にすることもありますが、日常生活において点字を書くことが求められる場面が多々あることを考えると、やはり点字を速く書ける、速く読めることに越したことはありません。今後も生徒たちの点字に対するモチベーションを高め、点字競技会という場で切磋琢磨することはとても意義深いことであると、私は思います。

Q45 算数・数学科、理科等で使用する記号の点字表記について教えてください。

＊1　日本点字委員会

現在、日本点字委員会では現行の点字表記法の改訂作業が行われており、算数・数学や理科記号についても若干の修正が検討されています。次回改訂の点字教科書に、その内容が反映される可能性があります。

＊2　数字の書き表し方

⠀	⠀	⠀	⠀	⠀
0	1	2	3	4
⠀	⠀	⠀	⠀	⠀
5	6	7	8	9
⠀	⠀	⠀
数符	位取り	小数点

（例）

⠀	⠀
22	1,234
⠀	
3.14	

＊3　四則演算の記号等

⠀	⠀	⠀	⠀	⠀
＋	−	×	÷	＝

（例）

2＋3−1

1.5×2

8÷2＝4

A 日本点字委員会は、算数・数学や理科分野における点字表記の規則を細かく定めており[*1]、それらに基づいて、教科書や学習参考書の点字出版、大学入試問題の点訳等が行なわれています。その結果、今日の日本における点字使用者の理系の学習水準は高く、多くの理系大学進学者もいます。

●**算数・数学分野における点字表記の例**

数字は、数符（3、4、5、6の点）を前置することで、アルファベットや五十音などと区別します[*2]。

数式は、数符または数式指示符（5、6の点）のいずれかから始まります。数字、四則演算の記号、関係記号（等号・不等号等）などを、マスあけなしで一続きに書きます[*3]。一つの式が点字1行に収まらない、または意味をもたせるためにあえて行を移したい場合には、繋ぎ符号（6の点）を行末に置き、数式が次の行に続いていることを示します。行移しをする際には、その意味や内容を考慮して、関係記号や演算記号が行頭に来るように注意します。

分数は、墨字[*4]では上下2段に分けて書きますが、点字では、分子、分数線（3、4の点）、分母の順に書きます。また、分数の範囲を明確に示すために、分数囲み記号（1、2、3、5、6の点、2、3、4、5、6の点）で囲むのが原則です[*5]。複雑な分数の場合には、一つ一つの分数に分数囲み記号を付記します。

●**理科分野における点字表記の例**

理科分野で用いる外国語の文字や記号、数式などの点字表記は、算数・数学記号の表記と基本的に同じです。ただし、各分野独自の規則もあります。例えば、化学式中の原子数は、墨字では右下の添字として書きますが、点字では一般的な添字の表記とは別の方法で表現します。また化学反応式では、演算記号等の前後のマスあけの規則が、一般的な数式の場合と異なります[*6]。

●**指導上の留意事項**

(1)　**正確な読み書きの指導**

点字は、1点違うだけで全く別の意味になってしまいます。特に数字などは、前後の文脈に頼って予測することが

要点
各分野の点字表記には、様々な規則があります。点字教科書等を参考にその内容を理解し、児童生徒の発達段階等に応じた指導を行うことが重要です。

＊4　墨字
　点字に対して、普通に書いたり印刷したりした文字。

＊5　分数の書き表し方

分数線	分数囲み記号

（例）

$$\frac{3}{7}+\frac{2}{7}=\frac{3+2}{7}=\frac{5}{7}$$

※分子・分母が共に符号のついていない数字のときなど、分数囲み記号を省略できる場合があります。

＊6　化学式・化学反応式の書き表し方

H₂O	NH₃

※外字符と大文字符は省略して書きます。

$2H_2+O_2 \to 2H_2O$

※演算記号や→の前後は一マスあけます。

難しいため、正確に読んだり書いたりする習慣を身につけることがとても大切です。

(2) 点字教科書の活用

　教師にとって最も身近でわかりやすい点字表記の手本は、点字教科書です。原典の教科書と点字教科書、点字教科書編集資料（文部科学省のホームページからダウンロード可能）を丁寧に見比べながら、点字表記の規則を理解し指導していきます。

(3) 数式の読み上げ方の工夫

　盲児に数式の内容を正しく伝えるためには、発達段階（学習段階）と読み上げる目的という二つの軸を考慮して、読み方を変化させる必要があります。
　このうち、読み上げる目的によって読み方を大きく変えなければいけない代表的な例は、分数です。特に、教師が読み上げた式を書写させる際には、点字表記の規則に合わせた読み方が必要です。
　$\frac{1}{4}+\frac{3}{4}=1$という式を例に挙げると、式全体の構造を理解させるときには「ヨンブンノイチ　タス　ヨンブンノサン　ワ　イチ」と読み上げるのに対して、式をノートに書き写させるときには「ブンシイチ　ブンボヨン　タス　ブンシサン　ブンボヨン　ワ　イチ」のように読みます。

(4) ノートの書き方

　盲児にとって、速く正確にノートを取ることや、自分が書いたノートを読むことは容易ではありません。そのため、頭のなかで処理できることとノートに書くべきことを整理し、必要なことだけを、内容をよく理解してから、正しく丁寧に書くという習慣を身につけさせることが大切です。
　計算においては、全ての過程を書くと書き間違いが起こり、続きの計算が正しく行えなくなりますし、時間もかかります。そこで、式を書く前に解き方の見通しを立て、必要な式だけを丁寧に書き、記憶とメモの両方を上手に活用しながら効率よく計算を進めるように指導します。

Q46 音楽科の指導における配慮事項はどのようなものがあるのでしょうか。

手作り教材例

図1 アルミ缶2個に団栗(どんぐり)を入れクラフト紙で編み込んだもの

図2 竹を素材にした雨音に聞こえる擬音楽器

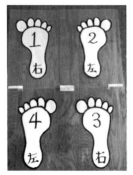

図3 右足1→左足2→右足3→左足4のステップ順

A

●音楽指導全般における配慮事項

　音楽教室内の環境は、楽器や視聴覚機器の配置など、安全管理面に配慮することが大切です。また児童生徒には、教室環境に慣れるため楽器などの室内に配置された物の形や大きさ、所在を触って確かめる時間を設定することが必要です。

　授業には常に気持ちをリラックスさせて参加できるよう、言葉掛け等考慮しながら、一人一人の関心や意欲や特性を大切にし、歌唱や器楽表現等の音楽的な成長を目標にします。そのためには、個々の実態把握を行い、個に応じた指導を心掛け、音楽を表現したり、鑑賞したりする喜びにつなげていくことが重要になってきます。

●器楽・合唱指導の具体例と配慮事項

(1) 器楽（合奏）

①いろいろな楽器に触れる体験を多くもち、楽器の特性、音の出るしくみを知ることや、一人一人の好きな音、手拍子のリズム感性、鍵盤楽器や吹奏楽器の技能などの実態把握を行った後、個人の好みや課題に合う楽器を選び、器楽への関心・意欲を引き出します。また、鳥笛、汽笛、サンダードラム等の擬音楽器や電子楽器に内蔵されているリズム伴奏や雨、風などの擬音を効果的に取り入れたり、マラカス（図1）やバンブーツリー（図2）などの手作り楽器を使用したりもします。

②個人や集団の好み、課題を考慮した楽曲選びや平易な編曲の工夫で演奏する喜びや達成感につなげます。

③リズム感の育成のために身体表現を取り入れます。

　例：ボックスステップの学習で（図3）の足を手に変え、机上で両手を使って練習し、4拍の動きが理解できたら床上に（図3）の足形を置き、両足を乗せ行います。

④聴覚に優れ音楽感性に秀でた児童生徒が多いため、教師の模範演奏やCD等の鑑賞からイメージをもたせることが、意欲を引き出したり表現力を向上させたりするのに効果的です。また、数回の鑑賞や練習で暗譜し演奏できる児童生徒には、他の児童生徒を教える役を担わせることで、効率

> **要点** 音楽活動の楽しさを通して、様々な音楽に親しむとともに、音楽経験を生かして生活を明るく潤いのあるものにしようとする態度を養うことが大切です。

点字楽譜について

点字使用の児童生徒は点字楽譜を学習します。簡単に点字楽譜について触れておきます。文字と同様、6点を使い表します。1・2・4・5の点（⠿）で高さを、3・6の点（⠤）で長さを表します。

ド	レ	ミ	ファ
ソ	ラ	シ	
二分音符	四分音符	全音符	八分音符

楽譜例：四分音符のドは（⠹）となります。

詳細は、『点字楽譜の手引き』（著者：文部科学省　発行：社会福祉法人　日本ライトハウス）をご覧ください。また、点字楽譜を習得したうえで利用できる点字、墨字が表記される楽譜点訳ソフトも市販されています。

的に個々の技能の向上をねらうこともあります。その後、表情豊かな合奏表現を目指します。

(2) 歌唱・合唱

①好きな歌、歌声の大きさ、音程取り、音域、歌詞の発音の明瞭さなどの実態把握を行い、個人や集団の好みの傾向や課題に合った楽曲選びや編曲を行います。

②無理のない自然な発声を基本にしながら、明るい声の響きや頭声的発声の習得のために発声指導を行います。その方法として、発声時の教師の腹筋や背筋、上がった頬や眉毛の状態に触れさせたり、喉の奥を開いた発声を聞かせたりして、響きのある声の良さを感じ取らせます。同時に、教師の喉の開け方、腹筋、背筋の使い方の模倣をさせながら発声練習を行います。

③歌詞の理解を深めるために、歌詞に出てくる具体物を実際に触れ確認し、詞のイメージをもたせたり、美術科と連携し、歌詞のイメージを絵にしたりします。

④輪唱曲やカデンツ（終止形の和音進行）、平易な2部合唱曲を数多く歌い、2音の和音の響きを感じ取らせながらハーモニー感の育成を目指します。

⑤教師の模範唱やCDの鑑賞から明確な歌詞の発音について聞き取らせたり、丁寧な表現や気持ちを込めた表現のしかたを感じ取らせたりして、表情豊かな歌唱・合唱表現を目指します。

⑥歌唱に苦手意識のある児童生徒に、友だちの演奏を聞いた感想を発表させたり、次の歌詞を伝えさせたりして、仲間と共に活動する喜びをもたせます。

器楽・合唱指導共に、演奏を録音して聞くなど、良かったところ、目標にするところを単元ごとに考えさせ、次への学習意欲につなげられるように進めます。指導者も児童生徒にどのような力が育っているのか、課題は何かを分析し、楽しく達成感のある授業となるよう、教材の見直し及び授業改善を常に行うことが大切です。

Q47 図画工作科や美術科の指導における配慮事項はどのようなものがあるのでしょうか。

盲学校図工美術教育の歴史

福来四郎著（1969）『見たことないものつくられへん』講談社、山城見信著（1981）『盲学校・土の造形20年』土の造形20年展・図録出版推進委員会事務局、西村陽平著（1984）『見たことないものつくろう』偕成社などに、盲学校での造形教育の実践がつづられてきました。また、「ぼくたち盲人もロダンを見る権利がある」として1984年に開館したギャラリーTOMは盲学校生徒作品展を開催して盲学校の美術作品を紹介してきました。

題材例　木彫スプーン

点字使用の生徒が、指先で木材表面の凹凸や厚み、やすりの向きなどを確認しながら、制作を進める様子。

A

●図工美術の指導において、付けたい力は？

幼児期には、体全体で様々な素材に触れ、触れることを楽しみ、意欲的に触ろうとする力を付けることが大切です。小学部では指、手のひら、腕全体を効果的に動かして形をつくる力、道具を使って素材に働きかけ、経験や想像したものを表す力を付けていきましょう。中学部、高等部では表現力を深めるために、美術館などと連携した鑑賞の取組も有効です。

●どんな素材が適している？

初期には可塑性の高い粘土などで叩く、つまむ、ちぎる、転がす、丸めるなどの経験を積み、厚紙、針金など、加えた力の痕跡がわかりやすい素材が有効です。それらの素材によって立体的な形を作る力を付けていくことが大切です。粘土によるモデリングや木材などによるカービングで立体的な表現につなげていきます。

●どんな道具や環境が適している？

平面表現では表面作図器（レーズライター）による描画、ラインテープ、粘着剤付きカラーシート、蜜蝋ペンなどの道具が使用できます。弱視の児童生徒には、視機能に応じた見やすい画材の使用、照明の調整をしたり、道具や素材を個別にトレイなどに配置し、置き場所を固定し、安心して怪我なく制作に取り組めるよう作業環境を整えたりすることも大切です。弱視の児童生徒は拡大読書器や作業用のルーペを使用して細かい作業を行うことも効果的です。

●全盲生に色や絵画を教えるの？

色の知識は生活において大切です。色のもつイメージを言葉で伝えるとともに、色の組み合わせによってどんな印象になるのかなどを学び、生活のデザインに生かせるようにしていきます。一般的な写実絵画は、視点を固定して対象を平面的に描き出すものですが、先天盲の児童生徒は触覚から得られる多方向的な形の捉え方をしています。晴眼者の視覚的な表現を立体コピーや触図などで学ぶことも大切ですが、美術においては全盲生の触覚的な感性から得られる表現を引き出し、尊重していきたいものです。

要点 触覚を生かした表現、見えにくさに配慮した制作環境づくり、鑑賞方法の工夫が大切です。

ＩＣＴ機器の活用

　タブレット端末やデジタルカメラなどの有効活用。弱視生に刃物の使い方など手先の細かい作業を教える際、手元を撮影した映像をタブレット端末などで拡大して見せることも効果的です。鑑賞時は、作品を拡大したり、視野狭窄の児童生徒には逆に大きな作品を縮小したりして全体像を捉える手掛かりにできます。

　また、画像加工ソフトを使って、画像の輪郭線を抽出して遠近法を学んだり、全盲生が撮影した写真をわかりやすく加工して立体コピーし、鑑賞したりした実践事例もあります。

盲学校図工美術研究会

　平成27年に全国盲学校図工美術研究会が発足し、年に1回、各校の実践事例や、美術館と連携した鑑賞教育などについて情報交換やワークショップを行っています。会場校の東京都立文京盲学校のＨＰで開催のお知らせをしています。全国の盲学校で事例や指導法、支援の工夫などを共有していきましょう。

● 全盲の児童生徒に形のイメージをもたせるには？

　空、山、大きな木、空を飛ぶ鳥、泳ぐ魚、小さな虫など、触れることが難しく、形のイメージをもちづらいものはたくさんあります。それらを題材として取り入れることを避けるという意見もありますが、触れられないからこそ、作ることを通してその姿を知り、イメージを膨らませることができるとも言えます。抽象の概念も、色や形だけでなく触感でも表すことができます。

● 触れると見るってどう違う？鑑賞はどうするの？

　触察は最も感覚の鋭い指先を中心に手のひら全体を使って触り、大きい作品の場合は手を動かして触れていった情報を頭のなかでつなぎ合わせて全体像を構成するという特徴があります。一瞬で全体像を捉え、細部を見ていくという視覚による鑑賞とは大きく異なります。絵画を触図やレリーフなどにして触察可能にし、鑑賞できるようにする取組が各地の美術館や博物館で行われています。一方で美術作品について晴眼者と視覚障害者が共に話し合うことで鑑賞しようという取組もあります。

● 重複障害児童生徒の図工や美術の指導における配慮点は？

　造形遊びなどを中心に素材に触れ、簡単な道具を使用して手指の巧緻性やボディイメージを高めるなど、自立活動と連携した指導が求められます。美術的な視点として大切なのは、作品の完成を求めるのではなく、制作過程でどれだけ児童生徒の気付きや自発的な動きを引き出せるかということです。

　作品は完成後に使ったり遊んだりできるものであると、それが重複障害児童生徒にとっての鑑賞につながります。また、重複障害児童生徒の場合、知的発達や手指の機能向上がゆっくりであるため、幼児期から活動内容自体は大きく変わることはないかもしれません。その場合、活動は同じであっても、素材や題材を年齢に合ったテーマに設定し、変化をもたせることも大切です。

コラム⑭

手で見る博物館

　イタリアにあるオメロ美術館とアンテロス美術館、この二つの美術館の共通点はと聞かれたとき、どちらも「触る」ことに特化した美術館であることが挙げられます。ギリシャのパルテノン神殿など歴史的建造物の模型やモナリザなど絵画の半立体作品といったような展示物を両館では自由に触ることができます。

　1980年代にアメリカの大学教授ロナウド・メイス氏がユニバーサルデザインを提唱し始め、約40年が経ちました。全ての人が利用しやすい社会を形成していくというその思想は、私たちの生活の様々な場面で確認することができ、それは博物館も例外ではありません。先にあげましたイタリアの両美術館はもちろん、日本でも1990年代後半以降にメイス氏の思想を取り入れた博物館としてユニバーサルミュージアムが設計されるようになりました。

　従来の博物館は、「貴重な資料である展示品の保存」という役割から展示品をガラスケースの中に展示し、視覚情報に頼ったものが主でした。視覚障害者への配慮がなされていたとしても、それは展示品を紹介した点字や点字ブロックの設置、要望があれば係の案内に留まっていたものが多かったのではと思います。しかし「多くの人に展示品について知ってもらう」という博物館のもう一つの役割と、誰もが利用しやすいというメイス氏の思想が合わさり、視覚以外の感覚で展示品を感じることができる博物館の取組が今日まで各地で行われています。形式も常設の展示だったり、期間を設けた特別展示だったりと様々です。

　展示品は大きく分けて実物とレプリカ（３Ｄプリンターや金属や粘土など様々）の２種類があります。技術の向上から非常に精密で、実物に限りなく近いレプリカの制作が可能となりました。またレプリカでは一部を簡略化するなどの工夫でより展示品の特徴をわかりやすく伝えることが可能です。

　縄文土器を抱き上げ、パルテノン神殿を手で包み、モナリザの頬に触れる。ガラスケース越しに眺めたり、歴史の教科書や説明文を読んだりするだけでは決して知ることのできない、その資料がもつ情報を手で見ることで知ることができます。視覚だけでは知ることのできない、触れるからこそ、手だからこそ見える情報が確かにそこに詰まっています。

コラム⑮

芸術教育
視覚障害者の美術鑑賞教育のすすめ

　全ての人にとって芸術教育は豊かな情操を形成するうえで、また、豊かな生活を送るうえで無くてはならないものです。そして視覚障害児者にとって最も馴染み深い芸術教育は音楽教育だということは歴史が物語っています。現在でも一流音楽家に視覚障害者が数多くいますが、視覚障害者と音楽のかかわりはピアノや三味線・箏の演奏者または語り手や歌い手として知られ、古くは日本でも盲僧琵琶等、宗教音楽として奈良時代からの記録があります。これらは視覚障害者の文化を社会のなかに定着させ、地域の人に視覚障害に対する理解啓発を進めると共に、就労や社会的地位の基盤ともなり、視覚障害者の社会進出において大きな力となりました。

　しかし、これからの視覚障害教育で新たに重点を置くべき芸術教育はと考えるとき、私は美術教育であると考えます。それというのも、視覚障害者にとってこの分野についての芸術教育は、まだまだ未開拓の領域が多くあると感じるからです。

　絵画や彫刻等は有史以前から人間が残してきた文化であり、文字が一般に普及するまではその思想や出来事を伝える手段でした。ですから現代に生きる私たちにとっても、そこから学べることは計り知れなくあると思います。しかしながら視覚障害者にとってその美術作品鑑賞の方法は一般的に開かれておらず、一部の博物館や美術館での実験的な試みや盲学校での美術教育の取組が知られているところです。

　これらの視覚に頼らない美術鑑賞を支えるためには、それを可能にする施設環境と、人的環境が必要です。これらの環境を整えるため、新潟県では地域の造形作家の協力を得て、14年前から県点字図書館が主催し、ふれて楽しむ美術展を開催してきました。そして2年前からは新潟盲学校がそれを引き継ぐ形で開催しています。開催してみてわかったことは、盲学校の児童生徒や地域の視覚障害者だけでなく、参加した晴眼者全員が、視覚以外の感性を使って作品を鑑賞する新鮮さに驚き、その必要性と可能性を感じたことです。また、盲学校で行っている美術鑑賞の手法や造形活動の手法が、一般の美術教育にとって斬新で有効な視点を生み出すということです。さらに視覚障害者への鑑賞ガイドのために話すことで、自分の不明瞭だった作品への想いが明確になったり、対話的鑑賞を進めることでお互いの鑑賞が深まったりします。

　今まで視覚障害者には困難な分野だとされてきた美術教育は、視覚障害者だけでなく晴眼者にとっても、新たな芸術教育を切り開く糸口になるのではないかと考えます。

Q48 家庭科や技術・家庭科の技術分野の指導における配慮事項はどのようなものがあるのでしょうか。

学習指導要領における目標抜粋＜中学校技術・家庭科（技術分野）＞

技術の見方、考え方を働かせ、ものづくりなどの技術に関する実践的・体験的な活動を通して、よりよい生活や持続可能な社会を構築する資質・能力を次の通り育成することを目指す。

技術分野の学習内容
A　材料と加工の技術
B　生物育成の技術
C　エネルギー変換の技術
D　情報の技術
（特別支援学校小学部・中学部学習指導要領（平成29年3月告示））

A

●技術分野での配慮事項

技術・家庭科の技術分野では、生活や社会で利用されている材料、加工、生物育成、エネルギー変換及び情報の技術を身に付け、生活や社会のなかから課題を見いだし、よりよい生活の実現や持続可能な社会の構築に向けて適性かつ誠実に技術を工夫し創造しようとする実践的な態度を育てます。さらに、生活を科学的に理解・工夫・創造し、課題解決のために、主体的に実践・評価・改善する態度を育てます。興味・関心を引き出し、他者との対話や協働のなかで思考力、判断力、表現力を付け、深い学びとなるよう教材や指導の工夫をします。その際、キャリア発達を踏まえて系統的・発展的に指導し、社会や他教科とかかわらせ、自分の生き方を豊かにすることにつなげます。視覚障害のある生徒の技術の習得に向けた配慮点としては、用具を工夫し、見るものを拡大したり触覚などの視覚以外の感覚を活用したりすることが必要です。また、道具を使用するときには、安全面への配慮も必要となります。作業するときには、目を近づけすぎると危険です。個々の生徒の課題に応じて一つ一つの技術の習得に時間をかけ、用具の管理や安全な扱い方などを確実に覚え、けがのないように安全第一を徹底します。

技術分野では、様々な材料や道具などを使用します。作業で使用する道具を工夫したり、見るものを拡大したり、触覚など視覚以外の感覚を活用したりすることが必要です。

また、道具を使うときには、安全面への配慮が必要となります。特に、作業をするときには、目を近づけすぎると危険を伴うため、安全を最優先させ、けがをしないように注意します。

●木工の指導について

製作を始めるにあたって、作品の完成図や組立図、部品などを拡大読書器で提示したり、触察したりするなどして、使用する用具や完成品を理解させることが大切です。用具の取扱い方についても注意が必要です。

のこぎりの使い方の指導を紹介します。準備するものは、クランプとあて木です。

視覚障害のある生徒には、けがき線に合わせてのこぎりでまっすぐに切ることは難しい作業です。そこで次のような工夫が考えられます。あて木をけがき線に合わせ、クランプで固定します。2つの固定したあて木の間にのこぎりの刃をはさむように入れ、材料を切ります（図1）。クランプで固定することで、片手で材料を押さえる必要がなく、両手でのこ

図1　あて木を使ってまっすぐ切る

— 140 —

要点 視覚以外の感覚を活用したり、教材・教具や補助具を工夫したりして、安全で、楽しさや達成感を味わえるようにすることが必要です。

図2　キーにシールを貼って見やすく工夫したキーボード

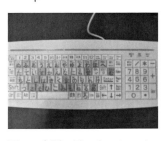

図3　市販の見やすいキーボード

パソコンでの6点入力

点字を入力、編集するソフトウェアが必要です。パソコンによっては6点入力に対応していないものもあります。

ぎりの柄を持って切ることができます。両手で柄を持つことで手を切ることの不安がなくなり、切ることに集中できます。

のこぎりは押すときではなく引くときに切れます。のこぎりを、体の中心でまっすぐ構え、リズムよく押したり引いたりするように手を前後に動かします。押すときよりも、引くときに少し力を入れるようにします。無理に力を加えるとかえって切れません。材料を切るときの音にも注意を払うことで、力加減のコツがつかめるようになります。

製作の際に、水平、垂直など方向や位置の確認が苦手な生徒がいます。スコヤを用いたり、床面や壁面に沿わせたりして、自分で確認する方法を理解させることも大切です。

●**情報の指導について**

パソコンを用いるときには、画面の文字や絵等の表示が小さくて読みにくかったり、カーソルやマウスを見失ったりするなどの操作のしにくさを補うことが重要です。アイコンの大きさ、表示文字サイズを変えることで、見やすさが改善できます。アクセシビリティについて知り、自分の見え方に合った設定ができるようにすることが必要です。キーボードにもシールを貼って見やすくするなど工夫します（図2、3）。

文字の拡大だけでなく、スクリーンリーダー（読み上げソフトウェア）を使うことで、音声によるパソコンの使用が可能になります。また、マウスを使わず、キーボードでカーソル等を動かして、操作する方法もあります。

全盲の生徒の場合、キーボードのFDSJKLのキーを用いた6点入力やピンディスプレイを接続して点字で読むことが可能です。

コンピューターの起動・終了、文字入力、文書作成、ファイルの保存、インターネットの閲覧、電子メールの送受信など一連の操作を指導します。

また、個人情報の拡散やプライバシーの侵害がないよう不用意な書き込みや誹謗中傷をしないこと、ルールやマナーを守って使用すること、有害サイトへのアクセスには注意することなど、情報モラルについても身に付けていくよう指導することが必要です。

どの活動でも、見えないからできないと初めから判断せずに、補助具等を工夫し、安全面の配慮をし、達成感を味わえるような支援を行うことが大切です。

49 家庭科や技術・家庭科の家庭分野の指導における配慮事項にはどのようなものがあるでしょうか。

●学習指導要領における目標抜粋
＜小学校　家庭科＞
（生活の営みに係る見方・考え方を働かせ、衣食住などに関する実践的・体験的な活動を通して、）生活をより良くしようと工夫する資質・能力を育成することを目指す。
＜中学校　技術・家庭（家庭分野）＞
（同様）よりよい生活の実現に向けて、生活を工夫し創造する資質・能力を育成することを目指す。
＜高等学校　家庭科＞
（同様）様々な人々と協働し、よりよい社会の構築に向けて、男女が協力して主体的に家庭や地域の生活を創造する資質・能力を育成することを目指す。

●学習内容　中学校より抜粋
A家族・家庭生活
　自分の成長と家族・家庭生活、幼児の生活、地域との関わり、家族・家庭生活の課題と実践
B衣食住の生活
　必要な栄養を満たす食事、日常食の調理と食文化、衣服の選択と手入れ、布を用いた製作、住居の機能と安全な住み方、衣食住の課題と実践
C消費生活・環境
　金銭の管理と購入、消費者（生活）の権利と責任

A　家庭科や技術・家庭科では、社会や生活全般（家族・家庭、衣食住の生活、消費生活・環境など）から課題を見出し、実践的活動を通して基礎的な知識と技能を身に付けるとともに、生活を科学的に理解・工夫・創造し、主体的に課題解決する力を付けます。その際、興味・関心を引き出し、他者との対話や協働のなかで思考力、判断力、表現力等を付け、深い学びとなるよう教材や指導の工夫をします。また、キャリア発達を踏まえて系統的・発展的に指導し、他教科と関連付けながら自分の生き方を切り開く力につなげます。視覚障害のある児童生徒の指導の配慮点は、見ることに頼らず触覚、聴覚、嗅覚、味覚を活用し、個々の課題に応じて一つ一つの動作に時間をかけることです。技術の習得に向けては、一般家庭の環境に近づけ、家庭や寄宿舎と連携するとともに、自立活動との関連を図りながら、個別の指導計画やチェック表（実態把握・評価）を活用し、繰り返し経験させると効果的です。後片付け、掃除、衛生管理はどの領域でも必要であり、特に火気、用具の安全な扱い方は、事故防止のため徹底して指導します。

●「食物」領域－食物に関する知識と調理実習
　食物では、食材の理解、用具の使い方、計り方[※1・2]、切り方、熱源の扱い、盛付け方を理解し、1品料理ができるようにします。
(1) **食材を知る**－野菜や肉や魚などの食材を手に取り触察し、洗う・ちぎるなど、食材の形や感触、におい、性質等を覚え、物の理解を深めます。スーパー等の店頭で必要な食材を触ったり定員に聞いたりして選んで買います。畑での野菜作りや収穫の経験は、食材の理解を深めます。
(2) **調理**－包丁で切る、ピーラーでむく、各種熱源で加熱調理、クロックポジション[※3]を利用し、手の動かし方や置き方などを言葉と合わせ手を取り指導し、基本的な調理技術を身に付けます。熱源の点滅、熱源の調節法、材料や調味料を使うときは必ず火を消すこと、炊飯器・電子フライ器・電子レンジ・湯沸かし器などの使い方も覚えます。①熱源を使わない②電子レンジを使う③電磁調理器、炊飯器、電気ポット、パン焼き器等個々の危険の認識度と技術の習得程度に応じて、熱源課題を見極めます。
(3) **作業配置**－使う材料・用具を出し、位置を定めます。ま

> **要点** 基礎知識を理解し、便利グッズ等を活用して技術を身に付け、生涯にわたって生活を工夫・創造しよりよい生活の実現を目指します。

●便利グッズ
- 音声電磁調理器（熱加減、温度設定を音声で確認）
- 盲人用醤油さし・ワンプッシュ調味料（倒れてもこぼれず定量出てくるポット）
- 計量カップ（メモリが内側で触って分かる・3種類の量の異なるカップがセット）
- 盲人用タイマー（音声で知らせてくれる）
- ざる（ボールや鍋にあうステンレス製の深め・柄付き）
- 万能漉器（みそこしやふるいに使える）
- フライ返し（柄が短く、テフロン加工が良い）
- 色付きまな板（食材と対比できる色合いのまな板）
- パッケージカッター（袋などを安全にカットする）
- 鍋・フライパンの柄（上下がわかる柄が丸くないもの）
- ピーラー（ステンレス製で芽取りがついているもの）
- 盲人用ミシン（速度が遅い）
- 糸通し器（針に糸を通す）
- セルフ針（糸通しが簡単）
- テープ（縫うときのガイド）

●補足説明
- ※1 計量カップ・スプーンの計り方――度山盛りにして摺切。塩は摘む方がわかる。
- ※2 手はかり―手で持った感覚で量の検討をつける。
- ※3 クロックポジション―時計の針を基に位置確認する。

な板は滑らないところに置き、包丁は、刃を向こう側に向けてまな板の上に平行に置きます。調味料はワンセットにし位置を決め鍋は五徳の中央に置き、片手鍋の柄はガス台より出ないようにします。

(4) **栄養素・献立**－栄養素を理解し、穀類、野菜類、魚類、肉類、乳製品類等分類ができるようにします。日頃の食事、給食等のメニューを確認するなかで、バランスのよい献立について理解します。加工食品、食品添加物、アレルギーなどの知識についても触れる必要があります。

●「被服」領域－被服に関する知識と被服実習

被服では、清潔、洗濯の仕方、洗剤の選び方、布の種類、衣服の意義、季節・活動や場にふさわしい服、色柄の情報、材質や形などを理解します。色のコントラストを学び、身近な人や店員から感想を聞き、自分の似合う服について考えることも大切です。汚れの箇所を知り、洗濯機や手洗いで一連の流れができるようにします。

被服実習では、裁縫箱の使い方、指の使い方、寸法の図り方、裁ち方、縫い方、糸の止め方、ミシンの使い方の基礎を知ります。また、衣生活を豊かにするために、着方の工夫、手入れや保存、衣服の購入などの知識と技能を身に付けます。

●「住居」領域－住居に関する知識と技能の習得

家族の生活と住居の機能について考え、バリアフリーや採光、自然災害時対応、安全な家具の配置など、身近な住生活から課題を出し合い、快適な生活について工夫・改善します。

整理・整頓、清掃、ごみの出し方などの技能も身に付けます。

●「育児」「高齢者介護」領域－家庭の役割と家族関係

自分の乳幼児期や近所や保育所の乳幼児と触れ合うなど、体験を通して乳幼児への関心をもたせます。参考書や事例、新聞やインターネットなどを利用し、育児の知識や方法、制度、社会問題を考えることを大切にします。高齢者の身体の特徴を知り、高齢者体験や校外で触れ合うのも効果的です。

●「消費生活」領域－消費者としての知識と責任ある行動

物品の購入、消費行動、物資・サービス、クレジット等の契約について学び、ライフスタイルを創造し消費生活や家計の収入支出について考えます。社会問題や消費者の権利と責任について理解し、責任ある消費行動をとれるようにします。

Q50 体育科や保健体育科の指導のポイントについて教えてください。

●安全対策の例

支柱カバー

アイシェード

助走路の補助線

タッピングの様子

A

●安全への配慮

　まずは「安全」です。運動場面において「安全」への配慮を十分に行うことは、児童生徒の「安心」につながり、思い切って運動をできる基盤となります。

(1) 環境の整備

　万一の衝突に備えて器具にカバーをつけたり、コントラストをはっきりさせて床の境目をわかりやすくするなど、施設の安全対策をすることに加え、ボールや衝突から目を守る「アイシェード」を着用したり、ラインを見やすくする工夫をするなど、安全に運動できる環境を整備します。

(2) 眼疾患や見え方の理解

　眼疾患によっては、運動をするときに注意を要する場合があります。養護教諭、本人・保護者、主治医等と連携することが必要です。

　また、どのような見え方をしているのかを知っておくことは、指導する際にとても重要です。明順応が苦手な場合は、遮光眼鏡やサングラスを着用させたり、体育館のカーテンを閉めたりして、羞明を和らげる工夫をします。

　その他、視力、視野、暗点及び色覚など、各自の見え方の特徴を把握したうえで指導することが大切です。走幅跳の助走路に補助線を引くだけで、安心して助走して、思いきり跳躍をすることができるようになることもあります。

(3) 明確で具体的な指示

　指示を出すときは、はっきりとした大きな声で、具体的に指示を出すことが求められます。「そっち」や「あっち」「こっち」などの曖昧な指示語は避けましょう。

(4) 教材・教具の工夫

　盲学校で、古くから実施されている視覚障害に配慮した様々なスポーツを取り入れることはもちろん、材質(硬軟)や色・音など、目的に応じて教材・教具を工夫することが大切です。例えば、水泳で使用する「タッピングバー」は、壁に衝突する不安を取り除くうえで、とても有効な器具となります。

要点
安全に最大限の配慮をし、児童生徒が十分に活動できるよう配慮します。見え方や発達段階に応じて、教材や指示の工夫をします。

●盲学校で実施されている主な視覚障害スポーツ（例）
- フロアバレーボール
- サウンドテーブルテニス
- ゴールボール
- グランドソフトボール
- ブラインドテニス
- ブラインドサッカー

サウンドテーブルテニス

●重複障害児の体育科の指導
　重複障害や眼科以外の疾病のある児童生徒への指導においては、各々の障害や疾病に応じて、取り扱う教材（種目）にも工夫が必要です。
　例えば、伴走による走りの指導においては、ロープを使用するより手をつないだり、肘につかまらせて走るなど、安心感があり指導者の動きが伝わりやすい方法で行うとよいでしょう。
　その他にも、ゴルフ（パターゴルフやフィールドゴルフなど）やフライングディスク、ボルダリング（クライミング）など、さまざまな教材が実施されています。

●基本の運動・動作の指導
(1) 発達段階に合わせた指導
　児童生徒の発育発達段階に合わせた指導をすることが求められます。発達の過程で獲得している力と獲得を逃している部分を見極め、丁寧に指導をすることが重要です。
(2) 分習法による指導
　動きのなかで指導が困難な技術は、部分を取り出して指導することが有効です。静止した状態での指導やゆっくりとした動きのなかでの指導で、一つ一つのスポーツフォームを理解しやすくなりますが、あまり形にこだわりすぎないように注意しましょう。
　例えば、もも上げ歩行の指導では、膝やつま先の向きや引き上げる方向などを意識させますが、同時に、地面をしっかり押すことも意識させます。
(3) 補助による指導
　児童生徒の身体を補助しながら、あるいは、見本に触れさせながら行う指導は、動きのイメージ作りに有効なことがあります。補助をする場合には、運動の成り立ちにしたがって、効果的な補助ができるよう留意が必要です。

●すばやく的確なフィードバック
　フィードバックは、時間を置かずタイムリーに行うことが重要です。運動を行うごとにフィードバックし、イメージづくりをすることが大切です。
　特に、良い動きをしたときのフィードバックは、動作の獲得に大変有効です。

●リズムを利用した指導
　視覚経験や運動経験の少ない児童生徒に動きを理解させるに当たって、言葉での説明と同時に、リズムをつかむための指導が有効になります。手を添えながらスキップを実施したり、伴走によってランニングを行うことで、動きのリズムを獲得することができるようになることがあります。

Q51 弱視児童生徒に対する体育科や保健体育科の指導における配慮事項はどのようなものがあるのでしょうか。

指導上の支援について

図1　支援前の動作の様子

図2　正しい動作の習得Ⅰ

図3　正しい動作の習得Ⅱ

A　弱視の児童生徒は、視野の欠損によりごく限られた視野で見ている児童生徒や両眼の視力が極端に異なる児童生徒など、個々の見え方（見えにくさ）は個人個人十人十色千差万別であると言われています。したがって、児童生徒の実態が多様なため、個々に対する配慮や支援が求められます。保健体育等の指導場面においては、運動内容や動作を口頭で細かく説明し、伝えることに加え、直接身体に触れながら正しい動作を指導することが重要です。

(1) 陸上競技での体の軸づくり

　陸上競技においては、身体の軸づくりが重要なポイントになります。例えば、ウォーミングアップの一環で、「腿上げ」を行いますが、「腿を高くあげる」とだけ伝えると、腿をどの高さまで上げたらよいかわからず、多くの場合、図1のように腿を上げすぎ、曲がった膝や腰、肩から、地面から得た反力を逃がしてしまい、走力向上にはつながりません。また、直接身体に触れて正しい動作に修正せず、そのまま練習を続けていると、その児童生徒にとっての腿上げは、腰が折れ軸の曲がった腿上げが動作として定着してしまいます。そのため指導の場面では必ず動作を細かく口頭で伝えた後、間違った動作をしている児童生徒がいれば、直接身体に触れ、正しい動作を伝え修正する必要があります。1つずつ細かく、図2のようにあげる腿の高さを「腿が床に平行になる高さ」だと伝えつつ、手で正しい高さを示し教えます。その後、図3のように腿の高さを保ちつつ、軸が頭の先から足先まで一直線になるよう、姿勢を正します。そうすることで、正しい動作や姿勢を習得でき、運動能力の向上につながります。

　身体を動かす際は、どこの筋肉を使って運動しているかを伝えるようにし、陸上競技だけでなく様々なスポーツで運動技能が向上するよう、スポーツの基礎である、各競技における正しい姿勢づくりを行っています。

(2) 球技への苦手意識の克服

　弱視児童生徒は、見えにくさから球技に対する苦手意識がとても強いことが多いです。まずは球技に対する苦手意識を

> **要点** 口頭での説明は、「細かく」「わかりやすく」を意識し、動作に関しては、直接身体に触れて、正しい姿勢や動作を教えることが大切です。

全国盲学校フロアバレーボール大会の様子

アダプテッド・スポーツ

一人一人の発達状況や身体条件に適合（adapt）させることによって、高齢者や障害者、子どもや女性など、体力の低い人であっても誰でも参加し楽しめるようにしたスポーツ。スポーツに合わせて身体能力を高めたり鍛えたりするのではなく、スポーツのルールや用具、技術などを人間に合わせて工夫することによって、全ての人にスポーツの楽しさを広げ、他人とともに強調し、他人を思いやる心や感動する心など、豊かな人間性を養うとともに、生涯にわたって自己の健康、体力を管理できる能力を身に付けることを基本理念とする。

克服するために、視覚障害スポーツである、フロアバレーボール、ゴールボール、グランドソフトボールなどに様々な「ローカルルール」をつくり、授業のなかで気軽に楽しめるよう取り組んでいきます。例えば、ゴールボールを例に説明すると、重いボールが身体にぶつかることへの怖さや痛さを克服するために、軽くて柔らかいブラインドサッカーのボールを使用し、少しずつ慣れるように工夫しています。また、ルール上では幅9メートルのゴールを3人で守るところ、5人で守ったり、10秒以内に投球しなければならないところ、20秒に時間を伸ばしたりと、全体の技能レベルに合わせて授業を行い、徐々に正規ルールに近づけていくことで「僕、私もできる。楽しい」という成功体験の積み重ねを大切にします。

2018（平成30）年8月に福岡県で開催された、第2回全国盲学校フロアバレーボール大会では、本校（埼玉県立特別支援学校塙保己一学園）が2連覇を達成しました。優勝メンバーのなかには、小学校から本校中学部に進学し、入学したころには、球技に対して「ボールが見えない、授業についていくことが大変」と球技に対してとても苦手意識をもった生徒がいました。しかし視覚障害者が参加・競技できるようルールや用具などを適合させた、アダプテッド・スポーツを実施し、本人の苦手意識に寄り添いつつ、スモールステップでていねいな指導を行うことで達成感や成就感、そして球技の楽しさを味わうことができるようにしていったことで、今では「球技が得意です」と晴れやかな表情で語っています。

日々の授業のなかで、児童生徒の抱いている苦手意識を克服したり、少しでも運動が好きになるような工夫や言葉掛けをしたりすることが、弱視児童生徒に対する体育科や保健体育科の指導における配慮事項です。

Q52 体育の授業で一般的に行われている種目や競技にはどのようなものがあるか教えてください。

指導内容の精選等

視覚障害のある児童生徒は、動いているものや遠くにあるものなどを視覚や触覚により直接経験することが難しいことから、学習内容の理解が不十分になることがある。そこで、各教科の内容の本質や法則性を具体的に把握できるよう、基礎的・基本的な事項に重点を置き、指導内容を適切に精選することが大切である。例えば、「体育」等で球技を取り扱う場合、視覚的模倣や空間的な把握が困難なことから、ルールの説明や基本的動作を習得する内容に精選して指導を十分に行うことが考えられる。

（特別支援学校小学部・中学部学習指導要領解説　各教科等編　第3章　3）

伴走ロープ

子供の実態や特性、周囲の状況に応じて長さや太さなどを決めます。

A 視覚障害者は、視覚による動作の模倣や情報の収集が困難なため、様々な運動動作の習得、ルールの理解などに時間がかかります。また、わずかな段差につまずいたり、他者や周りの物にぶつかったりして怪我をすることもあります。そのため、体育の授業では、児童生徒の実態をしっかりと把握し、眼疾患の状況にも配慮したうえで、基本動作の習得に重きを置き、聴覚や触覚、保有する視力等も効果的に活用しながら、安全な環境を十分整えて授業を行う必要があります。

盲学校では、児童生徒が安全に楽しく、主体的に運動ができるよう、ルールや道具など様々な工夫が考えられた競技種目を中心に行っています。ここでは、陸上競技と球技についていくつか紹介します。

●陸上競技

(1) 音響走

50メートル走など短い距離を走る際は、ゴール付近で音（笛や手ばたき等）を出し、音源に向かって走るようにします。その場合、衝突などの危険防止のため周りの安全に配慮し、複数ではなく単独で走ることが望ましいでしょう。

(2) ガイドによる伴走

ガイド役の伴走者が方向や周りの状況などを説明しながら一緒に走ります。視覚障害者と伴走者は1本のリング状のロープ（伴走ロープ）の両端を持って走るため、視覚障害者は伴走者を信頼し、安心して走ることができます。また、弱視の場合、伴走ロープを使わずに併走する方法もあります。

(3) 円周走

運動場の中央付近に杭を打ち込み、そこに長いロープやワイヤーなどを固定し、視覚障害者は先端の取っ手部分を持って大きな円を描くように走ります。ロープを張った状態で走るため慣れが必要ですが、伴走者の必要がないので、視覚障害者は一人で長い距離を走ることができます。

●球技

(1) フロアバレーボール

通常のバレーボールコートを使用し、ボールは床から30cm

要点
個別指導による基本動作の習得に重きを置いて、聴覚や触覚を効果的に活用しながら、安全に運動を楽しむことが大切です。

フロアバレーボール

サウンドテーブルテニス

盲学校の体育の授業で多く行われている競技種目
- 陸上競技
- 水泳
- 器械運動
- フロアバレーボール
- サウンドテーブルテニス
- グランドソフトボール
- ゴールボール
- ブラインドサッカー
- 柔道
- ダンス　など

の高さに張られたネットの下を転がしてプレーします。1チーム6名がコートに入り、前衛競技者3名はアイシェード（目隠し）を着け、後衛は弱視の競技者3名がプレーします。相手コートからきたボールをレシーブやアタックなどを行い3回以内で相手コートに返しますが、後衛競技者は、アタックラインより前でプレーすることができないため、前衛競技者がブロックやアタックをすることも重要となってきます。また、ボールの中には鈴などの音源は入っておらず、後衛競技者はボールの位置や周りの状況などを前衛競技者に的確に伝えなければなりません。フロアバレーボールは、集団で行う球技種目として多くの盲学校で取り入れられており、それぞれのプレーヤーの特性を踏まえたポジションや役割を互いに理解し、一人一人がチームの一員であることを意識してプレーすることを学ぶのに適した種目です。

(2) **サウンドテーブルテニス（ＳＴＴ）**

卓球台の各エンドライン側と角から60cmまでのサイドに高さ15mm厚さ10mmの木製フレームが取り付けられており、ボールは台から4.2cmの高さに張られたネットの下を転がして打ち合います。ラケットにはラバーが付いていません。打ったボールが相手プレーヤー側のエンドフレームに当たって、一度でも台の上に接地すれば得点となります。エンドフレームに当たってもその後台に接地することなく外に落ちてしまったり、サイドフレームとネットとの間から外に落ちてしまったりするとミスとなり、相手のポイントとなります。ボールの中には小さな金属球が数個入っており、転がると音が鳴るため、音源探査を行いながら左右に移動し、タイミングよくラケットで打ち返すよう指導します。通常プレーヤーはアイマスクを着けてプレーしますが、弱視者同士であればアイマスクを着けずにプレーしたり、晴眼者でもアイマスクを着ければ同じ条件でプレーできたりするので、交流等の場面でも多く取り入れられている種目です。

その他にも盲学校では、左記のように、様々な視覚障害者のスポーツを行っています。

コラム⓰

全国規模のスポーツ大会

　2017（平成29）年8月に全国盲学校体育連盟主催の「第1回全国盲学校フロアバレーボール大会」が、埼玉県で開催されました。全国盲学校野球大会に替わる「盲学校の全国大会」として、開催された大会です。野球（当時盲人野球、現在はグランドソフトボール）の全国大会は、1951（昭和26）年に大阪で開催されました。その後1966（昭和41）年までの間に11回の大会が開催され、その後、資金難等の理由で中断されていましたが、1997（平成9）年に復活し、以後毎年開催されてきました。全国盲学校体育連盟では、少人数化・重度重複化などでチームを組織することが難しくなってきたこと、また、人気のある種目でありながら、盲学校の生徒達によるフロアバレーボールの全国大会がないことなどを踏まえ、全国大会種目をフロアバレーボールに変更することになりました。

　ところで、現在（2018年）、視覚障害スポーツの全国大会はどのくらい実施されているでしょうか？

　まず、全国盲学校体育連盟主催の競技会には、現在「全国盲学校通信陸上競技大会」と「全国盲学校フロアバレーボール大会」があります。この2つの大会は、盲学校に在籍している中学部と高等部の生徒が対象になっています。

　次に、日本障害者スポーツ協会が主催する大会として「全国障害者スポーツ大会」があります。この大会には、都道府県の予選で選考された競技者が参加し、個人競技（陸上競技・水泳・サウンドテーブルテニス［STT］・卓球）と団体競技（グランドソフトボール）が実施されています。

　3つ目は、各競技団体やジャパンパラリンピック委員会が主催する大会です。1980年代半ばから視覚障害スポーツの「競技団体」が組織されるようになりました。各団体では、全国規模の競技大会を開催し、盲学校の生徒達が参加できるイベントも増えてきました。例えば、フロアバレーボールやグランドソフトボール・ゴールボール・ブラインドサッカーなどは、地域の社会人と同じチームに所属して活動することで、クラブ単位で大会に参加することが可能です。また、陸上競技や水泳・柔道・STTなどの個人種目では、それぞれの団体に登録することで、大会に参加することができます。

　最後に、パラリンピックを頂点とした国際競技大会への参加を目指す場合は、国際登録や国際クラス分け認定取得など、いくつかの手続きが必要です。詳細は、各競技団体にお問い合わせください。

コラム⑰

全国盲学校野球大会を振り返って

　「静かな甲子園」とも呼ばれる全国盲学校野球大会は、1951（昭和26）年の第1回大会から65年の時を経て、2016（平成28）年8月初めて北海道で開催されました。場所は、はまなす国体記念石狩市スポーツ広場。北海道を立て続けに襲った二つの台風の間で開催されたこの大会は、前日までの大雨の影響を感じさせない水はけの良い広々としたグラウンドで、北海道らしい青空と爽やかな風が吹くなか、全国から北海道に集まった大会関係者の尽力と、選手たちの技能だけではない素晴らしい全力プレーの面影を残して、静かにまた、一区切りとなりました。

　グランドソフトボール（盲人野球）の歴史を遡ってみますと、世界盲人百科事典に、日本で初めての対外試合についての記述があります。「1933年（昭和8年）11月、横浜公園運動場で第9回全国盲学生競技大会が開催され、大会初の種目として東京盲学校と横浜訓盲院の初等部児童による盲人野球の試合が行われた記録が残っている。盲人野球の対抗試合としては、これがわが国における最初のものである。」

　それから18年後の1951（昭和26）年7月、第1回全国盲学校野球大会が、点字毎日創刊30周年記念事業の一つとして、全日本盲学校体育連盟、毎日新聞社共催、文部省（当時）などの後援のもとに当時の大阪府立盲学校グラウンドで開催されました。その後、1966（昭和41）年までに11回の大会が開催されましたが、経費等の都合で継続が難しくなりました。

　31年ぶりに復活した第12回大会は、1997（平成9）年8月、京都府紫野運動場他で開催されました。筑波大学附属視覚特別支援学校研究紀要第48巻には「経費面はもちろん、過去の経験もない状況で大会運営に当たることは大変な苦労であった。（中略）記念すべき31年ぶりの復活大会を成功させたことは、全国盲学校体育連盟の絆を固くするきっかけともなった。」と記述されています。

　このような変遷を経て、北海道へ全国盲学校野球大会はやってきました。経費面では大変苦慮しましたが、全国にいる数多くの仲間に支えられ、大会運営では、これまで全国大会を運営してきた先生や地元の仲間が支えてくれました。感謝しかありません。障害者スポーツは、特に「支える人」の存在が重要であると言われていますが、「する」楽しさだけではなく、「支える」楽しさを全国盲学校野球大会は教えてくれました。

　今後も、様々な視覚障害スポーツが日本のなかに根付き、全国の盲学生が真剣に戦える場として、全国大会が形を変えながらも発展し続けていくことを心から願います。

53 外国語（英語）における点字表記について教えてください。

●大文字符類

(1) 大文字符（⠠）
単語の最初の文字が大文字であることを示す。
Japan→

(2) 大文字単語符（⠠⠠）
大文字のアルファベットが連続していることを表す。
DVD→

(3) 大文字パッセージ符号（⠠⠠⠠）
すべて大文字の単語が3つ、またはそれ以上続くことを表す。
UNIFIED ENGLISH BRAILLE→

(4) 大文字終止符（⠠⠄）
大文字が終わることを示す。
DVDs→

【英語における点字表記の例】
I go to school every day.→

A

●表記の基本

点字のアルファベットは図1に示す通りです。a～jは数字の1～0と同じです。これを基本とし、次のk～tは③の点、次のu～z（wを除く）は③⑥の点がプラスされます。また、英語で使われる主な記号（句読符）は図2に示す通りです。指導においては使用頻度の高い（.）や（,）、(" ")、大文字符等を指導し、あとは教科書に出てくる度に指導していきます。

図1　アルファベット

a	b	c	d	e	f	g	h	i	j
k	l	m	n	o	p	q	r	s	t
u	v	w	x	y	z

図2　福井哲也著（2017.9）UEBベーシックマスター点訳の基礎　日本ライトハウス（p.10）

句読符
, コンマ　　　　; セミコロン
: コロン　　　　. ピリオド、ドット
! 感嘆符　　　　? 疑問符
' アポストロフィ　- ハイフン
／ 斜線（スラッシュ）　— ダッシュ
... 点線（省略符）
～　1マスの（形を特定しない）コーテーションマーク
～　' シングルコーテーションマーク
～　" ダブルコーテーションマーク
～　( ) 丸カッコ　　～　[ ] 角カッコ

点字のアルファベットには大文字、小文字の区別がないので大文字は大文字符（⑥の点）を前置します（左欄参照）。単語、文、文章の表記の仕方は基本的には墨字表記に対応します。段落の最初は2マス空け、単語と単語の間やコンマの後は1マス空け、ピリオドの後も1マス空けです。

要点

英語の点字表記には単語を短くするなどした「縮約」があり、墨字表記と異なっています。現在は統一英語点字（UEB）が採用されています。

●アルファベット縮約語

次のようにアルファベット1文字で使用頻度の高い単語を表記します。
b→but
c→can
d→do
e→every
f→from
g→go
h→have
j→just
k→knowledge
l→like
m→more
n→not
p→people
q→quite
r→rather
s→so
t→that
u→us
v→very
w→will
x→it
y→you
z→as

これまで日本では、英語の点字表記はアメリカ式点字（EBAE）を採用していました。しかし、英語使用国間でも表記に違いが見られたため、国際英語点字協議会（英語使用国8カ国で構成）がUEBという表記法を開発し、採用を決めました。日本でも2016年度の特別支援学校中学部英語点字教科書からUEBによる点字表記を採用し、順次UEBに移行されることになりました。つまり、2019年度には中高の英語の点字教科書はUEB表記となります。ただし、UEBに移行する前に英語を学んだ人は、これまで使われてきたアメリカ式点字を使うことが原則となります。

● 縮約 〜 1級点字と2級点字

英語の点字表記には、1級点字（グレード1）または、2級点字（グレード2）が用いられます。1級点字とは縮約を用いない、2級点字は縮約を用いた表記方法です。縮約とは単語をより少ないマス数で表すための記号のことです。縮約は英語の点字表記で最も特徴的なものの一つです。縮約は大別して4種類、①「単語全体を表す記号」、②「単語の部分となる文字列を表す記号」、③「単語の全体も部分も表す記号」、④「単語の綴りの一部を取り出して短くしたもの」があります。盲学校中学部の英語の授業では、1年時に英語の発音と関係づけながら1級点字を指導します。中学2年の点字教科書から段階的に縮約が使用され（最初はアルファベット縮約語）、中学3年までにすべての縮約を指導します。2年生では3段階、3年生では4段階にわけて指導します。教材や試験問題を作成する際は生徒の習得段階に合わせた縮約の使用が必要です。縮約の使用は紙面を節約できるだけでなく、習熟すれば読み書きの速度が確実に向上します。そのため縮約の習得は非常に大事になってきます。指導する際は、文部科学省の中学部英語点字教科書編集資料や縮約に関する書籍を参考にして十分な知識を身に付けておく必要があります。

● 統一英語点字（UEB）

これまで英語の点字表記はアメリカ式点字を採用していました。しかし、英語使用国間でも表記に違いが見られたため、英語点字協議会（英語使用国8か国で構成）がUEBという表記法を開発し、採用を決めました。日本でも2016年度の中学校用教科書からUEBによる表記を採用し、順次UEBに移行されることになりました。つまり、2019年度には中高の英語の点字教科書はUEB表記となります。ただし、UEBに移行する前に英語を学んだ人は、これまで使われてきたアメリカ式点字を使うことが原則となります。

54 盲学校における安全教育の意義や実際について教えてください。

学校安全に関する学校の設置者の責務

学校の設置者は、児童生徒等の安全の確保を図るため、その設置する学校において、事故、加害行為、災害等により児童生徒等に生ずる危険を防止し、及び事故等により児童生徒等に危険又は危害が現に生じた場合において適切に対処することができるよう、当該学校の施設及び設備並びに管理運営体制の整備充実その他の必要な措置を講ずるよう努めるものとする。
（学校保健安全法第26条）

学校安全計画の策定等

学校においては、児童生徒等の安全の確保を図るため、当該学校の施設及び設備の安全点検、児童生徒等に対する通学を含めた学校生活その他の日常生活における安全に関する指導、職員の研修その他学校における安全に関する事項について計画を策定し、これを実施しなければならない。
（学校保健安全法第27条）

A

●盲学校における安全教育の意義について

学校安全には、日常の学習活動での事故防止、交通安全指導、不審者侵入時の対応、自然災害避難等があります。特に、視覚障害のある幼児児童生徒は周囲の状況を把握することが難しいため、普段から環境をよく整備しておくことや、災害や事故発生時には迅速で正確な情報を伝達することはとても重要です。廊下や通路には物を放置しない、曲がり角や突出箇所には衝突防止のためのクッションシートを貼る、壁の掲示物に画鋲を使わない等は一般的な配慮事項です。また、実際に避難行動をとる際には、安全な経路への手引き誘導や支援の要請、現在の状況を伝えて安心させるための言葉掛け等様々な配慮も必要になってきます。

平成24年4月27日に文部科学省が策定した「学校安全の推進に関する計画」には、事件・事故災害に対し「主体的に行動する態度」を育成する教育が必要と述べられており、盲学校においても幼児児童生徒が自ら危険を予測し、回避できるための安全教育が強く求められています。

●不審者侵入時の対応

平成28年7月に起きた神奈川県立の障害者施設での殺人事件以来、それぞれの障害者施設では不審者対応に力を注いでいますが、寄宿舎のある盲学校においては、夜間の安全確保が、より切実な課題となっています。刺股（さすまた）、防犯カメラ、防犯ブザー、インターフォン等の設置、通路や出入り口の施錠、外来者へ名札携行を義務付ける、挨拶の励行を促す等、普段の行動を習慣化することで日常的な防犯強化を図るとともに、不審者侵入時の決まり言葉を共有する、教職員対象の刺股研修や警察と連携した侵入者対策訓練を行う等、多くの学校で現場に即した対策を講じています。

●防災対策と避難訓練

東日本大震災以降、地震・津波に備えた防災管理の意識がさらに高まってきました。平成29年度に全国の盲学校対象に高知県立盲学校が実施した「学校安全の取組状況に関するアンケート（63校回答）」からは、盲学校ならではの取組を見

> **要点** 学校安全のためには、安全な学校環境整備や避難訓練等の積み重ねと日常的な地域交流による地域の方々の盲学校への理解が重要となります。

スクールサポーターによる不審者対応刺股研修

地震発生時の初期対応行動（ダンゴムシのポーズ）

実際に手で触れて、身の回りの危険箇所を確認する。

ることができます。

　幼児児童生徒が視覚に頼らず避難できる誘導案内のために、非常口を音声で知らせる装置、電子音付回転灯、緊急地震速報受信システム等の設備を導入している学校や、災害時に初期対応行動（ダンゴムシのポーズ）が取れるまで何度も訓練を行ったり、発声や白杖を上げて周囲に知らせる等の支援要請が自然にできるように訓練内容を工夫したりしている学校や、弱視児と全盲児がペアになり、複数で避難するといった具体的な行動を取り入れた避難訓練を実施している学校もあります。また、地震による倒壊を想定し、通路に障害物を置いて避難する訓練や、寄宿舎で夜間・早朝の避難訓練を行ったり幼児児童生徒が宿泊して避難訓練をしている学校もあります。

　一方、教職員に対しては、アイマスクを付け、視覚障害者の立場になって避難する体験や、気象台の地震津波防災官による職員研修、緊急避難時の手引き誘導研修等を実施している学校もあります。

● **安全対策上の課題**

　幼児児童生徒が登下校中、あるいは校外学習の際に災害が発生した場合の安否確認、理療科の臨床実習における外部患者の避難対応、保護者への連絡手段や引き渡し方法等、まだ多くの課題があります。さらに、学校が避難所になったことを想定して、施設設備の活用方法や一般避難者への水・食料の提供、備蓄品の確保と配分等のマニュアルも作成しておく必要があります。

　関係機関との連携として、行政やＮＰＯ法人、眼科医等とのネットワークを構築しておくこと、学校の避難訓練に保護者が参加すること等も大切ですが、危機管理のためにも、日頃から盲学校の存在を地域に認知されていることが何よりも重要なことです。学校行事や地区避難訓練等の交流を通して、日中および夜間、視覚障害のある幼児児童生徒や教員のいる学校が近隣にあるということを地域の方々が理解されていれば、緊急時の迅速な支援も期待できることでしょう。

Q55 盲学校における主権者教育の意義や実際について教えてください。

A

生徒会役員選挙を行ったときの写真です。投票会場内の配置は、実際の国政選挙等の投票会場にできるだけ近い形で設営しました。

投票方法の説明

受付から投票終了までの流れを係の生徒が説明しています。説明することで、生徒自身の理解も深まりました。

投票用紙に記入

記載台は、市の選挙管理委員会から借用しました。

投票用紙は、実際の物を参考に作成しました。

記入の際の感覚（書き心地）や、一部閉鎖された感覚を感じ取りながら記入していました。

●**主権者教育の意義**

主権者教育は「国や社会の問題を自分の問題として捉え、自ら考え、自ら判断し、行動していく主権者としての自覚を促し、必要な知識と判断力、行動力の習熟を進める教育」です。

18歳選挙権時代において、公民科の新科目「公共」の目標にもあるように、「現実社会の諸課題の解決に向けて、選択・判断の手がかりとなる考え方や公共的な空間における基本原理を活用して、事実を基に多面的・多角的に考察し公正に判断する力や、合意形成や社会参画を視野に入れながら構想したことを議論する力を養う」ためにも大きな意義があります。

時事問題等への興味・関心をもつための取組として、メディアから発信されるニュースを収集させるなどが考えられます。簡単に内容と感想をまとめ、発表させることで、ニュースに対する児童生徒の理解度や考え方をアセスメントすることができます。教師や他の児童生徒と意見交換したり、内容の補充をし合うことで、学びが深まります。ニュースの収集手段は、テレビ、ラジオなど、あらゆるものを駆使します。ニュースに接することが少ない児童生徒には、教師や保護者が新聞等を読むことからはじめることも必要です。なかでもインターネットの利用は、欠かせません。何度でも見直し・聞き直しができること、文字のデザインや大きさを見やすく設定できることなど、見え方に応じて正確な情報を入手することができます。

●**教科を中心とした指導**

主権者としての知識を身に付け、民主政治の仕組みを知るには、公民科の授業が中心になります。国会・内閣・地方自治など、国や地方の仕組みを理解し、すべての人に参政権があるという認識を深めることが必要です。また、選挙制度を学び、意義を理解することで、全ての人に選挙権・被選挙権があり、このことは、主権者として国や政治のあり方を決定する権利につながっていることを確認することができます。そして、この権利を行使し、政治に参加することが豊かに生きるためのよりよい社会をつくっていくのだと実感すること

要点 主権者教育は、視覚障害者として、よりよい社会を作るために社会参画していこうとする人材を育成することにつながります。

投票箱へ移動

誘導員を配置し、投票箱へ誘導しました。言葉遣い等も誘導員になりきりました。

投票中

投票箱も選挙管理委員会から借用しました。

投票箱の口の位置、用紙を折って入れるなど、経験させておくことで、国政選挙等における生徒の不安が解消されます。

が大切です。福祉政策や雇用対策と、国会や内閣の仕事を結び付けて議論させると、より身近なものになります。

●生徒会活動などを通した指導

　さらに、民主政治のあり方について考えさせ、主権者としての意識付けや行動へと発展させていきます。身近なところから、生徒会活動などを通して、よりよい学校生活を送るために何をすべきかを考えさせ、行動へとつなげていくのも一つの方法です。また、多くの生徒が視覚に障害があることで、不便や不安な生活を送ってきたであろうことが予想されるため、安心して生活するためにどんな社会にすべきか考え、議論することも有意義です。ここで大切なのは、公共の観点から、多くの人がよりよい学校生活や社会生活を送るために何をすべきかを考えさせます。そして、議論することで、多くの人の思いや知恵がよりよい学校や社会を作っていく原動力になることを実感させることが大切です。話し合いの際は、意見や結果などが見え方に関係なく全員に確認できるよう、板書や口頭など、複数の方法で提示します。

●実際の投票を体験

　有権者として政治に参加するための基本は、選挙権の行使です。主体的に考え投票する候補者や政党を決定できることはもちろんですが、実際に投票に行かなければ権利を行使することはできません。例えば、点字投票の場合、筆記用具はどうするのか、投票用紙はどのくらいの大きさで、どこに書くのか、記載台まではどうやって移動するのかなど、実際に体験しておけば、安心して投票所に行くことができます。

　そこで、生徒会役員選挙などを利用して、実際の選挙にできるだけ近い形で投票を体験するといいでしょう。記載台や投票箱は、自治体の選挙管理委員会から借りることができます。入場券を発行し、投票用紙も実際の物と同じ大きさにします。誘導員も配置します。そして、受付から投票まで実際に行われる選挙と同じ流れで行います。実施後は、必ず質問を受け、不安を解消し、安心して投票に行くことができるようにします。

56 特別活動に自主的・実践的に参加できるようにするために、どのような工夫が必要ですか。

特別活動

特別活動には、学級・ホームルーム活動、児童会活動・生徒会活動、クラブ活動、学校行事が含まれます。

特別活動の目指す資質・能力とは

①知識及び技能
多様な他者と協働する様々な集団活動の意義や活動を行ううえで必要となることについて理解し、行動の仕方を身に付けるようにする。

②思考力、判断力、表現力等
集団や自己の生活、人間関係の課題を見いだし、解決するために話し合い、合意形成を図ったり、意思決定したりすることができるようにする。

③学びに向かう力、人間性等
自主的、実践的な集団活動を通して身に付けたことを生かして、集団や社会における生活及び人間関係をよりよく形成するとともに、人間としての生き方についての考えを深め、自己実現を図ろうとする態度を養う。

キャリア教育との関係

キャリア教育にかかわる様々な活動に関して、学校、家庭及び地域における学習や生活の見通しを立て、学んだことを振り返りながら、新たな学習や生活への意欲につなげたり、将来の生き方を考えたりする活動を行うこととされました。

A 特別活動は、「集団や社会の形成者としての見方・考え方」を働かせながら「様々な集団活動に自主的、実践的に取り組み、互いの良さや可能性を発揮しながら集団や自己の生活上の課題を解決する」ことを通して、資質・能力を育むことを目指す教育活動です。しかし、盲学校では学級の人数が少ないため、集団としての機能を十分生かすことができない場合があります。そこで、話し合いの場を確保するためにも、合同で行うことができるように時間割を調整するなど、以下のような学級や部の枠を越えた多様な集団づくりの工夫が必要となります。

●合同学級活動・合同ホームルームの活用

他学年のクラスと合同で行い、話し合いを充実させることは、ときには有効です。そのような学級活動の場では、発言の仕方や話し合いのマナーなどを学習し、自己表現したり、人の意見を聞いたりといった姿勢や態度などを身に付けていくことが期待できます。

●児童会・生徒会活動への参加

児童会・生徒会活動では少人数であるため、諸活動での司会や立案で、自分の意見を人前で発表したり、相手の立場に立って全体のことを考えたりしなければなりません。さらに、決まったことを全体の場で他の児童生徒に連絡する場を設けることによって、部で立案された活動への意欲が高まります。自分たちで計画し、係の仕事に対する責任や組織の一員としての自覚をもつことができ、自主的・実践的に参加することができる良い機会となります。

児童会・生徒会の委員会による係活動を通して、お互い協力し合うことは、一人で活動することが難しい児童生徒にとっても意欲がもてる活動となります。

校内の掲示板を利用することで、次の行事への見通しをもたせることも一つの方法です。児童会・生徒会では、行事に向かってどんな活動をしているのかを一人一人に意識させることによって、自主的な活動につながります。

要点 児童生徒の実態に応じて、学級の枠を越えた多様な集団づくりを工夫し、豊かな体験ができる場を設定することが必要です。

総合的な学習の時間等の活用
　一年間の計画を立てる際、各教科や総合的な学習の時間との関連を考えて計画を立てることで、行事に向けて児童生徒が見通しをもって活動することができます。

交流及び共同学習のなかで
　学校間交流を継続して行うことで、少人数のなかだけでなく多人数のなかでの自分の意見をもつことができます。

地域人材の活用
　地域のボランティアの活用により児童生徒に豊かな経験をさせることができます。

「特別の教科　道徳」との関連を重視した指導
　道徳的実践の学習活動として、特別活動は中心的な活動の場でもあります。公共の場でのマナーや態度など実践的な活動のなかで学んでいくことができます。

●**地域人材の活用（クラブ活動や部活動への参加）**
　クラブ活動や部活動においては、地域の人材を講師として招き、その講師による活動を通して文化祭などの行事で成果を発表することも有効です。外部講師から習うことで、より児童生徒の活動意欲が上がり、専門的な技能等を身に付けることになり、児童生徒の自信へとつながります。

●**交流及び共同学習の場を通して（同年齢の集団のなかで）**
　地域の学校との交流及び共同学習は、同年齢の大集団のなかで、いろいろな考えの人がいることを知ったり、そのなかで自分をどう表現したりするかを経験させる良い機会となります。ただ一緒に活動するだけでなく、テーマを決めて打ち合わせをしたり、学習の成果を発表し合ったりする活動を取り入れるなど、児童生徒自身が交流に向かって準備を進めていくことは、自主的、実践的に参加するうえで大切なことです（Q60参照）。

●**児童生徒が意欲的に参加できる行事の工夫**
　野外活動、修学旅行、文化祭など実践的な活動を伴う行事は児童生徒にとって一生の思い出となります。行き先や当日の内容などはその活動目標に沿ったものを考え選定しなければなりません。道徳的な内容も多く含まれ、活動のなかでそれらをたくさん学ぶことができます。
　社会見学等で地域の美術館や博物館などの施設に出かける際には、学芸員の方と事前の打ち合わせをしっかりと行うことも良い方法です。目的を明確にし、テーマを決めておくことで、作品に直接触れることができる場合もあります。触ることによって、より具体的でわかりやすいものとなり、振り返りの際の発言が増え、事後の学習意欲の向上につながります（左の写真）。
　実態に応じた目標に向かい、事前学習や事後学習をしっかりと行い、見通しをもって行事に参加することで、自主的・実践的な参加が望めます。

Q57 生活指導等に当たって配慮事項はどのようなものがありますか。

A

● 「生徒指導」と「生活指導」

文部科学省の「生徒指導提要」では、「生徒指導」を「一人一人の児童生徒の人格を尊重し、個性の伸長を図りながら、社会的資質や行動力を高めることを目指して行われる教育活動」と定義しています。学校生活のなかで児童生徒自らが社会性を育むとともに、社会に受け入れられる自己実現を果たすことを願って、児童生徒の自発的かつ主体的な成長・発達の過程を支援していくことが必要です。このなかには、望ましい態度や行為の在り方に関する指導も含まれますが、これに対して、「生活指導」は日常生活動作などの基本的な生活技術の習得に関する指導も含むなど、やや広い意味で用いられることが多いようです。

● 基本的な生活技術の習得

生活技術に関する事柄は、その習得や定着に向けて指導を繰り返し行うことが重要ですが、視覚障害がある場合は「見て・模倣して」覚えることが困難となります。そのため、できるだけ簡明かつ具体的な言葉で示すことが大切ですが、言葉のみで十分な理解が得られないことも多いので、触覚などによる直接経験の機会を設けることが必要です。

また、幼児児童の場合はボディーイメージの発達が途上にあることも多いので、できるだけ早い時期からさまざまな場面を設定し、身体を動かす経験を積むことで、自分の身体を操作する力を身に付けていくことが必要です。

感覚過敏や食の好みの偏りがある場合は、その感覚を緩和できるような道具の使用や言葉掛け、環境の調整や興味の拡大を図る働きかけが必要です。場合によっては特別な対応を要することもあるため、保護者との方向性の相談や確認、校内での情報共有を十分に図ることが大切です。

● 円滑な対人関係の育成

視覚障害がある場合は、他者の表情や周囲の状況などを的確に認識・把握しにくいため、これらに配慮した臨機応変な対応が困難となります。また、そのことで、他者の誤解を招いたり、対人関係のトラブルに発展したりし、場合によって

生徒指導

「生徒指導」に類似した用語に「生活指導」や「児童指導」があるが、「生活指導」は多義的に使われていることや、小学校段階から高等学校段階までの体系的な指導の観点、用語を統一した方が分かりやすいという観点から、本書では「生徒指導」としている。
（文部科学省（2010.3）生徒指導提要、p.4）

対応の例

接触する素材を工夫する、教員と一緒に触れる、手袋などをして間接的に触れる、など。
食べやすい形態に変更する、別室など静穏な環境を確保する、など。

要点
一人一人の成長・発達を促すことや対人関係を育成するために、周囲の状況把握の困難さを踏まえたていねいな指導が必要です。

は対人関係に消極的になってしまうこともあります。

周囲の人々と良好な関係を結ぶためには、まず教職員や保護者が「児童生徒の様子（どんな子供なのか）」をよく理解するとともに、「どのようなかかわりが必要なのか」を考え、教職員や保護者自らが「適切な接し方を手本として示していく」ことが重要です。また、集団づくりの基盤として、①「安心して生活できる」、②「個性を発揮できる」、③「自己決定の機会をもてる」④「集団に貢献できる役割をもてる」、⑤「達成感・成就感をもつことができる」、⑥「集団での存在感を実感できる」、⑦「他の児童生徒と好ましい人間関係を築ける」、⑧「自己肯定感・自己有用感を培うことができる」、⑨「自己実現の喜びを味わうことができる」ような集団となるよう工夫し、一人一人が活躍できるようにすることが大切です。

● **今日的な課題への対応**

今日の生活において、インターネットや携帯電話は、多くの人々にとって必要不可欠なものとなりました。一方、生活習慣の乱れ、違法・有害情報へのアクセス、SNS上での他者とのトラブルなども多く発生しています。これらから児童生徒を守るために、一定のルールを守って利用すること、フィルタリング（アクセス制限）を設定すること、被害に遭ったとき・困ったときは身近な大人に相談することなど、学校と家庭が連携して指導することが重要であり、児童生徒だけでなく保護者等への理解啓発にも努める必要があります。

また、自殺総合対策大綱には、学校が推進すべき自殺対策に資する教育として「命の大切さを実感できる教育」「様々な困難・ストレスへの対処方法を身に付けるための教育（SOSの出し方に関する教育）」「心の健康の保持に係る教育」の3点が示されています。このうち「SOSの出し方に関する教育」では、児童生徒が適切な援助希求行動ができるようにすることや、心の危機に陥った友達の感情を受け止め、傾聴する方法を指導することなどが求められています。

指導における留意点
対応の例

間違いや失敗を笑わない、各々のよさや得意なことを生かした活動の設定や係・役割分担を行う、活動場面や振り返りの際に称賛し合い相互の信頼感を高める　など。

個々の活動だけでなく、互いに協力し・助け合いながら取り組む活動も重要です。
（生徒指導提要）

児童生徒の自殺対策に資する教育の実施
（自殺総合対策大綱～誰も自殺に追い込まれることのない社会の実現を目指して～
（2017.7閣議決定））

58 盲学校の保健室、養護教諭の役割について教えてください。

養護教諭

「養護教諭は児童の養護をつかさどる」（学校教育法第37条第12項）

「養護をつかさどる」とは「健康増進するための全ての活動」（故杉浦守邦解釈　山形大学名誉教授）。

保健室

「学校には、健康診断、健康相談、保健指導、救急処置その他の保健に関する措置を行うため、保健室を設けるものとする。」（学校保健安全法第7条）

現在、養護教諭に求められている能力は多岐にわたっています。養護教諭の役割は社会や子供の健康課題の変化に伴って、感染予防から学校保健を推進する役割へと変化してきました。近年の心の健康問題の深刻化に伴い学校におけるカウンセリング等の機能の充実が求められ、養護教諭は子供の心身からのサインにいち早く気付きやすい立場にあることより、健康相談活動が養護教諭の新たな役割とされています。

学校保健安全法（平成21年に一部改正された）において、養護教諭の行う健康相談活動も、医師の行う健康相談もともに健康相談という名称に含められました。

A ●視覚障害児の保健管理の実際

(1) 保健情報の収集と共有

現在の眼疾患の病状・視力・視野・治療状況・注意事項・受診状況等を踏まえ、学校での配慮点を本人・保護者と確認し、保健調査や面談の内容を関係者と共有し、健康課題を把握します。必要に応じて、主治医を訪問し、上記の確認を行います。

(2) 障害や病気の状態に応じた健康管理

心疾患等様々な合併症を有する場合は、主治医の指示のもと「学校生活管理票」に基づいた学校生活を送るよう関係者と連絡調整を行います。予想される急変や体調不良に備え、緊急対応マニュアルを作成します。坐薬・内服薬・エピペン等を使用する場合は主治医の意見書・保護者の依頼書にて内容を確認します。また、痰の吸引等の医療ケアに対応します。

急変や体調悪化を予防する対策を本人・保護者・主治医・担任等と確認します。児童生徒や保護者より、定期受診の結果を聞き取り、健康管理に生かします。

(3) 個別の健康観察

進行性の眼疾患や合併症がある場合は、急変や悪化しやすい健康状態にあります。そのため、日頃の健康状態やその変化を把握し、健康問題の早期発見に努め、早期対応をします。

(4) 学校環境衛生

まぶしさや見えにくさのある児童生徒の学校環境衛生について、適切な学習環境になるよう働きかけます。ブラインドやカーテンでの調節、イスや机の調整（傾斜机や書見台の活用）、座席位置の配慮、照度の確保は学校薬剤師と連携し実施します。事故防止の観点から、視覚障害に配慮した環境の設定に注意し、児童生徒自ら事故防止意識を高めるように指導します。

(5) 健康診断の特徴

視覚機能又は視力の検査は、遠距離視力、近距離視力、最大視認力を測定します。ランドルト環での視力検査ができない場合には、光覚の有無・手動弁・指数弁を調べます。眼科医の視野測定結果を提出してもらう場合もありますが、学校

要点 視覚管理や健康の保持増進への支援の他、障害理解を深め、自己の健康管理能力の育成を図ることも重要な役割です。

養護教諭の役割

2008年（平成20年）中央教育審議会答申「子どもの心身の健康を守り、安全・安心を確保するために学校全体として取組を進めるための方策について」では、「養護教諭は学校保健活動の推進にあたって中核的な役割を果たしており、現代的な健康課題に向けて重要な責務を担っている。」と養護教諭の役割が示されました。現代的健康課題の解決に向けて重要な責務を担っていることや養護教諭の行う健康相談活動の重要性、コーディネーター的な役割の必要性、新たな知識や技能を常に習得する必要性、保健室経営計画の必要性などが示されました。

「保健室経営計画」とは学校の教育目標及び学校保健の目標などを受け、その具現化を図るために、保健室の経営において達成されるべき目標を立て、計画的・組織的に運営するために作成される計画です。

「学校保健委員会」の活用

学校における健康課題を研究協議し、子供の健康づくりを推進する組織です。

でできる簡易視野測定（対座法）を行います。

弱視の場合、先天性色覚異常がある場合があります。また、網膜色素変性症や視神経萎縮等は、後天的色覚異常が出現してくるため、色の見え方に注意し、実用的な色の識別能力を把握します。

(6) 義眼や点眼薬・服薬の自己管理
発達段階に応じ、小学部の低学年から練習を始めます。

(7) 保健指導
視覚以外の聴覚、触覚及び嗅覚の活用を促します。

(8) 健康相談活動の充実
学校医が行う健康相談では、相談者との仲介役を担い、児童生徒・保護者・教員からの相談内容が的確に校医へ伝わるように資料を整え、相談結果を教育活動に反映できるようにします。養護教諭が行う健康相談では、基本的生活習慣や生活リズム、食事や運動の個別の課題、視覚管理に関する相談、学校生活や障害の受容についての悩み等が話題になります。養護教諭は、自己の障害特性を理解し自己健康管理をするとともに、自ら生活環境を整えられるように働きかけます。

●眼科校医との連携
眼科校医には、一人一人の眼疾や病状、学校生活での様子を理解いただき、児童生徒の健康診断をはじめ、健康相談、就学相談時の相談、学校保健委員会や教職員への児童生徒の眼疾患の研修会等を通して盲学校へ深くかかわっていただきます。

●保護者への支援
保護者の立場を十分に考慮し、障害の受容の過程を支え、視覚障害の理解が進むよう関係職員と協力しながら保護者支援に取り組みます。

●地域の教育機関との連携
養護教諭として特別支援教育のセンター的役割を担うことも求められます。学校外の医療、保健、福祉及び他教育機関と連携し支援したり、他教育機関に勤務する養護教諭に視覚障害のある児童生徒の対応について理解啓発を図ったりします。

Q59 寄宿舎の意義と役割について教えてください。

●寄宿舎関連法規定
学校教育法第78条
　特別支援学校には、寄宿舎を設けなければならない。ただし、特別の事情のあるときは、これを設けないことができる。
第79条　寄宿舎を設ける特別支援学校には、寄宿舎指導員を置かなければならない。
②　寄宿舎指導員は、寄宿舎における幼児、児童又は生徒の日常生活上の世話及び生活指導に従事する。
学校教育法施行規則第114条
　寄宿舎を設ける特別支援学校には、寮務主任及び舎監を置かなければならない。
　（略）
　3　寮務主任及び舎監は、指導教諭又は教諭をもって、これに充てる。
　4　寮務主任は、校長の監督を受け、寮務に関する事項について連絡調整及び指導、助言に当たる。
　5　舎監は、校長の監督を受け、寄宿舎の管理及び寄宿舎における児童等の教育に当たる。

自治的行事「お楽しみ会」

A　多くの盲学校には児童生徒のために寄宿舎が設置されています。以前は通学困難が理由の入舎が主でしたが、現在は集団生活の体験や基本的生活習慣の習得、生活技能の獲得を希望し、寄宿舎生活を通して成長したいという理由による入舎が増えてきています（自治体による）。近年の、舎生の少人数化に加え、障害の重複化、中途視覚障害者の増加といった変化のなか、多様な教育的ニーズに応えられる生活の支援が求められる状況になっています。福祉制度の変化、様々な便利グッズの登場など寄宿舎をめぐる社会状況も変化しています。これらのことを踏まえ、寄宿舎指導員は、舎生や家庭の多様なニーズを受けとめ、舎生の成長に結び付く豊かな生活体験ができる寄宿舎を実現するために、舎監をはじめ各学部と連携し、学部と寄宿舎一体で取り組むことが求められています。

●寄宿舎生活の魅力と可能性
(1)　生活の場
　起床時間、食事時間、入浴時間、就寝時間、自由時間など寄宿舎には日課があります。日課のある生活を通して、生活習慣を確立し、生活リズムの基盤を整える力をつけていきます。また、自由時間での文化的活動には、趣味との出会いの場面もあります。生活の質の向上は、健康で豊かな人生を送る土台になります。舎生活は、各学部で学んだことを実生活に生かし、家庭生活につなげる般化の場面にもなっています。「最近、自分から洗濯物をたたんだり、配膳をしてくれたり、家で手伝ってくれる場面が増えました。」と、保護者から家庭でも行えている様子を聞くことがよくあります。
(2)　異年齢の集団生活の場
　自治的活動、当番活動、小学生の集団遊びなどの集団生活での体験は、コミュニケーション能力や、相手を思いやる気持ち、協調性、自治力を育みます。寄宿舎には、舎生が主人公になり、やりがいをもって活動できる環境があります。「この伝統をいつまでも大切にしてほしい。」と卒業生が後輩にメッセージを送る姿は、毎年繰り返される情景です。

要点
寄宿舎は通学保障だけでなく、個々の教育的ニーズに応え、自立し社会参加する力を育む大切な役割を担っています。

毎日の「歯磨き」タイム

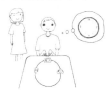
「クロックポジション」を活用して、食器の位置を理解する方法を練習しています。

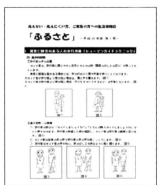
生活の工夫、便利グッズなどの生活情報を発信。

余暇活動（例）
・音楽クラブ
・美術クラブ
・調理クラブ
・トレーニングクラブ
・ボードゲームクラブ

研修（例）
・視覚障害の理解
・人権について
・障害福祉について
・生活指導
・保健安全教育
・重複障害
・視覚障害者のリハビリテーション

(3) 視覚障害による困難の克服

　視覚以外の感覚を活用した日常生活動作の方法を獲得することは、視覚障害のある舎生が自立した社会生活を送るうえで身に付けたい力です。仲間のいる寄宿舎では、同じ障害のある先輩達の経験談を聞く機会もあります。「ここに入るまで、視覚障害を理由に、自分からあきらめていたことがありました。でも違うことがわかりました。ここから、私の新しい人生をつくっていきます。」

●豊かな寄宿舎生活を支えていくために大切にしたいこと

(1) 舎生へのかかわり方

　家族と離れた生活への不安、障害のある自分への嘆きなど、舎生が本音の思いを受けとめてほしいと思う存在になるには、確かな信頼関係を築くかかわりが大切になります。例えば挨拶の様子や食事のときの表情に変化を感じ取り、「いつでも話を聞くよ。」といったかかわりが必要な場合があります。愛情をもって悩みや不安を傾聴し、会話を通して課題を整理し、最終的には舎生自身で解決できるようにする支援が基本です。

(2) 安全で安心できる寄宿舎

　環境整備や避難誘導マニュアル、緊急対応マニュアル等を整え、安全で安心できる環境づくりは寄宿舎生活をするうえで基本になります。夜間、舎生の命を守るためには日頃から危機管理に関する研修や情報収集が必要です。安全を確保するうえで地域との連携が重要視されています。

(3) 家庭や各学部との連携

　家庭や各学部と情報を共有し、成長を見守ることが土台になります。特に、心身の状態を丁寧に伝え合うことは、舎生が健康に学校生活を送るうえでの基本となる連携です。

(4) 多様なニーズに応え続けていくために

　寄宿舎での支援は、障害の状態や発達年齢などの個人的背景を十分に理解し、一人一人の成長しようとする力を信じ見守る支援が基本になります。多様な教育的ニーズに応える生活の支援を実現していくためには、舎生の声を出発点に、寄宿舎指導員も学びながら成長しようとする姿勢が必要です。

Q60 交流及び共同学習の目的やしくみについて教えてください。

交流及び共同学習

「交流及び共同学習」の目的は、共生社会に向けて「全ての人が障害の有無にかかわらず多様性を尊重する態度を育成できるようにする」とされています。(中央教育審議会「幼稚園、小学校、中学校、高等学校及び特別支援学校の学習指導要領等の改善及び必要な方策等について（答申）」[概要] 平成28年12月21日

鈴入りボールでゲームを交流校と行う様子（左が視覚障害のある児童）

家庭や地域社会との連携及び協働と学校間の連携

学校がその目的を達成するため、学校や地域の実態等に応じ、教育活動の実施に必要な人的又は物的な体制を家庭や地域の人々の協力を得ながら整えるなど、家庭や地域社会との連携及び協働を深めること。また、高齢者や異年齢の子供など、地域における世代を越えた交流の機会を設けること。
（特別支援学校小学部・中学部学習指導要領　第1章　第6節　2　(1)）

A

●交流及び共同学習の目的について

「交流及び共同学習」は、相互のふれあいを通じて豊かな人間性をはぐくむことを目的とする交流の側面と、教科等のねらいの達成を目的とする共同学習の側面があります。視覚障害のある児童生徒は、普段は限られた集団のなかで生活しているため、交流はお互いを理解し、同じ社会に生きる人間として、互いに支え合って生きていくことの大切さを学ぶ絶好の機会となっています。

(1) 盲学校の児童生徒にとっての成果

成果としてまず挙げられるのは、大きな集団で学習できる経験です。盲学校の授業は少人数又は一対一の形態であるため、「交流及び共同学習」は多面的な意見に触れて様々な気付きをし、話し合い、競い合い、問題解決していくなどの経験ができる場となります。また、視覚障害のある児童生徒が集団の場で学ぶ際の支援や工夫について知る機会になります。例えば板書が見えやすい席にする、単眼鏡、拡大読書器、ルーペを使用するなどです。近年ではiPadなどを使用し、板書を写したり、配布されたプリントをスキャナーで読み取り見やすい大きさに拡大したり、書き込みを行ったりします。

授業以外にも良い影響を受けることがあります。普段は個に合ったペースで授業や生活をしていますが、集団に入ることで自分の生活ペースを同年代の児童生徒と比較することができます。そのことで、集団での生活や会話に合わせる意識も生まれます。また、同年代の児童生徒と触れ合うことで、流行っている遊びをしたり、一緒に下校したりするなど普段できないことを経験する機会になります。居住地域の行事参加や住民等との交流にもつながった実績もあり、生活の広がりが期待できます。

(2) 相手校の児童生徒にとっての成果

同じ場で学習することを通して普段接する機会の少ない視覚障害児者について知り、接し方を考えたり学んだりすることができます。「学習の仕方にどんな違いがあるのかな」「移動を手伝おうかな」「どうすれば楽しく学習に参加できるかな」など

要点 相互に成果のあるものにするために、交流及び共同学習の目的を明確としたうえで、連携を密に行い準備していくことが大切です。

中学校でiPadを活用し、音楽の授業を受けている視覚障害のある生徒（左）

障害者基本法 第16条 第3項
　国及び地方公共団体は、障害者である児童及び生徒と障害者でない児童及び生徒との交流及び共同学習を積極的に進めることによって、その相互理解を促進しなければならない。

副次的な籍
　一部の自治体で実施している居住地校に副次的な籍を置くことについては、居住地域との結び付きを強め、居住地校との交流及び共同学習を推進する上で意義がある。（共生社会の形成に向けたインクルーシブ教育システム構築のための特別支援教育の推進（平成24年7月中央教育審議会）参考資料25：副次的な籍について）

間接的な交流
　特別支援学校との交流の内容としては、例えば、学校行事や学習を中心に活動を共にする直接的な交流及び共同学習のほか、文通や作品の交換といった間接的な交流及び共同学習が考えられる。（小学校学習指導要領解説　総則編　第3章　第5節　12（抜粋））

　一緒に活動する方法を考えたり思いやりの気持ちを育んだりすることにもつながります。交流の事前学習として、講師を派遣し弱視レンズや白杖を使用した疑似体験や、視覚障害者スポーツ等の体験を行うことで、視覚障害への理解が深まります。また、1回限りの交流ではなく、継続していくことで実施後の反省を次回に生かした交流ができ、よりよい成果が期待できます。児童生徒が将来社会に出てから共に生きていくための具体的な考えをもつきっかけとなることが理想です。

●交流及び共同学習のしくみについて
　「交流及び共同学習」の形態は主に次の二つに分類されます。
(1)　学校間交流
　盲学校と小・中・高等学校との交流を指します。近隣の学校や学区の学校と交流することがほとんどです。一般の教科、マラソン大会や音楽会などの行事、総合的な学習の時間（交流活動）、給食や休み時間など個々の実態に応じて参加します。お互いの学校を行き来して交流します。
(2)　居住地校交流
　盲学校に通う児童生徒が居住する地域の小・中学校との交流を指します。居住地域での交流になるため、居住地校の時間割に参加する形が中心になります。在籍する児童生徒やその保護者の意向を踏まえて行われるものであり、送迎など保護者の協力も必要です。なお、副次的な籍を居住する地域の小・中学校に置く取組も全国的に増えています。
(3)　「交流及び共同学習」を推進するに当たって
　「個別の教育支援計画」や「個別の指導計画」に基づき、授業内容や授業時間数等を適切かつ柔軟に定めることが重要です。そのために事前に相手校と交流の意義・目的、実施の方法や役割分担についての話し合いを十分に行うことが必要になります。学習の進捗状況を把握し、必要に応じて教科書の点訳や拡大をしたり、授業に参加するための予習をしたりしておくことで有意義な交流となります。また、児童生徒の実態に応じて配慮する事項を相手校側に事前に伝えることも大切です。

Q61 「心のバリアフリー」推進事業の実際について教えてください。

ユニバーサルデザイン2020行動計画で取り組む「心のバリアフリー」とは

様々な心身の特性や考え方を持つすべての人々が、相互に理解を深めようとコミュニケーションをとり、支え合うこと（同計画Ⅱの1）

心のバリアフリー推進事業内容の要点

教育委員会が主体となり、交流及び共同学習が域内の全ての学校において、単発的でなく、継続的な取組となることを目標にする。
①交流及び共同学習を継続的な取組とするために、教育課程に位置付ける等、組織的かつ計画的な取組
②学校間交流や居住地校交流等を進めるための関係する教育委員会との連携
③障害のある大人の人との交流や地域における高齢者等の世代を越えた交流

「交流提携校」との活動例

・運動会や音楽会の合同練習及び発表（小）
・合同で行う音楽、国語、道徳等の授業（小）
・文化祭の相互参加（中）
・定期試験への参加（中）
・視覚障害についての授業、一緒に弁当を食べながらの交流（高）

A

●心のバリアフリー推進事業とは

国は、共生社会の実現に向けた大きな二つの柱として、国民の意識やそれに基づくコミュニケーション等個人の行動に向けて働きかける取組（「心のバリアフリー」分野）と、ユニバーサルデザインの街づくりを推進する取組（「街づくり」分野）を検討し、ユニバーサルデザイン2020行動計画としてとりまとめました（2017（平成29）年2月）。そのなかで障害者理解（「心のバリアフリー」）を推進する具体的な取組として、学校教育においては障害のある人とともにある「心のバリアフリー」事業の全面展開を挙げ、交流及び共同学習の活性化を願い、支援しようとしています。

その進め方について文部科学省は、「教育委員会が主体となり、学校において、障害のある子供とない子供との交流及び共同学習の機会を設け、各教科やスポーツ、文化・芸術活動等を教育課程に位置付ける等、障害者理解の一層の推進を図る。」と組織的かつ継続的な取組の必要性を記しています。（2018（平成30）年度予算関連資料）

これからの盲学校は学校全体で交流及び共同学習の意義・目的を理解し、組織的・継続的に取り組むことが重要です。そのためにも個々の教職員が意識をしっかりもち、相互に連携する必要性を共有するとともに、学校として教育委員会や近隣の学校、諸施設、地域と関係づくりを進めることが必要です。

●長野県における心のバリアフリー推進事業の実際

(1) 教育委員会のかかわり

長野県教委では毎年、県立特別支援学校が継続的に交流及び共同学習を行う学校を「交流提携校」として、所轄する地教委に対し交流及び共同学習への協力依頼をしています。この際、当該校の校長は事前に挨拶を交わし、交流及び共同学習の意義を確認し合うようにしています。

居住地校交流に関しては校長同士の連携が重要になりますが、最近は市町村ごとに副学籍による交流及び共同学習の制度が整ってきたので、連携がスムーズに進むようになってき

要点

「心のバリアフリー」推進事業は、共生社会の実現を目指し教育委員会、校長、自校と相手校の担当者の協働作業で進められます。

盲学校に来て交流した例
- フロアバレーボール、サウンドテーブルテニス（中）
- 懇談会、合唱（高）

校長が方針を示している例
　松本盲学校に隣接する小学校では、盲学校との交流を学校経営の柱の一つにし、校長が講話や行事の挨拶の度に交流の意義に触れています。

交流及び共同学習についての相手校の受け止め
　幼保小中高ともに「障害についての理解が深まり、児童生徒が優しくなる」と評価いただいています。小学校での学校評価アンケートでは、毎年何人もの保護者から「盲学校との交流を今後も継続してほしい」との希望が寄せられています。

小学校学習指導要領での交流及び共同学習の表記
　学校運営上の留意事項として、「他の（略）特別支援学校などとの間の連携や交流を図るとともに、障害のある幼児児童生徒との交流及び共同学習の機会を設け、共に尊重し合いながら協働して生活していく態度を育むようにする。」（小学校学習指導要領　第1章総則　第5）

ました。

(2)　年間行事計画への位置付け
　学校は毎日の授業に加えて様々な行事を行っているので、交流及び共同学習についてもそれぞれの学校の年間行事予定表に位置付けることが不可欠です。
　長野県内の盲学校では、年度の計画を確認し（4月）、一年間の活動の反省をする（2月）ための相手校職員との打ち合わせ会を2回、年度ごとの対面式を1回、年間行事予定表に位置付けています。盲学校がパラアスリートを招く場合や、校外からの申し込みには柔軟に対応しています。

(3)　関係担任同士の打ち合わせと実践
　交流及び共同学習で何ができるかは、担当者の腕の見せどころであり楽しめるところでもあるでしょう。行事に加えて体育や音楽などの授業を適切な支援（合理的配慮）を受けながら一緒に行うと、視覚障害がある子供も健常な子供も相互に学び合うことが多いものです。
　松本盲学校の高等部では、同じ敷地内にある養護学校分教室の生徒との理解が深まり、一緒にハンドベルの練習をして文化祭で発表しようという計画が立てられました。現場の先生や生徒の発想が学校間の距離をぐっと縮めてくれました。
　「活動が継続的に行われ、かつ深まっていくためには担当者どうしが目標を共有し、一緒に活動をつくっていく意識が大事だ」とは、長年交流及び共同学習にかかわってきた担当教員の言葉です。

(4)　活動の振り返りと学校教育計画への位置付け
　学校を地域に開いて幼児児童生徒及び教職員と校外の多くの方と触れ合う機会を増やしていけば、盲学校自身も成長の場を得ることになります。それぞれに交流及び共同学習（「心のバリアフリー」）の良さを実感したうえで、その推進を学校教育計画に明記していけば、思いのこもった活動が行われ、正しい理解に立った人間関係と社会が構築されていくことでしょう。その先に共生社会が待っています。（Q60参照）

Q62 自立活動の内容と指導に当たって配慮事項はどのようなものがあるのでしょうか。

自立活動の内容
1　健康の保持
(1)　生活のリズムや生活習慣の形成に関すること。
(2)　病気の状態の理解と生活管理に関すること。
(3)　身体各部の状態の理解と養護に関すること。
(4)　障害の特性の理解と生活環境の調整に関すること。
(5)　健康状態の維持・改善に関すること。

2　心理的な安定
(1)　情緒の安定に関すること。
(2)　状況の理解と変化への対応に関すること。
(3)　障害による学習上又は生活上の困難を改善・克服する意欲に関すること。

3　人間関係の形成
(1)　他者とのかかわりの基礎に関すること。
(2)　他者の意図や感情の理解に関すること。
(3)　自己の理解と行動の調整に関すること。
(4)　集団への参加の基礎に関すること。

4　環境の把握
(1)　保有する感覚の活用に関すること。
(2)　感覚や認知の特性に関すること。
(3)　感覚の補助及び代行手段の活用に関すること。
(4)　感覚を総合的に活用した周囲の状況についての把握

A

●自立活動の内容について

　自立活動で取り扱う内容については、幼児児童生徒の実態把握を基に、6つの区分の下に示してある27項目（左欄参照）の中から、個々の幼児児童生徒に必要とされる項目を選定し、それらを相互に関連付けて具体的な指導内容を設定することが、学習指導要領に示されています。
　さらに、具体的な指導内容を設定する際には以下のような指導内容を考慮するとされています。
　ア　主体的に取り組む指導内容
　イ　改善・克服の意欲を喚起する指導内容
　ウ　発達の進んでいる側面を更に伸ばすような指導内容
　エ　自ら環境と関わり合う指導内容
　オ　自ら環境を整える指導内容
　カ　自己選択・自己決定を促す指導内容
　キ　自立活動を学ぶことの意義について考えさせるような指導内容

　アの「児童生徒が主体的に取り組む指導内容」の配慮事項としては、①児童生徒にとって解決可能で取り組みやすく、②興味関心をもって取り組め、③目標を自覚し、意欲的に取り組んだことが成功に結び付いたと実感できる指導内容とすることが大切です。例えば歩行指導をするときは、教室内の移動から指導し、ストレスがないように教室内を自由に歩けるようにします。学校内の様々な教室に移動できるように範囲を広げていきます。そのときに児童生徒の興味のある教室などを優先的に指導するなど、配慮します。さらに校外歩行に広げ、買い物学習なども取り入れ、白杖歩行を進めていきます。自宅まで歩けることで自信になり、さらに一人で行ける場所を増やしていくことで系統的な歩行指導が行えます。

　ウの「発達の進んでいる側面を更に伸ばすための指導内容」の配慮事項は、遅れている部分にのみ着目するのではなく、進んでいる側面を更に促進させることにより、自信をもって

— 170 —

> **要点** 自立活動の指導は、専門的な知識や技能を有する教師を中心として、全教師の協力の下に効果的に行われるようにします。

と状況に応じた行動に関すること。
(5) 認知や行動の手掛かりとなる概念の形成に関すること。

5 身体の動き
(1) 姿勢と運動・動作の基本的技能に関すること。
(2) 姿勢保持と運動・動作の補助的手段の活用に関すること。
(3) 日常生活に必要な基本動作に関すること。
(4) 身体の移動能力に関すること。
(5) 作業に必要な動作と円滑な遂行に関すること。

6 コミュニケーション
(1) コミュニケーションの基礎的能力に関すること。
(2) 言語の受容と表出に関すること。
(3) 言語の形成と活用に関すること。
(4) コミュニケーション手段の選択と活用に関すること。
(5) 状況に応じたコミュニケーションに関すること。

活動や学習に取り組むなど、意欲を喚起し、遅れている側面の伸長や改善に有効に作用することも考えられます。前回の学習指導要領の指導内容では「遅れた部分を伸ばす指導」となっており、大きな改善点です。

オの「自ら環境を整える指導内容」の配慮事項では、児童生徒が困難を改善・克服するために必要となる知識・技能を身に付けることが大切です。例えば弱視児童生徒が自ら行おうとする活動に適した環境や補助具の選択や照明などの環境に働きかけられるような力をはぐくむことが大切です。いつでも教員が環境を整えるのではなく、児童生徒が自ら設定することができ、自分で設定できなければ、援助依頼の方法を指導します。

カの「自己選択・自己決定を促す指導内容」の配慮事項は、自ら選び、ものごとを決定して実行することは、学びを深め確実な習得を図ることにつながるため、重要です。例えば、自分の見え方を客観的に説明できる力は社会に出たときに大変有用です。客観的に説明できると、必要な援助の方法もわかりやすくなります。そのような状況を設定して、自分の見え方を他者に説明できる力を付けていく指導も大切です。

キの「自立活動を学ぶことの意義について考えさせるような指導内容」の配慮事項は、将来の自立や社会参加にどのように結びついていくのか、児童生徒が自らその関係を理解して、学習に取り組むことができるように取り上げていくことが必要です。例えば介助歩行の指導は、将来いろいろな人と介助で歩けるよう、他者に負担をかけないように歩く方法を身に付けられるよう、小さいころから指導していく必要があります。将来を見据えた歩行力を付けていく指導です。

これらの指導内容から必要な項目を選定し、それらを相互に関連付け、具体的な内容を設定していきます。各教科と連携し、指導を進めることも大切です。特に歩行指導は、自立活動専任の教員と連携して、系統的に指導を進めていくことが効果的でしょう。

Q63 自立活動において、実態把握から具体的な指導内容の設定まで、どのように考えればよいでしょうか。

保護者の理解と協力

　自立活動の指導においては、保護者の理解と協力が不可欠です。指導目標や指導内容の設定に保護者からの要望を反映させたり、長期休業中などに家庭でも取り組んでほしい内容など、学級担任、自立活動担当者、保護者間の密な連携が大切です。そして、学期末などの評価についても保護者に報告し、次期に向けての課題の見極め、目標の設定などを行っていきます。

幼児児童生徒の興味・関心を最大限に利用する

　弱視レンズ訓練、視覚認知トレーニング、点字指導など、モチベーションの維持なしには指導による伸びも期待できません。単調になりがちな指導内容に興味・関心のある内容を絡めるなど個に応じて工夫し、「自立活動が好き」という気持ちで取り組めるよう配慮していきます。

PDCAサイクルの肝

　PDCAサイクルの利点を最大限に発揮するための要は、「A」から「P」への継承です。担当者の変更や「小から中」、「中から高」などへの進学時では、更に密な連携や引き継ぎが不可欠です。

A

●実態把握の項目・方法

　個々の児童生徒について、眼疾患の状態やその他の疾患の有無・状態、発達や経験の程度、生育歴、基本的な生活習慣、身体の動きや歩行能力、心理的な安定の状態、興味・関心、家族や地域とのかかわり、コミュニケーション能力、生活面や学習面での配慮事項などの実態を的確に捉えることが重要です。入学時に作成される「個別の教育支援計画」も参考にします。

　視機能については、医学的観点から疾患名、現病歴、治療歴、予後、視力、視野、眼位、色覚、眼鏡の使用状況など、教育的観点から最大視認力、読書速度（MNREAD-J・Jk、普通字又は点字の読速度）、基本図形の認知実態把握検査、DTVPフロスティック視知覚発達検査、補助具の使用状況などについて調査します。

　実態を把握したうえで、児童生徒の自立を目指す観点から課題を導き出し、指導内容の優先順位や指導時期を踏まえながら長期及び短期目標を設定します。

　学習指導要領等に示された区分や項目を踏まえ、目標を達成するために必要な指導内容を多面的な視点から検討します。例えば、歩行指導では移動に関する内容だけでなく、心理的な安定、環境の把握、コミュニケーションなど様々な観点を絡めて具体的な指導内容を設定し、実際の指導に当たります。

　また、ICF（国際生活機能分類）から捉えて「健康状態」、「心身機能」「身体構造」「活動と参加」、「環境因子」、「個人因子」について踏まえることで、障害による学習上又は生活上の困難を的確にとらえることができます。児童生徒が「今できること」や「支援・指導すればできること」、「環境を整えればできること」などに目を向けやすくなります。「活動と参加」や「環境因子」については、指導や支援に先だって対応されるべき内容です（合理的配慮）。墨字で学ぶ児童生徒と点字で学ぶ児童生徒での情報格差を生まないことや教室内の採光や遮光などが代表例です。

●指導内容設定までの流れ

①実態把握：障害の状態、発達や経験の程度、興味・関心、学習上・生活のなかで見られる長所、課題などの情報を集

要点 個別の指導計画に基づきPDCAを通して、幼児児童生徒の実態に即して指導の道筋そのものを組み立てていくことが大切です。

〈事例〉小4・弱視・男児
小3まで普通校の弱視学級に在籍（人）。基本的生活習慣はほぼ定着（健）。文字の読み書きに苦手意識が強い（環）。自分で書いた文字が読めないことがある（環）。運動や歩行能力には問題なし（身）。他者との関わりを好む（人）。性格はやさしく情緒も安定している（心）。現在小2段階まで習得（環）。形が類似した漢字を誤読することが多い（環）。タブレット端末が好き（コ）。

- 眼疾：視神経萎縮
- 遠方矯正視力：右 0.02 左 0.3 両0.45
- 近方矯正視力：右 0.05 左 0.4 両 0.4
- 最大視認力：0.3／10cm 左
- MNREAD-Jk：臨界文字サイズ 1 logMAR、最大読書速度 85文字／分、読書視力0.7 logMAR
- 基本図形の認知実態把握検査：発達類型「V」
- 補助具等：眼鏡、ルーペ（5倍）、単眼鏡（4倍）、遮光眼鏡、書見台使用

めます。
② 課題の整理：実態把握で得られた情報を学習上又は生活上の困難、これまでの学習状況に注目し、自立活動の区分に即して整理します（左記の文末のカッコ内は区分名）。また、将来像を視野に入れて整理していくことも大切です。
③ 課題の抽出
→「書字が雑になりがちで自分で読めないことがある（環）」、「特に読字に対する苦手意識が強い（環）」、「形が類似した漢字を誤読しやすい（環）」、「自立活動の指導を殆ど受けていない」
④ 中心的な課題の洗い出し：課題同士の関連性を整理します。
→「目と手の協応」、「視覚認知」、「自立活動の指導の遅れ」
⑤ 指導目標の設定
→「文字や文章を正しく読み書きできる。」
⑥ 指導目標を達成するために必要な項目を選定
→「健康の保持」(4)障害の特性の理解と生活環境の調整に関すること。「心理的な安定」(3)障害による学習上または生活上の困難を改善・克服する意欲に関すること。「環境の把握」(2)感覚や認知の特性への対応に関すること。(5)認知や行動の手がかりとなる概念の形成に関すること。「身体の動き」(5)作業に必要な動作と円滑な遂行に関すること。
⑦ 指導内容の設定：選定した項目を関連づけて具体的な指導内容を設定します。
　㋐「目と手の協応と視覚認知」：五十音・数字のなぞり・視写（形が類似する「あ」「お」「の」「め」「ぬ」や「ろ」「る」「3」を重視）、iPadアプリ「ビジョントレーニング1・2」、漢字ドリル（形が類似する漢字「投」「役」、「日」「申」「由」「目」「白」「自」、「水」「氷」「泳」、「発」「登」等を重視）、短文読みと視写（IT関連の児童が興味のある文章）
　㋑「補助具の活用」：単眼鏡やルーペ、白杖の基礎知識、視覚障害を補完するツールとしてのタブレット端末の活用法（アクセシビリティ機能の理解、漢字の調べ方、知りたい情報を上手に検索する方法など）

Q64 視覚障害のある児童生徒に対する自立活動の具体的な指導内容として、どのようなものがありますか。

形の学習教材

基本図形（三角）の構成を通して指先の巧緻性を高め、形の特徴を知ります。

点字の導入教材

リベットを差して点の位置や形を理解します。

ボタンはめ・外し教材

ボタンを留める糸が長く工夫されています。

A

●視覚障害教育の自立活動

　視覚障害は情報入手の障害とも言われます。自立活動では経験を基にした予測と確かめの技能を育成し、効果的な情報入手や処理に関連した幅広い指導を行います。

●幼児期の主な指導内容

　幼児期の自立活動の具体的な指導内容は、今後の学習や生活を支える重要なことばかりです。

(1) 保有する感覚を活用するための基礎指導

　感覚活用の指導では、触覚や聴覚、保有する視覚の活用を中心に学習の基礎となる内容を取扱います。

　触覚の活用は、様々な教材を活用して、形の弁別や構成などを行います。点字で学習する幼児については、触運動の統制に向けた課題や、手で探査する活動などを取り入れながら、「触って知る」ことを楽しめるようにします。視覚の活用が可能な幼児には、視知覚に関するアセスメントなどを行いながら、読み書きにつながる基礎的な技能の習得を目指します。

(2) 日常生活動作の指導

　食事では、スプーンやフォーク、箸の使用といった内容だけではなく、食べるときの姿勢や作法についても発達段階に応じて指導をします。着脱衣の指導に当たっては、なるべく操作がしやすいように、大きめの衣類で始めたり、教材を準備して、スモールステップで取り組みます。衣服は着るよりも脱ぐ方が容易な場合があり、着脱の順番も配慮します。見て真似をすることができない場合が多いので、指導に当たっては、幼児の身体を中心に「どこをどのように操作するのか」具体的な言葉掛けをしていきます。

●学齢児童生徒への主な指導内容

(1) 文字の読み書きの指導

　点字を使用する児童は、読速度の向上、速く正しく点字が表記できる力の育成を目指します。国語科の内容と関連させながら、分かち書きや、点字と普通文字の仮名遣いの違いなどについて正しく理解できるようにします。墨字を使用する児童は、弱視レンズ等の補助具の活用、読速度の向上、漢字を中心とした書字に関する指導を行います。いずれも、ただ

> **要点** 視覚障害による困難さに焦点を当て、その改善・克服ができるよう幅広い内容を具体的に設定することが大切です。

建物の構造理解

積み木やブロックを操作して1階と2階の仕組みを学びます。

校地内の屋外歩行

安全な環境で、伝い歩きの基本的な技術を身に付けます。

パソコンの指導

音声合成を利用して様々な作業ができるようになります。

単にトレーニング的に繰り返すのではなく、児童生徒が意欲をもてるような教材を準備しながら、主体的に力を伸ばせるよう工夫することが大切です。また、ノートやファイルの整理なども低学年のうちから指導します。

(2) 歩行指導

　視覚障害者の単独歩行においては、一人で安全に効率的に歩くことができるようになることが目標です。歩く際の姿勢や、空間・位置関係の把握など指導の内容は多岐にわたります。歩行技術の会得は、生活や学習の自信にもつながりやすく、児童生徒や保護者の喜びに直結します。中・高生では、公共交通機関の利用や援助の依頼など、他機関と連携して指導の機会を設けます。

(3) 観察の指導・道具操作の指導

　効率的で深い観察の指導も意図的に時間を設けて行います。標本などの実物教材、各教科で取り扱われる図やグラフ、触図を活用しながら、全体と部分を効率的に入力しイメージできるようにします。また、算数・数学における作図等で使用する道具や、工作で使用する刃物等も、教科学習の事前や事後に時間をかけて指導をすることがあります。

(4) ＩＣＴ活用の指導

　幅広い情報入手や職業選択を意識したキャリアの視点からもＩＣＴ教育への取組は重要です。パソコン指導では視覚障害者用のアクセシビリティ機能や、音声合成ソフトを活用しながら、タッチタイピングでの文書作成、ショートカットキーの活用、ファイルの整理などを習得していきます。また、タブレット端末は視覚補助具や教材として、情報アクセスに大きな期待がもてる機器です。ＩＣＴに詳しい教師と連携し、最新の情報を取り入れながら指導することが望まれます。

(5) 眼疾に関する正しい理解と視覚管理

　自立活動の一環として、定期的に教育的な視覚検査を行います。これは、視機能の評価という以外に、視覚管理の観点からも大切なことです。自身の眼疾や見え方についての理解を深め、健康の保持と、自己実現に向けた表現力の育成につなげられるような指導の機会が求められています。

65 歩行指導の概要について教えてください。

A

●歩行指導の授業の立案にあたって
　教育課程で歩行指導は自立活動の時間を中心に組織的かつ計画的に展開するよう位置付けられています。また、指導内容については、いわゆる歩行訓練士等の専門性のある教員に相談するなどしながら、個別の指導計画を作成し、段階を踏まえた指導を行うことが必須です。

●視覚障害者の歩行について
(1) 視覚障害者にとっての歩行の意義
　視覚障害者の歩行は、英語でオリエンテーション・アンド・モビリティ（Orientation and Mobility）と表わされ、オリエンテーションは「定位」＝「環境認知」を、モビリティは「身体の移動」＝「歩行運動」を意味しています。英語の意味からもわかるように、歩行運動により身体を移動させる側面と、周囲の環境の把握により自分のいる場所や向いている方向を知る側面の両方が大切です。

(2) 視覚障害者の歩行の基本構造
　「予測と確かめ」（例参照）を繰り返しながら歩いています。

●歩行指導に対する考え方
　児童生徒が行きたいときに、行きたい場所（目的地）へ行くことができるという力を育てていくことが歩行指導ですが、児童生徒が一人で歩行することを到達点にしている訳ではありません。最初から最後まで他者に援助を依頼して目的地に行くということも有効です。

●歩行指導の内容
　歩行指導というと白杖操作の指導と思いがちですが、白杖操作を導入する前に行うべきことが数多くあり、それらを全て含めた歩行指導を計画していくことが大切です。

- 移動したいという意欲（やってみたい、知りたいなど）
- 身体を動かす力（歩行姿勢、様々な動作など）
- 諸感覚を活用する力（触覚・聴覚・嗅覚・筋感覚・皮膚感覚など）
- 空間を理解する力（身体座標軸、空間座標軸、地理的空間概念、周囲の物や部屋の配置など）
- 環境を把握する力（ランドマークや手がかりの活用、ルート選択や危険回避の判断力など）

歩行指導と歩行訓練
　歩行技術を習得させることを視覚障害リハビリテーションでは歩行訓練と言いますが、学校ではあくまでも教育として行うことから、訓練という言葉は用いず「歩行指導」と言っています。

視覚障害者の歩行形態
- **ガイド歩行（他者と一緒に歩く）**
- **白杖などの補助具を使用しない歩行（屋内歩行）**
- **白杖を使用した歩行**
- 盲導犬を使った歩行
- 超音波を用いた電子機器を使用した歩行

（太字が盲学校で指導する形態）

「予測と確かめ」の例
　出発地点から、右側一本目の路地を曲がってすぐの一軒目のお店を目的地にした場合（お店の手がかりは入口前のスロープと入口右側にある傘立て）：
①右側の路地を探す（予測）。②路地を発見（確かめ）。③路地を曲がる。④スロープのあるお店の入り口を探す（予測）。⑤スロープを発見（確かめ）。⑥入口の右側にある傘立てを探す（予測）。⑦傘立てを発見（確かめ）。⑧目的地到着

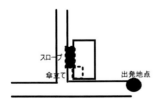

要点 身体を動かす力、諸感覚を活用する力、環境を把握する力、コミュニケーション力、意欲や判断力などを総合的に指導していきます。

見え方による留意点

(1) 先天盲
- 視覚による情報収集ができないので、基本的な環境説明は核になる経験になるようにします。
- 模倣ができないので、歩行姿勢に注意が必要です。（特に、顔の向きやつま先の向きに偏りがあると、そちらの向きに曲がっていくので、早めに矯正が必要です。）

(2) 中途失明
- 視覚情報で歩行をしてきたため、見えていた記憶と実際の状況にズレが生じる場合が多いので、環境認知はより丁寧に行い、本人の理解度をその都度確認する必要があります。

(3) 弱視
- 見え方を理解しながら、本人が視覚を活用できる手がかりを指導します。
- 必要に応じて白杖操作ができるよう指導しておきます。

環境認知の順番

狭い環境から広い環境へ広げることが大原則です。例えば机上の物の配置を理解し、必要な物をすぐに探すことができるようになることも環境認知の一つになります。机上、身の回り、教室、教室の外、他の階へ…と移動する範囲を少しずつ広げていきます。

- 援助依頼、コミュニケーション力（確認や質問の方法、言葉遣い、身だしなみ、他者の申し出に対する断り方など）
- ガイド歩行（基本姿勢、様々な技術、ガイド者とのコミュニケーションなど）
- 屋内移動（伝い歩き、防御姿勢など）
- 歩行地図の理解（実際の地図の理解、メンタルマップなど）
- 白杖の活用（白杖の導入と操作方法、学校の敷地内や学校周辺の歩行、信号横断、交通機関の利用、混雑地の歩行など）
- その他（貨幣や紙幣の弁別、使いやすい鞄や財布の情報、傘の開閉など外出で必要となる内容など）

上記の内容を具体的に書くと、以下のようになります。盲学校での歩行指導は、「○○へ行きたい（＝移動する）」という児童生徒の気持ちを育むところから始まります。そのためには、諸感覚を活用して、美味しい体験や楽しい体験、ワクワク・ドキドキ体験などを積み重ねていきます。体験をするときは、言葉と身体の部位の名称や実際の身体の動きを合致させると良いでしょう。また、先生や親と一緒に歩いて周囲の状況を説明してもらうことで、外界についての理解を深めることができます。この段階での児童生徒は、まだ周囲の環境を「歩行」と結び付けてはいません。周囲の環境を把握しながら目的地に行くことを意識できる段階になってきたら、教室の座席周辺から自分のロッカー、廊下、教室の周辺…と、狭い空間から広い空間へと、少しずつ理解できる範囲を広げていきます。児童生徒の頭のなかの地図（メンタルマップ）が広がり始め、概念形成、歩行姿勢、諸感覚の活用、歩行地図の理解、ガイド歩行、室内移動ができてきたら、白杖を導入します。白杖の導入は単独で学校外へ出て行くことになるので、身だしなみや持ち物などにも注意を向けていきます。

●**歩行指導を行ううえで絶対に忘れてはならないこと**

無理強いや指導をあせるなどして「歩行＝怖い」と印象付けてしまうと歩行が嫌いになってしまう場合があります。指導者のための歩行ではなく、児童生徒の自立のための歩行であることを常に念頭に置いて指導を行うことが大切です。

66 弱視の児童生徒に対する視覚補助具の指導の概要について教えてください。

視覚補助具の種類については、Q32をご参照ください。

遠用弱視レンズ（単眼鏡）選定の基準

教室での学習場面を想定して、遠距離視力標0.5～0.6のランドルト環を視認できる程度の倍率のものを選びます。遠用弱視レンズ選定時の倍率の目安は、0.5～0.6を遠距離視力で割った値で求められます。例えば、遠距離視力が0.06の場合、10倍程度の倍率の単眼鏡が必要です。

近用弱視レンズ（ルーペ）選定の基準

児童生徒が学習や日常生活で活用し、使用の効果を得られるように、近距離視力標0.8のランドルト環を視認できる程度の倍率のものを選びます。例えば、最大視認力が0.5程度の場合、5～10倍程度の倍率が必要です。

A　見えにくさのある児童生徒の学習を支えられるよう、教員が授業を展開するうえで必要なこととして、

① 教室内の明るさ、座席の調整など学習環境の整備
② 板書事項や提示する資料等の視覚的な情報に聴覚的な情報を加えて伝えること
③ プリントのフォントや文字サイズの調整
④ 色覚特性にも配慮した図表の作成・拡大等の工夫
⑤ 視覚補助具（弱視レンズ、拡大読書器、タブレット端末等）を使いこなすスキルを身に付けさせること

などが挙げられます。とりわけ⑤については学校教育のなかで系統的に指導することが求められます。

ここでは、弱視の児童生徒に弱視レンズ、拡大読書器の使用スキルを習得させる指導の概要をまとめます。

●弱視レンズの使用スキル習得を図る指導について

遠用弱視レンズ、近用弱視レンズともに、一人一人の視力に合った倍率のものを使う必要があり、盲学校で行う視力測定の結果を基に選定されることがあります。そして、各種のプログラムに沿って指導を進め、弱視レンズの使用スキルの習得と向上を図ります。次に挙げるのはプログラムの一例（一部）です。

(1) 年少児向けの練習プログラム

遠用弱視レンズの場合、ピントを早く合わせて黒板に書かれた文字を読んだり、信号を認知したりできるようになることなどを目標に、ランドルト環や絵・文字の認知、ピント操作、動体認知等の項目で構成されています。

近用弱視レンズの場合、1分間に120字程度の速さで読めるようになることを主たる目標として、ランドルト環や文字の認知、単語・短文・文章の読み、60～70字程度の書写等の項目で構成されています。

(2) 広い範囲から情報を集める力をつける練習プログラム

理科の自然観察や社会科の地図学習等において、より広い範囲を把握することが求められることがあります。そこで弱視レンズを効率的に、くまなく動かして必要な情報を素早く

— 178 —

要点 弱視の児童生徒が視覚補助具を活用できるようになるために、各種プログラム等に基づく指導と評価が大切です。

(1)のプログラム例

指導者の上下左右・斜めの可能な範囲内に提示する絵・文字カードを、手に持った弱視レンズを通して探索・認知する（遠用・基礎・Stage 2）。

黒板に縦書きされた短文、20～50字の文（文字の大きさは6～8cm四方）を弱視レンズで見ながら、各自のノートに書き写す（遠用・応用・Stage 3）。

(2)のプログラム例

スクリーンに映し出された直線や曲線で結ばれた文字を3mの距離から弱視レンズで線をたどって読む。10回を1セットとして行う（遠用・Step 1）。

同一文字3枚を入れた10～20枚の文字カードを、1cm間隔で横に5枚ずつ並べ、開始の合図で同一文字3枚を探し、探し終わるまでの時間を計測する。探す文字はあらかじめ指定しておき、対象児には文字を見つけ次第、答えさせる（近用・Step 2）。

収集するスキルの習得が目標となります。

遠用弱視レンズの場合、線追跡運動、大型図形認知、地図上位置関係の把握など9項目、近用弱視レンズの場合、直線たどり、文字カード探し、地図要素探し、地図上線むすびなど11項目から構成されています。

学年が上がっていて弱視レンズの使用が早期に必要となっているときや軽度の弱視（目安として遠距離視力0.1以上、最大視認力0.6以上）の児童生徒の場合など、弱視レンズの使用スキルの習得が短期間のうちに求められるときには、前記(1)(2)のプログラムから必要最低限の項目を抽出して構成されたプログラムで指導を進めることがあります。

これらのプログラムに沿って指導するとき、見えにくさのある児童生徒が練習する様子の観察や要点を押さえた記録、各項目の評価方法、通過基準に照らした使用スキルの習得状況の把握などを心がけることが大切です。

●拡大読書器の使用スキル習得を図る指導について

見えにくさのある児童生徒が拡大読書器を使って読み書きするために、基本機能を理解し、自身の見え方に合った機能の選択やピント調整をします。それらがスムーズにできるようになったうえで、拡大読書器を使って教科書の文章を読んだり、資料の数値を読み取ったりするためには、読みたいところを画面に映し出す練習や資料台（ＸＹテーブル）を動かす練習が必要です。また、拡大読書器の画面を見ながら書きたい位置に書くためには、鉛筆やペンの先を画面に映し出す練習、線の長さなどについて画面上の動きの量と実際の量の差に慣れること等が求められます。そのため、十分な時間と練習量を確保して指導することが大切で、弱視レンズの指導の場合と同様に児童生徒の使用スキルの評価も欠かせません。

67 重複障害児の教育課程をどのように考えたらよいのでしょうか。

A 視覚障害のある重複障害児は、視覚障害の状態に加えて、重複する障害の状態も様々で、また、発達段階や子供の興味関心も様々です。

●重複障害児の主な教育内容・方法

特別支援学校小学部・中学部学習指導要領では、重複障害者等の教育課程は、特に必要がある場合は障害の状態により知的障害者である児童生徒に対する各教科等を取り入れたり、自立活動を主として指導したり、柔軟な取扱いができることが示されています。

指導に当たっては、アセスメントや行動観察及び保護者の願いなどから一人一人の実態把握を行い、個別の教育支援計画及び個別の指導計画を作成し、実態に応じて編成された上記の教育課程に基づき指導を行います。その際、自立活動の内容も教育活動全体のなかもしくは個別に時間を設定して指導します。

●基礎・基本をしっかりと踏まえた指導

自発的行動の発現は視覚によるところが大きいですが、視覚障害のある重複障害児には、保有する視力を活用させたり、視覚以外の触覚、聴覚、嗅覚、味覚などの感覚を活用する体験を積ませたりするなど、自発的な行動を起こさせる環境を準備し、子供に課題解決を数多く体験させることが指導上の基礎・基本となります。

(1) **自発的に身体を動かし外界に向かう体験を増やす**

子供の興味・関心のある教材を準備し、自分の体を動かせば音や振動などの結果が生まれたり、言葉掛けや称賛が得られることなどが理解できるような体験を積み重ね因果関係の基本を理解し、自発的に手指や身体の各部分を使うように導きます。

(2) **身近な環境理解の基礎**

子供の扱いやすい玩具や教材を工夫し、注視、押す・つかむ・すべらす・入れる・たどるなどの感覚―運動の協応体験を通して、位置や方向・順序、2つのものの関係の理解や予測・比較・選択する力を高めます。

特別支援学校小学部・中学部学習指導要領の重複障害者等に関する教育課程の取扱い

1 （前略）(1)各教科等（中略）の目標及び内容に関する事項の一部を取り扱わないことができること。（内容の精選）

(2) 各教科の各学年の目標及び内容の一部又は全部を、当該各学年より前の各学年の目標及び内容の一部又は全部によって、替えることができること。（下学年適用、下学部適用）

(6) 幼稚部教育要領に示す各領域のねらい及び内容の一部を取り入れることができること。（下学部適用）

3 （前略）知的障害を併せ有する者については、各教科の目標及び内容に関する事項の一部又は全部を、当該各教科に相当する（中略）知的障害者である児童又は生徒に対する教育を行う特別支援学校の各教科の目標及び内容の一部又は全部によって、替えることができるものとする。（以下略）（知的代替）

4 重複障害者のうち、障害の状態により特に必要がある場合には（中略）自立活動を主として指導を行うことができるものとする。（自立活動を主）

自発的行動

幼児期からの自発的行動が、目標を達成するための意欲、他者と協力、情動の抑制などいわゆる非認知能力の発達を

要点 学習指導要領では、重複障害者等の教育課程は、特に必要がある場合は、個に応じて柔軟な取扱いができることが示されています。

促すと言われており、「学びに向かう力、人間性等」の基盤となる。

感覚―運動

視覚・触覚・聴覚などの感覚間相互の協応、及び感覚（入力）と運動（出力）の協応を高めることで身の回りの環境の理解（「知識・技能」）が促され、選択行動の活性化（「思考・判断・表現」）につながります。

各教科等を合わせた指導

発達段階や障害の状態によっては、各教科を並列的に指導するより、各教科に含まれる教科内容を中心的な題材等に有機的に統合して、総合的な指導を進める方がより効果的な場合があります。生活単元学習は、児童生徒が生活上の目標を達成したり、課題を解決したりするために、一連の活動を組織的に経験することによって、自立的な生活に必要な事柄を実際的・総合的に学習するものです。

チームアプローチ

医師、心理士、理学療法士、作業療法士、言語療法士、視能訓練士、子供家庭支援センター、児童相談所、地域の通常の学校、教育委員会など医療・心理・福祉・教育等の専門家が多角的に子供の発達支援を行う体制のことです。個別の教育支援計画を作成する際には、保護者も加えた支援会議を行います。コーディネーターの教師は、それぞれの専門性を引き出し、協力体制をつくる必要があります。

(3) **応答関係とコミュニケーションの基礎**

子供が行動を起こしたときに応えることで応答関係に気付かせ、意欲を育て、信頼関係を築きます。そして、子供とのやり取りのなかで適切なサインなどのコミュニケーション手段を工夫し、イエス・ノーの意思表示を確実にします。活動場面でも選択行動が活発に起こるような環境設定をして、言葉掛けなどの支援をします。

(4) **手掛かりを活用し見通しをもった行動**

食事・着脱などの日常生活習慣や移動・運動などでは、手掛かり（ランドマーク）に気付いたり、自分で手掛かりを作ったりすることが最も大切です。また、何が起こるか見通しをもって落ち着いた行動ができるよう、環境や活動を構成しわかりやすくなる工夫をします。

以上の4点は、視覚障害のある重複障害児にとって、幼児期から体験を積み重ねることが重要となります。また、個別の指導計画の目標を達成するための指導の手立てとして、個に応じた教材・教具を用意して、個別の指導を行います。

●**生活に即した指導内容**

各教科等を合わせた指導の内容を工夫し、子供にとって必然性のある、生活に即した指導内容を考えます。様々な集団での活動を通して社会性を身に付けます。また、家庭や地域での生活をよく把握し、そこで生かされるような体験的な指導内容を選定します。

●**生活年齢を考慮した指導内容**

個別の教育支援計画をチームアプローチで作成します。高等部卒業後の自立と社会参加を見据えて、幼児・児童期から生活年齢を考慮し目標・指導内容を設定します。

●**配慮事項**

・その時々の子供の健康状態や視機能の状態を正確に把握し、行動の変化の原因を見極めるようにしましょう。
・保護者の意見や要望は真摯に受け止め、支援会議を適切に開催し、指導の方向性をすり合わせていきましょう。
・地域で生きる基盤となる関係機関との連携を大切にしましょう。

68 重複障害者の日常生活の指導のポイントを教えてください。

日常生活の指導

日常生活の指導は、「学校教育法施行規則」第130条に定められた「各教科等を合わせた指導」の1つになります。

日常生活の指導は、子供の日常生活が充実し、高まるように日常生活の諸活動について、障害の状態、生活年齢、学習状況や経験等を踏まえながら計画的に指導するものです。

例えば、衣服の着脱、洗面、手洗い、排泄、食事、清潔など基本的生活習慣の内容や、あいさつ、言葉遣い、礼儀作法、時間を守ること、きまりを守ることなどの日常生活や社会生活において、習慣的に繰り返される、必要で基本的な内容です。

視覚障害のある重複障害者の生活リズム

視覚障害のある子供にとって光を感知する力が弱く、周囲が明るくなることにより脳が目覚めるというリズムを自分でつくれない場合があります。その際は、規則正しい生活リズムを学校、家庭、寄宿舎で連携してつくっていく必要があります。

時間割表に見る日常生活の指導

日常生活の指導は、日常生活の流れに沿って、実際的・具体的活動を通して行われる必要があります。そのため時

A ●日常生活の指導の実際

日常生活の指導とは多くは日常生活のなかで繰り返される習慣的な活動です。重複障害者にとって、当たり前のように過ぎていく時間や活動を滞ることなくつくり出すことが、いかに難しく、重要であるかを認識して、日々当たり前の生活を営む姿を考え、指導することが必要です。

将来の生活を考えたとき、健康管理、生活リズムや基本的生活習慣をはじめ、社会生活をするうえで必要なことを含め、その活動を自分の力で処理し、より自立した生活に近づけ、日常生活を充実し豊かにすることは極めて重要なことです。

●視覚障害のある重複障害者の指導に当たっての構造化

社会生活をするうえで基本的生活習慣の確立を図るためには、時間割を工夫して、実際の生活に即した指導を行う必要があります。生活リズムが確立しやすいように、また毎日繰り返し指導ができるように帯状に組みます。それにより、学校における生活リズムが生まれ、はじめと終わり・時間的見通しをもって生活できる基盤を整えることができます。登校したら、かばんや持ち物を整理して、衣服を着替えて、係の仕事をして、朝の会をしてと、見通しをもって学校生活のスタートをすることができます。

生活における様々な動作については、一つ一つ丁寧な指導を行い、毎日同じ動作を繰り返すことで、知覚、動作感覚を身に付けることをねらいます。感覚を活用したり、指先で確かめたり、たどったりする動作を行うため、両手を機能的に使う力や空間認識を高めることができ、今後の学習活動の基礎に発展することができます。また、全て大人主導ではなく、主体的に取り組めるように支援し、一つでも「自分でできた。」という経験を作ってあげることが大切です。たとえば、衣服の着脱の場合、はじめは、衣服を着た状態で、「袖」「裾」などの物の部位や素材などの属性を意識し、動きを連動させて伝えていきます。また、「衣服を被せてもらい、袖を通すことを自分で行う。」「両手で裾を持たせてもらい、自分で被り袖を通す。」「前側が表になるように、置いてある衣服を一人で着る。」など、段階

— 182 —

> **要点** 子供の日常生活や社会生活に必要となる、資質・能力を育む必要があります。そのため、実際の生活に即した具体的な指導内容を設定します。

間割上は「帯状」に設定されることが望ましいです。

時間割表のなかでは「登校」、「着替え・朝の準備」、「係の仕事」、「朝の会」、「給食」、「掃除」などと具体的な活動名で表示されることが多いです。

日常生活の指導とキャリア発達の視点

日常生活の指導で扱われる活動は「社会的・職業的自立に向け、必要な基盤となる能力や態度」を育成するものの一つであり、その指導及び支援を通して児童生徒一人一人の「キャリア発達」を促すことが求められます。

ICFの活用

ICFは2001年WHOで採択された生活機能と障害に関する状況を記述することを目的とした機能分類です。この考え方は子供一人一人の実態把握や関係者間の共通理解による適切な指導を実現する場面で活用できます。

ICTの活用

近年、タブレット端末等のアプリを実践で活用する事例が増えています。生活に見通しをもたせたり、コミュニケーションの補助として利用するなど、日常生活を豊かにするツールとしての活用が今後も期待されます

的に支援を減らすよう見通しをもつことも必要です。また、着替えの場所をわかりやすくするために、マットの上で着替えるようにしたり、片付ける場所をわかりやすくするために、かごを置いたりするなど空間の構造化や移動時の動線を意識するなど、環境を整えることも大切です。このように、生活に密着し、実態や学習状況等に応じて課題を細分化して段階的な指導や発展的な内容を取り扱うことが大切です。

●日常生活の指導の留意点

(1) 日常生活のなかで毎日繰り返す指導を行う場合、一貫性が大切です。個別の指導計画や個別の教育支援計画を活用し、子供の様子を適確に把握して目標設定を行い、指導内容、指導方法、指導場面などを教師間で共通理解することが必要です。また、日々の指導記録等をとることも大切です。

(2) 生活年齢を踏まえた指導が必要です。二次性徴が現れたころの身辺処理にかかわる活動や青年期ならではのおしゃれにかかわる活動等、それぞれの生活年齢、ライフステージにおいて、指導内容の吟味、指導の充実を図ることが必要です。

(3) 教科別の指導や自立活動の時間における指導など、他の指導の形態と関連付けすることも必要です。例えば、靴の左右を間違えずに履くように指導しながら、教育活動全般の指導等でも左右の形の弁別や対応の指導をするなどです。

(4) 家庭、寄宿舎との連携が不可欠です。家庭、寄宿舎でも日常的に繰り返される内容が多いため、学校の指導方針を家庭に丁寧に伝え、協力し、学校で行っている方法が、家庭、寄宿舎でも実施可能であることが必要です。

●日常生活の指導において、今後期待される指導の観点

日常生活の指導において、子供の実態、生活年齢を踏まえた対応や、家庭生活から学校生活、そして、職業生活という大きな流れのなかでの活動であるという意識と必然性、発展性が必要です。そのためには、キャリア発達の視点を踏まえること、また、ICFの理念やICT機器を活用して生活をより豊かにしていく取組も必要と考えられ、期待されます。

Q69 重複障害児のコミュニケーション指導はどのように行えばよいですか。

A 視覚障害の他に知的障害や肢体不自由・聴覚障害などがあり、その障害の程度が重度の場合、コミュニケーションの発達にも大きな影響があります。重複する障害によって様相は違いますが、コミュニケーションの能力が未熟で、初期的な段階にある子供が少なくありません。この場合、言葉や文字で十分に伝え合うのが難しいことが多く、その子供にあった独自のコミュニケーション方法を構築することが必要です。また、対象が盲ろう児（Q74参照）の場合は、視機能や聞こえの状態に応じた高度な専門的対応が求められます。

●多様なコミュニケーション手段

コミュニケーションと言えば話し言葉や文字によるものが代表的ですが、重複障害児の場合、その子供に可能なより多様な手段からコミュニケーション方法を考えます。子供が受け取ることのできる情報は多彩ですから、実は重複障害の子供にも実に多様な受信チャンネルが用意されていることになります。言葉掛けの他に、身体への接触、音や匂い、点字、指点字、手書き文字などがありますし、ある程度見えているのであれば、絵や写真や墨字、PICT、ICTなどのディスプレイ表示、簡単な身振り、マカトン法、手話、指文字などの利用も考えられます。場所や物によって特定の意味を伝えることも可能です。盲ろう児には、触った物で活動の意味を理解させるオブジェクトキューも使われます（Q74参照）。

一方、子供からの発信は、音声や身振り、手話や指文字、絵や写真、点字や墨字、具体物、場合によっては種々のコミュニケーション・エイド（VOCA等）なども考えられます。

●応答関係の確立

コミュニケーションは、身近な人とのかかわりを通して「やりとり」の楽しさを知ることから始まります。やりとりの手段は話し言葉に限りません。どのような子供でも、自分なりの方法で何かのサインを出しています。支援者は、そのわずかなサインをとらえて子供の思いを読みとり、チャンスを逃さずに応えることが大切です。初期段階で特に観察すべきは子供の欲求場面です。子供が、ほしい、食べたい、行き

PICT
　一般化された図形シンボルの一種です。音声言語によらず図形を媒体としたコミュニケーション手段です。

マカトン法
　サインと音声言語の同時提示方による言語指導法です。1972年にM.Walkerらによって英国で開発されました。マカトンサインは音声言語に比べて具象性が高いため、視覚イメージの保持がされやすいと考えられています。

オブジェクトキュー
　活動に使う実物や、その活動を象徴するような具体物（またはその一部）を用いて伝える方法です。
例①「学校に行こう」→通学に使っている鞄
例②「プールに入ろう」→水泳帽
例③「ブランコ」→ブランコのロープの一部
　また、それらのうち、カードに貼り付けられる物を同じ大きさ形状のカードに付けて活用する場合もあります。
　これらを使用することにより、活動の予告や、さらには本人が自ら使用することで、やりたい気持ちを伝えることも可能です。

要点
信頼に基づく心地よい応答関係を構築し、その中で、その子に合ったコミュニケーション方法を確立することが大切です。

VOCA（ヴォカ）
Voice
Output
Comminication
Aid

　録音音声や合成音声を出力する様々な機器の総称。音声表出が難しい子供が、スイッチ操作やキーボード操作で代わりに音声を出力させ、コミュニケーションに利用するもの。代表的な機器に次のようなものがある。

- トーキングエイド
- トーキングエイドfor iPad
- リトルマック
- ビックマック
- 各種ボイスレコーダー
- スマートフォンやiPad

ビッグマック
（パシフィックサプライ）

トーキングエイド for iPad
（U-PLUS Corporation）

　たいなどの強い欲求を感じたとき、それをどのような手段で表すかをつかんでください。うまく表せない場合は支援者が補ってもよいのです。そして時間をおかずにわかりやすく応じることで、子供は自分の表現の意味に気付きます。それを繰り返すことで、子供からの発信が促進され、相互の関係が明確になり、やがて互いにコントロールしあう「応答関係」が築かれます。

●一人一人に合わせたコミュニケーション手段の開発

　子供の様子を注意深く観察していると、その子にあった受信や発信の方法がわかります。すぐにコミュニケーションに利用できる方法もあれば、そのために学習が必要な方法もあるでしょう。支援者はそれらの手がかりを敏感に感じ取り、子供にふさわしい方法を開発する努力が必要です。ただし、子供の状態や興味は皆違いますから、様子が似ているからといって、他の子供に合った方法が同様に通用するとは限りません。さらに、要求する表現から「選択」することの意味を理解し、ＹＥＳ・ＮＯの意思表示に発展できれば、子供のコミュニケーション世界は大きく広がることでしょう。

　ひらがなや点字に関しては、子供によって将来の学習への発展が考えられますから、身近に見たり触れたりできる環境にする必要があります。しかし、十分なレディネスがないまま文字学習を進めることは、子供への過度な負担となりかねないので注意が必要です。もしも子供が文字に何らかの興味を示したら、それは大きなチャンスです。

●周囲の人々とのかかわり

　子供たちの将来を考えると、保護者や他の教員、関係機関など、子供を取り巻く人々と情報を共有することが重要です。情報を共有することで支援のヒントをつかんだり、子供への理解を深めたりできますし、コミュニケーションの可能性やその世界を大きく広げることにもつながります。コミュニケーション手段やその特徴などを個別の教育支援計画などに記載し、支援の広がりと継続がなされるように配慮したいものです。

Q70 重複障害者に対する各教科等の指導のポイントを教えてください。

A 子供たちはその個性に応じて主体的に自らの能力を発展させていく、大きな可能性を秘めています。保有する感覚を活用して主体的、能動的な活動ができるよう各教科等において考えることが大切です。

●実態把握と各教科等の指導

重複障害者の各教科等の指導においては「子供のことをよく知る」ということが大事な出発点になります。さらに、各教科等の内容についての深い理解と子供の認識や行動と各教科等の内容との結び付きについて考えることが大切です。

各教科等については障害の状態や発達段階、経験等に応じて、具体的に指導内容を設定する必要があります。下学年の学習内容や知的障害特別支援学校の各教科等の目標や内容を計画することができますが、最初から既存の教育課程の枠組みに当てはめるのではなく、育成を目指す資質・能力の観点から個別の指導計画を基にどのような内容を指導するかを検討する必要があります。

●ＰＤＣＡサイクルによるきめ細かな改善

目標や内容について、適切なものであったかどうかは、実際の指導を通して明らかになります。計画（Plan）－実践（Do）－評価（Check）－改善（Action）の過程において、適宜評価を行い、指導内容や方法を改善し、日ごろの学習活動を通じて、よい点や可能性を積極的に評価し、主体性や意欲を高めるようにします。

授業においては、子供に学びながら、その方法を工夫し続けることが必要です。課題ができなかったのは、どうしてなのか。課題が難しかったのであれば、さらに課題を細かく分けてスモールステップで学習課題を設定しなおすことが必要です。活動に見通しがもてるような授業構成を準備しているでしょうか。見通しがもてると自発性が生まれます。子供がわかる言葉をどの教師も同じように使っているでしょうか。共通な言葉掛けにより、言語への意識が高まります。子供が興味をもって手を出してくるような工夫はしているでしょうか。課題の提示方法で探索活動の広がりが変わります。子供

教育課程の編成について検討を行う際に、特別支援学校小学部・中学部学習指導要領第1章第8節「重複障害者等に関する教育課程の取扱い」を正しく理解する必要があります（Q67参照）。

教材①（玉落とし）

探索する力をつけます。

30cm×40cmの平面のなかに鉄球がはめられています。その鉄球を手で探り、押し込んで落とします。鉄球が落ちることにより、結果がわかります。はじめは、触った部分のみ落としますが、繰り返し学習することにより、落とす範囲がひろがり、意図的に探索して落とせるようになります。

要点 実態把握をていねいに行い、個別の指導計画を基に、具体的な指導内容の設定、そしてきめ細かな評価・改善を行うことが大切です。

教材②（形態箱）

形の違いや向きの違いを知ります。穴に入ることで、課題が完結します。

教材③（四角構成）

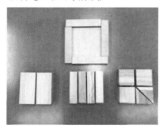

全体と部分の関係を理解します。

12cm四方の正方形の枠に様々なパーツを入れ構成します。正方形の枠をイメージする力、パーツの形や向きをイメージする力を付けます。試行錯誤で入れる段階から、この形はこの向きで入るというイメージがつくようになるとよいでしょう。

が行動を起こすための十分な時間をとっているでしょうか。見守ることで子供自身の力となっていきます。子供にとって触ってわかりやすい手がかりや机や椅子の適切な配置ができているでしょうか。適切な環境設定で、主体的に動けるようになります。子供の健康状態も重要な視点です。常に子供と対話をしながら、評価・改善をきめ細かく行います。授業者自身の指導法への評価や改善も大切なことです。

●**子供に付けたい力と教師自身が身に付けたい専門性**

具体的に全盲で知的障害のある児童生徒の課題学習の例で考えてみましょう。

各盲学校において、触－運動感覚を活用した教材・教具を用いた課題学習が行われています。視覚障害児は手で動かした操作の結果を手で得ることで学習します。つかむ、放す、すべらせる、触って比較するなど触覚や触－運動感覚を通した学習は、ことば、点字、数の学習の基礎となり、道具の使用とも結び付いています。学習の段階としては①探索活動の広がり、②物を入れる学習、③弁別学習、④形の分解と構成学習があります。これらの段階は、概念発達において質的に大きな変化を示す時期です。特に、視覚障害児にとって形をイメージできることは大切なことです。子供自らが教材・教具を動かし、触ると落ちる、動かすと落ちる、動かすとはまるなどの明確な応答性を感じながら、試行錯誤を繰り返すなかで、達成感を味わい、基礎的な概念を学習することができます。また、学習枠などを活用してどのように操作をするか等、課題解決の手順を身に付けることも重要です。適切な教材を用い、子供に学びながら適切に働きかけることで、主体的に活動し、自ら理解を広げていくことができます。

この学習において、教師に求められている力は、①子供の能力や特性などの実態を把握する力、②教科における学習課題を設定する力、③適切な教材を活用する力、④子供と対話をしながら実践する力、⑤授業を評価・改善する力です。これらの力を教師自らが身に付けていくことが求められます。

71 頭を振ったり、目押したりなどの行為についてはどのように指導したらよいですか。

発達遅滞を伴う視覚障害幼児の発達の特徴

　視覚障害幼児の中には発達の遅れのある子供たちが多くいるが、それには2つのタイプがある。1つは、発達のペースは遅いが、常に少しずつ発達しているように見えるタイプであり、もう1つは、何カ月たっても一見ほとんど発達がとまっているようにみえるタイプである。後者は発達の壁にぶつかって、それを超えられずにいる状態の場合である。たとえば、歩行についていえば、①歩けない（第1の壁0：10）、②音源に向かって直進歩行ができない（第2の壁1：6）③走れない（第3の壁2：6）の3つの大きなつまずきがあり、言語では、①音声言語が出ない（第2の壁1：6）②ほとんどおうむ返しやくり返し言語（2：0）等のつまずきがみられる。盲学校に在籍するいわゆる重複障害児の多くも、第2の壁から第3の壁の間でつまずいている。このことから、0：10から3：6までの指導がいかに重要かがわかる。

　第2の壁から第3の壁で発達のつまずきを示している場合、何らかの運動的な特異行動を示していることが多い。発達に遅れのある視覚障害幼児が示す代表的なものとして、

A

●視覚障害児に見られるいろいろな行為について

　子供は発達の過程でいろいろな行動を示します。一見無意味なように見える行動も一定の発達段階で出現したり、あるいは消失したりします。

　視覚障害児の場合、「目を押す」「手をふる」「頭を振る」「体をゆする」「ぐるぐる回る」「ものをなめる」などの行動が見られる場合が多いです。

　これらの行動を定義すると次のようになります。

　「人間の発達初期に出現するある種の行動が、視力欠損および低発達段階等の要因によって、常同化した無意識的自己刺激行動である」

　これらの行動は半年や1年で消失する場合もありますが、長期にわたって継続する場合もあります。また、盲学校在籍幼児児童に占める重複障害児の比率が高まっている現在、それらの行動の発達的理解も大切なことだと思われます。

●発達とのかかわり

　それらの行動の発達的特徴は次のようになります。

　まず、「口唇的発達段階」ともいえる行動です。

　「手に持った物は何でも口に入れる」「ものをなめる」「水をいじる」「プーッと口の振動を楽しむ」などがあります。

　やがてそれらの行動が「手に持った物をかまわず投げる」のような行動に変容します。

　さらに、「頭を手でたたき続ける」「性器いじりをする」「興奮してさわぐ」「音楽がかかると夢中になって聞き入る」などの「自閉的自己刺激」という行動に変化します。

　次に「同じ物（たとえば遊具や楽器）をずーっといじっている」というような「同一性の保持」というべき行動が現れます。

　さらに、「行動・思考の言語化の停滞」ともいえる、「同じ言葉を繰り返し言い続ける。」「人の言った言葉をそのまま返す」「その場に合わない有意味言語を話しだす」が現れます。

　続いて、「感触の変わった物に触るのを極端にいやがる」「新しい場所に恐怖を示す」などの「感触への異常偏向」が現れます。

要点
問題とされる行為ばかりに注目せず、発達全体のなかでのその行為の背景について考え、他の行動におきかえるなどの工夫が大切です。

「頭を振る」「体をゆする」「ぐるぐる回る」「頭を何かにぶつける」「頭を手でたたく」等があるが、自傷的特異行動が激しい場合は、つまずきが深刻な証拠である。
(「視覚障害幼児の発達と指導」五十嵐信敬（1993）コレール社）

●代表的な行為とその対応の例

たとえば、「ぐるぐるまわる」のような行為は、歩き始めたら意図的に歩く機会を作るようにします。そして、「歩いて」「止まって」のような指示に従えるようになるとしなくなってきます。また「手ふり」のような行為は運動発達と関係が深く、50メートルを30秒ぐらいで走るようになると消えていくことが多く見られます。

先ほどの「自閉的自己刺激」のような行動は1歳6か月、「行動・思考の言語化の停滞」は2歳半の段階を超えられずにいる場合に見られます。

● 発達との関連でとらえなおす

まずは、これらの行為をマイナスで止めさせなければならない行為だととらえないことです。たとえば「手に持った物は何でも口に入れる」という行為は、よく見てみると、「物をつかむこと」、「手で持って口に近づけて入れること」、「物を口唇でなめて感触を確かめること」を、自分から行っていることを意味します。

そこで、どのようなものなら持つのか、固い物、柔らかい物、ひものような物はどうか、いろいろと試してみましょう。ザラザラした物やフワフワした物などの感触の異なる物や、カシャカシャ音がする物などはどうでしょうか。

また、「手で持」ち方も、手掌全体で握り込んでいるのか、指示指や拇指は使っているのか、指先を使っているか、さらに「口唇で」はどのように確かめているかなどもよく観察して、子どもの興味・関心のあるものを拡大したり、大人とのやりとりに広げていったりすることが重要です。

つまり、これらの行動の多くを発達との関連からとらえなおす必要があります。

● 発達に影響を及ぼす行為が現れるのを防ぐための原則

それでは、どうすればそれらの行為を他の行為におきかえることができるのでしょうか。

これらの行為を防ぐには、まず「子供をひとりにしないで大人との応答関係を広げる」ことがあげられます。

次に「運動量を増やすこと」です。上に挙げた行為のうち「体をゆする」のように全身でするものは特に関係があります。日常生活のなかでの運動量が少ないためです。運動場を思い切り走るような経験を幼児期からさせる必要があります。

手を使う経験も必要です。手指運動の発達は視覚障害児にとってとても大切なことです。いろいろなおもちゃを使い遊びながら積極的に手指を使う習慣の形成も重要です。

72 知的障害をともなう場合の指導のポイントを教えてください。

重複障害者等に関する教育課程の取扱い

視覚障害者（中略）である児童又は生徒に対する教育を行う特別支援学校に就学する児童又は生徒のうち、知的障害を併せ有する者については、各教科の目標及び内容に関する事項の一部又は全部を（中略）知的障害者である児童又は生徒に対する教育を行う特別支援学校の各教科の目標及び内容の一部又は全部によって、替えることができるものとする。
（中略）
この場合、小学部の児童については、外国語科及び総合的な学習の時間を、中学部の生徒については、外国語科を設けないことができるものとする。
（特別支援学校小学部・中学部学校指導要領　第1章　第8節）

※1　盲児の身体像に関する検査
Bryant J.Cratty and Theressa A.Sams
「鼻を触ってください」「箱の右側に触りなさい」など言葉で表した課題に動きで答える検査。盲児だけではなく、弱視児、知的障害をともなう児童生徒も検査できます。

A　●ていねいな実態把握

個々の児童生徒の視覚障害と知的障害の状態等を把握し、実態を踏まえた指導を行います。

(1)　見え方

知的障害をともなう場合、視力や視野などを医療機関で正確に測定できないことが多いようです。知的障害の程度にもよりますが、ランドルド環による視力測定は練習によってできるようになることが多いので、輪が切れているところを見つけたり、同じ方向に回したりするなど、形の学習として練習するのも一つの方法です。そうして、定期的に遠見、近見、最大視認力を計測することで、学習に適した文字や形の大きさを知ることができます。視野、暗点など、見え方については、行動をよく観察して把握するほか、眼疾患や病名から推察し、行動と照らし合わせながら把握する方法もあります。

(2)　知的発達

心理学的な検査などの結果は、客観的データとして活用することができます。発達検査で全体的な発達のプロフィールをとらえたり、知能検査で知的発達や傾向をとらえたりすることができます。そのほか、コミュニケーション能力なども把握しておく必要があります。

(3)　基本的な生活習慣

生活リズム、着替え、食事、排せつなどの基本的な生活習慣が、どの程度身に付いているかを把握することが大切です。S-M社会能力検査は、保護者と合わせて実施することで、保護者と担任の情報交換のツールとして、児童生徒の発達を確認することができます。

(4)　体の動き

移動能力を含めて、身体各部の位置の理解、体の動きなどを把握しておく必要があります。体の動きや身体像に関する検査である「盲児の身体像に関する検査」[※1]では、毎年同じ時期に評価をすることで、動きだけでなく、動きと言葉の概念の形成の発達がわかります。

> **要点** 的確な実態把握が大切です。実態把握を踏まえ、児童生徒の課題を明らかにし、指導目標や指導内容を具体的に設定しましょう。

●児童生徒の実態、興味・関心等を踏まえた教育課程の編成

　検査や行動観察の記録をもとに、児童生徒の課題及び目標を明確にし、具体的な指導内容などを設定します。

(1) 指導内容の設定

　知的障害代替の教育課程[※2]でも、盲学校では、一人学級が多く、個別指導ができる学習環境にある場合がほとんどです。一人一人の児童生徒の実態や興味・関心、学習状況等を十分に考慮し、教科別に指導を行う時間を多く設定することができます。文字、点字などの学習を継続して行うことで、文字や点字で読み書きができるようになれば、学習の幅が広がるとともに、自分の気持ちを表現する手段や読書による知識の獲得につながります。また、知的障害代替の教育課程では小学部では外国語活動及び総合的な学習の時間、中学部では外国語科を設けていないところが多いようですが、聞く力、話す力が高い児童生徒が多いので、外国語活動や外国語科を積極的に取り入れて、日本語以外のコミュニケーションの楽しさも感じさせたいところです。

(2) 指導内容について

　個人差はありますが、全体的に経験不足の傾向があります。実体験を伴う学習を意図的に設定することが必要です。このとき各教科等を合わせて生活単元学習や作業学習などとして指導を行う場合では、集団のなかの役割が得られるように活動を分担することが多いのですが、部分だけで終わらず、活動全体を把握させるように配慮することが必要です。また、教師や児童生徒同士の言葉によるやりとりが十分できるよう配慮し、言葉の意味や話し方の指導なども含めて、言葉に対する指導を行うことが必要です。また、音楽的な能力の高い児童生徒については、歌やピアノなど、得意な分野に時間を多く配分することで、将来の豊かな生き方につながることが期待できます。

(3) 自立活動との関連

　学習レディネス、文字の獲得、移動能力の向上など学習の基礎となる内容に関しては、自立活動と関連させることが効果的です。

※2　知的障害を併せ有する児童生徒に対して、知的障害者である児童生徒に対する教育を行う特別支援学校の各教科の目標及び内容に替え、日常生活の指導、生活単元学習、作業学習などとして各教科等を合わせた指導を行うことを「『知的障害代替』の教育課程」と称することが多いです。

　特別支援学校小学部、中学部又は高等部においては、知的障害者である児童若しくは生徒又は複数の種類の障害を併せ有する児童若しくは生徒を教育する場合において特に必要があるときは、各教科、道徳、外国語活動、特別活動及び自立活動の全部又は一部について、合わせて授業を行うことができる。（学校教育法施行規則第130条2）

場所のシンボル

右はグラウンド、左は体育館。トランポリンで、場所がイメージしやすいように作りました。

点字学習器

大きなペグで、6点の位置を学習します。

Q73 肢体不自由をともなう場合の指導のポイントを教えてください。

肢体不自由

四肢や体幹の姿勢運動機能障害によって、日常生活動作に不自由があるもの。脳性まひや進行性筋ジストロフィーといった中枢神経系を含めた神経や筋が侵されるもの、先天性骨形成不全症やペルテス病といった骨や関節が侵されるものなど様々あります。

脳性まひ

胎生期や周産期、出生後の早期に、なんらかの理由により脳に損傷を受けることによる運動機能の障害です。しかし、その状態は様々であり、かつ医療技術の変化により、脳性まひ児の臨床像も変化してきています。

見え方の評価
・単独絵視標

・森実式ドットカード

A

●肢体不自由をともなう重複障害児童生徒

盲学校には、超低出生体重で生まれ、未熟児網膜症と脳性まひを伴う児童生徒が在籍している場合がしばしばみられます。また、脳室内の脳圧が上昇する水頭症では視神経が側脳室のそばを通っていることから影響を受けて視覚障害を伴うことがあります。脳腫瘍を基礎疾患とする場合、腫瘍が視神経に近いときには、視覚障害を伴うことがあります。大脳皮質後頭葉にある視覚野に重篤な損傷があれば、眼球と視路が正常であっても、見えない・見えにくいことが起こります。このような脳の視覚野の損傷に起因する視覚障害を中枢性視覚障害、皮質性視覚障害といいます。これに関連する基礎疾患としては、事故等による頭部外傷、溺水などによる低酸素脳症、脳炎後遺症、脳梗塞等があります。肢体不自由の基礎疾患と視覚との関連を理解して視覚機能の実態把握をすることが大切です。

障害が重複した児童生徒では、視覚機能の評価が困難な場合があり、特に障害の重い児童生徒は、見えているかどうかの把握が十分でないこともあります。ランドルト環での評価がしにくい場合に左記のようなものがあります。

●自立活動における身体の動きの指導

(1) 姿勢と運動・動作の基本的技能

身体の動きに困難のある児童生徒は、基本動作が未習得であったり、誤って習得していたりする場合があります。そこで姿勢の保持や上下肢の運動・動作の改善及び習得、関節の拘縮や変形の予防、筋力の維持・強化を図ることなどが必要です。日常生活に必要な食事・排泄・衣服の着脱・洗面・入浴等の身辺動作、学習のための動作等とも関連して指導していく必要があります。

(2) 姿勢保持と運動・動作の補助的手段の活用

姿勢保持や運動・動作が困難な場合、様々な補助用具等を活用する必要があります。補助用具には座位姿勢を安定させるための椅子、作業能率向上のための机、移動のための杖や歩行器及び車椅子等があります。他にも持ちやすいように握

要点
見え方や運動機能の実態を把握して、教材・教具、環境設定を工夫していくことが大切です。

・テラー・アキュイティ・カード（ＴＡＣ）

医療的ケア
　学校生活のなかで、痰の吸引や注入による経管栄養等が必要な児童生徒への対応は医療的ケアと呼ばれます。看護師が行うことが原則ですが、一定の条件の下に学校の実情に応じて、教員により実施されています。近年、盲学校にも医療的ケアを必要とする幼児児童生徒が在籍するようになりました。

学習環境の工夫
・コントラスト（見る物とその背景との濃淡の度合い）への配慮
・背景の刺激のコントロール
・光のコントロール
・見やすい物の提示
・ポジショニングの工夫
　（体幹が安定し、頭部・上肢がコントロールしやすいように姿勢を整える。必要に応じてクッションなどを用いる。）
・書見台の活用

りを太くしたり、ベルトを取り付けたりしたスプーンや、食器等を机上に固定する装置等の自助具、着脱しやすいようにデザインされた衣服等があります。また、コンピューターの入力動作を助けるための補助用具等も重要なものです。用途や目的に応じて適切な用具を選び、使いこなせるように指導していく必要があります。上肢が使いやすいようにポジショニングにも配慮する必要があります。必要に応じて、専門の医師や専門家の協力や助言を得ることが大切です。障害が重度で重複している児童生徒は、自由に姿勢を変えたり、座位や立位を保持したりすることが難しい場合も多く、筋や骨格、内臓の発達にも影響するため、いろいろな姿勢をとることが必要です。医療的ケアが必要な場合は特に配慮が必要です。子供たちが、視覚や触覚などを積極的に活用できるように、教材・教具や環境の設定を工夫することが大切です。

(3) **身体の移動能力**
　自分で身体を動かし目的の場所まで行くことは、興味・関心を広げるうえでとても重要であり、自立するために必要なことです。外界の様子を言葉で伝えたり、受容しやすい感覚に働きかけたりしながら、周囲の状況を丁寧に伝えていきます。自分のいる場所がわかり、移動したいときに移動したい場所へ行くことを選択でき、そのための方法を知るということは、将来のＱＯＬの向上に大きく関係するという視点をもって指導する必要があります。一人で移動できない場合に、周囲の人にたずねたり、援助を依頼したりする等、コミュニケーションの側面から考えることも必要です。

● **情報機器の活用**
　視覚補助、視覚代替として、様々な情報機器の活用は活動性を向上させ、社会参加を促すための重要な手段となります。児童生徒の状態や指導の目的、将来に向けての見通しをもって指導していくことが必要です。音声入力や上肢が使いにくくても操作できる各種のスイッチ等、必要に応じて選択します。知的障害を併せもつ児童生徒には因果関係のわかりやすいソフトを使い興味・関心がもてるようにします。

74 聴覚障害をともなう場合の指導のポイントについて教えてください。

A
●障害の状態の把握
　視覚障害に聴覚障害をともなう場合は、一般的に「目と耳の両方に障害を併せ有する（盲ろう）」とされています（以下「盲ろう」と表記）。日本では、視覚障害、聴覚障害のそれぞれについて法令的に規定がありますが、盲ろうに関する規定はありません。盲ろうという障害の困難は「視覚＋聴覚」ではなく「視覚×聴覚」ともいわれます。盲ろうは、それぞれの状態から、次の4つに分類することができます。①全盲ろう（全く見えない、全く聞こえない）、②弱視ろう（少し見える、全く聞こえない）、③全盲難聴（全く見えない、少し聞こえる）、④弱視難聴（少し見える、少し聞こえる）。
　聞こえる、見えるといってもその程度や視覚と聴覚の障害が生じた時期（先天、後天）がそれぞれ異なります。

●実態に応じたコミュニケーション方法
　学校に在籍している視覚と聴覚の両方に障害のある子供の多くは先天性盲ろうです。先天性盲ろうの子供は言語獲得前に障害が発生したために、初期的なコミュニケーション状態にある場合が多いです。このような子供は、人の区別や場所の区別をしたり、周囲の状況を十分に把握したりすることができず、他者の意思もわからず、自分の意思も伝えられず、混沌とするなかで不安な気持ちでいることが多くあります。まずは身近にいる人が子供が安心できる、かつ信頼できる関係を構築し、初期的なやりとりの成立を促すことから始めます。
　コミュニケーション（やりとり）においては、受信（相手の意思を受け取る）と発信（意思を相手に伝える）を区別してかかわることが大切です。
　受信については、「誰？」「これは何？」「ここはどこ？」「何をするの（されるの）？」などの「わからない」という子供の不安な気持ちに対して丁寧に予告したり、説明したりします。発信については、子供の「やりたい」「欲しい」「嫌」などの思いを丁寧に受け止めます。特に初期的なコミュニケーションの状態にある場合には、かかわる者が子供のわずかな動きの意味を探ったり、意味付けすることから、その幅を広

●コミュニケーションの方法
(1)　場所や物によるサイン
　ある活動をするときに、特定の場所を決めておくことで、その場所が活動のサインとなります。また、活動に使う物などをサインとして提示します。
(2)　触手話
　盲ろう者にかかわる者の手に触れてもらい、手話を動きで伝えます。
(3)　弱視手話
　弱視ろう者の見える距離や範囲で手話を表現して伝えます。
(4)　指文字
日本式：聴覚障害者の間で使われている日本語式指文字を、見たり触れたりしてもらって伝えます。

— 194 —

要点 障害の状態を丁寧に把握し、個々の実態に応じたコミュニケーションの方法、学びの方法を工夫することが大切です。

ローマ字式：アメリカ式アルファベット指文字をローマ字表記で手のひらに表して伝えます。（例：みかん→mikan）この方法は動きが小さく、21文字で表現することができます。

m　i　k　a　n
み　　か　　ん

(5) 指点字

盲ろう者の左右の人差し指、中指、薬指に点字のタイプライターを打つようにして伝えます。

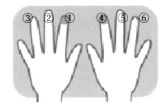

(6) 手のひら書き

盲ろう者の手のひらに指でひらがなやカタカナを書いて伝えます。

げたり、新たな発信方法を提案したりしていくことが必要になります。

相互のコミュニケーション関係（応答関係）が築かれることで様々な学びにつながることになります。

コミュニケーションの手段としては、最初は、身体の一部に触れる、簡単な身振り、場所や物によるサイン等が中心ですが、やがて触手話、接近手話、指文字（日本語、ローマ字）、指点字、点字、音声、筆記、手のひら書き、写真・絵カードなどが利用できるようになる場合があります。一つの手段に限らず複数を組み合わせること、例えば、受信は音声で、発信は身振りや物を使ったサインというように受信と発信が異なることもあります。障害の状態が一人一人異なりますので、一人一人に合ったコミュニケーション方法を見つけていくことが大切になります。

後天性盲ろうの場合は、それまでのコミュニケーション方法を切り替えていくことも大きな課題になります。

● 個に応じた学びの方法の工夫

教育内容については、コミュニケーションの獲得や日常生活の指導、自立活動の指導が中心になる子供から、各教科の学習を行う子供もいるため、教育目標、内容、指導方法も異なります。子供の実態をよく把握し、子供にとって必要とされる内容を適切に設定することが必要になります。指導計画は常に子供とかかわりながら考察し、見直しを行うことが必要になります。目と耳の状態にもよりますが、触覚を重視した探索になることは言うまでもありません。

盲ろうの場合には社会生活経験自体が不足になり、経験していても「見る」「聞く」ことの制限が、学ぶ機会や量を不足しがちにします。一つの経験や学習をさせるときにも、丁寧な説明や探索や確認できる十分な時間の確保とその手立てを工夫しながら進めることが必要になります。数多くの経験をすることはもちろんですが、一つのことをじっくり経験（探索）することが盲ろうの子供にとっては大切になります。

コラム⑱

全国盲ろう教育研究会
－盲ろうの幼児児童生徒を担当している先生方へ－

　「全国盲ろう教育研究会」は、目と耳の両方に障害を併せ有する「盲ろう児・者」の教育及び福祉について共に学び分かち合う、日本で唯一の全国的な研究会です。会員は、盲ろう教育にかかわる学校教員、盲ろう当事者、盲ろう児者の家族、療育・リハ・医療・通訳介助等にかかわる専門家、学生、ボランティア等からなっています。

　視覚と聴覚の両方に障害を併せ有する状態である「盲ろう」は独自の困難をもたらすため、独立した障害として国際的に認知されています。そのため障害者権利条約第24条のなかでも特別な配慮を必要とする障害として、「盲」と「ろう」とならんで「盲ろう」（deafblind）が記されています。なお、「盲ろう」には、盲＋ろう、弱視＋ろう、盲＋難聴、弱視＋難聴の4タイプが含められます。

　視覚と聴覚に障害をもたらす原因は、それぞれ異なる場合と、同じ原因である場合があります。後者の代表的な例としては、CHARGE症候群、超低体重出産、先天性風疹症候群、ダウン症候群、事故あるいは感染症による脳損傷等があります。

　「盲ろう」は、視覚と聴覚という二つの遠感覚の情報が極端に制限されることにより、人および環境との相互交渉に著しい制限が課される障害です。そのため誕生直後からの母子関係の成立、外界への関心、概念の形成、コミュニケーションの獲得、社会生活への参加、学習、余暇活動等、広範囲にわたり大きな困難をもたらします。

　しかし、これまでに蓄積されてきた盲ろう教育の実践により、一人一人の盲ろう児の理解を通して、支援者の在り方や係り方、環境や教材の整備、日常生活の組み立て方など、多くの知見が積み重ねられてきました。

　研究会の活動は3つの柱からなっています。
　1　日本各地の会員の実践を互いに分かち合うこと、
　2　会員の研修や相談の機会をつくること
　3　海外の動向を含めた盲ろうに関する最新の情報を会員に提供すること

　これらは、年1回の会報の発行、ウェブサイトによる情報提供、研究紀要の発行等を通して分かち合います。毎年夏には実践研究協議会を開催し、分科会や講演を通して全国各地の実践や新しい試みと成果から学び合い、盲ろう児者の教育と福祉へ貢献しています。

ウェブページ　http://www.re-deafblind.net
連絡先：
　全国盲ろう教育研究会事務局
　　〒239-8585　神奈川県横須賀市野比 5-1-1
　　独立行政法人　国立特別支援教育総合研究所内
　　星佑子　上席総括研究員
　　　TEL　046-839-6844　FAX　046-839-6908
または
　　〒231-0847　神奈川県横浜市中区竹之丸181
　　横浜訓盲学院
　　中澤恵江　学院長
　　　TEL　045-641-2626　FAX　045-641-2627

コラム⑲

杉山和一検校

　杉山和一は、1610(慶長15)年に伊勢国(三重県)藤堂藩の家臣杉山家に生まれ、1694（元禄15）年に85歳で亡くなりました。箏曲の八橋検校や松尾芭蕉・井原西鶴と同時代に活躍した、元禄文化を代表する一人です。

　和一は幼くして失明。十七、八歳のころ江戸に出て盲人の鍼医山瀬琢一に入門しましたが、ここで挫折、江ノ島の弁天で断食修行をしました。その結願の日に石につまずき、枯葉に包まれた松葉をつかんで管鍼（くだばり、かんしん）を発明したといわれています。その後、山瀬の師である京都の入江良明の息子、豊明に鍼術を学び、再び江戸に出て名声を上げていきました。

　和一のことがはっきりわかるのは、61歳で検校になり、71歳のとき4代将軍家綱の治療に当たってからの活躍です。和一は、続いて5代将軍綱吉の持病を鍼で治癒させ、綱吉の寵遇を得、多くの弟子を育て、やがて本所一ツ目（現在の東京都墨田区千歳1丁目付近）に屋敷地を与えられました。惣検校に任ぜられた和一はここに惣録屋敷を設け、弁天社を祀りました。これが今日の江島杉山神社です。

　和一の功績の第一は、管鍼術の大成と普及でした。管鍼そのものはすでに使われていたようですが、それを盲人が使いやすいように改良・普及を図ったことで、今日まで続く盲人の鍼灸按摩の礎となりました。第二は、弟子を多く養成し、大名諸家への仕官、幕府の医員へと登用させていったことです。弟子の三島安一検校は幕府に仕える奥医師となり、その後の検校も奥医師に取り立てられていきます。これにより、盲人の鍼医師の社会的地位が確立しました。第三は、弟子の養成のため鍼治稽古所をつくり、三島検校はさらに各地に杉山流鍼治稽古所・学校所を設立しました。これは、ヴァランタン・アユイ（Valentin Hauy, 1745-1822）が1784（天明4）年に設立したパリ盲学校に先立つ、世界最初の盲人教育機関の設立といってもよいものでした。さらにもう一つ大事なことは、綱吉の命により、男性盲人の組織である当道座組織の確立再編を図ったことです。京都にあった権限の一部を江戸に移し、幕府の元で当道座を統制しようとしたもので、新しい規約『新式目』を作っています。

杉山和一肖像（江戸期　杉山流鍼治学校所旧蔵のもの）
筑波大学附属視覚特別支援学校資料室蔵

75 視覚障害のある幼児児童生徒にとってのキャリア教育の意義と留意事項について教えてください。

キャリア教育に関して以下の文献が参考になります。

[1] 文部科学省
（2016.12.21）
幼稚園、小学校、中学校、高等学校及び特別支援学校の学習指導要領等の改善及び必要な方策等について（答申）
pp.55-57,106,116,233-235
キャリア教育の全般的な在り方について示されています。

[2] 北海道札幌盲学校
（2015.3）平成24・25・26年度研究紀要
『主体的・意欲的に学ぶ子どもの育成』～系統性のある学習プログラムの育成とキャリア教育の視点を取り入れた授業の工夫～
視覚障害に配慮したキャリア教育の学習プログラムについて検討されています。

[3] 北海道札幌視覚支援学校
（2017.11）平成27・28年度研究紀要
「北海道札幌視覚支援学校における一貫した教育の在り方」
pp.67-106
［2］の到達を踏まえた、キャリアノートを活用したキャリア発達を促す支援の実践が報告されています。

A

●キャリア教育の意義

　キャリア教育とは、社会的・職業的自立に向け、必要な基盤となる能力や態度を育てることを通じて、キャリア発達（社会のなかで自分の役割を果たしながら自分らしい生き方を実現していく過程）を促す教育のことです。近年その理念は浸透してきている一方で、例えば、職業教育や職場体験のみをもってキャリア教育としているのではないか、小学校（小学部）では特別活動で進路に関する内容がないために体系的に行われていないのではないか、中学校（中学部）以降でも卒業直後の進学・進路のみを見据えた指導になっているのではないか、などの指摘がなされています。キャリア教育を効果的に展開していくためには、「基礎的・汎用的能力」の４つの能力（「人間関係形成・社会形成能力」「自己理解・自己管理能力」「課題対応能力」「キャリアプランニング能力」）の、教育課程全体を通じた育成が重要になります。

●盲学校におけるキャリア教育

　盲学校は、幼稚部から高等部専攻科までの全学部または複数学部の設置校が大部分です。各学部は、視覚障害のある幼児児童生徒一人一人が、様々な役割を果たす過程で自らの役割の価値や自分と役割との関係を見いだし、必要な基盤となる能力や態度が育ち自立を果たせるよう、指導・支援の一貫性を図ることが大切です。

　幼稚部段階では、①遊びを中心とした全体的な発達、②親への愛着行動によるコミュニケーション、③豊かな感情の育成などが考えられます。

　小学部段階では、①自己および他者への積極的関心の形成・発展、②身のまわりの仕事や環境への関心・意欲の向上、③夢や希望、憧れる自己のイメージの獲得、④勤労を重んじ目標に向かって努力する態度の育成などが中心となります。

　中学部段階では、①暫定的自己理解と自己有用感の獲得、②興味・関心等に基づく職業観・勤労観の形成、③進路計画の立案と暫定的選択、④生き方や進路に関する現実的探索などが挙げられます。

要点　幼児児童生徒の自立に向けて、学習や生活の活動や課題と結び付け、進路の選択・計画へとつなげることが大切です。

[4] 全日本盲学校教育研究会（2017.3）視覚障害教育第123号pp.71-76

第2分科会において、生活単元学習や作業学習を、キャリア教育の視点に立ってどう捉えるか、指導助言の中で述べられています。

[5] 全日本盲学校教育研究会（2018.3）視覚障害教育第125号pp.16-18,74-77

全体会講演「今後の視覚障害教育の在り方」の最後の方で、盲学校で特に大切にしたい教育としてキャリア教育を挙げ、幼稚部からの系統性、教科横断的な指導、視覚障害教員や地域人材の活用などが大切であると示されています。また第3分科会で、キャリア教育の課題を探るレポート発表と助言がなされています。

高等部（普通科・専攻科）段階になると、①自己理解の深化と自己受容、②選択基準としての職業観・勤労観の確立、③将来設計の立案と社会的移行の準備、④進路の現実吟味と試行的参加などが重要となります。

いずれの段階においても、幼児児童生徒の学習や生活の課題がキャリア教育の目標と結び付くよう、留意していく必要があります。

併せて、視覚障害のある幼児児童生徒に対してのキャリア発達を円滑に促すためには、感覚情報処理能力（文字処理能力・歩行・触察など）の育成や経験の拡大などにも配慮することが大事です。

●キャリア教育を踏まえた進路指導

進路指導とは、生徒自らが将来の進路を選択・計画できるよう、教員が組織的・継続的に行う指導であり、長期的展望に立った人間形成を目指す教育活動です。進路指導のねらいはキャリア教育の目指すところとほぼ重なるものとなっていますが、これまでの進路指導の実践をキャリア教育の視点からとらえ直すことが求められます。

例えば、進路についての指導や相談においては、キャリア教育の視点を踏まえて、必要十分な情報を個々の進路希望に沿って提供し、進路に関する自己の意識や認識を確かめたり深めたりできるような援助が望まれます。全般的な情報の提供は、生徒・保護者それぞれに機会をとらえて計画的に行うことが大切です。そして個別の相談では、より実際に即した情報を示すことで、生徒の自己理解を深めると同時に、現実的な納得のいく進路が選択しやすくなります。

具体的な進路の相談を進めるにあたっては、進路先の状況や各種制度、手続きについて、保護者のみならず生徒自身が理解を深めていくことも必要です。自らの進路について、本人ができる限り自覚をもって考えられるよう、支援していくことが望まれます。

76 視覚障害者が従事している職業にはどのようなものがありますか。

適職の条件

ある職業が適しているか否かを判断するには、本人の意思（主観的要素）と、仕事の性質（客観的要素）の二つの側面から見るべきですが、本文冒頭で述べた三療の特徴は、適職の客観的側面と言えます。これに対して、仕事の意義を感じたり、新たな職業を切り開いていくには、本人の意思という主観的側面が重視される必要があります。進路指導に当たっては、より実現性の高い職業について目標を設定する必要がありますが、その際、本人の意思を最大限尊重していくことが重要です。

A

●三療から新職業の開拓へ

これまで多くの視覚障害者が従事してきた三療（あん摩マッサージ指圧、はり、きゅう）の仕事は、①その遂行に際してあまり視覚に依存しなくても済むこと、②賃金や施術料等、一定の収入を得られること、③多数の先例があり、社会的にも視覚障害者が従事可能だと認められていること、等の特徴があり、視覚障害者の適職とされてきました。しかし、近年、晴眼の業者が増加するとともに、あん摩マッサージ指圧に類似する手技を施すいわば「無資格業者」が加速度的に増加したことから、視覚障害者の三療は大きな困難に直面しています。

このような社会情勢の変化に対応し、視覚障害者の職業選択の幅を広げるため、欧米先進国の取組を参考にして、1960年代から新職域開拓への取組が進められ、ピアノ調律、電話交換、録音速記、コンピュータ・プログラミングなどの職業訓練が行われてきました。

また1970年代に入って視覚障害者の大学進学者が増加したことから、専門的職業や公務員への就職の機会を求める機運が高まり、当事者と関係団体の熱心な働きかけの結果、各種試験の門戸が開かれ、その方面に進む視覚障害者も徐々に増えてきました。

他方、1980年代以降、企業内のOA化が進むとともに、音声ワープロの開発と普及が進み、視覚障害者の事務系職種への就職の機会も増えてきています。

さらに、2002（平成14）年には障害を理由とする欠格条項の見直しが行われ、各種職業資格の取得にあたって、「目が見えないこと」が資格取得の絶対的欠格条項から相対的欠格条項に改められました。その結果、全盲の視覚障害者が医師国家試験を受験して合格するなど、視覚障害者の職業的可能性が大きく広がってきています。

●視覚障害者が従事している職業

2012（平成24）年の視覚障害地方公務員、普通科教員の採用状況とその配属先についての全国調査（視覚障害者支援総

要点 伝統的な職業として理療業もありますが、その他の職域も広くなってきています。これは一人一人の努力で切り開いた成果です。

職業についてのイメージをもつ

職業生活について具体的イメージをもたせるには、インターンシップ（職場体験）、卒業生との懇談、専門機関からの情報収集など、さまざまな方法が考えられます。生徒だけでなく、保護者も参加できるようなプログラムを組んでいくことが必要になります。

職業開拓に取り組む姿勢

視覚障害者の職域を広げるには、「適した仕事」を探すことに力を入れるよりも、具体的な職業イメージをもって「働いてみたい仕事」を見つけ、その実現を阻む「障壁」を乗り越えるためにどのような「支援」が必要かを考えることが重要です。このように取り組むことによって、従来は実現困難とされてきた仕事が、支援機器の活用や人的支援を受けることで充分遂行可能な職業になり得るからです。このことは過去半世紀以上にわたる職域開拓の歴史が実例で示してくれています。

合センター）等によれば、視覚障害者が従事する代表的な職業の状況は次のように推計されます。

- ○三療　治療院等自営：18,000、雇用関係にある者：7,000（治療院勤務、ヘルスキーパー、機能訓練指導員など）
- ○教育職　盲学校理療科教員：600、盲学校普通科教員：120、厚生労働省施設理療科教員：100、大学教員（国公私立大学及び短期大学）：20、普通学校教員（小・中・高校）：250
- ○公務員　国家公務員一般職：10、地方公務員：800
- ○専門職　弁護士：5、医師：10　　（各数字は「人」）

次の表は視覚障害者が雇用されている業種と、従事している業務を示したものです（2017（平成29）年現在）。この表からは、幅広い産業分野で視覚障害者が多様な業務に従事していることがわかります。

事業所の業種と、従事する業務（複数回答：人）

	電話交換	三療等	コールセンター	営業職	教職	システム	窓口相談	広報	経理事務	一般事務	計画立案	調査研究	管理職	その他
建設業	0	0	0	1	0	0	0	0	0	2	0	0	0	3
製造業	0	1	0	0	0	5	0	0	7	5	3	0	5
情報通信業	0	3	0	0	0	4	0	1	0	3	2	1	0	4
運輸業、郵便業	0	0	0	1	0	0	0	0	1	1	1	0	0
卸売業、小売業	1	2	1	1	0	0	1	1	0	1	0	0
金融業、保険業	0	1	0	0	0	1	1	0	0	3	0	0	0
不動産業、物品賃貸業	0	0	0	0	0	1	0	0	0	2	1	1	0	0
学術研究、専門・技術サービス業	0	0	0	0	0	0	0	0	1	1	0	0	0
宿泊業、飲食サービス業														
教育、学習支援業	0	0	0	1	11	0	1	1	0	2	2	6	0	1
医療、福祉	1	6	2	2	2	3	11	6	1	4	7	1	5	18
サービス業（他に分類されないもの）	0	0	0	0	0	0	0	0	2	0	0	0	0
公務（他に分類されるものを除く）	0	0	0	0	0	0	1	0	0	0	1	2	0	1
計	2	13	3	6	13	14	16	10	1	29	21	15	5	34

視覚障害者の職業アクセスの改善に向けた諸課題に関する研究（2018年障害者職業総合センター調査研究報告書No.138）

77 盲学校におけるあん摩マッサージ指圧師、はり師及びきゅう師の養成課程について教えてください。

盲学校高等部では、あん摩マッサージ指圧師、はり師及びきゅう師の資格を次のように取得します。
① 「座学（理論）」と「臨床実習（実技）」等を修了することで「卒業見込」を取得。
② 「卒業見込」を得て、国家試験を受験（2月末）することが可能。
③ 国家試験に合格（3月末）した後に、申請により「免許証」が交付。
④ 免許証があると開業、あはき師として就労できる。

盲学校における養成課程の種類
① 本科保健理療科
　（中学校卒業3年課程）
　あん摩・マッサージ・指圧師国家試験受験資格を取得。
② 専攻科保健理療科
　（高等学校卒業3年課程）
　あん摩・マッサージ・指圧師国家試験受験資格を取得。
③ 専攻科理療科
　（高等学校卒業3年課程）
　あん摩・マッサージ・指圧師、はり師及びきゅう師国家試験受験資格を取得。

※専攻科理療科のことを、別の言い方をしている学校もあります。
　理療科＝鍼灸手技療法科

A 現在、盲学校高等部に職業教育課程として、あん摩マッサージ指圧師、はり師及びきゅう師を養成する課程が設置されています。あん摩・はり・きゅうは、江戸時代から視覚障害者が職業としてきたものです。全盲の杉山和一（わいち）は、1682年、世界初の視覚障害者を対象とした教育施設である「杉山流鍼治導引稽古所」を開設しました。これは、1784年にフランスのヴァランタン・アユイがパリに盲学校を設立するより100年も前のことです。一方、マッサージは明治時代にフランスから伝わるとすぐに各病院内で施術が行われ、実績を挙げてきたものです。これまで、いくつかの盲学校においていろいろな職業教育が試みられてきましたが、多くの視覚障害者の自立を可能にするものは、あん摩・はり・きゅうが中心となっています。

　あん摩・はり・きゅうを職業とするためには、法律で定められた教育を受け、資格試験に合格して免許証を得る必要があります。免許証は、あん摩マッサージ指圧師免許証、はり師免許証、きゅう師免許証の3種類に分かれています。

　したがって、教育課程も免許証の違いによって3科に分かれます。しかし、はり師・きゅう師の養成内容には共通部分も多く、実際には次のような課程が設置されています。
①　あん摩マッサージ指圧師養成課程
②　あん摩マッサージ指圧師、はり師及びきゅう師養成課程
③　はり師、きゅう師養成課程

　盲学校には、①と②の課程が設置されています。③は、多くの専門学校や大学に設置されています。

　盲学校では、①の養成課程を「保健理療科」と言い、高等部本科と専攻科、②の課程を「理療科」と言い、高等部専攻科にそれぞれ設置されています。

　高等部本科は、入学資格が中学校又は盲学校中学部卒業者で、修業年限は3年で卒業時には特別支援学校高等部の卒業資格も得られます。1988（昭和63）年に施術者の資質向上を目指した法改正が行われ、免許を得るための養成機関の入学資格が全て高等学校以上に改められましたが、視覚障害者に限って従来通り中学校卒業の課程が当分の間認められており、現在も本科保健理療科があります。

　高等部専攻科は、高等学校又は盲学校高等部以上の卒業で、修業年限は3年です。

要点 免許証は「あん摩マッサージ指圧師」「はり師」「きゅう師」の3種、その養成課程には「保健理療科」「理療科」があります。

認定規則の改訂の変遷
① 昭和47年改正
　あマ指師＝1,680時間
　あはき師＝3,500時間
② 昭和51年改正
　あマ指師＝1,515時間
　あはき師＝2,775時間
③ 平成元年改正
　あマ指師＝2,550時間
　あはき師＝3,165時間
④ 平成12年改正（大綱化）
　あマ指師＝77単位
　あはき師＝93単位
⑤ 平成28年改正
　あマ指師＝85単位
　あはき師＝100単位

※略字は次の意味を表す。
あマ指師
　＝あん摩マッサージ指圧師
あはき師
　＝あん摩マッサージ指圧師、
　　はり師及びきゅう師

あん摩・マッサージ・指圧、はり、きゅう関連の養成学校の認定や、資格試験、免許等に関することは、文部科学省と厚生労働省の2省が管轄し、「あん摩マッサージ指圧師、はり師、きゅう師等に関する法律」等に定められています。

最近の状況としては、質の高いあん摩マッサージ指圧師、はり師及びきゅう師の養成が急務であるという社会の要請があり、「あん摩マッサージ指圧師・はり師・きゅう師学校養成施設カリキュラム等改善検討会」が平成27・28年度に開催されました。

2016（平成28）年10月、厚生労働大臣より医道審議会あん摩マッサージ指圧師、はり師、きゅう師及び柔道整復師分科会に「あん摩マッサージ指圧師、はり師及びきゅう師にかかる学校養成施設認定規則の改正」についての諮問があり、同月の医道審議会において報告がなされ、これに基づく新しいカリキュラムの編成は、2018（平成30）年4月より適用されています。

さらに、「保健理療科」「理療科」の教育内容に関しては、前述の「あん摩マッサージ指圧師、はり師、きゅう師にかかる学校養成施設認定規則」に基づいて、2018（平成30）年に告示される予定の「特別支援学校高等部学習指導要領」に定められています。

＜あん摩マッサージ指圧師、はり師及びきゅう師に係る学校養成施設認定規則等改正（概要）＞
・総単位数の引上げ（カリキュラムの見直しを含む）
・最低履修時間数の設定
・臨床実習施設
・臨床実習施設の要件（あはき師臨床実習指導者講習会含む）
・臨床実習において実習生が行うことができる行為
・専任教員数
・専任教員の要件の見直し、定義の明確化等
・「著しい視覚障害」の程度
・通信教育等（放送大学等）の活用
・養成施設において備える必要がある備品等の見直し
・適用時期、経過措置

また、報告書においては、5年後を目処として、新たな改正の必要性についての検討が必要あることが提言されました。

Q78 盲学校における理学療法士、柔道整復師の養成について教えてください。

理学療法士とは

PT（physical therapist）とも呼ばれ、病気やケガなどで身体に障害のある人に対して、座る、立つ、歩くなどの基本動作能力の回復や維持を目的に、運動療法や物理療法などを用いて、自立した日常生活が送れるように支援する国家資格の医療専門職です。

主として病院などの医療機関、高齢者施設や療育施設などの福祉施設で働きます。

理学療法科における視覚障害のある生徒への配慮事項

- 大きな板書文字と読み上げ
- 拡大文字プリントの配付
- マンツーマンによる丁寧な実技指導
- 視覚障害に理解のある施設での臨床実習
- 個別相談による就職指導

など

大阪南視覚支援学校理学療法科の過去5年間の卒業生数

- 平成25年度 2名
- 平成26年度 2名
- 平成27年度 4名
- 平成28年度 4名
- 平成29年度 0名

大阪南視覚支援学校理学療法科の過去5年間の国家試験合格率

94％（現役のみ）

A

●理学療法科の紹介

盲学校における理学療法教育の歴史は古く、1964（昭和39）年に東京教育大学（現筑波大学）附属と大阪府立（現大阪南）の盲（視覚支援）学校、1965（昭和40）年に徳島県立盲（現徳島視覚支援）学校に学科が設置（2009（平成21）年3月閉科）されました。以来50年以上にわたり、視覚障害者の職業自立の支援をモットーに教育を行い、多くの卒業生が医療や福祉の分野で活躍しています。

●理学療法士の現状

高齢化社会を迎え、高齢者の運動機能の維持や医療費抑制のための予防に理学療法士は欠かせない職種となっています。現在、全国に260余りの理学療法士養成施設があり、毎年1万人以上の理学療法士が新たに誕生しています。

●理学療法士の進路

急性期や回復期の病院、クリニックなどの医療機関だけでなく、介護老人保健施設や訪問・通所リハビリテーション施設などにも多くの卒業生が就職しています。また、疾病及び障害の予防や健康志向の高まりを受けてスポーツ関連分野への進出や、あるいは昨今の医療技術の目覚ましい進歩を受けて、神経・筋などの再生医療分野における理学療法の有用性の検証も行われています。今後も理学療法士への社会的ニーズはますます高まり、長期にわたって安定した就業が見込めます。

●盲学校において養成する意義と課題

あん摩マッサージ指圧師、はり師及びきゅう師以外の視覚障害者の職域として、とりわけ弱視者における職域の拡大に理学療法科は長年にわたって大きく貢献してきました。

今後も一人一人の見え方に応じたきめ細かな理学療法士養成教育を行い続ける必要性は極めて高いといえます。しかし、あまりに多くの養成施設があるために視覚に障害があっても他の養成施設に入学するケースが見受けられます。視覚障害者にとって学びやすい盲学校理学療法科を知ってもらうことが何より大切です。

要点 生徒一人一人の障害に配慮した理学療法教育と柔道整復教育が行われ、視覚障害者の職域拡大に寄与しています。

柔道整復師とは
骨折・脱臼・打撲・捻挫などの損傷に対する応急手当・施術として、徒手整復（手術をしない施術）・固定・後療法を行い、外傷悪化の予防・回復を図る国家資格の医療専門職です。

大阪南視覚支援学校柔道整復科の学生在籍数（平成30年5月現在）
1年生：3名
2年生：8名
3年生：9名

視覚障害のある生徒への配慮事項（柔道整復科）
・大きな板書文字と読み上げ
・拡大文字及び点字の授業プリント配付
・授業プリントのテキストデータの提供（希望者のみ）
・立体コピーなど視覚補助教材の活用
・きめ細かい実技指導
など

柔道整復師国家試験での特別措置
視覚障害の状況に応じて、これまでの拡大文字や拡大読書器の使用に加えて、点字受験、デイジーの併用が認められました。また、試験時間も同様に、見え方に応じて1.3倍、1.5倍に延長されます。

●柔道整復科の紹介
視覚障害者の職域拡大を目的に、2015（平成27）年4月に特別支援学校では日本で初めて大阪南視覚支援学校に設置されました。
一般の養成施設と異なり定員10名の少人数制で個々の見え方に応じたきめ細かな指導に取り組んでいます。

●柔道整復師の現状
就業している柔道整復師は約6万4千人で、施術所は約4万6千箇所あります。柔道整復師の仕事のうち外傷に対する応急手当や施術に対しては療養費の取扱が可能です。しかし、2018（平成30）年4月から施術管理者の要件について通知が出され療養費の請求にあたり、受け入れ要件を満たす接骨院で一定期間の実務経験と研修が必須となります。

●柔道整復科の進路
資格取得後、施術所を開設するケースが多く、「鍼灸整骨院」という看板を見かけることも多いかと思います。大阪南視覚支援学校ではあん摩マッサージ指圧師、はり師及びきゅう師の資格をもつ学生が多く、将来の開業を視野に入れている人もいます。ほかに、スポーツトレーナーやデイサービスを併設する整骨院も散見されます。

●盲学校において養成する意義と課題
視覚障害のある鍼灸師が柔道整復の資格を取得することで急性期の外傷から慢性期の疾患まで対応できる「鍼灸接骨院」を開業できることは大きな職域の拡大です。
一方で、2018（平成30）年4月から始まる新カリキュラムのもと、社会の状況に応じた教科内容の指導と国家試験の合格率を上げる実績づくりが求められています。また、療養費の請求にあたる施術管理者の要件について、視覚障害のある柔道整復師の接骨院・整骨院への就職が円滑に進むように、視覚障害に対する理解啓発と就職先の開拓が大きな課題となっています。

79 「理療科」、「保健理療科」の卒業後の進路はどのようになっていますか。

A 理療科課程を卒業すると、「あん摩マッサージ指圧師試験、はり師試験、きゅう師試験」の、保健理療科課程を卒業すると「あん摩マッサージ指圧師試験」の受験資格が得られます。それぞれの試験に合格し、免許を申請すると「あん摩マッサージ指圧師免許」、「はり師免許」、「きゅう師免許」を取得することができます。

1988（昭和63）年に、「あん摩マッサージ指圧師、はり師、きゅう師（以下「あはき師」という）等に関する法律」が大幅に改正されました。その主旨は医学や医療全般のめざましい進歩に対応し、あはき師の資質向上を図るということです。そして、1990（平成2）年には、この法改正を受けて新課程による教育が開始され、1993（平成5）年2月の資格試験から、厚生大臣が指定する機関（東洋療法研修試験財団）による国家試験となっています。問題形式は4肢択一150問で、実技試験はありません。視覚障害者には、点字受験のほかに、拡大文字、録音による受験、受験時間の1.5倍延長などが認められています。近年は、臨床力の一層の向上が求められ、試験の形式の変更や第3者による実技審査制度の導入なども検討されています。

国家試験はこれまでに26回実施されていますが、徐々に問題の難易度が上がり、合格するためにはしっかりとした準備が求められます。

理療科・保健理療科課程卒業後の進路は、開業・就職・進学の三つが考えられます。以前は、治療院開業やマッサージ師として病院へ就職する等が中心でしたが、近年は、ヘルスキーパーとして企業内でマッサージを行ったり、訪問マッサージの治療院に就職したり、老人福祉施設で機能訓練指導員として働くなどが主体となってきています。

● 開業とは

自分自身が責任者となり治療院を経営することです。これまでは、自分自身が経営者であり施術者でもあるという個人開業の形態がほとんどでしたが、これからは、法人経営で自由診療、保険診療、介護関係への参入など多角的な運営を行う治療院が求められています。治療院開業は、視覚障害者にとってやりがいがあり、最も適した就業形態ですが、無資格

第26回あん摩マッサージ指圧師、はり師、きゅう師国家試験の結果

第26回はり師国家試験の結果

2018（平成30）年2月実施

種別	あん摩マッサージ指圧師（盲学校57校）	はり師（盲学校54校）
受験者数	236	146
合格者数	198	97
合格率	83.9%	66.4%

※現役生の受験者と合格者数

【戦後の状況】

1947（昭和22）年1月、厚生大臣諮問機関医療制度審議会あん摩・マッサージ・はり・きゅう・柔道整復等に関しての答申

ア　あん摩、マッサージ、はり、きゅう、柔道整復は全て医師の指示下にあるのでなければ、施術してはならない。

イ　はり、きゅうは原則として盲人には新規免許を与えない。（以下略）

同年9月　占領軍総司令部命令「はり、きゅう、あん摩、……を禁じる」

— 206 —

要点

治療院、特別養護老人ホーム、ヘルスキーパー、病院等の医療機関などへの就職のほか、開業や進学もあります。

法の公布と主な改正

答申に対して、業界、教育界、盲人団体が結集して業権擁護運動を展開しました。

- 1947（昭和22）年12月20日「あん摩、はり、きゅう、柔道整復等営業法」公布
- 1951（昭和26）年法の名称改正
- 1964（昭和39）年「あん摩師」が「あん摩マッサージ指圧師」に名称改正　晴眼者のあん摩マッサージ指圧師を養成する学校の定員の増加制限
- 1970（昭和45）年柔道整復師法独立
- 1988（昭和63）年現行法
- 1993（平成5）年第1回国家試験
- 2017（平成29）年4月現行認定規則に改正

平成28年度　高等部専攻科卒業生進路状況

		専攻科		合計
		理療	保健理療	
就職	医療関係機関	14	2	16
	治療院	31	11	42
	公務員又は公共企業体	2	1	3
	民間企業	24	12	36
	特別養護老人ホーム	7	7	14
	その他	8	3	11
施設福祉・サービス		10	3	13
開業		12	1	13

業者の増加等、経営環境が厳しくなってきています。

●就職先は

①治療院、②老人福祉施設、③ヘルスキーパー、④医療機関などに就職します。

①治療院勤務：治療院（訪問マッサージを含む）、接骨院などに勤めて、あはきの施術を行います。以前に比べて、即戦力を求められることが多くなりました。実力を蓄えておくとともに、しっかりと雇用契約を結んで働くことが大切です。

②老人福祉施設での勤務：機能訓練指導員として利用者の方々にマッサージや運動療法を行います。視覚障害があるあはき師にとっては、重要な職域です。

③ヘルスキーパーとしての勤務：比較的新しい職域です。障害者雇用促進法や企業内の健康管理の重視によって、ヘルスキーパーを配置する企業が増えてきました。しかし、雇用率達成を満たすための消極的雇用から、社員の健康を高め作業の向上につなげようとする積極的な雇用まで様々です。マッサージのみの施術を行うところが多いですが、近年は鍼施術を行うところも増えてきています。有期雇用（契約社員）の形態で働いている人が多いなど課題もありますが、今後期待される職域の1つです。

④医療機関での勤務：病院・医院に勤めてマッサージを行います。マッサージは、診療点数表に位置付けられている医療行為で、患者のニーズは高いのですが、診療点数が低いため経営上の課題が多く、近年は新たな就労は激減しています。しかし、医療マッサージのエビデンスを高め、今後も維持・発展させていかなければならない大切な職域です。

●進学先は

保健理療科卒業生がはり師・きゅう師をめざして理療科に進学する場合があります。また、理療科の教員をめざして、筑波大学理療科教員養成施設に進学する場合もあります。

このように就業形態は様々ですが、生徒に求められることは、施術の能力はもちろん、コミュニケーションスキルやパソコンのスキルを高め、自分の健康管理をしっかり行い、勤労者としての自覚や意欲を身に付けておくこと等です。

80 理療以外の職種の開拓はどのようになっていますか。

理療以外の訓練施設
①日本盲人職能開発センター
　事務処理科（1年）
②日本ライトハウス視覚障害者リハビリテーションセンター
　情報処理科
　ビジネス科
③障害者職業能力開発校
・国が設置する障害者職業能力開発校　13か所
・都道府県が設置する障害者職業能力開発校7か所
（例）
・国立県営神奈川障害者職業能力開発校
　　ビジネスサポートコース
　　電話オペレーター
・国立吉備高原障害者職業能力開発校
　　システム設計科
　　メカトロニクス科
　　OA事務科

A

●**理療科以外の職業教育**

　全国の盲学校のなかには、音楽科（京都府立盲、筑波大学附属視覚特別支援）、理学療法科（大阪府立大阪南視覚支援、筑波大学附属視覚特別支援）、生活技能科（福岡県立福岡高等視覚特別支援）、柔道整復科（大阪府立大阪南視覚支援）を設置しているところがあります。また、筑波大学理療科教員養成施設、筑波技術大学保健科学部（保健学科、情報システム学科）のように、視覚障害者を対象とする大学、学科もあります。

●**情報処理系の就職状況**

　近年ＩＣＴの発達は、目覚ましいものがあります。

　電子化された文書やデータを点字や音声に変換することにより、入力文字を確認することができ、印刷文書をＯＣＲ（光学的文字読み取り装置）で電子化できるようになり、通常の文書のやりとりが可能となりました。

　また、既存のＰＣ機器をカスタマイズしたり、必要なソフトを入れたりすることによって特別な機器の導入も少なくて済み、視覚障害があっても十分適応可能となり、職業選択の幅は広がってきました。

　現在は、企業等においてもＰＣ機器が活用されている状況です。教育機関や訓練施設等で、基本的な知識からより専門的な技能を身に付け、深めることで企業のニーズに応じた職域が広がります。視覚障害者に対する情報処理系の就職の門戸は開かれてきたと言えるでしょう。

　このように、ＩＣＴを活用した新しいワークスタイルとして、「テレワーク」があります。移動にかかる時間や場所を有効に活用できる柔軟な働き方の一つで、厚生労働省が打ち出した働き方改革のなかでも推進されているところです。また、都道府県の障害福祉関係部署が障害者委託訓練事業として、習得訓練コースを設定しているところもあり、障害に応じた進路就労支援の充実に取り組んでいるので、各県の情報を集めることが重要です。

●**大学卒業後の就職状況**

　大学入試等については、障害のある学生に対する合理的配

> **要点** ＩＣＴの飛躍的な発展と、その活用を背景として、各方面で視覚障害の特性を踏まえた職種の研究が進められています。

視覚障害者の大学及び大学院卒業後の就職状況（参考）

	2012年	2013年	2014年	合計
企　業	12	7	13	32
公務員	1	2	4	7
教　員	2	0	1	3
福祉関係等	1	9	2	12
	16	18	20	54

シリーズ　視覚障害者の大学進学４　就職
（2016年6月改訂）
全国高等学校長協会特別支援学校部会
全国盲学校長会大学進学支援特別委員会

慮がなされるようになったため、幅広い分野において受験が可能になりました。それにより、卒業後は専門職や、国家公務員試験１種及び２種の一部（行政職）、地方公務員、弁護士や教員などの職種に従事する人が増えてきました。

　これは、それぞれの公務員試験、弁護士試験、教員採用試験等において、点字試験が実現した結果でもあります。

●職種開拓の試み

　「障害者の雇用促進等に関する法律の一部を改正する法律」や「障害を理由とする差別の解消の推進に関する法律」の制定（いずれも2016（平成28）年4月施行）によって、職業訓練の場が増え、職業選択の幅も広がりを見せていますが、それぞれの職種での視覚障害者の職業自立を見ると、全般的にはまだまだ厳しい状況にあると言えるでしょう。産業構造の変化に対応した形で職務分析を行い、視覚障害者ができる作業を発見し、その職業能力をどう獲得させていくか、そのための環境をどう整備していくかが重要になってきます。

　それにはまず企業に出向き、盲学校や視覚障害について知ってもらうことが大切です。前述したように、ＩＣＴの発展に伴い、既存の機器を活かして行える仕事は増えてきましたが、個々によって視覚障害の状況は違います。具体的な見え方・獲得している力・配慮が必要な点等を説明し、理解を求めることが大切です。併せて、障害者雇用納付金等に基づく職場介助者の配置や各種助成制度について、補足説明を行うことも重要です。

　インターンシップも、視覚障害者理解にとても有効な方法だと思います。実際に職場で実習の機会をいただくことにより、具体的な実践力や問題点・改善点なども共通認識できることでしょう。

　しかし、就労は何よりも視覚障害者自身の努力が不可欠です。歩行などの移動能力、就業のための文書処理能力の獲得なども必要な要素と言えるでしょう。今後も新しい職種の開拓がさらに求められています。

Q81 インターンシップ（現場実習）の実際と留意事項について教えてください。

高等部普通科卒業後の主な進路先

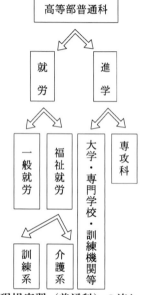

現場実習（普通科）の流れ
①実習参加生徒及び実習先・実習期間の決定
②実施計画・依頼状・教育委員会届出・承諾書の作成
③インターンシップ保険加入
④実習先での打ち合わせ
⑤巡回指導及び記録
⑥礼状作成、実習報告会

事前・事後指導
○実習日誌の作成
　・目的、ねらいの確認
　・体調不良時　・帰宅連絡
　・通勤経路　　・安全面
　・コミュニケーション
　・報告、連絡、相談
○事後学習
　・礼状作成　・日誌確認
　・評価票をもとに振り返り
　・実習報告会資料作成
　・就労希望者は保護者面談

A
●**高等部普通科における現場実習について**
　普通科卒業後の主な進路先は、大きく分けると進学と就労の２つのパターンが考えられます。進学も専攻科、大学、専門学校、訓練機関等があり、就労も一般就労と福祉就労（訓練系と介護系）に大きく分かれます。現場実習は、それぞれの生徒の進路を見据え、生徒の実態に即した実習が大前提となります。また、実施の際には就労体験が目的の生徒、一般就労が目的の生徒、福祉就労が目的の生徒と、目的を明確に学校と生徒、保護者と確認しておくことが大切です。
　実習の検討を進める際は、まず生徒や保護者のニーズ、学校（担任や授業担当者、高等部）としての考えを十分に踏まえたうえで、実習先や期間を決定していきます。実習先は、過去の実習の受け入れ先、県内の特別支援学校（他の障害種）が利用している実習先、卒業生が勤務している事業所や福祉施設等から絞り込みを始めるのが一般的です。しかし、生徒の希望によってはそれでも実習先が見つからない場合もありますので、ハローワークが実施する障害者面接会等で、実習先の開拓も必要になるでしょう。視覚障害者の実態をよく知らない事業所や福祉施設もまだまだありますので、学校生活の様子や学習の内容等の説明から理解啓発を行っていきます。生徒と一緒に職場見学に伺うことも、相手側に盲学校の生徒を知ってもらうよい機会になります。
　視覚障害者の受け入れ経験のある事業所であれば、生徒本人の実態からできそうな仕事を準備してくれるケースがあります。全く初めての事業所では、生徒の実態をよく知ってもらう必要があります。事前に十分な打ち合わせを行うことはもちろんですが、場合によっては、学校生活の様子を知ってもらうために、担当者に来校を依頼し参観してもらったり、生徒の様子を録画したものを見てもらったりする等、おおよその実態を把握してもらうことも一つの方法です（画像の提供には生徒及び保護者の同意が必要です）。
●**福祉就労（訓練系・介護系）**
　福祉施設利用希望生徒については、現在の福祉制度につい

要点 実習を行う目的を明確にすることが大切です。また、実習をより充実させるために、事前と事後の学習を効果的に行いましょう。

福祉就労
○就労系　就労移行支援
　　　　　就労継続支援Ａ型
　　　　　　　　　　　Ｂ型
○介護系　生活介護
※福祉施設利用には福祉サービス受給者証が必要です。

実習方針（例）
○実習を通して、実際の臨床現場で求められる知識や技術について学ぶ。
○患者やスタッフとのコミュニケーションを通して、施術者としてふさわしい人間性を身に付ける。
○実習で得た経験をその後の学習に活かす。
○実習先のシステムを理解しスタッフの指示に従う。

打ち合わせの内容（例）
　実習期日と時間、実習のねらいと内容、持ち物や服装、昼食、通勤方法や経路、実習日誌の取扱い、加入保険の確認、交通機関の時刻や運賃についても確認します。また、評価票の内容についても説明し、記入を依頼します。

実習評価票の内容（例）
・実習態度　・責任感
・挨拶　　　・身だしなみ
・協調性　　・患者への接し方
・自主性　　・指示への対応
・研究心　　・知識及び技術

実習報告会
・報告会資料作成

て、保護者も含め実習担当者も理解を深めておく必要があります。卒業後の利用に伴うアセスメントやモニタリング制度、サービス受給者証取得についても併せて市町村の福祉課や障害者就業・生活支援センター、相談支援事業所とも早めに情報交換や連携が必要となります。

●**高等部専攻科における校外臨床実習について**
　理療実習は、臨床実習と並び生徒の技術的な向上や精神面での成長だけでなく、現場の雰囲気を感じ取ることにより勤労観や職業観を育むことができる大切な位置付けとなっています。また、条件が揃えばそのまま就労に結び付くケースも少なくありません。よって、インターンシップを行う際には、実習先の決定から、生徒の施術力、コミュニケーション能力、カルテ作成等に伴う文章力やＰＣ操作能力等総合的に勘案しながら実施計画を作成していきます。

(1)　**実習先の決定**
　生徒の希望（病院・訪問・老人保健施設・ヘルスキーパー等）を確認し、担任や理療科の方針を踏まえ決定します。

(2)　**事前指導**
　学校の実習方針等に基づき、実習生に対し全体指導を行います。その他、必要な個別指導は実習担当者（および学級担任）が行います。

(3)　**事前打ち合わせ**
　打ち合わせでは、実習生の視力や見え方、配慮事項について、本人から伝えられるよう指導しておきます。

(4)　**実習中の指導**
　期間中は巡回指導を行い、事業所の担当者に実習中の様子を伺い、本人に状況等を確認します。通勤時に歩行指導が必要な場合は担当者間で検討します。実習中、事故等が発生した場合は、管理職等と対応を検討します。

(5)　**実習後**
　実習終了後は速やかに礼状を送付します。また、実習日誌や評価票を基にレポート等を作成し、実習報告会に備えます。評価を十分に行い、今後の方向性について検討します。

Q82 重複障害者である生徒に対する進路指導における留意事項を教えてください。

A 重複障害者である生徒の進路は、障害の程度にもよりますが、障害福祉サービス事業所への就労・利用が多くを占めています。2006（平成18）年、「障害者自立支援法」（現：障害者総合支援法）の施行で障害福祉サービス制度が整備されました。視覚障害のある生徒が高等部卒業後に利用できる障害福祉サービスとしては、次のようなものが考えられます。

1 生活介護
2 就労移行支援
3 就労継続支援A型
4 就労継続支援B型

障害のある人も支援を受けるだけでなく、障害の程度によって、できる範囲で「働く」ことができるようになります。このうち、2～4が「就労系」に当たります。

ここで重要なのは、生徒の家庭や学校での日常生活や学習の状況から、就労が可能かどうかを見極めることです。その際、保護者の意向を聞き、共通理解をしておくことが必要です。また、将来の就労を想定して、必要な力の育成に早い段階から系統的に取り組みます。そのためには、小・中・高、各部間の連携が非常に重要になってきます。

●社会的・職業的自立に向けて必要な基盤となる資質・能力
　①衣食住などの身辺自立や整理整頓の力
　②室内外の移動や通勤における技能
　③きびきびとした早め早めの行動
　④他者とのコミュニケーション能力

●事業所の情報収集、見学と作業内容等の確認
　ほとんどの生徒が居住地での就労等を希望するため、居住地近辺の事業所の情報収集が大切です。障害福祉機関・部署からの刊行物、インターネットでの検索、事業所の説明会への参加などから情報を得て、常に新しい情報を収集します。
　また、事業所への見学を通して、現場実習や就労・利用について視覚障害者の受入れの可否、具体的な作業内容、送迎の有無などを確認します。長期休業中など生徒本人・保護者による事業所の見学も必要です。

障害福祉サービス

1　生活介護
　主に昼間に、入浴、排せつ、食事等の介護や創作的活動・生産活動があります。

2　就労移行支援
　一般就労を目指し、就労に必要な訓練があります。利用期間が原則2年間です。

3　就労継続支援A型
　雇用契約を結び、最低賃金が保証されます。2015（平成27）年度、平均賃金月額（全国）は67,795円です。

4　就労継続支援B型
　雇用契約を結ばず「工賃」が支給されます。2015（平成27年）度、平均工賃月額（全国）は15,033円です。また、卒業後の利用には、3年次に就労アセスメントが必要です。

要点 就労の可否判断と「ひとりでできるか」の観点での系統的な指導体制、事業所の情報収集と保護者の理解・協力が大切です。

現場実習での作業例
- 点字入り名刺の作成
- テープ起こし作業
- HPアクセシビリティチェック
- 温浴施設で使用する館内着のたたみ
- タオルたたみ
- ホテルで使用するアメニティセット作成
- 袋詰め作業（菓子、野菜、割りばし、クラッカーなど）
- 冷蔵庫用ドアガスケットの磁石抜き作業
- 空き缶つぶし

● **生徒の特性や興味の把握を踏まえた学習内容**
　日常の活動の様子や手指の器用さ、集中力の持続など、生徒の特性を十分把握し、それを基に生徒に適した学習内容を選択します。事業所の作業内容のなかで生徒が取り組めそうな内容を、作業学習や校内実習で取り入れていきます。

● **現場実習等の実施**
　就労系事業所への進路希望者に対しては、個人での現場実習を行います。1日の職場体験的なものや10日間の長期にわたるものもあります。実施前には事業所の方と学校関係者で打合せを行い、見え方の状況や日常生活上の留意点、必要な支援などを確認しておきます。それによって、視覚障害者に接する機会が少ない事業所の不安感を少しでも解消できます。また、実施時の作業の様子や実施後の評価などによって、進路先決定に生かしていきます。

● **相談支援事業所との連携**
　保護者に、地域の相談支援事業所との契約を勧めます。市区町村の障害福祉担当課等に相談すると対応してもらえます。家庭、学校、相談支援事業所の連携を深めることで進路決定も進めやすくなります。

● **進路先決定と移行支援（引き継ぎ）**
　就労継続支援A型事業所については、雇用契約があるためハローワークの求人票を基に採用の選考試験を受けます。また、進路先が内定すれば、卒業前にケース会議や個別の教育支援計画、移行支援計画などを活用して生徒の就労面や生活面での情報を引き継ぎます。

● **卒業後のフォロー**
　卒業後のアフターケアを計画的に行います。障害者就業・生活支援センターなどと連携して職場定着を促します。

● **「ひとりでできるか」が鍵**
　就労には、「ひとりでできるか」が重要になります。それは、作業そのもののほかに、衣食住などの日常生活行動、報告・連絡・相談、所内の移動や通勤まで含まれます。「ひとりでできること」を増やすことが必要です。

コラム⑳

各種資格取得の方法

1　特別支援学校自立活動教諭一種免許
　文部科学省が実施する教員資格認定試験の1つで、8月に第1次、10月に第2次試験が実施されます。実施種目は視覚・聴覚・肢体不自由・言語の4つの障害種です。この免許を有する者は、特別支援学校や学級でそれぞれの障害種に応じた自立活動を担当することができます。すでに教員免許を取得している者は、試験の一部が免除されます（4月当初に文部科学省ホームページ「教員資格認定試験」に掲載）。

2　視覚障害生活訓練等指導者（日本ライトハウス）・
　　　　　　　　　視覚障害者生活訓練専門職員（国立リハビリテーションセンター）
　視覚障害者の自立支援を目的に日常生活にかかわる歩行、コミュニケーション（点字・パソコン）、ロービジョン訓練など全般的な訓練を専任的に行う指導員資格です。歩行訓練士とも呼ばれます。国立障害者リハビリテーションセンター学院か厚生省の委託を受けた日本ライトハウスで、2か年の履修を経て取得できます。日本ライトハウスでは、半期ごとに分けて履修することもできます。受講再開に期限はありません。

3　点字技能師
　点字の普及と点字の質の向上を図り、視覚障害者に的確な情報を提供することを目的として、厚生労働省の承認を得た日本盲人社会福祉施設協議会（日盲社協）が毎年11月に行っている資格認定試験です。学科と実技の試験があり、学科は、点字の基礎や歴史、表記法以外に障害者や視覚障害者の福祉等についても出題されます。実技は、日本語点字表記全般で、簡単な記号やアルファベット、情報処理記号などを含む点訳と校正の問題が3題ずつ出題されます（7月初めに日盲社協ホームページに掲載）。

4　点字指導員・音訳指導員
　視覚障害者情報提供施設や地域ボランティア等の点訳者の資質向上と点訳の共通化を図る目的で、日盲社協主催の「点字指導員資格認定講習会」や「音訳指導員認定講習会」を受講した後、認定試験があります（5月初めに日盲社協ホームページに掲載）。
　点訳については、点字指導資格認定講習会と、資格をもった人が受講できる点字指導員講習会が1年ごとに交互に開催されています。
　音訳については資格ではありませんが、公共の図書館や点字図書館、社会福祉協議会、地域のボランティアグループなどで音訳講習会が開催されています。

コラム㉑

2020年ゴールボールで金メダル

　パラリンピック種目「ゴールボール」という競技をご存知でしょうか？
　2012年ロンドンパラリンピックで、日本女子代表チームが金メダルを獲得した種目なのです。もともと視覚障害者のリハビリプログラムの一つとして考案されたスポーツで、アイシェード（目隠し）をした3人の選手を1チームとした対戦型の競技です。コートは6人制バレーボールと同じ広さで、鈴の入ったボール（重さ1.25kg）を転がすように投球し、相手のゴールに入ると得点になります。ゴールの横幅は9mあり、守備のときは3人の選手が体を横に投げ出すようにしボールを止め、投げては守りを繰り返して、得点を競い合うスポーツです。
　このゴールボールに夢をかけ、2020年東京パラリンピック競技大会に出場し、金メダル獲得を目指している男子高校生をご紹介いたします。
　僕の目は正常に見えていた。
　9歳の時に見えづらいと感じ、1年後の視力は0.1未満になっていた。大好きな野球ができなくなり、生活のすべてが無気力、無関心になっていった。中学校に入学してもやりたいことが見つからず勉強もやる気にならなかった。進路についても考えることを避けるようになっていた。そんな時、パラリンピック競技の体験会に参加し、ゴールボールという競技を知った。そこで褒めてもらったことが何よりうれしくてのめりこんでいった。それまで、無気力、無関心だった生活は、笑顔を取り戻し楽しいという感情があふれ出てきた。努力を重ね1年後には、日本代表強化指定選手として海外遠征に参加することができた。世界の選手と直接対峙することにより、パラリンピックに出場するという意志がさらに強くなった。その後、ユースの日本代表としてドバイアジアユースパラリンピック、日本代表としてリトアニア海外遠征を経験し、世界の力と自分の力を知ることができた。また、パラリンピック種目ではないが全国で人気のある視覚障害者スポーツのフロアバレーボールという競技では、平成29年8月に行われた第1回全国盲学校フロアバレーボール大会で、埼玉県立特別支援学校塙保己一学園の主将として全国優勝に導くことができた。そこでは、人への感謝と競技者としての責任ということを知ることができた。母をはじめ学校の先生、知り合いの方々にとても助けられた今、恩返しをするつもりで2020年東京パラリンピックにおいて金メダルを獲得するために頑張っていきます。
　一人でも多くの方にこのことを伝えていく。それが、今の私たちが身近にできることだろう。

盲学校児童生徒文学作品

夏の俳句

ミシンがけ
両手に落ちる
　　　玉の汗

朝ごはん
水もしたたる
　　いいきゅうり

青がえる
しょんべんかけて
　　　得意顔

福井県立盲学校小学部

命

人間は、命がある　「恐れずに　チャレンジ」
から楽しみや悲しみや怒りや辛い時や不安や絶望がある。
この言葉は簡単じゃない。
心の中にいつもあり少しずつ
生きていることが感じられる。
それらを乗り越え乗りこえて
ていくことで、自分いこう。
は、強くなれる。
そして現実はそう
乗り越えると自分簡単にいかない
が望む自由をかなから悩みながら
えられる。がんばっている。

伊吹書

和歌山県立和歌山盲学校高等部

Ⅲ章　視覚障害教育を支えるために

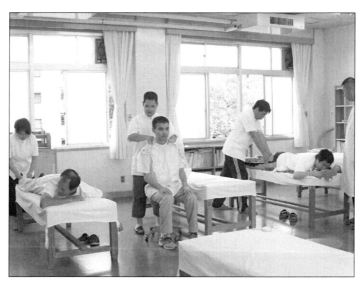

83 盲学校は、視覚障害教育に関するセンター的機能をどのように発揮したらよいでしょうか。

視覚障害教育の始まり

わが国の視覚障害教育は1888（明治11）年、京都盲唖院（現京都府立盲学校）に始まります。次いで1880（明治13）年には楽善会訓盲院（現筑波大学附属視覚特別支援学校）が東京に設立されました。

学校教育法 第74条

特別支援学校においては、第72条に規定する目的を実現するための教育を行うほか、幼稚園、小学校、中学校、義務教育学校、高等学校又は中等教育学校の要請に応じて、第81条第1項に規定する幼児、児童又は生徒の教育に関し必要な助言又は援助を行うよう努めるものとする。

特別支援学校小学部・中学部学習指導要領

2017（平成29）年4月告示
第1章 総則
第6節 学校運営上の留意事項 3

小学校又は中学校等の要請により、障害のある児童若しくは生徒又は当該児童若しくは生徒の教育を担当する教師等に対して必要な助言又は援助を行ったり、地域の実態や家庭の要請等により保護者等に対して教育相談を行ったりするなど、各学校の教師の専門性や施設・設備を生かした地域における特別支援教育のセンターとしての役割を果たすよう努めること。その際、

A

盲学校は視覚障害教育の専門教育機関として140年の歴史があり、在籍する幼児児童生徒を対象に教育を行うとともに、その指導技術や教材教具など視覚障害教育に関する専門性を蓄積してきました。また、教育相談という枠組により、盲学校以外で学ぶ視覚障害児童生徒や保護者に対する支援を行い、地域のセンターとしての役割を担ってきた経緯があります。

2007（平成19）年に学校教育法が改正され、特別支援教育が制度化されるにあたり、特別支援学校のセンター的機能の充実も一層求められるようになりました。

● 盲学校に期待されるセンター的機能には、次のようなものがあります

⑴ 小・中学校等の教員への支援

視覚障害児童生徒が在籍する学校を巡回し、校内環境整備、学習や生活上の配慮事項、教材・教具の作成や活用等に関する助言、個別の教育支援計画の作成・活用にかかる支援等を行います。

⑵ 特別支援教育等に関する相談・情報提供

盲学校が医療・福祉・保健等の諸機関と連携して視覚障害に関する相談会を開催したり、学校開放事業、公開講座、ボランティア養成講座等を実施したりするなどして、視覚障害教育に関する理解・啓発を進めていきます。

⑶ 障害のある幼児児童生徒への指導・支援

視覚障害乳幼児の早期相談、視覚活用や歩行等の自立活動を中心とした児童生徒への指導・支援を行います。

⑷ 福祉、医療、労働などの関係機関等との連絡・調整

一人一人の希望や適性に応じた就学や就労の実現に向けて、関係諸機関と連携してスムーズな移行支援を行います。

⑸ 小・中学校等の教員に対する研修協力

視覚障害理解、校内支援体制、視覚障害児童生徒の指導・支援に関する校内研修の講師として協力します。

⑹ 障害のある幼児児童生徒への施設設備等の提供

視覚障害者向けの各種機器や教材・教具の紹介・貸出し、視覚障害者スポーツの体験、理療に関する生涯教育の機会等を提供しています。

— 218 —

> **要点** センター的機能は、盲学校の重要な役割であり、地域における視覚障害教育の拠点として、全校を挙げてその役割を果たすことが大切です。

学校として組織的に取り組むことができるよう校内体制を整備するとともに、他の特別支援学校や地域の小学校又は中学校等との連携を図ること。

小学校学習指導要領
　2017（平成29）年3月告示
　第1章　総則
　第4節　児童の発達の支援
　（序章2　P19参照）

小学校学習指導要領解説　総則編
　第3章　第4節　2の(1)の①
　校長は、特別支援教育実施の責任者として、校内委員会を設置して、特別支援教育コーディネーターを指名し、校務分掌に明確に位置付けるなど、学校全体の特別支援教育の体制を充実させ、効果的な学校運営に努める必要がある。その際、各学校において、児童の障害の状態等に応じた指導を充実させるためには、特別支援学校等に対し専門的な助言又は援助を要請するなどして、計画的、組織的に取り組むことが重要である。

全国盲学校幼児児童生徒数の推移
　平成27年度　3,001人
　平成28年度　2,863人
　平成29年度　2,793人
　平成30年度　2,731人
　　全国盲学校長会調査より

●**インクルーシブ教育システム構築に向け、特別支援学校のセンター的機能の活用が一層期待されています**

共生社会の形成に向けて、インクルーシブ教育システムの理念が重要とされ、障害のある子供が十分に教育を受けることができるように、基礎的環境整備と合理的配慮の充実が求められています。

また、管轄地域内の視覚障害にかかる教育・医療・保健・福祉・労働等との関係を強化する一方、広域に点在する視覚障害児童生徒を支援するためには、それぞれの盲学校が構築してきた視覚障害教育ネットワークを一層充実させ、そのネットワークに適切につないでいく取組を進めることも大切です。

●**盲学校がセンター的機能を十分発揮するためには、校内体制を整備し、全校でその役割を果たすことが大切です**

盲学校の支援は、障害のある本人・保護者・地域の学校等からの要請に応じて進められます。拡大教科書・デジタル教科書の使用、拡大読書器やタブレット端末等の導入、歩行指導、実技教科の指導方法、進路相談等の支援ニーズがありますが、単なる情報提供ではなく、子供の発達段階を踏まえた支援、見通しのある支援を行うことが重要であり、視覚障害教育に関する高い専門性が求められます。盲学校のもつ専門性を支援に活かすためには、盲学校のセンター的機能について周知することが必要です。ホームページの活用、学校公開・地域公開、点字ブロック普及キャンペーン、児童生徒への障害理解教育や教員対象の研修講座への講師派遣等、様々な視点からの取組が考えられます。

視覚障害教育の専門教育機関は概ね各府県に1校あり、支援エリアは広く支援内容も多岐にわたります。地域支援にかかわるコーディネーターだけがセンター的機能を担うことには限界があり、全教職員で取り組むことができるよう校内体制を整備することが重要です。

盲学校に在籍する幼児児童生徒数が減少していますが、地域支援も盲学校の教育活動の一つであり、視覚障害教育の専門性を発揮すべき活動であるという自覚をもってセンター的機能の充実に取り組むことが大切です。

Q84 地域の学校等で学ぶ視覚障害のある幼児児童生徒等への支援の仕組みや内容について教えてください。

校内支援体制の例

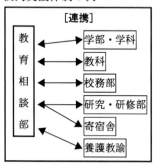

視力検査の内容と目的
① 遠見視力検査
　遠方のものを見分ける方法
　（板書の見え方）
② 近見視力検査
　近くのものを見分ける方法
　（教科書文字の見え方）
③ 最大視認力検査
　どれだけ細かいものを見わけられるか

相談の支援実績（平成29年度）
在宅　　1228（651）人
障害児通園施設　579（－）人
保育所・幼稚園
　　　　3151（1855）人
小学校　3771（2511）人
中学校　865（622）人
高等学校　249（180）人
特別支援学校　1245（－）人
成人（大学・専門学校含む）
　　　　1338（993）人
その他　1330（205）人
合計　13756（8404）人
（全国盲学校長会編「視覚障害教育の現状と課題」第57巻より（　）内は26年度実績）

A

●支援の仕組み

　盲学校は、地域の学校等で学ぶ視覚障害のある幼児児童生徒の課題や困難に対して支援・援助（教育相談）を行っています（Q83参照）。

　教育相談を担当する分掌として「教育相談部」等が校内に設けられており、担当教員は研修を積み、校長から特別支援教育コーディネーターの指名を受けています。相談活動を充実させるためには、視覚障害に関すること以外に多様な専門性が必要です。そこで、他の分掌や学部・学科、各教科等と連携して、盲学校全体で相談活動に取り組んでいます。

　教育相談は、保護者や学校等からの要請を受けて、視覚障害のある幼児児童生徒、保護者、学校に対して行います。形態として、担当教員が幼児児童生徒の在籍する学校を訪問して行う「巡回相談」と、幼児児童生徒に盲学校へ来校してもらい支援・指導を行う「来校相談」があります。この他に電話やメール等を利用しての助言や支援も行います。継続的な支援が必要なときには、定期的に来校相談や巡回相談を行います。その報告書を担任や保護者に提出することや、学校、保護者との支援会議を実施することにより情報の共有化を図ります。

●支援内容

(1) 幼児児童生徒への視機能評価

　幼児児童生徒の実態を把握するために、視力や視野検査、両眼視及び眼球運動の検査、MNREAD（読書視力検査）等の視機能評価を行います。また、読み書きや運動等の学習の様子を参観し、見えにくさや困難さを把握します。必要に応じて発達検査や知能検査を行うこともあります（Q5、Q10参照）。

(2) 幼児児童生徒への支援

　来校相談には、個別の相談と小集団での相談があります。個別の相談では、単眼鏡やルーペ、拡大読書器等の視覚補助具の使い方訓練を行い、学校での活用につなげます。また、学校で使用する道具について事前に指導を行います。例えば、見やすい定規の選定や使い方の練習、コンパスの操作の練習、縄跳びやボール運動等の指導です。見えにくさがあるために、

要点 幼児児童生徒の見え方や必要な配慮等の情報を保護者、担任、教職員全体で共有しておくことが大切です。

相談・支援の内容
就学相談・学習支援‥‥65校
日常生活能力の向上（身辺処理、歩行指導等）‥‥‥‥46校
社会的適応能力の育成（点字指導、歩行指導、PC利用、視覚補助具の利用方法等）
‥‥‥‥‥‥‥‥‥‥47校
障害特性についての
情報提供‥‥‥‥‥‥‥59校
子育て支援‥‥‥‥‥‥50校
社会的自立への支援‥‥32校
読み書き能力の支援‥‥29校
その他‥‥‥‥‥‥‥‥1校
（2018年　全国盲学校長会調査）

自立活動の指導内容の例
1　手指の使い方や探索に関すること
2　空間概念や運動動作に関すること
3　歩行に関すること
4　点字の初期指導に関すること
5　日常生活動作（ADL）に関すること
6　視知覚の向上に関すること
7　コンピュータ等の活用に関すること

学校で十分に力が発揮できない活動（球技、実験、調理等）にも自信がもてるように、個別や小集団での相談のなかで、活動の機会を設定します。小集団での活動は、地域に点在している視覚障害のある幼児児童生徒が仲間の存在を知り、交流する機会にもなります。

(3)　保護者への支援

　保護者との懇談では、基本的情報（生育歴や医療情報）、家庭での様子や学校での様子、要望等の聞き取りを行います。盲学校からは、幼児児童生徒の見え方についての説明や、生活や学習場面での具体的な支援の方法についての説明を行います。拡大教科書や視覚補助具、使いやすい文房具の紹介、視覚障害関連の書籍の紹介や講演会の案内、病院や他機関の紹介等、情報提供を行います。また、盲学校や小学校等を会場として保護者同士で情報交換できる機会を設定して、視覚障害理解や進路や福祉制度についての研修会や相談会等を実施しています。保護者は子供の成長や将来に対して不安や心配を強く感じています。教育相談では、保護者の心情に寄り添い支援を行うことが、とても大切です。

(4)　学校への支援

　巡回相談では、教育相談担当が幼児児童生徒の在籍する学校を訪問して、担任や校内教職員に対して支援を行います。担任と懇談し、幼児児童生徒の見え方に応じた学校生活や学習での対応について助言を行います。その内容は、学校内の環境整備（例：教室の場所、段差や階段のコントラスト、下足箱の目印等）、学習環境の整備（例：座席配置、カーテン・机上灯・書見台の設置等）や学習上の配慮（板書、発問と指示、教材作成、学習内容）、指導内容や方法（教科指導、自立活動の指導）等です。この他に、教材・教具の紹介や貸し出し、個別の教育支援計画作成への協力や、担任が抱える悩みや不安を聞いて助言をする等の担任支援も行います。また、校内の教職員に対して視覚障害の理解啓発のための研修会を行います。見えにくさの体験や具体的な支援方法についての研修が中心です。このように、盲学校は、学校全体で視覚障害を理解し、支援体制を整えることへの支援も行います。

コラム㉒

併設校のメリット「ミニ共生社会」
～お互いを知り合おう～

　神奈川県立相模原中央支援学校は平成23年4月に開校した、視覚障害教育部門（幼・小・中）、聴覚障害教育部門（幼・小・中）、知的障害教育部門（小・中・高）、肢体不自由教育部門（小・中・高）の4部門の子供たちが共に学ぶ学校です。本校の理念として『地域とともに共生社会づくりをすすめる』があります。校内においても「ミニ共生社会」を目指し、校内の多様な障害の子供たちの交流を子供の状態に合わせて進めています。交流例としては次のようなものがあります。（年度によって変更、学年によっても異なります。）

　　○視・聴（小・中）月曜集会、音楽、体育、道徳、総合的な学習
　　○視・聴・知（小）体づくり、音楽、学級活動
　　○視・知（中）　　体力づくり、生活単元、音楽、体育
　　○視・聴・知・肢（小・中）各種集会　学部ごと
　　○視・聴（幼・小・中）運動会　　　　○視・知・肢（小）宿泊学習
　　○知・肢（小）修学旅行　　　　　　　○知・視（中）修学旅行
　　○視・知・肢（中・高）銀河タイム＜クラブ＞　○交流デイ（全校）＜催し＞

　開校から7年近く経ち学校のシステムも整ってきました。そのなかで様々な障害の子供たちが共に学ぶ学校のメリットとしては以下のようなことが挙げられると思います。

- 視覚障害教育部門と聴覚障害教育部門の少人数部門は、他部門と合同で学習や行事を行うことによって集団を保障することができています。
- 重複障害の児童生徒の場合、児童生徒の状態により、併せ有する障害の部門の授業に参加することができます。
- 行事ではＯＨＰの字幕による情報保障がなされ、簡単な手話なども使われるので、自分と異なった障害の人たちがいるということを知ることができます。
- 視覚障害の児童の手引きや、肢体不自由教育部門の児童の車イス介助を他部門の児童がすることにより、障害によって援助の仕方や配慮が異なることを学びます。

　今後も「ミニ共生社会」を目指し、日常的な交流を積極的に進めていきたいと思っています。

コラム㉓

障害者差別解消法が目指すもの

　「障害を理由とする差別の解消の推進に関する法律」(以下「障害者差別解消法」とする)について述べる前に、障害者権利条約に触れましょう。

　国際連合が、2006年総会において採択した「障害者の権利に関する条約」は、21世紀初の人権に関する条約であり、障害者の人権及び基本的自由の享有を確保し、障害者の固有の尊厳の尊重を促進することを目的として、障害者の権利を実現させるための措置等について定めています。なぜ、この条約が必要だったのでしょうか。

　それまでも国際連合は、知的障害者の権利宣言(1971)、障害者の権利に関する宣言(1975)、国連障害者の十年(1983～92)など、数々の障害者の人権に関する取組等をしてきましたが、依然として障害者が人権侵害に直面している状況があり、この事態を改善すべく、障害者の権利に関する条約を採択したわけです。

　日本は、2007年に署名(条約の内容への賛同)、2014年に批准(条約に従うという確認・同意)をしました。署名から批准にいたるまで約7年を要していますが、この間に障害者当事者の参画のもと、数々の障害者施策に関する国内法整備を行いました。その過程で2013年に制定(2016年施行)されたのが障害者差別解消法なのです。

　障害者差別解消法は、その名の通り、全ての国民が障害の有無によって分け隔てられることなく、相互に人格と個性を尊重し合いながら共生する社会の実現に向け、障害を理由とする差別の解消を推進することを目的としています。差別を解消するための措置として「不当な差別的取扱いの禁止」と「合理的配慮の提供」に関することが規定されています。また、差別を解消するための支援措置として、相談・紛争解決の体制整備、地域における連携、啓発活動、情報収集等に関することも規定されています。

　読者の皆さんは、この法律の概要についてご存知のことと思いますが、民間調査では合理的配慮も含めて認知度が非常に低いことが明らかになっており、いかに周知していくかが問われています。

　障害者差別解消法が広く、正しく理解され、見えにくさのある子供が適切な合理的配慮を受けられず学校で困ったり、盲導犬ユーザーが飲食店の入店を断られたりすることがない日が来ることを願うばかりです。その願いが叶ったとき、障害者が積極的に参加・貢献でき、誰もが相互に人格と個性を尊重し支え合い、人々の多様な在り方を相互に認め合える全員参加型の社会が実現されているはずです。

Q85 視覚障害者に対する理解の推進をどのように進めたらよいでしょうか。

共生社会

1981（昭和56）年の国際障害者年から、障害者の「完全参加と平等」の実現に向け、様々な取組が行われてきました。障害のある人もない人も、互いにその人らしさを認めあいながら共に生きる社会（共生社会）の実現を目指しています。2013（平成25）年には、「合理的配慮」を行うことを通じて、社会のなかにあるバリアを取り除き、差別の解消を推進する「障害を理由とする差別の解消の推進に関する法律（障害者差別解消法）」が制定され、2016（平成28）年4月から施行されました。

学校公開

保護者や地域の方が、学校を訪問し、見学できる学校公開日を設けている学校が多くあります。

写真1 学習用具や福祉機器の展示コーナー

A
● 視覚障害者に対する理解の推進を進める意義

　共生社会の実現のためには、地域社会との連携を深め、視覚障害について知ってもらうことが必要です。近年は、パラリンピックをはじめ、視覚障害者に関連する報道が増えたり、小・中学校の授業で視覚障害に関する内容が取り扱われたりする等、視覚障害への関心が高まってきました。しかし、視覚障害には多様な見えにくさがあることや、様々な補助具や工夫があること、必要とされている支援については、十分に理解されていない現状があります。

　視覚障害があり、身体障害者手帳を保有していても、拡大読書器や音声時計等の補助具、利用できるサービスについて知らないまま、相談に来るまでに多くの時間を費やしてしまうケースも、残念ながらまだ見受けられます。視覚障害教育、視覚障害リハビリテーションは、早期対応することにより、学習や生活の空白を作らないことがとても重要です。視覚障害児者への支援について、周知を図る必要性は大きいと考えられます。

　また、社会の人々が視覚障害者への支援の仕方について知っていることは、街で視覚障害者が困っている場面に出会ったとき、自然に言葉をかけ、支援することにつながり、視覚障害者が安心して社会生活を送るために大きな助けになると考えられます。よって、視覚障害について、より多くの人に知ってもらう取組は有意義なことです。

● 学校に来てもらう取組

　地域の方や関連機関に案内を送付し、学校公開週間や文化祭等のイベントの機会に、学校に来校していただく取組があげられます。盲学校で学ぶ視覚障害児者、支援する教師の姿から、補助具や適切な支援があれば、共に学び、生活しやすくなることを知ってもらう機会となります。また、学習用具や福祉機器等を展示し、体験できるコーナーを設置したり、教育相談のリーフレットを配布したりすることで、次の支援につなげる可能性も広がります。相談会や、地域の学校に通う視覚障害児者のためのサマースクールを実施して、実際に視覚障害児者への支援や、教材・補助具を体験してもらって

> **要点** 理解推進のために、様々な取組が考えられます。学校や地域の実情に合わせ組織的・計画的に実施し、評価をすることが大切です。

サマースクール

夏季休業中等を利用して、地域の小学校に通っている視覚障害児の体験活動に取り組んでいる学校があります。

視覚障害に配慮された理科実験、スポーツ、レクリエーションなどが人気です。

地域のイベントでの活動

筆者の学校では、秋に地域の小学校で行われるイベントに参加しています。作業学習で作ったさをり織りや窯業の作品を販売したり、児童生徒による点字教室やさをり織りの体験会もしています。方法をわかりやすく説明する練習をしてから、イベントに臨んでいます。実際にタイプライターで名前を打ってもらい、しおりを作ってプレゼントするコーナーが人気です。しおりのリボンを選んでもらうなど、楽しいコーナー作りを心掛けています。

写真2　地域の方に点字を教える児童

いる学校もあります。

●**講演会や研修会を実施する取組**

講演会や研修会を企画し、視覚障害児者の支援について学ぶ機会を作る方法もあります。支援について学びたい方や学校に興味をもってくださった方を対象に、点字や正しい介添えや支援の方法等について学んでもらいます。専門家の講演を聞いたり、シミュレーションレンズやアイマスクを利用した手引き歩行の体験などを行ったりするケースが多いようです。

●**校外に出て、地域で実施する取組**

地域のイベントに参加したり、啓発のための運動を行ったりする取組もあります。地域のイベントにブースを設置し、作業学習で作った作品を展示・販売する、点字や歩行の体験コーナーを行う、パネルを設置して様々な見え方や支援の方法について知らせる等、地域や学校の実情に合わせた様々な方法が考えられます。点字ブロックの啓発のために、「点字ブロックの上に物を置かないでください」等のメッセージを含んだチラシを作成し、街頭で配る活動をしている学校もあります。これらの校外へ出て地域で実施する方法は、普段、視覚障害や盲学校に関心をもっていない方へアプローチができるよさがあります。

●**交流及び共同学習**

学習指導要領に障害のある子供と障害のない子供との交流及び共同学習の機会を設け、共に尊重し合いながら協働して生活していく態度を育むようにすることが明記され、学校間交流や居住地校交流が行われています。障害のある子供と障害のない子供が、幼少期から相互の触れ合いを通して共に学ぶ機会を重ねることで、視覚障害のことを知り、共に助け合う工夫について学ぶことができます。

このように、視覚障害者について知ってもらうための取組は多岐にわたります。担当の分掌を決め、学校の教育活動のなかで無理なく実施できるよう、学校と地域の実情に合わせた学校組織としての計画と実施、及びその評価をしっかり行い、改善を図っていくことが必要です。

86 視覚障害者に対する合理的配慮を教えてください。

根拠となる法律

2016（平成28）年4月1日より障害者差別解消法が施行されました。それを受け、公立学校では障害のある児童生徒に合理的配慮を提供することが義務づけられました。この法律には以下のような内容が定められています。
①障害を理由に差別的扱いの禁止
②合理的配慮の提供義務
③国は障害による差別や権利侵害を防止するための啓発の取り組みを行わなければならないこと。
（障害を理由とする差別の解消の推進に関する法律）
〔通称：障害者差別解消法〕

背景

「障害者差別解消法」が成立した背景には、2006（平成18）年12月に国連本会議で採択された「障害者の権利に関する条約（通称：障害者権利条約）」の存在があります。この条約は障害者に対する差別禁止や障害者の尊厳と権利を保障することを定めた条約です。
　日本はその障害者権利条約を国内でも批准することを目指し、2009（平成21）年12月から国内の法整備を進めてきました。「障害者差別解消法」を制定したことで、2014（平成26）年に「障害者権利条約」

A

●合理的配慮の定義

文部科学省の「共生社会に向けたインクルーシブ教育システム構築のための特別支援教育の推進」（2012（平成24年））では、合理的配慮を以下のように定義しています。
①障害のある子供が、他の子供と平等に「教育を受ける権利」を享有・行使することを確保するために、学校の設置者及び学校が必要かつ適当な変更・調整を行うこと。
②障害のある子供に対し、その状況に応じて、学校教育を受ける場合に個別に必要とされるもの。
③学校の設置者及び学校に対して、体制面、財政面において、均衡を失した又は過度の負担を課さないもの。

●教育分野における合理的配慮のポイント

①合理的配慮の合意形成に当たっては、人間の多様性の尊重、能力等を可能な最大限度まで発達させ、自由な社会に効果的に参加することを可能とするといった目的に合致するかどうかの観点から検討が行われることが重要であること。
②設置者・学校及び本人・保護者により、発達の段階を考慮しつつ合意形成を図ったうえで提供されることが望ましく、その内容を個別の教育支援計画に明記することが重要であること。
③合理的配慮の合意形成後も、発達の程度、適応の状況等を勘案しながら柔軟に見直しができることを共通理解とすることが重要であること。
④インクルーシブ教育システムの理念に照らし、その障害のある幼児、児童及び生徒が十分な教育が受けられるために提供できているかという観点から評価することが重要であること。
⑤進学等の移行時においても途切れることのない一貫した支援を提供するため、個別の教育支援計画の引継ぎ、学校間や関係機関も含めた情報交換等により、合理的配慮の引き継ぎを行うことが必要であること。

> **要点** 視覚障害者の十分な学びや自立と社会参加につながるよう、提供側と当事者との間で合意形成を図ることが大切です。

の批准がなされました。

合理的配慮と基礎的環境整備の関係

（文部科学省「共生社会の形成に向けたインクルーシブ教育システムの構築のための特別支援教育の推進（報告）参考資料」より作成）

「障害種別の学校における「合理的配慮」の観点」（案）（平成24年1月）も参照

● 視覚障害者に対する合理的配慮
(1) 特別支援学校での合理的配慮の例

視機能の状態を的確に把握し、弱視児の場合は保有する視機能で見えやすくなる補助具や環境づくりを行います。

① 学習内容・方法
- 児童生徒の見え方に合わせ、文字の大きさを調節します。
- 板書確認ができるようにタブレット機器を利用します。
- 必要に応じて拡大読書器の設置、音声パソコンやルーペ、単眼鏡を導入します。
- 模型の説明には、説明部位まで手を誘導します。

② 支援体制
- 個別の教育支援計画に合理的配慮について明記します。
- 合理的配慮についてまとめた資料を保護者に配付し、学校内だけでなく家庭や地域での周知を図ります。

③ 施設・設備
- 建物の入り口を確認できるように、音声ガイドや点字ブロックを設置します。
- 触って確認できるように、教室番号を立体的にします。
- 廊下を含め、校内の十分な明るさを確保し、わかりやすい目印の設置、段差を明確にして安全を確保します。

(2) 社会生活における合理的配慮の例

① 就労における合理的配慮
- 必要な支援機器、支援ソフトを導入します。
- 就職後、職場環境のオリエンテーションを行い電話機やシュレッダーの位置と機器操作の確認を行います。

② コミュニケーションにおける合理的配慮
- 「あれ」や「これ」といった指示代名詞ではなく、「○○の右側」のように具体的な言葉で伝えるようにします。
- 食べ物の位置がわかるように、時計の文字盤を例にして「味噌汁が5時の位置」といった説明を行います。

③ 情報アクセシビリティ
- 公的な通知などは視覚障害者が情報を入手しやすいように拡大文字や電子データ、点字などで提供します。

87 大学等の入学試験における点訳はどのようにしているのですか。

政府の認識

1995（平成7）年3月7日の参議院予算委員会で視覚障害者の点字入試に関する質問があり、文部大臣答弁において、全国高等学校長協会入試点訳事業部の活動について理解していることが表明されています。

模擬試験や教材

大学入試を目指す生徒は、模擬試験を受けて本番に備えるのが一般的です。現在、複数の会社の模試で点字受験が可能となっています。

また、各種参考書や問題集についても点訳されているものがありますので、各地の点字図書館に問い合わせるか、ウェブ上のサピエ図書館で検索するとよいでしょう。

進学で求められる語学試験

近年、大学や大学院の入試では、語学の試験を行う代わりに、外部試験のスコアの提出を求められることが少なくありません。英語検定試験やTEAP、ベネッセコーポレーションが実施しているGTECについては点字での受験が可能です。IELTSやTOEFLについても、実施機関に問い合わせると、配慮内容を検討してくれます。

A

●入試点訳事業部の沿革

現在では、視覚障害のある生徒が大学入試等の試験を受ける場合に、個々の視覚障害の状況に応じた配慮がなされるようになってきています。代表的な配慮内容としては、点字や拡大文字による問題の提供、解答時間の延長などがあります。多様な試験を受ける機会が与えられ、個々の学力が公平に評価されることは、視覚障害のある生徒の自立と社会参加に不可欠なものであり、広く認められるべきものです。

しかし、このような配慮が行われるようになったのは、この数十年のことです。大学入試について振り返ると、1970年代ころまでは受験における配慮が行われないだけでなく、受験そのものが認められないということも少なくありませんでした。視覚障害当事者や支援者による門戸解放運動を背景に、徐々に点字や拡大文字による受験が認められるようになってきました。

そのなかで点字問題の作成については、誰がどのように行うべきかが課題でした。当初は、各地の盲学校から点訳者を派遣する形で対応していました。ところが、1980年代に点字受験の回数が増加すると、これまでの各地の盲学校のみに依存するやり方では対処しきれなくなり、専門的にこの業務を行う組織の必要性が認識されるようになりました。つまり、視覚障害のある生徒が受けている教育を踏まえた正確な点訳を行うことができ、なおかつ大学から信頼される中立的な立場の組織が求められたのです。

そこで、このような条件を満たすものとして、全国高等学校長協会を母体とする入試点訳組織が構想されました。全国高等学校長協会の下に位置付けることで、盲学校との連携を維持しつつも中立性を確保するという、難しいハードルを乗り越えることが可能となったのです。こうして1990（平成2）年に活動を開始したのが、全国高等学校長協会入試点訳事業部です。

入試点訳事業部では毎年各大学からの依頼を受け、大学入試の点訳業務を実施してきました。近年では、高校入試や各種資格試験の点訳も引き受けるようになっています。

> **要点** 大学入試等の点訳は、高い専門的技能をもつ中立的な組織によって、視覚障害教育の実態を踏まえて実施されています。

その他資格試験や就職試験

行政書士試験や宅地建物取引士資格試験、司法試験等でも点字受験が可能となっています。公務員採用試験や教員採用試験についても、点字で挑戦する人は少なくありません。民間企業が実施する適性試験についても、点字での対応が始まっています。

このように試験における権利保障が進むことが、将来的に視覚障害者の職域拡大に着実につながっていくことが期待されます。

点訳ボランティア

試験や教材の点訳が実現してきたのは、多くの方々のご理解とご尽力があったからです。特に各地の点訳ボランティアグループの貢献なしに、今日の試験点訳をめぐる状況を実現することはできませんでした。継続的に点訳を支える人材を確保し、安定した仕組みを維持することが、今日の最大の課題です。

役立ててもらいたい資料

シリーズ「視覚障害者の大学進学 1 入学試験」
平成30年（2018年）6月改訂
全国高等学校長協会特別支援学校部会、全国盲学校長会大学進学支援委員会、全国高等学校長協会入試点訳事業部

●大学入試点訳の実情

点字による入学試験は、大学の責任によって行うものとされています。点字問題の内容は一般の入試問題と基本的に同じです。点訳の際には、点字教科書の表記を踏まえたうえで、視覚障害者にとって題意がとりやすく、かつ試験時間内に解答しやすい点字試験問題になるよう工夫しています。

問題の点訳は、試験当日の早朝から大学構内で行うのが一般的でした。近年では、正確性に万全を期すために、事前に点訳を行うケースも増えています。限られた時間内で作業するため、通常1人の受験生に対して10人程度のスタッフが必要です。なお問題内容の秘匿のため、点訳者は物理的に隔離された状態で作業をします。

点字による試験には、通常1.5倍の時間延長が認められています。そのため点字試験の受験生は、別室受験となります。解答は点字盤や点字タイプライターを用いて作成します。

回収された点字の答案は、ただちに墨字で通常の解答用紙に記入されます。この作業を墨訳といいます。点字には漢字がありませんが、墨訳では点字の答案を漢字仮名交じり文にして記入します。

点字問題作成では、大学の出題者と十分に協議して対応しています。協議の主な内容には次のようなものがあります。①解答に字数制限がある場合には、原問題の字数に相当する点字のマス数を記す。②同音異義語など漢字を見なければ誤解するおそれがあるときなどに、出題者の許可を得て点訳注をつける。③漢字の読みや書きを問う問題は点字問題にはならないので、代替問題を用意する。④図表については、触察で時間内に処理可能な量になるよう調整する。

このように、点字問題作成には多くの留意事項がありますが、昨今の入試問題は絵や図表など多様な資料を比較検討しなければ解答できない問題が増えており、これまで以上の配慮が必要になっています。大学入試のあり方が大きく変化しつつある現在、その動向を注視し、望ましい点訳のあり方を模索し続けることが必要です。

88 大学等における視覚障害のある学生に対する学習支援や就職状況はどのようになっていますか。

大学等で行われている支援（JASSO調査より）
教材（点訳、拡大、テキストデータ化）
配慮依頼文書の配布
教室内座席位置配慮
試験（時間延長・別室受験、解答方法配慮）
講義に関する配慮
実技・実習配慮　等

JASSO拠点校
札幌学院大学・宮城教育大学・筑波大学・富山大学・日本福祉大学・同志社大学・関西学院大学・広島大学・福岡教育大学

JASSO発行の障害学生支援のガイドブック
「教職員のための障害学生修学支援ガイド（平成26年度改訂版）」
https://www.jasso.go.jp/gakusei/tokubetsu_shien/guide_kyouzai/guide/index.html
「合理的配慮ハンドブック～障害のある学生を支援する教職員のために～」
https://www.jasso.go.jp/gakusei/tokubetsu_shien/hand_book/index.html

A ●大学等における障害学生支援

　2013（平成25）年に「障害を理由とする差別の解消の推進に関する法律（障害者差別解消法）」が公布、2016（平成28）年4月から施行されました。これにより、障害を理由とする不当な差別的取扱いの禁止や合理的配慮の提供が、法的に義務（国公立）ないし努力義務（私立）とされ、大学・短期大学・高等専門学校（大学等）においても一定の取組が求められることとなっています。

　障害により受験や修学に当たって配慮が必要な場合は、まず入試出願前に「事前相談」という形で大学と相談します。このとき大学の窓口となるのは、入試担当部署です。入学後も同様に、学生側が必要と考えられる配慮を申請し、大学と相談したうえで、合理的配慮が提供されます。したがって、障害のある学生自身にも、自分の障害の状態や何ができて何ができないかを周囲の人にわかりやすく説明できる力、そして支援への主体的なかかわりが求められています。入学後の就学支援については「障害学生支援室」「アクセシビリティセンター」等の名称で、一元化した窓口となる部署を設けているところも多くなりました。

　日本学生支援機構（JASSO）の調査によれば、大学等の障害のある学生数は年々増加しています。2016（平成28）年度の調査では、大学等に在学する視覚障害学生は790人（盲160人、弱視630人）、障害学生全体の数に占める割合は2.9％でした。

　大学等において行われている支援は左欄に示す通り、多岐にわたっています。ただし、多くの大学等では「視覚障害学生は初めて」または「前回視覚障害学生がいたときのことを知る人はほとんどいない」ことも珍しくありません。したがって、盲学校等、視覚障害の専門機関と連携しての支援が必要となります。JASSOの「障害学生修学支援ネットワーク拠点校」にも、大学等が視覚障害学生の支援について相談できます。さらに筑波技術大学は、「障害者高等教育拠点事業」において、全国の大学等に指導・支援ノウハウを提供してい

要点 大学等において障害のある学生への支援は法律上の義務になりました。法定雇用率も引き上げられ、様々な職に就いています。

視覚障害学生を対象とした奨学金等の例
- CWAJ奨学金（日本及び海外の大学または大学院等で学ぶ視覚に障害のある学生対象）
- 聖明福祉協会盲大学生奨学金貸与事業
- 一般財団法人 日本メイスン財団（視覚障害者向け点訳費用補助）
- 大学女性協会社会福祉奨学金（身体に障害のある女子学生対象）
- ヤマト福祉財団奨学生（4年生大学に通学または入学内定している障害のある学生対象）
- ダスキン愛の輪基金（障害のある人対象の海外研修派遣制度）

就労支援等を行っている機関
- 高齢・障害・求職者雇用支援機構（地域障害者職業センターによる就職支援・相談窓口、職場適応援助者（ジョブコーチ）による支援、国立職業リハビリテーションセンターにおける職業訓練）
- 社会福祉法人 日本盲人職能開発センター（職業能力開発訓練、職域拡大事業）
- 視覚障害者就労生涯学習支援センター
- NPO法人タートル
- 国立障害者リハビリテーションセンター（自立訓練、就労移行支援（理療））

ます。

教科書等の点訳は、ボランティアベースの点訳者や点訳団体に頼っているのが実情です。分野によっては、専門点訳団体でないと引き受けられない内容もあり、できれば入学前に点訳団体とつながっておくなど、早めの準備が必要です。

経済的な支援としては、障害のある学生のみ、または視覚障害のある学生限定の奨学金もあります。

大学等在学中に視覚障害になったり、眼疾患が進行したりして学生のニーズが変化する場合もあります。そのような場合はその都度大学と相談しニーズに合わせた支援を受けて勉強を続けることになります。医療やリハビリテーション関連施設等と連携した支援が必要になることもあります。

●**就職状況について**

障害者の法定雇用率は2018（平成30）年4月から引き上げられ、民間企業2.2％、国・地方公共団体2.5％、都道府県等の教育委員会2.4％になりました。これを背景に、ハローワーク以外にも障害者を採用したい企業に求職者を紹介あっせんする職業紹介事業者があり、障害のある学生・既卒生を対象とした合同企業説明会等もあります。視覚障害学生の就職活動に当たってはそのような企業を利用するほか、いわゆる障害者雇用枠ではない形で就職していく学生もいます。

大学等卒業後は企業や団体の職員、教員、公務員等、様々な分野へ就職していきます。教員及び公務員では、障害者を対象とした特別選考を設ける自治体も増えました。公立図書館では視覚障害者のみを対象として司書を募集するところもあります。企業の場合は総務や人事の部署へ配属されることが比較的多いようです。就労に当たっては、左欄のような機関も活用できます。

また、大卒後や就労した後でさらに「手に職をつけたい」「自力で長くできる仕事がしたい」等の理由で、盲学校の専攻科に入学し、新たにあん摩マッサージ指圧師・はり師・きゅう師の資格を取得する人、さらに理療科教員養成施設に入学し、理療科教員の進路を選択する人もいます。

Q89 重複障害者のための通所や入所福祉施設の現状について教えてください。

障害福祉サービスについて

主に視覚障害者や通所、入所にかかわるサービス内容を抜粋して紹介します。

①同行援護
　視覚障害により、移動に著しい困難を有する人が外出するとき、必要な情報提供や移動の援護などを行う。

②短期入所（ショートステイ）
　自宅で介護する人が病気の場合などに、短期間、夜間も含め施設で、入浴、排泄、食事の介護等を行う。

③生活介護
　常に介護を必要とする人に、昼間、入浴、排泄、食事の介護等を行うとともに、創作的活動又は生産活動の機会を提供する。

④共同生活援助（グループホーム）
　夜間や休日、共同生活を行う住居で、相談、入浴、排泄、食事の介護、日常生活上の援助を行う。

⑤就労移行支援
　一般企業等への就労を希望する人に、一定期間、就労に必要な知識及び能力の向上のために必要な訓練を行う。

⑥就労継続支援　A型（雇用型）
　一般企業等での就労が困難な人に、雇用して就労する機会を提供するとともに、能力等の向上のために必要な訓練を行う。

⑦就労継続支援　B型（非雇用型）
　一般企業等での就労が困難な人に、就労する機会を提供するとともに、能力等の向上のために必要な訓練を行う。

⑧放課後等デイサービス
　授業終了後又は休校日に、児童発達支援センター等の施設に通わせ、生活能力向上のための必要な訓練、社会との交流促進などの支援を行う。

A

●視覚障害児の卒業後の状況について

2016（平成28）年3月卒業の特別支援学校高等部（本科）卒業後の状況として、視覚障害の卒業者374人において、社会福祉施設等入所・通所者は114人で、進路先としては、最も多くなります。他には、進学者101人、就職者58人となり、社会福祉施設等入所・通所者の割合は、30.5％とここ数年同様に高い割合をしめています。全国的に幼児児童生徒の障害の重度・重複化の傾向があり、今後も、進路先として、社会福祉施設の入所・通所を選択する生徒が増えると考えられます。（文部科学省　平成28年度特別支援教育資料より）

●障害福祉サービス・障害児通所支援等事業所の状況について

表1　2016（平成28）年度の事業の種類別にみた事業所数

	2014年	2015年	2016年
同行援護事業	9,707	9,854	10,263
生活介護事業	6,084	6,496	6,933
就労移行支援事業	2,858	3,146	3,323
就労継続支援（A型）事業	2,382	3,018	3,455
就労継続支援（B型）事業	8,722	9,431	10,214
放課後等デイサービス	5,267	6,971	9,385

（厚生労働省　平成28年社会福祉施設等調査の概況より）

　各事業とも増加しており、対前年からの増減率をみると「放課後デイサービス事業」が34.6％増加で最も高くなっています。また、各施設の在所率は94.5％であり、定員に対する利用者数は、十分に余裕があるとはいえません。盲重複生徒の進路先としての受け皿として大きな役割を果たしている「障害支援施設等」の在所率も94.3％と高い割合になっています。盲重複生徒にとって、知的障害者や肢体不自由障害者のための施設に入所したり通所したりしていることは以前から継続しています。ここ数年、障害支援施設の増加傾向が見られるものの、重複障害者の増加に伴い、盲重複障害者の進路先決定も容易ではありません。

要点 障害の重度・重複化に伴い、卒業後の進路先として、障害支援施設が最も高い割合であり、年々利用者の増加が見られます。

障害福祉サービスの利用状況について
2016（平成28）年9月中の利用者数

サービス内容	
利用実人数	1人あたりの利用日数
就労継続支援　B型	
252,597	10.7
生活介護	
194,246	9.5
放課後等デイサービス	
154,840	7.3
共同生活援助（グループホーム）	
87,413	数値なし
就労継続支援　A型	
68,070	10.6
短期入所（ショートステイ）	
40,336	6.0
就労移行支援	
31,061	12.0
同行援護	
12,919	5.7

（厚生労働省　2016（平成28年）社会福祉施設等調査の概況より）

　上部の表以外の他のサービス内容も含め、利用者数では、「就労継続支援（B型）」が最も多くなっています。また、入所・通所にかかわるサービスは、全体のなかで多くの割合を占めています。

　本稿では、視覚障害に他の障害をあわせもつ生徒を「盲重複生徒」とする。

● 学校の盲重複障害の進路（現場実習）先開拓を通して（入所・通所施設の現状から）

　重複障害学級に在籍する生徒の進路（現場実習）先として障害支援施設への希望が増えていますが、受け入れ先の障害支援施設の定員に余裕がないのが現状です。また、視覚に障害がある生徒を受け入れることに障害支援施設では、不安をもったり、理解が不足していたりする様子が見られます。しかし、実際に職場体験や現場実習等を実施することで、受け入れ先の盲重複障害の生徒に対する考え方が変わることを実感しています。

　盲重複生徒にかかわることでの考えの変化
　〇受け入れる前の感想

- 視覚障害のある生徒が初めてなのでどう接すればいいかわからない。
- 「見えない＝できないことが多い」の思いがある。
- 安全面が不安である（設備の改善が必要）。
- 移動や仕事の最中に人手がかかる。

　〇受け入れ後の感想

- 思った以上に身辺処理、移動とも自立している。
- 作業に慣れてくれば、仕事量は他の利用者と変わらないように思う。
- 長時間に渡って、側に付いての支援は必要ない。
- 視覚障害だからといって人手をとられるという気持ちはあまりない。

● 盲重複障害者の通所・入所施設の利用に向けて

　卒業後の進路希望実現に向け、盲学校と障害支援施設がお互いに理解協力し合う関係を築くことが大切です。そのため、早めに盲学校の生徒の様子を伝えたり、生徒がどのような施設で、どのようなことができるか情報収集をしたりすることが必要です。これまでの障害に対する固定観念を払拭し、障害支援施設の不安感や負担感を軽減することにつながり、進路の拡大につながります。また、学校には、単なる職業教育だけでなく、社会福祉サービスを利用しつつ、自立を図っていくために必要な資質・能力の育成が求め続けられます。

90 就学奨励費について説明してください。

根拠法令
- 憲法第26条第1項、第2項
  教育を受ける権利、教育を受けさせる義務、義務教育の無償
- 憲法第25条第1項・生活保護法第11条
  教育扶助の規定
- 教育基本法第4条第3項
  経済的理由により修学が困難な者に対して奨学の措置を講じること
- 学校教育法第19条
  市町村の就学援助について
- 特別支援学校への就学奨励に関する法律
- 特別支援学校への就学奨励に関する法律施行令
- 特別支援学校への就学奨励に関する法律施行規則

●就学奨励費の趣旨

就学奨励費とは、特別支援学校及び小・中学校の特別支援学級等への就学のために保護者が負担する経費の一部又は全部を対象として、その負担能力の程度に応じて支給される補助費を言い、保護者の負担を軽減することにより、障害のある児童生徒の教育を普及奨励し、教育の機会均等を実現することを目的としています。

就学奨励費には、国庫補助金の対象となる国庫補助事業（国が半分負担）と、これに付加して地方公共団体が独自に実施する事業があります。

●支給される経費

教科用図書購入費（拡大教科書、音声教材付録の教科書含む）、学校給食費、交通費（通学費、帰省費、職場実習費、交流及び共同学習費）、寄宿舎居住に伴う経費、修学旅行費（修学旅行費、校外活動等参加費、職場実習宿泊費）、学用品購入費（学用品・通学用品、新入学児童生徒学用品・通学用品）

※学用品に含まれるもの…弱視児童、生徒（中学部・中学校）の拡大教材費。特別支援学校高等部（本科・別科）の生徒が学校で利用するＩＣＴ機器購入費。特別支援学校高等部（本科・保健理療科）の生徒が使用し、専門科目「保健理療」で採択された教科用図書を音声化した教材で、当該教科用図書とともに使用し得るもの。

●就学奨励費の支給方法

就学奨励費は、保護者の負担能力の程度（世帯全員の収入状況等）に基づき支弁区分を認定し、これに応じて支給されます。支弁区分は次の3つに分かれています。

 Ⅰ区分 所得比率が1.49以下の世帯又は生活保護世帯
    （大部分の経費は全額支給されます）
 Ⅱ区分 所得比率が1.5以上2.49以下の世帯（半額支給）
 Ⅲ区分 その他の世帯（無支給）
    ただし、Ⅲ区分でも一部支給される経費もあります（全段階支給経費）。

要点 就学奨励費は、保護者の負担を軽減することによって、障害のある児童生徒の就学を奨励し、教育の機会均等を確保するものです。

特別支援教育主額奨励費（負担金・補助金・交付金）平成30年度予算額

①特別支援教育就学奨励費負担金　6,061百万円
・公私立等の特別支援学校の小学部、中学部及び高等部（専攻科を除く）の児童生徒の保護者等に対する補助

②特別支援教育就学奨励費補助金　4,957百万円
・公私立等の特別支援学校（負担金の対象経費を除く）幼児児童生徒の保護者等に対する補助
・公私立等の小・中学校等の特別支援学級の児童生徒及び通常の学級に在籍する障害のある児童生徒の保護者等に対する補助

③特別支援教育就学奨励費交付金　549百万円
・国立大学法人が設置する国立大学に附属する特別支援学校並びに小・中学校等の特別支援学級の幼児児童生徒の保護者等に対する補助
・国立大学法人が設置する国立大学に附属する小・中学校等の通常の学級に在籍する障害のある児童生徒の保護者等に対する補助

※所得比率＝世帯全員の前年度の住民税課税基礎となる所得金額÷生活保護基準の世帯需要額で算出します。

●就学奨励費の支給時期

学校給食費のように毎月決まった時期に支給されるものと、学校行事（修学旅行・校外活動等）が実施される時期に支給されるものなどがあります。

しかし、請求が煩雑になるため、おおむね学期ごとか大きな行事ごとにまとめて支給されます。そのため、支給の時期は学校や地方公共団体によって違いがあります。

●その他の国の就学奨励事業

国の就学奨励事業には、就学奨励費のほかに下記のとおり多くの事業がありますが、小・中学校には就学援助費と呼ばれるものがあります。これは「経済的な理由によって就学困難と認められる者」に対して、法律によって国や地方公共団体が必要な援助を行うものです。

就学援助費には以下のような区分があり、補助費の支給内容に違いがあります。

①生活保護法の適用を受けている者（要保護者）
②生活保護法に基づく保護の停止又は廃止を受けた者（準要保護者）
③生活保護は受けていないが、保護を受けている者に準ずる程度の生活状態にあり、教育委員会が認める者（準要保護者）

表1　国の就学奨励事業

(1) 要保護児童生徒援助	(4) 高等学校等就学支援金
①学用品等補助	(5) 高等学校等修学支援事業費補助
②医療費補助	(6) へき地児童生徒援助
③給食費補助	①スクールバス・ボート等購入費補助
④学校災害共済掛金免除	②遠距離通学費等補助
(2) 特別支援教育就学奨励費	③保健管理費
(3) 幼稚園就園奨励費	
(7) アイヌ子弟高等学校等進学奨励費	④離島高校生就学支援事業

Q91 身体障害者手帳の概要と関連する福祉制度について教えてください。

A　身体障害者手帳は身体障害者福祉法に定められた身体障害がある者に対して交付されます。身体障害者手帳を所持することで、各種の公的福祉サービスを受けることができます。

●身体障害者手帳の交付の対象

身体障害者福祉法の対象は18歳以上の者ですが、一貫した指導・相談・各種サービスを受けやすくするため18歳未満の者にも手帳が交付されます。交付の対象になっている障害の種類と障害程度の範囲は身体障害者福祉法における別表に規定されています。視覚障害を例にすると、次のようになっています。

次に掲げる視覚障害で、永続するもの
1　両眼の視力（万国式試視力表によって測ったものをいい、屈折異常がある者については、矯正視力について測ったものをいう。以下同じ。）がそれぞれ0.1以下のもの
2　一眼の視力が0.02以下、他眼の視力が0.6以下のもの
3　両眼の視野がそれぞれ10度以内のもの
4　両眼による視野の2分の1以上が欠けているもの

障害の程度は「身体障害者障害程度等級表」において、障害の種類別に最も程度が重い障害等級1級から7級まで区分されています。手帳は1級から6級に交付されます。7級の障害は肢体不自由についてのみあり、7級の障害が2つ以上重複する場合または7級の障害が6級以上の障害と重複する場合は対象となります。視覚障害の場合は、視力障害と視野障害に区分され、視力障害は1級から6級に、視野障害は2級から5級に判定されます。

●身体障害者手帳の申請の手続き

手帳を申請するには、住まいのある福祉の窓口（市区町村の福祉課や福祉事務所）に出向き、「身体障害者診断書・意見書」と「身体障害者手帳等申請書」をもらいます。診断書は法に定められた指定医が作成しなければなりません。この指定医が作成した診断書、申請書、顔写真、印鑑及びマイナンバーのわかるものを福祉の窓口に届け出ます。その際、15歳未満の場合は保護者が、15歳以上の場合は本人が申請しま

「身体障害者障害程度等級表」の視覚障害の認定基準については改正が行われ、2018（平成30）年7月1日から新たな認定基準が適用されることになりました。

1級
　視力の良い方の眼の視力が0.01以下のもの

2級
1　視力の良い方の眼の視力が0.02以上0.03以下のもの
2　視力の良い方の眼の視力が0.04かつ他方の眼の視力が手動弁以下のもの
3　周辺視野角度の総和が左右眼それぞれ80度以下かつ両眼中心視野角度が28度以下のもの
4　両眼開放視認点数が70点以下かつ両眼中心視野視認点数が20点以下のもの

3級
1　視力の良い方の眼の視力が0.04以上0.07以下のもの
2　視力の良い方の眼の視力が0.08かつ他方の眼の視力が手動弁以下のもの
3　周辺視野角度の総和が左右眼それぞれ80度以下かつ両眼中心視野角度が56度以下のもの
4　両眼開放視認点数が70点以下かつ両眼中心視野点数が40点以下のもの

4級
1　視力の良い方の眼の視力が0.08以上0.1以下のもの
2　周辺視野角度の総和が左右眼それぞれ80度以下のもの
3　両眼開放視認点数が70点以下のもの

5級
1　視力の良い方の眼の視力が0.2かつ他方の眼の視力が

> **要点** 身体障害者手帳は、各種の公的福祉サービスを受けるために必要となるものです。

0.02以下のもの
2　両眼による視野の2分の1以上が欠けているもの
3　両眼中心視野角度が56度以下のもの
4　両眼開放視認点数が70点を超えかつ100点以下のもの
5　両眼中心視野視認点数が40点以下のもの

6級
視力の良い方の眼の視力が0.3以上0.6以下かつ他方の眼の視力が0.02以下のもの

障害者総合支援法

正式な名称は「障害者の日常生活及び社会生活を総合的に支援するための法律」といいます。それまでの「障害者自立支援法」に代わって、2013（平成25）年4月より施行されました。この法律では新たに難病の患者が障害者の範囲に加えられ、視覚障害関連では円錐角膜、加齢性黄斑変性症、スティーヴンス・ジョンソン症候群、網膜色素変性症、ベーチェット病、レーベル遺伝性視神経症等が該当します。対象となる難病患者は身体障害者手帳の有無にかかわらず必要とされた障害福祉サービスを利用できます。

障害支援区分

障害福祉サービスを利用する際に、障害の程度ではなく、どのような支援をどの程度必要とするか、支援の度合いを示す区分です。

公的福祉サービスは障害等級や所得・年齢などの用件によって受けられる内容が異なります。また、自治体独自のサービスもあります。福祉の窓口に問い合わせてみましょう。

す。

● **障害者総合支援法による障害福祉サービス**

身体障害者手帳を所持すると障害者総合支援法に基づく障害福祉サービスを利用することができます。障害福祉サービスには希望する生活を支えるためのたくさんのサービスがあります。昼間の支援では、施設で食事や入浴、作業を行なう生活介護、住まいの支援ではグループホームでの共同生活や施設入所支援、自宅で日常生活の支援を受ける居宅介護、自立した日常生活あるいは就労にむけて訓練をする自立訓練や就労支援、補装具費の支給や日常生活用具等の給付や貸与などです。視覚障害を対象としたサービスとしては、自立訓練で歩行やパソコン、点字、調理などの訓練が受けられます。就労移行支援（養成施設）では、あん摩マッサージ指圧師・はり師・きゅう師の技術を習得することができます。外出の際には移動の手伝いと代読・代筆などの支援を受けられる同行援護というサービスも利用できます。また、視覚障害者が対象になっている補装具は、盲人安全つえ（白杖）、義眼、眼鏡等（矯正眼鏡、コンタクトレンズ、弱視眼鏡、遮光眼鏡）、日常生活用具は、電磁調理器、歩行時間延長用小型送信機、体温計、体重計、点字ディスプレイ、点字器・点字タイプライター、視覚障害者用ポータブルレコーダー、時計などです。

これらのサービスを利用するには、住まいの福祉の窓口に申請をします。障害支援区分が認定され、支給が決定すると、「障害福祉サービス受給者証」が交付され、必要と認められたサービスが利用できます。利用までの手続きやどのようなサービスを使うかは、福祉の窓口や相談支援員が手伝ってくれます。

● **その他の福祉サービス**

身体障害者手帳を示すことで、年金や手当の給付、所得税や住民税などの税の軽減や優遇措置、住まいについての優遇措置や建設・増改築の融資、医療費の助成、公共交通機関の運賃割引、公共料金の割引、ＮＨＫ放送受信料の免除、郵便料金の減免、携帯電話の割引などを受けることができます。

Q92 視覚障害教育と関連のある教育や福祉の団体にはどんなものがありますか。

A

●視覚障害教育を支えている主な団体

(1) 全国盲学校PTA連合会
　PTAとしての活動のほか、全国盲学校フロアバレーボール大会や全国盲学校弁論大会の支援など、盲学校と一体となって活動しています。

(2) 視覚障がい乳幼児研究会
　毎年、研究大会や研修会を開催しています。

(3) 視覚障害リハビリテーション協会
　研究発表大会の開催や機関誌の発行を行っています。

(4) 日本ロービジョン学会
　毎年、学術総会を開催しています。

(5) 日本点字委員会
　わが国における点字表記法に関する唯一の決定機関です。『日本点字表記法』『点字理科記号』『点字数学記号』『試験問題点訳のてびき』『日点委通信』『日本の点字』などの発行を行っています。

(6) Access Reading（アクセス・リーディング）
　障害により読むことに困難のある児童生徒に向けて教科書・教材の電子データを提供しています。同じく読むことに障害のある人々に書籍データも提供しています。東京大学先端科学技術研究センター内の大学図書室および人間支援工学分野が共同で運営しています。

●主な教育団体関係

(1) 全日本盲学校教育研究会（全日盲研）
　盲学校教育の研究推進と向上を目的として、年1回の総会並びに研究大会の開催、機関誌『視覚障害教育』の発行、教材・教具の研究・紹介等の事業を行っています。
　1907（明治40）年開始、2018（平成30）年度第93回大会（宮城大会）。

(2) 日本弱視教育研究会（日弱研）
　わが国における弱視教育の進歩・発展を図ることを目的として、年1回全国大会を開催するほか、弱視教育に関する学術的・実践的研究、弱視者に対する福祉・医療等の研究等を内容とする機関紙『弱視教育』を年4回発行しています。
　1961（昭和36）年創設、2018（平成30）年度第60回大会（大阪大会）。

(3) 日本理療科教員連盟（理教連）
　全国の盲学校と視力障害センター等の理療科関係教職員で組織し、理療に関する調査研究、理療科・保健理療科等卒業生の職業活動に対する指導助言などを主な事業とする研究団体です。年1回、全日盲研の前日に総会を開催しています。

(4) 全国盲学校普通教育連絡協議会（普連協）
　全国の盲学校普通科教員で組織する研究団体です。大学進学を含む高等部普通科卒業生の進路開拓や点字教科書の原典の選定などが主な事業です。年1回、全日盲研の前日に総会を開催しています。

(5) 日本視覚障害理科教育研究会
　視覚に障害のある児童生徒の理科教育の理論と実践について研究し、わが国の視覚障害理科教育の向上を図ることを目的として1980（昭和55）年に発足しました。毎年夏に研究大会を開催しています。

(6) 全国視覚障害早期教育研究会（全早研）
　視覚障害早期教育に関する研究を志す者の連携協力によって視覚障害早期教育の充実・発展を図ることを目的に、2000（平成12）年に第1回大会を開催し発足しました。毎年度1〜2月に全国大会を開催しています。

> **要点** 定期的に各団体のウェブページをチェックしたりイベントに参加したりして、幅広く情報を集め実践のヒントにしましょう！

● 視覚障害者の生活を支えている諸団体

(1) 日本盲人社会福祉施設協議会

点字出版部会、情報サービス部会、自立支援施設部会、生活施設部会、盲人用具部会があります。

(2) DAISY研究センター

DAISYの研究開発と普及を目的として、製作用ソフトウェアの開発、国内外のDAISY関連情報の収集と公開などを行っています。

(3) 特定NPO法人タートル

視覚障害というハンディキャップを乗り越えて働く、働き続けることを目標として設立された団体です。

● 報道・イベント

(1) 毎日新聞「点字毎日」

毎日新聞社が発行する週刊点字新聞です。視覚障害者と社会とをつなぐ懸け橋として、多くの読者に親しまれています。

(2) 視覚障害ナビラジオ

NHKラジオ第2で放送されている、見えない人、見えにくい人のための情報番組です。

(3) サイトワールド

視覚障害者に特化した世界でも例をみない総合イベントです。

● 点字図書館（視覚障害者情報提供施設）

点字図書、録音図書、DAISYの収蔵、管理、点訳、音訳、貸し出し、各ボランティアの養成などを行っています。近年は多くの施設で「視覚障害者情報提供施設」またはそれに基づいた呼称に変更されています。

サピエ図書館は、全国のサピエ会員施設・団体が製作または所蔵する点字図書や録音図書の全国最大のデータベースとして、広く活用されています。会員になると、この点字やデイジーデータを、全国どこからでもダウンロードでき、多様な資料を手にすることができます。読みたい本を自由に選んで、直接点字やデイジーデータを得られますので、視覚障害者等の読書の自由が広がりました。

● 補装具及び日常生活用具関係

白杖や眼鏡などの補装具、点字タイプライターや拡大読書器などの日常生活用具は、幼児児童生徒が日常の学習や生活を円滑に行うために欠かせないものです。

通信販売可能な団体の一例
- 日本点字図書館わくわく用具ショップ
- 日本盲人会連合用具購買所
- 日本ライトハウス情報文化センター

補装具や日常生活用具の給付制度は市区町村によって運営方法や申請条件、基準額、申請可能商品などが異なる場合があります。詳しくは幼児児童生徒が住んでいる市区町村へ問い合わせてください。

● 視覚障害者関係団体

(1) 日本盲人会連合

視覚障害者自身の手で、"自立と社会参加"を実現しようと、都道府県・政令指定都市にある61の視覚障害者団体が加盟しています。（2016（平成28）年現在）

(2) 日本盲人福祉委員会

視覚障害者団体・福祉施設や全国の盲学校などへの情報や連絡調整などを行っています。視覚障害者の国際交流における日本側の窓口です。

Q93 医療との連携に当たっての留意点について教えてください。

A

●学校医及び主治医との連携

盲学校では、学校医による定期的な眼科検診や眼科相談、校内の視環境への助言を指導や支援に活用しています。幼児児童生徒の主治医が盲学校から遠く、緊急時の対応ができない場合、その対応もお願いしています。眼科相談では、養護教諭が相談内容を的確に学校医や主治医に伝わるよう資料を整え、言葉を添えてフォローしたり、医師の判断や意図が正確に保護者や幼児児童生徒に伝わるように解説役を務めたりします。眼科相談での助言は、保護者や幼児児童生徒が生涯にわたる視覚管理の重要性を学ぶ機会になっています。

学校によっては、育児相談、主治医と担任及び関係職員間での眼疾患等に関するケース会議、生徒向けの保健講話、ＰＴＡ主催の講演会等の講師や学校だよりの寄稿を依頼している場合もあります。学校医及び主治医との連携は養護教諭が中心となりますが、学校全体として意思を統一していくことが大切です。

●地域の医療機関と連携した教育相談

盲学校の特別支援教育コーディネーターは、視覚障害のある子供たちに対して、地域の医療機関と連携し、支援体制を構築する役割を担っています。病院のなかには、特別支援教育コーディネーターによる訪問相談の機会を設定しているところもあります。また、眼科医が必要性を感じた子供については、保護者に対して盲学校での教育相談を勧めることもあります。眼科医から事前に対象者の眼疾患名や見え方等の実態について特別支援教育コーディネーターが連絡をうけ、視覚活用のアドバイス、視覚補助具や教材・教具を紹介するなどの支援を行っています。また、その結果を眼科医にフィードバックし、定期的に情報を共有する過程で盲学校での継続的な教育相談につながることもあります。

特別支援教育コーディネーターの資質として、個人情報の厳守を前提に医師と一緒に取り組んでいるという安心感を与えられること、保護者の不安を受け止め、よい方向に導くことができる包容力や適切な助言ができる専門性などが求めら

特別支援教育コーディネーター

特別支援教育体制では、すべての小・中学校に「特別支援教育コーディネーター」を配置し、校内はもとより校外の関係機関や専門家と連携して指導を行う仕組みが整えられました。その適切な運用による成果に期待が寄せられます。（参考：「視覚障害教育に携わる方のために」香川邦生他（2010）慶應義塾大学出版会）

> **要点** 医療との連携は、養護教諭、特別支援教育コーディネーターを中心に学校全体で意思を統一して取り組むことが重要です。

ロービジョンケア
　視覚障害者の保有している視機能を最大限活用し、quality of life（QOL）の向上を目指すことです。
（参考：「ロービジョンケアの実際」高橋広（2006）医学書院）

れます。

● ロービジョンケアの実践を通した連携

　ロービジョンケアの専門医を招聘し、支援を行っている盲学校もあります。以下は例です。

目的	弱視幼児児童生徒への適切な支援、教材・教具や環境の向上を図るため、視機能や補助具のチェック、よりよい見え方や学習・生活環境について助言を得る。
担当	眼科医、視能訓練士、看護師、養護教諭、自立活動部（弱視担当）、特別支援教育コーディネーター、学級担任　他
相談の観点	1．障害となる事象（病理と症状）への対応 　羞明、中心暗点、視野狭窄、屈折異常など 2．補助具の再評価、適正化 ・光学的補助具：弱視レンズ（弱視眼鏡、単眼鏡、ルーペ及び遮光眼鏡　他） ・非光学的補助具：照明、拡大読書器、書見台、拡大教科書、タブレット端末　他
相談の流れ	①対象者からの情報提出および聞き取り調査 ②事前　対象者の視機能等についての打ち合わせ ③当日　一人20分程度で実施 ④事後　ロービジョンケア後の実践の記録を医師へ提出し、情報を共有する。

　ロービジョンケアの実践は、専門医から学習を効果的に行うための視覚活用の仕方や、視覚補助具の有効な使い方について知ることができる絶好の機会となります。弱視レンズの倍率の再評価、最新の補助具の紹介、ノートのマス目の大きさで、学校生活に関することについて具体的に助言を得ることができます。対象者の決定に当たっては、保護者や学級担任の疑問、相談事などを考慮しながら、早期に支援を要する幼児児童生徒を優先することが勧められます。事後は、専門医からの指導・助言を担任のみならず学校全体で共有し、幼児児童生徒への授業実践に生かしていくことが重要となります。

　ロービジョンケアは、専門医と学校、保護者が一体となり、実態調査、事前打合せ、当日・事後の実践等の一連のサイクルを定期的に継続していくことが望まれます。

ロービジョンケアの様子

Q94 家庭との連携に当たっての留意点について教えてください。

A

●保護者との信頼関係を築くことが出発点

　保護者との信頼関係を築くうえで大切なことは、まず、盲学校の全ての教職員が視覚障害教育の専門家としての知識や技術、保護者から信頼されること、保護者に必要な情報を正確に伝えられること、また、同時に保護者も、幼児児童生徒の障害を正しく理解し、将来に向けての可能性を追求し、「生きる力」を育もうという思いをもってもらうことが大切になります。次に、保護者の思いや願いに寄り添い、理解することが出発点となります。家庭の子育てを支援し、かつ教育成果を上げるための家庭の協力や連携を図るうえで、保護者の思いや願いを理解し共感することが大切となります。最後に、医療や福祉、就労等の関係機関との連携を盲学校がハブとなり、情報発信していくことが必要です。そのためには教職員がその知識を獲得し、提供していくことが必要になります。

●視覚障害教育の専門家として必要な知識とは

　盲学校の教職員は、全ての幼児児童生徒の眼疾患とそれに伴う視覚障害の状態、視覚障害者が就いている職業、弱視者のための教育機器、視覚障害者に対する福祉制度などに関する知識を身に付ける必要があります。また担当している幼児児童生徒の実態にかかわらず、点字や歩行、視覚障害スポーツなどの知識や技術を身に付けることが大切になってきます。このような視覚障害教育にかかわる知識や技術などを身に付けることが、保護者から信頼を得ることにつながります。

●家庭の子育てを支援する連携とは

　保護者と共に幼児児童生徒の成長を考えて、保護者を支えていくことが大切です。その際、保護者が幼児児童生徒の障害の実態とそれに伴う学習上、生活上の困難を正しく理解し、改善・克服していけるよう保護者を支援していく視点が重要になります。視覚障害があっても、情報を提供し、様々な体験の場を用意すれば、幼児児童生徒の可能性は大きく広がります。幼児児童生徒の『できない』は、それを取り巻く環境がつくってしまっているのかもしれません。盲学校の教職員

盲学校の専門性とは
・点字指導
・歩行指導
・触察の指導
・盲教育
・弱視教育
・眼疾患等の知識
・福祉制度等の知識
・視覚障害スポーツの指導
・視覚障害乳幼児教育
・ＩＣＴ機器の操作や指導
・視覚補助具の操作や指導
・触覚教材の作成と活用
・点字プリンター等（パーキンスブレイラー）の操作や指導

　　　　　　　　など

要点 子供の成長を見守り、支援をしていくうえで、家庭を学校との連携を図るチームの一員として位置付けていくことが重要です。

は、様々な体験を提供する教育実践を提供し、必要な情報を保護者に伝えることがとても重要になります。保護者と教職員が幼児児童生徒を軸にして連携する姿勢こそが大切です。

●家庭との連携を進めるにあたっての具体的方策とは

(1) 保護者との面談や電話連絡、家庭訪問に限らず、日々取り交わされている連絡帳や学級通信、学部だよりなどの便り、毎日の送迎時や行事等で来られたときのコミュニケーションの機会も連携を進めるうえで大切なものです。

(2) 上記のような機会を捉えて、些細なことであっても幼児児童生徒の頑張ったことや保護者と共に喜び合いたいこと、成長の記録などを伝えることで保護者との共感が生まれ、信頼が培われます。

(3) 盲学校は幼児児童生徒の居住地が県下全域に及び、また幼稚部から成人まで幅広い年齢層の方が学んでいることから、保護者活動においても創意工夫することが大切になります。行事等で保護者の方が活躍できる場をつくるとか家族みんなで参加できる取組も必要になります。もちろん教職員も積極的に参加していくことも連携づくりにおいて大切なことです。

●家庭との連携を支える

盲学校には、眼科学校医がいます。定期的に眼科検診があります。その際に担任は同席をして、学校医の判断や助言を直接見聞きし保護者に伝えることも大切です。幼小学部、特に重複障害児の場合は常に必要です。眼科検診は養護教諭が要になりますが、担任も学校医と話をするようにしましょう。また福祉との連携では、進路指導部長が要になることが多いですが、担任として保護者に福祉サービスを提供できるよう準備しておくことは重要です。就学前から卒業後までに利用する福祉サービスは様々なものがあります。サービスを受けるための条件も様々です。受けるための手続きも、教職員は理解しておくことが大切です。

学部だよりの例

盲学校生徒による点字ブロック啓発活動のティッシュ配り

コラム㉔

全国盲学校ＰＴＡ連合会

　全国盲学校PTA連合会は1962（昭和37）年に結成され、2011（平成23）年6月に50周年を迎え、2018（平成30）年現在、57年目となります。戦後、各盲学校にPTAができ、小・中学校がPTA連合会を結成し、教育に対する諸要望を国に対して展開するようになり、盲学校にもそのような動きが出て結成されました。盲学校の歴史は古く、1878（明治11）年京都盲唖学院ができて140年を経ていますが、PTAは盲学校の歴史に比べると比較的新しく、それまでは各校に後援会のような形であったようです。結成当初は北海道、東北、関東甲信越、東海、北陸、近畿、中国四国、九州の全国8地域ブロック連合会でしたが、現在は東海地域と北陸地域が一緒になって、中部地域ブロックとなり、全国7地域ブロック連合会となっています。幼児児童生徒数が減り、盲学校は部門校含め、学校数は67校となり、地域に盲学校が少ないなかでは、保護者同士が結びつき、情報を共有することが大切です。
　全国盲学校PTA連合会活動は、学校数や児童生徒数が少ないなか、児童生徒の活躍や教育活動などを知らせ、会員同士の情報共有、理解啓発に努めています。年1回の総会・理事会・研修会実施、会報「手をつなごう」発行、全国盲学校スポーツ大会共催、全国特別支援教育推進連盟活動参加などがそれです。研修会は卒業生、保護者、大学研究者など様々な講師に視覚障害等に関する講話をいただいています。会報を年2回、10月と12月に発行し、総会、理事会、研修会講話等報告や全国盲学校幼児児童生徒数在籍調査、あん摩マッサージ指圧師等国家試験結果、全国盲学校フロアバレーボール大会（2016年までは全国盲学校野球大会）、全国盲学校弁論大会、国への予算要望、卒業生の声等を掲載しています。全国盲学校フロアバレーボール大会は全国盲学校体育連盟、全国盲学校長会、及び全国心身障害児福祉財団と共催し、JKA（日本競輪オートレース協会）から補助金をもらって進めています。全国特別支援教育推進連盟加盟団体として全国特別支援教育振興大会参加や文部科学省、厚生労働省等へ予算要望を関係団体と共同して、要請しています。独自の取組は、点字ブロック理解啓発活動です。2009（平成20）年ころから「点字ブロックの上に物を置かないで」のメッセージ入りティッシュ配布が埼玉県立特別支援学校塙保己一学園から起こり、今では全国の盲学校がブロックごとの各地域で取り組み、点字ブロック理解啓発活動を進めています。

コラム㉕

障害者支援のボランティア

　愛知県立岡崎盲学校では、多くのボランティアの皆様が幼児児童生徒の支援をしてくださっています。数十年前に新聞記事で盲学校には音訳教材が少ないと知った主催者を中心に立ち上がった団体や、カルチャースクールで点字の書き方を学び、スキルを生かしたいと有志が集まってできた団体など、設立の経緯は様々です。いずれの団体も本校を支援したいという思いをもった多くの方々が教育活動を支えてくださっていて、本校にとってなくてはならない存在です。

　支援していただいている内容には、3つあります。第一に、教材の作成です。「木曜会」は点訳の協力団体で、参考書・問題集などの教材や図書・専門書などをお願いしています。音訳は「虹の橋会」に絵本・児童書から専門書、国家試験まで幅広く引き受けていただき、「DAISYおかざき」がデイジー図書にしてくださいます。また、拡大写本は「拡大教材のぞみ」に、児童書や参考書・問題集の拡大をお願いしています。点訳絵本は、「点ふれんど」が文章を点訳したタックペーパー（粘着剤付き透明シート）と、絵の形に切り抜いたタックペーパーを市販の絵本に貼り付け、届けてくださいます。

　第二に、児童生徒の指導の補助です。「リーディングサービス」は対面朗読のボランティアで、授業に関係した本を対面で読んだり、「家電の説明書を読んでほしい」といった要望に応じたりしてくださいます。前述の「虹の橋会」は、設立当初は朗読テープの作成が主でしたが、本校からの要望に応じて、読み聞かせの会に対応してくださっています。また、愛知教育大学で視覚障害教育を専攻する学生の皆さんには、寄宿舎生に対する学習支援や、フロアバレーボールなどの余暇活動の支援をお願いしています。

　第三に、本校の環境整備です。愛知県立岡崎工業高等学校の生徒の皆さんには、本校の敷地内にある点字ブロックの補修をしていただきました。点字ブロックが経年劣化のためぐらつき、上に乗ると不安定で転倒する危険があったため、ブロックを取り外して土台を水平に整えたり、隙間をコンクリートで埋めたりする作業をしてくださいました。今後は視覚障害者に合った教材づくりを支援してくださる予定です。

　本校では「奉仕団体感謝の会」を開催し、幼児児童生徒から感謝の気持ちを伝え、感謝状をお渡ししています。今後も本校の幼児児童生徒の実態の変化やデジタル化など視覚補助教材の進歩等、時流に合った支援ができるように、ボランティアの皆様と連携を深めていきたいと思っています。

Q95 視覚障害者をとりまくネットワークの現状について教えてください。

● スマートサイト（Smart Sight）とは

2005年より米国眼科学会（AAO）が開始した、ロービジョンケアや視覚障害リハビリテーションを推進するプロジェクトです。その概要は、ロービジョンケアの存在を知らせる啓発用リーフレットを作成し、それを眼科医が視覚障害により不安や不自由のある方に渡すことを推奨するものです。日本には2007年に日本ロービジョン学会理事の永井氏によって紹介され、その後、徐々に全国に広がりつつあります。（2003小西）

● 全国のスマートサイト
- スマートサイト北海道
- スマートサイト青森県版
- 秋田県版スマートサイト
- 仙台宮城版スマートサイト
- 福島県ロービジョンネットワーク
- ささだんごネット（新潟）
- はぶたえネット（群馬）
- 東京都ロービジョンケアネットワーク
- スマートサイトあいち
- 岐阜うかいネット
- 視覚障害者ケアネット富山
- オールしずおかベストコミュニティー
- 羽二重ネット（福井）
- 大阪あいネット
- もみじサイト（広島）
- よつばネット香川
- みきゃん愛ネット（愛媛）
- 徳島ビジョンネット
- 島根ビジョンネットワーク

2018（平成30）年3月現在

A

● ネットワークを必要とする気運の高まり

共生社会の実現に向け、障害者の生活の質（QOL）を高めることが求められています。通常、自らが見え方の違和感や異常に気付いた際に、まず接点をもつのは医療機関の眼科ですが、これまで眼科医は医療中心で、福祉や教育分野への情報提供を行うことは希でした。ですから視覚障害のある人が地域社会のなかで生活をするためにどの様な支援が受けられるのか、どの様な補助機器があるのか、どこに相談したらよいのかといった情報等も自分で探すより他ありませんでした。そこで、これらの情報が得られて相談できる専門の関係団体が互いに連携し、利用者に情報やサービスを提供できるネットワークが必要だという声が高まってきました。

● 日本版スマートサイトについて

スマートサイトは、眼科医がリーフレット等を患者に渡すことで相談支援につなげるものです。ところが、実際にリーフレットを見て自分でニーズに合った専門機関に相談できる患者は少ないのが現状です。そのため日本では、各スマートサイトで方法は異なりますが、眼科医が患者の了解を得てコーディネーターに連絡し、患者と適切な専門機関を結び付ける方法や、各々の専門機関に相談があった場合、その専門機関が窓口となり、相談者のニーズに合った専門機関につなげる方法等を取り入れたスマートサイトが発達しました。

● 「ささだんごネット」について

新潟県では、これまで視覚障害に関して専門分野の異なる団体の関係は希薄でしたが、2013年6月に新潟大学医歯学総合病院眼科ロービジョン外来の張替涼子医師が発起人となり、医療と福祉そして教育をつなげる必要を呼びかけ、新潟県視覚障害リハビリテーションネットワーク「ささだんごネット」が設立されました。構成団体は、新潟大学医歯学総合病院眼科ロービジョン外来、新潟県視覚障害者福祉協会、新潟県視覚障害者のリハビリテーションを推進する会（NPO法人オアシス）、新潟県視覚障害者情報センター、新潟市障がい者ITサポートセンター、新潟県立新潟盲学校です。

— 246 —

要点 視覚障害に関係する専門機関が連携を図り合い、必要な情報発信や支援を行うスマートサイトの設立が全国に広がってきています。

● 「ささだんごネット」
各団体の活動紹介
（リーフレットから抜粋）
＜新潟県視覚障害者福祉協会＞
・生活やリハビリの相談
・歩行訓練・家事身辺処理
・点字指導等
＜NPO法人オアシス＞
・専門家による悩み相談
・仕事・進学相談
・歩行や日常生活訓練
・日常生活用具・福祉制度の紹介等
＜新潟盲学校＞
・乳幼児〜成人までの教育相談や学習支援
・各種研修会の開催と情報発信
＜新潟県視覚障害者情報センター＞
・音声図書や点字図書の貸し出し
・学習教材の音声・点字訳の製作
＜新潟市障がい者ITサポートセンター＞
・情報通信機器の整備支援
・視覚障害者のPC教室
・ICTを活用した就労・就学相談・支援
・ICTの購入・操作方法
＜新潟大学医歯学総合病院眼科ロービジョン外来＞
・見え方の正しい評価
・視覚補助具の選定
・日常生活アドバイス
・福祉情報提供
・身体障害者手帳
・障害年金の相談等

　「ささだんごネット」では、ロービジョン外来からはもちろんですが、各々の団体が相談等の受付窓口となって相談者のニーズを聞き取り、そのニーズに合った専門機関を相談者に紹介すると共に、相談者の了解を得て該当の専門機関に連絡を取り、スムーズに相談や支援が受けられるようにしています。また地域の視覚障害者が視覚障害に関する情報を得られやすくするため、リーフレットを県内の主な病院や眼科医院、福祉関係施設に配置したり、Webサイトにブログを立ち上げ、関係機関の活動や研修会等の行事の情報発信を行ったりしています。「ささだんごネット」により、他機関から紹介された盲学校への就学や教育相談の件数も増加してきています。

　しかし構成団体の所在地が新潟市内に限られ、新潟市とその近郊の人たちにとっては相談が比較的容易ですが、遠隔地に居住地がある視覚障害者への対応が課題です。

● 全国のスマートサイトの取組から
・東京都ロービジョンケアネットワークのリーフレットでは、「生活訓練支援」「教育機関」「就労支援」「視覚障害者団体」「用具の販売・図書の貸出」「眼鏡製作・販売」の相談内容に合わせ、その分野の代表施設が相談の窓口となると共に施設のQRコードが掲載されており、その施設のホームページにアクセスしやすくなっています。
・福井県の「羽二重ネット」では、相談の対応、交流相談会の企画の他に、年に1回、関連業者や団体の協力を得て視覚支援機器・器具や便利グッズを紹介したり、販売したりする展示会を開催しています。

● 盲学校の役割と課題
　全国の各盲学校では、教育活動によるニーズから教育や医療機関はもちろんのこと、進路の多様化に伴い福祉事業所やNPOボランティア団体、一般企業との連携が急激な増加傾向にあります。また、盲学校への相談内容では就学相談や学習・子育て支援、障害についての情報提供が多く、盲学校はこれらの情報の発信基地として、また他の相談機関へのハブ相談機関としての役割が求められています。

96 企業等が視覚障害者を雇用した場合の助成制度等について教えてください。

「合理的配慮」の取組が障害者雇用を促進するポイント

「障害者雇用促進法」第2章の2では、差別の禁止、合理的配慮の措置が規定されており、それらに関連して、厚生労働省告示「合理的配慮指針」「障害者差別禁止指針」「事例集」が示されています。これらについては、厚生労働省HP等に掲示されています。

今後、この「合理的配慮」の取組が障害者雇用を円滑に推進するポイントになってきます。従来、障害者雇用は、企業のCSRとして「雇用率達成」が目標化されがちであり、障害者は「定着率」が悪いといった声をよく聞くことがあります。しかし「雇った障害者を戦力化する視点で採用、雇用しているのか？」「必要な配慮がされているのか？」人事、経営、現場の切り口で再確認をすることが、今後の障害者雇用の視点として欠かせません。新規雇用の促進と安定、内部発生の障害者を継続雇用し、大切な戦力を離職させないことが重要です。

A 我が国の障害者雇用に関する法律は、身体障害者を対象に、法定雇用率は努力義務で、「身体障害者雇用促進法」として1960（昭和30）年に制定されました。その後、1976（昭和51）年に、企業等に法定雇用率を義務化し（当初1.5％）、雇用納付金制度を創設しました。1987（昭和62）年には、「障害者の雇用の促進等に関する法律」に名称変更、全ての障害者（身体、知的、精神）が対象になり、2016（平成28）年から事業主に対し、障害者に対する差別の禁止・合理的配慮が義務化されました。

現在の障害者雇用対策は、「障害者の雇用の促進と安定」を目的として、法律で「障害者雇用率制度」と「障害者雇用納付金制度」を主な柱として、雇用保険、雇用納付金、各々を財源とする各種助成金制度があります。近年、雇用納付金財政の逼迫を理由に、雇用納付金財源から雇用保険財源に切り替えがされたものもあります。これら助成金制度の対象事業主は、民間企業を対象としており、国、地方自治体等が除かれていることは注意を要します。

●障害者雇用納付金制度に基づく助成金

事業主が障害者を雇用するために必要な措置等に要した費用の一部を助成するものです。この助成金は、独立行政法人高齢・障害・求職者雇用支援機構（以下、支援機構）により運営されています。

ここでは、視覚障害者に利用されている代表的なものを紹介します。

(1) 障害者作業施設設置等助成金

視覚障害者が作業を容易に遂行できるように、作業施設やその付帯施設の工事、または機械器具や補助具等の設備の設置整備を行う事業主に対する助成金です。設備の代表的なものに、拡大読書器や、パソコンの画面を音声で読み上げるソフトがあります。新規雇い入れ（又は中途障害や障害が重度化した場合は、身体障害者手帳の等級変更があってから）6か月以内に申請する必要があります。

助成金の支給額は、要した費用の3分の2、助成金の限度

要点 障害者雇用に関する法令や制度等を正しく理解し、視覚障害者が障害のない者と同様に働ける環境等をつくることが大切です。

障害者雇用率制度、雇用の変遷（民間企業）

年	法定雇用率	実雇用率	達成企業割合
1960年	1.3%	—	—
1976年	1.5%	—	—
1977年	1.5%	1.09%	52.8%
1988年	1.6%	1.31%	51.5%
1998年	1.8%	1.48%	50.1%
2013年	2.0%	1.76%	42.7%
2017年	2.0%	1.97%	50.0%
2018年	2.2%	—	—

トライアル雇用助成金、特定求職者雇用開発助成金、特定求職者雇用開発助成金、障害者雇用安定助成金
問い合わせ先：最寄りの公共職業安定所
その他の助成金
問い合わせ先：支援機構都道府県支部
就労支援機器普及啓発事業
　支援機構中央障害者雇用情報センターでは、就労支援機器の事業主への無償貸出（期間は原則6か月以内、1回のみ最大6か月の延長可）などを行っています。この事業は、合理的配慮の見極めにも有効です。

額は、障害者一人につき、施設（工事）については450万円、設備（購入）については150万円。

(2) 障害者介助等助成金
　障害者の障害特性に応じた適切な雇用管理のために必要な介助者の配置等の措置を行う事業主を対象として助成するものです。この制度の歴史的経緯を辿ると、いわゆる「ヒューマンアシスタント制度」として発足し、当初は3年間が限度でした。その後、10年間に延長され、さらに「継続措置」として必要と認められた場合、5年間の延長が可能です。なお、継続措置の助成金は、助成率、限度額が若干下がることに留意する必要があります。

(3) 職場介助者の配置または委嘱助成金（10年間）
　事務的業務に就労する重度視覚障害者の業務遂行のために必要な職場介助者を配置したり委嘱したりする事業主に対する助成金（事務的業務以外の業務に就労する重度視覚障害者の場合は、委嘱のみ）。
　職場介助者の業務は、次のような事項を内容とします。
① 業務に必要な文書の朗読と録音
② 指示に基づく文書の作成とその補助業務、点字文書の墨字訳、資料等の取り出し等
③ 業務上の外出の付き添い
④ その他必要と認められる業務
　助成金の支給等については、職場介助者に支払う賃金の4分の3が助成されます。助成限度額は配置の場合は一人月15万円まで。委嘱の場合は、一人1回につき1万円を限度とし、年間150回まで。事務的業務以外にあっては、一人1回につき1万円を限度とし、年24万円まで。

　なお、上記以外にも視覚障害者を雇用する企業、事業主が受けられる助成金があります。これら各種助成金の受給要件や受給手続きの詳細については、厚生労働省のホームページ、関係機関または団体で確認、問い合わせてください。

Q97 諸外国の視覚障害教育の現状について教えてください。

A 社会、経済、文化のグローバル化が急速に進展するなかで、特別支援教育制度やその背景にある思想・理念もその影響を受けています。諸外国の視覚障害教育の現状に目を向けることはその意味で重要であるといえます。ここでは、開発途上国と先進諸国に分けて整理します。

●開発途上国における視覚障害教育

世界保健機構（WHO）によれば、障害者の数は、世界の人口の約1割（6億5000万人）を占め、その約8割が開発途上国に住んでいるといわれています。日本では、生活水準の向上や医療技術の発展によって、1960年代半ば以降、視覚障害児の数は減少してきましたが、開発途上国においては、今も視覚障害児の数が多い状況にあります。また、開発途上国に住む障害児の約9割が学校教育にアクセスできていないことも報告されています。例えば、パキスタンには63校の盲学校があり、約3000人の視覚障害児が在籍していますが、視覚障害児の実数は約10万人と推定されることから、学校に通っているのは学齢期にある視覚障害児の約3％に過ぎません。

この状況を打破するためにはいくつもの課題を解消する必要があります。一つは視覚障害児が住む地域に学校がないことです。障害児の多くは農村地域に住んでいる一方で、盲学校のほとんどは都市部に設置されており、公共交通機関が発達していないため、子供たちの通学が物理的に困難です。地域社会の障害に対する偏見も無視できません。また、貧困家庭において子供は、重要な労働資源でもあるため、教育よりも労働に従事することが優先されることも多いのが現状です。このように貧困対策も同時に進める必要があります。

こうした課題を解消する手段として、インクルーシブ教育が注目されています。開発途上国では、障害種別ごとの障害児学校を設置するのではなく、障害児を含むあらゆるニーズを有する子供が通える「インクルーシブ学校」を地域に整備するインクルーシブ教育政策に力点が置かれています。

●先進国における視覚障害教育

日本を含めた先進国では視覚障害児の数が少なく、イギリ

インクルーシブ教育

地域の通常の学校を、障害児を含むすべての子供が学べるような包含的な学校に変革することを目指す考え方とそのプロセスを指します。インクルーシブ教育は人々がもつあらゆる多様性や差異によって生じる社会からの排除や差別的態度を解消し、望ましい民主制社会を実現するために有効であると考えられています。

> **要点** 視覚障害教育の実態は国によって異なりますが、世界で共有される課題はインクルーシブ教育の普及と専門家の確保です。

低発生頻度障害・ニーズ（Low incidence special educational needs and disability, LISEND）

適切な学習や発達を促すためには専門性の高い支援が不可欠である一方で、発生率が低いがゆえに通常学校では十分な知識・経験を持った教員の確保が困難な障害種をさします。イギリスではLISENDの特性に注目し、全国に、一定の範囲の地域ごとに障害児支援センターを設置し、そこを拠点に専門家を巡回させるシステムを構築しています。

インテグレーション

1960年代後半から1970年代に欧米諸国を中心に広まった考え方で、後の統合教育への政策転換や統合教育を原則とする教育法の制定へとつながりました。当時の障害児教育の一般的な形態であった分離教育に対し、親や当事者からの批判が高まり、権利として地域の通常学校への入学を求めたことに始まります。インクルーシブ教育の原点の一つとされています。

スでは盲、聾、盲聾の3つの障害種を合わせて「低発生頻度障害・ニーズ（LISEND）」と呼んでいます。先進国では、視覚障害、聴覚障害教育の歴史は古く、義務教育制度の整備と同時に多くの特殊学校（special school）が設置されてきました。

しかし、1980年代初頭ころから障害児が地域の通常学校で学ぶ、いわゆるインテグレーションが本格化するなか、盲学校は在籍児童生徒の減少に直面し、廃校に追い込まれるところも少なくありませんでした。例えば、1970年代のイギリスには40校近くの盲学校が設置されていましたが、2012年には、盲学校は10校のみとなり、うち9校は重複障害児を主たる対象とする盲学校となっています。

●**インクルーシブ教育と専門家の重要性**

開発途上国、先進国ともにインクルーシブ教育の普及・充実に重点が置かれつつありますが、盲学校の存在意義そのものがなくなったわけではありません。インクルーシブ教育政策を積極的に進めてきたイギリスでは、2005（平成17）年ごろから「行き過ぎたインクルーシブ教育」に警鐘を鳴らしており、すべての子供を一つの学校で教育しようとするのではなく、彼らの発達や教育的ニーズに応じて教育環境を柔軟に選択する重要性が再認識されています。

なお、インクルーシブ教育を成功させる鍵として欠かせないのは、やはり専門家です。これは世界共通で理解されていることと言えるでしょう。開発途上国ではインクルーシブ教育が浸透する一方で、専門家の不在などから適切な支援が得られないため、学校に通い始めても退学してしまう、いわゆるドロップアウトが課題となっています。イギリスでは、盲学校に在籍する子供はもちろんのこと、通常学校に在籍する視覚障害児を含め、彼らの支援に携わる教員の9割が盲学校教諭免許状を有する専門家です。視覚障害教育の知識や経験を蓄積する盲学校は、専門家の養成機関としても欠かせません。

コラム㉖

WBU等の動向

　現在、世界中には約2億8500万人の視覚障害者がいると推定されています。これらの視覚障害者が抱える様々な問題を各国政府や関係機関に世界的な規模で働きかけを行っているのがWBU（World Blind Union：世界盲人連合）です。その加盟国は190か国に上り、地域ごとに6つの支部（アフリカ、アジア、アジア太平洋、ヨーロッパ、ラテンアメリカ、北アメリカとカリブ）に分かれており、それぞれに会長とボランティア執行チームが置かれ、その地域の会員を支援しています。

　WBUの活動は、「私たちが選択する人生（生活）のどの場面においても視覚障害者として完全に参加できる世界を目指す」という長期目標（20年間）と、それを達成するための短期目標（4年間）に基づいて実施されています。

　これらの長期・短期の目標を掲げながらWBUが戦略的に取り組んでいる優先課題と戦略目標（抜粋）は次の通りです。

1. 視覚障害者の人権とその表明：国連障害者の権利に関する条約の履行と監視にWBUが積極的に関わること
2. WBUの機能強化：視覚障害者の雇用機会を改善するとともに、フルインクルージョンを目指して支援をおこなうこと
3. アクセシビリティ：視覚障害者の情報へのアクセスを改善するとともに、視覚障害者が日用品や家庭用品へ完全にアクセスできるようにすること
4. 情報共有と協力：世界点字評議会（World Braille Council）の活動を通して、より多くの人たちが点字を使用するように、その促進を図ること

　また、WBUはIAPB（国際失明予防協会）、ICEVI（国際視覚障害教育評議会）と共にビジョン・アライアンス（視覚障害関係機関同盟）の一員となっています。この同盟では、失明の予防、視覚障害教育、視覚障害者への訓練とリハビリによる社会適応といった視覚障害にかかわる諸問題に焦点を当てて共同で活動しています。

　WBU等の詳細は以下のWebサイトを参照して下さい。

＜参考Webサイト＞
〇WBU（http://www.worldblindunion.org/English/Pages/default.aspx）
〇IAPB（https://www.iapb.org/）
〇ICEVI（http://icevi.org/）

コラム㉗

生活のしづらさなどに関する調査

　わが国の身体障害者の統計は、1951（昭和26）年12月に「第1回身体障害者実態調査」として始まり以来、概ね5年ごとに実施され、その結果が公表されています。この名称で調査が実施されたのは2006（平成18）年までで、2011（平成23）年から「全国在宅児・者等実態調査」（生活のしづらさなどに関する調査）に変更されました。本調査は、障害者施策の推進に向けた検討の基礎資料とするため、在宅の障害児・者等の生活実態とニーズを把握することを目的としています。注目すべきは調査対象者の範囲について、障害者手帳（身体障害者手帳、療育手帳、精神障害者保健福祉手帳）所持者及び障害者手帳は非所持であるが、難病等患者及びこれまで法制度では支援の対象とならない長期的な身体的、精神的、知的又は感覚的な障害を有し、日常生活又は社会生活が制限される状態が継続する者若しくは継続することが見込まれる者と調査対象を幅広く設定したことです。これは、障害者権利条約第1条を踏まえたものといえます。

　平成28年の調査結果では、障害者手帳所持者数は5,594千人と推計され、障害者手帳の種類別等でみると、身体障害者手帳所持者が4,287千人、療育手帳所持者が962千人、精神障害者保健福祉手帳所持者が841千人、障害者手帳非所持者でかつ障害者総合支援法に基づく自立支援給付等を受けている者が338千人となっています。

　年齢階級・障害者手帳の種類別の割合をみると、身体障害者手帳所持者は「80〜89歳」が24.4％、療育手帳所持者は「20〜29歳」が19.3％、精神障害者保健福祉手帳所持者は「40〜49歳」が21.3％と最も多くなっています。また、発達障害と診断された者の数は481千人、高次脳機能障害と診断された者の数は327千人、難病と診断された者の数は942千人と推計され、発達障害と診断された者の数の76.5％、高次脳機能障害と診断された者の数の66.4％、難病と診断された者の数の56.3％が障害者手帳を所持していることがわりました。参考までに視覚障害者では、身体障害者手帳所持者は総数312千人で、全体に占める割合は7.3％、65歳以上が68.9％を占めています。

　この統計結果から思うことは、特に身体障害者においては高年齢傾向にあることから、高齢による運動機能や認知機能の低下、精神的な問題が加わり、社会的コスト（医療費、介護費用、家族の負担）の増大が懸念されます。これらを予防していくためにも当事者の身体機能の維持や生活の質（QOL）を向上させるリハビリテーションのより一層の充実とサービス提供体制の整備並びに障害福祉サービスと介護保険サービスの連携体制の強化が重要であり、今後の課題とも言えます。

Q98 視覚障害者が参加しやすいよう工夫された芸術、文化活動にはどのようなものがありますか。

A　タブレット機器のアプリ開発、美術館や博物館の環境整備、ワークショップ開催などにより、視覚障害者が芸術・文化活動に主体的に、かつ気軽に参加できる機会は年々増えています。

また、国や地方自治体の事業により、全国各地で視覚障害者のみならず、全ての障害者の芸術・文化作品が高く評価されるようになってきました。

以下に、視覚障害者の芸術・文化活動への参加促進のための工夫を3つ挙げます。

　①舞台発表・作品展など各団体、国、自治体主催の取組
　②美術館や博物館など文化・芸術関連施設でのワークショップ開催、環境整備
　③個人でできるタブレットアプリなどを活用した映画・演劇鑑賞

●舞台発表・作品展など各団体、国、自治体主催の取組

(1)　アール・ブリュット（ボーダレス・アートミュージアム NO-MA）

アール・ブリュットとは、障害のある人など社会的少数派となることの多い人（アウトサイダー）の芸術活動を「伝統に染まらない生きた芸術」と高く評価した、フランスの芸術家の考え方です。「ボーダレス・アートミュージアム　NO-MA」は、この思想を取り入れた滋賀県にある美術館で、障害のある人の表現活動を紹介するだけでなく、健常者の作品と共に展覧することで、ボーダー（境界）を超えた社会の実現を目指しています。

(2)　障害者芸術文化活動普及支援事業（障害者芸術・文化祭の開催〔厚生労働省〕）

障害者の自立と社会参加を促進するとともに、障害に対する社会の理解と認識を深めるため、全国持ち回りで開催している文化祭。

団体への助成金制度もあり、各地方の芸術・文化団体の活動の活発化を支えています。

ボーダレス・アートミュージアム
滋賀県近江八幡市永原町上16
TEL. 0748-36-5018

要点 近年は生涯学習の観点から、芸術・文化関連施設において、文化活動や、鑑賞等で様々な工夫が行われています。

● 美術館や博物館など芸術・文化関連施設でのワークショップ開催、環境整備

(1) Gallery TOM 「触れられるアート」

　「ぼくたちにもロダンを見る権利がある」という視覚障害児の言葉により、私立の美術館として東京都に創設されました。「TOUCH ME ART（触れられるアート）」というコンセプトで、視覚障害者が彫刻に触って鑑賞し、健常者と同じように芸術体験をすることができます。

(2) 国立民族学博物館 「ユニバーサルミュージアム」

　文化人類学・民族学の研究所に併設されている大阪府にある博物館です。「見る」だけではなく、触る、聞く、嗅ぐ、味わうも含めた「五感」で楽しむ「ユニバーサルミュージアム」を目指しています。自身も視覚障害者である同館の広瀬浩二郎准教授が展覧物を触ったり、着用したりできるよう環境整備を進めました。音声ガイド機器の貸し出しや体験型ワークショップも開催されています。

● 個人でできるタブレットアプリなどを活用した映画・演劇鑑賞

(1) UDCastを活用した映画鑑賞

　視覚障害者、聴覚障害者及び外国人も映画を楽しめるように開発されたアプリケーションで、スマートフォンなどのタブレット端末にダウンロードし、映画館で対応作品を鑑賞する際に起動すると音声解説や字幕を作品に併せて視聴できます。映画館によっては、スマートフォンの貸し出しをしているところもあります。

(2) 状況ライブによる映画・演劇鑑賞

　会場内の音響設備や携帯型ラジオを使って、映画や演劇の音声解説を生中継で聞きながら鑑賞できます。このサービスについては、全国の視覚障害関連施設・公共福祉施設などが積極的に上映会・体験会を開催しています。また、大阪府では高校生への理解啓発も兼ねて、高校演劇大会の状況ライブを出場校の生徒が行っています。

Gallery TOM
東京都渋谷区松涛2-11-1
TEL. 03-3467-8102

国立民族学博物館
大阪府吹田市千里万博公園10-1
TEL. 06-6876-2151

99 パラリンピック競技大会の競技・種目になっている視覚障害者スポーツにはどのようなものがありますか。

近年（北京、ロンドン、リオ、トリノ）のパラリンピックにおける日本人メダリスト
（種目名省略）
【陸上競技】
道下美里（銀、リオ）
和田伸也（銅、ロンドン）
岡村正広（銅、リオ）
【自転車】
鹿沼由理恵（銀、リオ）
【柔道】
正木健人（金、ロンドン/銅、リオ）
藤本聰（銀、北京/銅、リオ）
広瀬誠（銀、リオ）
広瀬順子（銅、リオ）
【水泳】
秋山里奈（金、ロンドン）
河合純一（銀・銅、北京）
木村敬一（銀・銅、ロンドン/銀2・銅2、リオ）
【ゴールボール】
安達阿記子、浦田理恵、欠端瑛子、小宮正江、中嶋茜、若杉遥（金、ロンドン）
【バイアスロン】
井口（旧姓：小林）深雪（金・銀、トリノ）

A　パラリンピックの実施競技は大会によって異なり、ルールも変更されます。今回は、2016リオデジャネイロ夏季パラリンピックと、2014ソチ冬季パラリンピックで実施された視覚障害者の競技について紹介します。

●夏季パラリンピックの競技内容
　リオパラリンピックの実施競技は、陸上競技、自転車、馬術、5人制サッカー、ゴールボール、柔道、ボート、セーリング、水泳、トライアスロンでした。
○陸上競技は、障害の程度によって4クラスに分かれます。クラスによっては、「ガイドランナー」がガイドひもを握り合って選手を誘導したり、「コーラー」が手を叩いて踏切位置や投げる方向を伝えたりします。
○自転車競技は、タンデム（2人乗り用）自転車で行い、晴眼者である「パイロット」が前に乗り、視覚障害者である「ストーカー」が後ろに乗って走行します。
○馬術は、障害の程度によって5グレードに分かれます。「コーラー」が発する声の方向と大きさで、自分の位置を把握しながら演技します。
○5人制サッカー（ブラインドサッカー）は、アイマスクを着用した全盲から光覚までの選手がフィールドプレーヤー、晴眼者や弱視者がゴールキーパーを担当します。また「ガイド（コーラー）」が、ゴール裏から指示を出します。フィールドはサイドラインが無く壁になっており、ボールは転がると「シャカシャカ」と音が出ます。
○ゴールボールは、鈴の入ったボールを転がし合い、音を頼りに相手選手の背面にあるゴールを狙う競技です。1チーム3名で、選手はアイシェード（目隠し）を装着します。
○柔道は体重別で、男子が7階級、女子が6階級で実施します。選手がお互いに組んだ状態から試合を開始します。
○ボートは、4人乗りで、直線レーン1000mでスピードを競います。「コックス（舵手）」の声により、周囲の情報を収集しながら競漕します。
○セーリングは、障害者だけでヨットに乗ります。対象の障

要点
見えない・見えにくいことを他の感覚で補えるよう、ルールを工夫したものが視覚障害者スポーツです。

クラス分け

　パラリンピックでは、障害の種類や程度で競技結果に不公平が生じないよう、それに応じてクラス分けをしている競技がほとんどです。

　リオパラリンピックでのクラス分けは、次のとおりです。数字が大きいほど障害の程度が軽いことを示しています。

【陸上競技】
T（競走種目、跳躍種目）11〜14
F（投てき種目）11〜14
【自転車】
Bクラス
【馬術】
Ⅰa、Ⅰb、Ⅱ、Ⅲ、Ⅳ
【水泳】
S（自由形、背泳ぎ、バタフライ）11〜13
SB（平泳ぎ）11〜13
SM（個人メドレー）11〜13
【トライアスロン】
B1
B2／B3
【アルペンスキー、バイアスロン、クロスカントリースキー】
B1〜3

害は、肢体不自由と視覚障害です。
○水泳は、障害の程度によって3クラスに分かれます。クラスによっては、コーチがタッピングバー（合図棒、Q50参照）を使って選手の身体に触れ、壁が近づいていることを知らせます。
○トライアスロンは、水泳、自転車、長距離走のすべてのパートを同性の「ガイド」と行います。水泳と長距離走ではガイドひもを握り合い、自転車ではタンデム自転車を使用します。選手は、障害の程度によって3クラスに分かれ、クラスが異なる選手が出場する場合は時間補正を行います。

●冬季パラリンピックの実施競技

　ソチパラリンピックで実施された競技は、アルペンスキー、バイアスロン、クロスカントリースキーでした。

　どの競技も障害の程度によって3クラスに分かれ、順位はクラスごとに決められた係数の計算によって決定します。

　アルペンスキーは、旗をターンしながら滑走する競技です。クロスカントリースキーは、ストックを使いながら走る競技です。どちらの競技も、選手の前を「ガイド」が滑り、ターンの大きさなどのコース状況を伝えます。「ガイド」はマイクとスピーカーを装着し、選手に声を届けやすくします。

　バイアスロンは、クロスカントリースキーとライフル射撃を組み合わせた競技です。クロスカントリースキーは「ガイド」と共に走り、射撃は、音で的の位置がわかるビームライフルを使います。

●現状と課題

　以前はリハビリテーションの意味合いが大きかった障害者スポーツですが、近年では競技レベルが高くなり、スポーツとして捉えられるようになってきました。

　しかし、練習場所の確保が難しく、プロの指導者がわずかしかいないこと等が課題です。

コラム㉘

オリンピック・パラリンピック

　ある授業で「ずいぶん前に50m音源走を走ったね。記録覚えているかな」と子供たちに聞いたところ、意外と正確に覚えていました。「ところで、100mの世界記録知ってる？」「知らない」「じゃ、有名な人知ってる？」「確か…ボルト」。そこでタイムを知らせると、距離が2倍でも自分よりタイムが速いことに驚いています。これは体育ではなく算数、速さの学習です。異なる距離での速さの比較方法を考えました。休み時間にはオリンピック・パラリンピックにまで話が広がります。今やオリパラと言われ、東京大会に向けて学校でも身近な話題で、学習指導要領にも随所に記載があります。子供たちは何となくは知っているものの、メディア等での観戦はほとんどしていないようです。それでも経験のある陸上競技やゴールボールなどは話が弾みました。しかし、一番人気のフロアバレーボールがパラ種目にないことを残念がり、経験のない種目は説明だけになってしまいました。

　ところで神奈川県立平塚盲学校小学部では、例年体育でインラインスケートに取り組んでいます。赴任したときには聞いて驚きましたが、子供たちも好きなようです。3学期になりやってみればなるほど面白い。まず、その場や直線で動きを確認し、その後体育館内を周回しながら技を覚えます。どんどん転びますが、すぐに立ち上がりトライする姿はなかなか勇ましいもの。補助は手つなぎから断続的な言葉掛けになりました。発表会での滑らかなターンや回転を見ると、なかなか感慨深いものがありました。

　さらに、修学旅行はスキーです。これはインラインスケートの経験が生きることは明白でした。ただし、滑り方は後ろにつかまらせて行います。ゲレンデの下の方での練習もそこそこ、リフトに乗りました。私自身久しぶりで少し不安でしたが、そこは落ち着きはらってスタートし、50mほど気持ち良く滑りました。と、突然、顔に雪がかかりました。2人のスキーが重なり転んでしまったのです。ハッとしましたが、逆にこれで気が楽になり、後は呼吸を合わせてできました。「1週間ぐらい修学旅行が続いたらなあ」と、ある子のリフトでのつぶやきが記憶に新しくもあります。

　このずっと先にオリパラの選手たちがいます。もしかすると、その入り口に子供たちがいるのかもしれません。体験させ興味を喚起するだけでなく、他校ではなかなか味わえない、一体となって動く難しさや楽しさ、感動があったのだと平昌パラリンピックを観ながらふと思い当たりました。

コラム㉙

「パラ駅伝 in TOKYO」からみた 障害者スポーツの普及

　2020年東京オリンピック・パラリンピック競技大会に向けた競技力の強化や障害者スポーツの普及が加速しています。私は、パラリンピック種目であるブラインドサッカーの体験授業を千葉県佐倉市内の小学生を対象に何度か実施したことがあります。その時に、ブラインドサッカーを知っているか児童に尋ねたところ、東京パラリンピック開催の6年前（平成26年度）は、クラスの約5分の1が知っているとの回答でした。その後、開催の4年前（平成28年度）の体験授業で同じ質問をしたところ、クラスのほぼ全員の児童がブラインドサッカーを知っていると回答するまでになっていました。

　以上のように、障害者スポーツが健常者の間にも広まっていくなかで、「すべての人がスポーツを心から楽しめる社会へつなげること」を目的として、2015年に第1回大会が開催された「パラ駅伝in TOKYO」を紹介します。この大会は、さまざまな障害のあるランナーと健常者ランナーが一緒になってチームを作り、1区から8区までのランナーが襷（たすき）をつなぎゴールを目指します。視覚障害ランナー及び伴走者は、1区として2.563kmを走り、2区の聴覚障害ランナーへ襷をつなぎます。第1回大会は14,200人、第2回大会は11,200人と多くの観客が会場の駒沢オリンピック公園陸上競技場でランナーに熱い声援を送り、大会を盛り上げました。第3回大会も一般観戦チケット15,000枚が受付からわずか1時間で受付終了となり、大きな注目を集めています。

　大会を主催する日本財団パラリンピックサポートセンターのキャッチフレーズである「I enjoy!」の精神を胸に、全ての人がスポーツを心から楽しめるような雰囲気のなかで大会が開催されています。本大会に参加した本校の当時高等部3年生の生徒は、達成感に満ち溢れた表情で「大変貴重な経験をすることができました」と伴走者として、一緒に大会へ参加した私に話してくれました。

　今回は、パラ駅伝 in TOKYOを例に紹介しましたが、環境やルールを工夫することで、バレーボールや野球、卓球などの競技を視覚障害者が楽しむことができます。2020年東京オリンピック・パラリンピック競技大会をきっかけに障害者スポーツが更に普及し、誰もがスポーツを楽しむことのできる環境が今後、ますます広がっていくことを願います。

Q100 視覚障害者の災害時の支援について教えてください。

2011（平成23）年東北地方太平洋沖地震（東日本大震災）とは…

2011（平成23）年3月11日（金）午後2時46分宮城県牡鹿半島の東南東沖130kmを震源とする、日本周辺における観測史上最大の地震が発生しました。地震の規模であるマグニチュードは9.0、最大震度は宮城県栗原市で観測された震度7となり、震度6弱以上も岩手県、宮城県、福島県、茨城県、栃木県、群馬県、埼玉県の7県で観測されました。およそ30分後には高さ10mを超える津波が太平洋沿岸部各地に押し寄せました。

（出展：気象庁ウェブサイトのデータよりURL:http://www.data.jma.go.jp/svd/eqev/data/2011_03_11_tohoku/index.html）

総務省のデータによると、平成30年3月1日現在、死者・行方不明者は併せて22,199名、全壊家屋121,781棟など未曾有の大災害となりました。死者・行方不明者のほとんどは

A

●突然の大きく長い揺れ

2011（平成23）年3月11日14時46分、経験したことのないとても大きく長い揺れを感じました。職員は動揺しながらも、すぐに児童生徒の命を守る行動に移りました。日本は地震大国であり、東日本大震災以前にも阪神・淡路大震災、新潟県中越地震が、そしてまた、2016（平成28）年には熊本地震がありました。私たちはどのようにして視覚障害者を守っていくべきなのでしょうか。東日本大震災に遭った教訓から、災害発生時の初期対応、避難所としての在り方、視覚障害者への配慮事項の3項目について学校としての立場を中心に考えてみました。

●災害発生時の初期対応

幼児児童生徒在校時に地震が発生した場合、まず優先されるのは安全の確保です。「机の下に隠れ、頭部を保護しなさい。」など命を守るため具体的かつ簡潔な指示をしましょう。その際、不安を除去するため周囲の状況について説明することを忘れてはいけません。避難する際は大きな揺れが収まった後、日頃の避難訓練と同様に安全な場所に避難させましょう。

登下校時など幼児児童生徒が一人でいるときは、学校や家庭と速やかに連絡を取ること、もしそれが困難な場合は自分が視覚障害者であることを周囲の人に伝え、援助してもらうことを事前に指導しておきます。校外学習などで学校を離れている場合、教員による安全確保と緊急マニュアルに沿った形での学校・家庭との連絡調整、そして鉄道、バス会社、警察や消防などの指示による待機と移動を行います。

●避難所としての在り方

福島県立盲学校（現視覚支援学校）は避難所としては未指定でしたが、近隣の団地からたくさんの方々が校庭に避難してきたこともあり、急遽、体育館に臨時の避難所を開設しました。

特別支援学校が指定避難所となっている場合、市町村の地域防災計画等により職員全員が避難所の開設と運営に協力しなくてはなりません。また、未指定の場合でも、近隣の方々が避難してきた際は、学校の危機管理マニュアルに沿って運

> **要点** 視覚障害者は単独では避難できません。近くにいる人たちが、災害時にはどのような支援が必要かを、常に考えておきましょう。

津波によるものでした。
(出展：総務省「東北地方太平洋沖地震（東日本大震災）とりまとめ報」URL:http://www.fdma.go.jp/bn/higaihou/pdf/jishin/157.pdf)

福島県においては、さらに東京電力福島第一原子力発電所で電源喪失によるメルトダウンと爆発が起き、大量の放射性物質が空中に放出されました。

復興庁のデータによると、平成30年2月中旬現在も、福島県からは未だ34,000人を超える方々が県外に避難しています。

卒業式の予行練習が終わったばかりで、体育館は養生してあり、パイプ椅子もそのまま活用しました。お年寄り、障害者には布団を、そして全員に水・食料等を寄宿舎から運び提供しました。
(H23.03.11 臨時避難所開設時の福島県立盲学校（現視覚支援学校）体育館の様子)

営に協力します。

具体的には①幼児児童生徒、職員及び避難者の保護と安全確保、②学校備蓄の水・食料等の確認及び提供、③市町村の災害対策本部への連絡等があります。また、けがをしている方がいることも考えられるので、保健室から救急バッグを持ち出し、対応することも必要です。加えて、ラジオなどの情報機器も日頃から電池の残量などを確かめておきましょう。

●視覚障害者への配慮事項

私たちは情報の70～80%を視覚から得ているといわれています。視覚障害者は、情報不足から状況の理解に時間がかかり対応が遅くなったり、判断を誤ったりする場合も想定されます。それらを軽減するために、以下の配慮をしましょう。

(1) 避難時はもちろん避難所でも、指示や連絡を紙に書いて説明しても理解は不可能です。状況を判断しやすいよう音声での詳しい情報の提供や、手を引いて誘導するなど手段に配慮しましょう。避難所での水や食料の配給や連絡事項等を知らずに過ごすことのないよう周囲が気を配ります。

(2) 避難所では人数が多いため、視覚障害者は必要な介助や援助がないと移動が困難になります。迷惑がかかることを予測し、自らは申し出ることを控えてしまう場合もあります。そのようなことがないよう、移動しやすい場所やトイレに行きやすい場所、状況が把握できる小さな空間等を優先的に確保するよう工夫します。周囲は避難所のリーダーに視覚障害者がいることを伝えます。視覚障害者本人は、支援を申し出たり、援助を求めるメッセージが記載してある、視覚障害者用ベストの着用なども有効です。

(3) 避難者名簿の作成も必要です。避難所や自宅等に誰がいて、その人はどのような支援が必要なのかなど、最低限把握しておかなくてはならない事項を中心に作成します。

予め、地震や津波などの災害が起こることを想定した対策を考えておきましょう。幼児児童生徒の防災意識を高めると共に、障害のある幼児児童生徒を守るために、今何をなすべきか全職員でもう一度考える機会をもつことが求められています。

101 視覚障害者が社会参加するための外出支援などについて教えてください。

障害者総合支援法（障害者の日常生活及び社会生活を総合的に支援するための法律）

「障害者の人格と個性を尊重し自立した日常生活又は社会生活を営むことができるよう総合的に支援する」目的で定められました。自立支援給付と地域生活支援とが2本柱となります。

同行援護の利用料

18歳以上の場合は利用者とその配偶者の所得、18歳未満の場合は児童を監護する保護者の属する世帯（住民基本台帳上の世帯）の所得に応じた自己負担の上限月額があります。ただし、上限月額よりもサービスに係る費用の1割の金額の方が低い場合には、その金額を支払います。

遠隔地での利用

事前に出向く先の事業所と契約をすることにより、遠隔地での利用が可能となります。

A

●同行援護とは

視覚障害により、移動に著しい困難を有する人に、移動に必要な情報の提供（代筆・代読を含む）、移動の援護等の外出支援を行うもので、障害者総合支援法の地域生活支援事業に規定されています。

視覚障害者が社会生活を送るうえで欠かすことのできない通院、買い物などに加えて、イベントへの参加、観劇、散歩などの余暇活動にも利用可能です。

(1) 対象者

対象者は、視力障害、視野障害、夜盲などによる移動障害について、独自のアセスメント票を使用して判定します。概ね、人的支援なしで視覚情報により単独歩行が可能な方は対象外となります。同行援護の支給決定は、最終的には区市町村が行います。

(2) サービスの内容・対象範囲

サービスの内容は、次の3つになります。
① 移動時及びそれに伴う外出先において必要な視覚的情報の提供（代筆・代読を含む）
② 移動時及びそれに伴う外出先において必要な移動の援護
③ 排泄・食事等の介護その他外出する際に必要となる援助

なお、障害福祉サービスにかかわる他の外出支援と同様に、(a)通勤、営業活動などの経済活動にかかわる外出、(b)通年かつ長期にわたる外出、(c)社会通念上適当でない外出については、支給の対象範囲から外されています。

同行援護のガイドヘルパーは、視覚障害者の移動や介助に特化した同行援護従業者養成研修（一般課程20時間、応用課程12時間）の研修が義務づけられています。このサービスは「個別給付」という個人向けの福祉サービスですので、サービス利用の際はマンツーマンでガイドヘルパーから支援を受けることができます。

要点
視覚障害者による駅ホームからの転落や交通事故から身を守るために、同行援護サービスがある。

平成26年「失明に近い視覚障害者」の交通事故
（警視庁より）
1　全国事故数　44件
2　事故の相手
　・乗用車　29件
　・トラック　12件
　・自転車　3件
3　事故の形態
　(1)　視覚障害者が道路脇や駐車場の歩行時、道路を横断していた時 … 9割強
　(2)　車庫などからバックで道路に出てきた車両にはねられた例 … 3割
　(3)　事故に遭遇した視覚障害者
　　・白杖使用　32件
　　・盲導犬使用　7件
大半の視覚障害者が交通ルールを守っており、事故につながる過失がほとんどなかった。

● 駅ホームからの転落
　駅のホームというのは、視覚障害者にとって「欄干のない橋をわたるようなもの」と比喩されるほど危険な場所です。
　年間60人前後の視覚障害者が転落しており、そのほとんどが使い慣れた駅で発生しています。障害物を避けた瞬間やふとした勘違いにより歩く方向がずれることが原因と考えられます。
　第一の対策はホームドアの設置ですが、全駅設置までには時間がかかります。そこで、周囲からの「声かけ」が重要となります。白杖を使用したり、盲導犬を連れたりして自信をもって歩いているようでも、危険を予知したら適切で積極的な声かけやサポートが必要です。

● 交通事故について
　交通事故を防ぐためには、視覚障害者自身が交通ルールを守りながら、白杖や盲導犬を適切に使用する必要があります。加えて、自動車や自転車の運転者に対して視覚障害者が安全に歩行するための啓発活動も重要となります。
　道路交通法では、視覚障害者が白か黄色の杖を持つか、盲導犬を連れて通行していた場合、自動車運転者は一時停止か徐行をしなければならないと定められています。また、自転車も、中央より車道側の走行、徐行、歩行者優先の3つのルールが明記されています。また、点字ブロックの上の放置自転車も視覚障害者の事故の誘因ともなっています。

コラム㉚

サイトワールド

　サイトワールドは視覚障害者向け総合イベントとして、毎年11月1日（点字の日）から3日（文化の日の休日）の3日間、東京都墨田区にある「すみだ産業会館」で開催されています。2006年に始まり2017年で12回を数えました。毎年約5千人の視覚障害者やその関係者が来場され、北は北海道から南は九州まで多くの方が来場されます。
　このイベントでは、メーカーや団体の出展の他に研究機関や大学による研究の発表、視覚障害者機器や様々な体験が行われています。会場は8・9階に分かれており、8階では各種メーカーや団体による商品やサービスの展示が行われています。視覚障害者に欠かせない様々な白杖、いろいろな種類のルーペ、仕事などに重要なパソコン関連ソフトや点字ディスプレイなどが展示されています。個人が使用する物だけではなく、音声誘導装置、音声信号など、インフラには欠かすことのできない重要な商品もあります。更に、毎年いくつかのメーカーは未発表の商品または試作機を展示しており、実際に利用者に触れてもらい、意見を聞いて、商品の更なる開発につなげています。海外のメーカーも出展しており、日本では未発売の商品なども見ることができます。2017年のサイトワールドでは、スマートフォン用テンキーボードが海外のメーカーから出展され、視覚障害者の関心を集めていました。9階では、研究発表と機器の体験会などが行われています。研究発表では、過去に、「視覚障害者の就労について」、「弱視者の読み書きについて」、「GPSを利用した視覚障害者の移動について」など興味深いテーマの発表が行われました。研究発表とは異なりますが、東日本、熊本地震の後は、災害に関する体験談の発表や、視覚だけではなく、聴覚も不自由になった人の生活、コミュニケーション手段など、視覚障害者にとって有益な情報を提供してきました。
　各種体験では、盲導犬を利用した体験歩行を始め、スマートフォン、点字ディスプレイの体験会が行われました。その他には、視覚障害者用の卓球、囲碁など、簡単に遊べるような物も紹介されていました。
　視覚障害者は「情報障害者」とも言われています。視覚で情報が得られないという情報障害だけではなく、視覚障害者向けの関連機器やサービスは一般には知られておらず、その存在を知ることがなかなかできないという意味も含まれていると思われます。
　時代は今まで以上の早さで変化をし続けています。サイトワールドも視覚障害者が時代の波に乗れるよう、これからも様々な情報発信をしていきたいと思っています。

Ⅳ章　教育実践をさらに深めるために

⑴　参考文献・資料・文献

- 教育支援資料　文部科学省（2013年）
- 共生社会の形成に向けたインクルーシブ教育システムの構築のための特別支援教育の推進　文部科学省（2012年）
- 生徒指導の手引き　文部科学省（1982年）
- 高等学校学習指導要領（平成30年告示）　文部科学省
- 視覚障害児のための言語の理解と表現の指導　文部省（慶應通信　1987年）
- 小学校学習指導要領（平成29年告示）　文部科学省（東洋館出版社　2018年）
- 中学校学習指導要領（平成29年告示）文部科学省（東山書房　2018年）
- 小学校理科の観察、実験の手引き　文部科学省（2011年）
- 点字学習指導の手引（平成15年改訂版）　文部科学省（日本文教出版　2003年）
- 特別支援学校小学部・中学部学習指導要領（平成29年告示）　文部科学省（海文堂出版　2018年）
- 特別支援学校学習指導要領解説各教科編（小学部・中学部）　文部科学省（開隆堂出版　2018年）
- 特別支援学校学習指導要領解説自立活動編（幼稚部・小学部・中学部・高等部）　文部科学省（海文堂出版　2009年）
- 特別支援学校学習指導要領解説自立活動編（幼稚部・小学部・中学部・高等部）　文部科学省（海文堂出版　2015年）
- 特別支援学校学習指導要領解説自立活動編（幼稚部・小学部・中学部）　文部科学省（開隆堂出版　2018年）
- 特別支援学校学習指導要領解説総則編（幼稚部・小学部・中学部）　文部科学省（開隆堂出版　2018年）
- 特別支援学校（視覚障害）小学部点字教科書編集資料（平成27年４月）　文部科学省（2015年）
- 特別支援学校（視覚障害）中学部点字教科書編集資料（平成28年４月）　文部科学省（2016年）
- 日常生活の指導の手引き―改訂版―　文部省（慶應義塾大学出版会　1998年）
- 歩行指導の手引き　文部省（慶応義塾出版会　1984年）
- 文部科学省所管事業分野における障害を理由とする差別の解消の推進に関する対応指針の策定について（文部科学省）
- 幼稚園教育要領（平成29年公示）　文部科学省（フレーベル館　2017年）

- 視覚障害教育　第１号～第125号　（全日本盲学校教育研究会　最新号2018年）
- 視覚障害教育の現状と課題　第１巻～第57巻　（全国盲学校長会　最新号2018年）
- 視覚障害教育ブックレット　Vol.１～Vol.37　筑波大学附属視覚特別支援学校・視覚障害教育ブックレット編集委員会編（ジアース教育新社　最新号2018年　年３号発行）
- 弱視教育　第１巻～第56巻第１号　（日本弱視教育研究会　最新号2018年）
- 旧版　視覚障害教育入門Ｑ＆Ａ　全国盲学校長会編著　（ジアース教育新社　2000年）

- あなたの一声が目の見えない人の命を救います　ホーム転落をなくす会作成
- インクルーシブ教育時代の教員をめざすための特別支援教育入門　大塚玲編著（萌文書林　2015年）
- 拡大教科書がわかる本　すべての見えにくい子どもたちのために　宇野和博著　（読書工房　2007年）
- 「拡大教科書」作成マニュアル　拡大教科書作成へのアプローチ　独立行政法人国立特殊教育総合研究所編著（ジアース教育新社　2005年）
- 学校安全（災害安全・地震関連）取組状況に関するアンケート集計　高知県立盲学校教頭　中野直喜編（2017年）
- 学校における防災関係指導資料　栃木県教育委員会編（2013年）
- 眼科　澤充・北原健二・岡島修・田邊詔子・松井淑江・鈴木一作著（特集　色覚　金原出版　2008年）
- 感覚統合Ｑ＆Ａ　改訂第2版　子どもの理解と援助のために　土田玲子監修（協同医書出版社　2013年）
- 眼科検査ガイド　眼科診療プラクティス編集委員編（文光堂　2004年）
- 漢字学習ソフト「かけるクン」を活用した弱視児への漢字指導　大財誠・氏間和仁著（福岡教育大学附属特別支援教育センター研究紀要　福岡教育大学附属特別支援教育センター　2011年）
- 基本地図帳　日本視覚障害社会科教育研究会（視覚障害者支援総合センター　2008年）
- キャリア教育の視点による個別の教育支援計画における「本人の願い」の把握および支援の充実を図るためのツールの開発と試行　大崎博史著（国立特別支援教育総合研究所　研究紀要　第38巻　2011年）
- 教師と親のための弱視レンズガイド　稲本正法他著（コレール社　1995年）
- 教職員のための障害学生修学支援ガイド（平成26年度改訂版）　日本学生支援機構
- 口で言えれば漢字は書ける！～盲学校から発信した漢字学習法～　道村静江著（小学館　2010年　現在は電子書籍のみ）
- 決定版！特別支援教育のためのタブレット活用　金森克浩編著（ジアース教育新社　2016年）
- 現代の眼医学改訂　第10版　所敬監修　吉田晃敏・谷原秀信編（金原出版　2009年）
- 合理的配慮ハンドブック　日本学生支援機構
- 子どもの発達と感覚統合　佐藤　剛監訳　A. Jean Ayres著（協同医書出版社　1982年）
- こんなふうに見えています児童編・生徒編　京都府立盲学校　視覚支援センター
  http://www.kyoto-be.ne.jp/mou-s/sien/sien_top.html
- 災害時の視覚障害者支援マニュアル　社会福祉法人日本盲人福祉委員会（2012年）
- さわって楽しむ博物館　広瀬浩二郎著（青弓社　2012年）
- 視覚障害学生サポートガイドブック　鳥山由子監修　青松利明他著（日本医療企画　2005年）
- 視覚障害教育研修資料〈改訂版〉　狩野益男著（静岡県立浜松盲学校　2001年）
- 視覚障害学入門　佐藤泰正著（学芸図書　1991年）
- 視覚障害教育に携わる方のために　香川邦生編著（慶応義塾大学出版会　1996年）
- 視覚障害教育に携わる方のために　五訂版　香川邦生編著（慶応義塾大学出版会　2016年）
- 視覚障害教育入門―改訂版―　青柳まゆみ・鳥山由子編著（ジアース教育新社　2015年）

- 視覚障害自営業者並びに小規模事業者の事例集―31人の事例集―　髙橋実監修（視覚障害者支援総合センター　2015年）
- 視覚障害指導法の理論と実際―特別支援教育における視覚障害教育の専門性―　鳥山由子編著（ジアース教育新社　2007年）
- 視覚障害児に対する科学技術の基礎指導　鳥山由子著　（ワークショップシラバス資料集（理科）　プロジェクト　JICAタイ　公益財団法人　九州先端科学技術研究）
- 視覚障害児の特異行動と発達　五十嵐信敬著（視覚障害教育実践研究　視覚障害教育実践研究会　1988年）
- 視覚障害者社会適応訓練　第2版　芝田裕一編著（社会福祉法人　日本ライトハウス　視覚障害リハビリテーションセンター　1994年）
- 視覚障害方公務員、普通科教員の採用状況とその配属先についての全国調査報告（視覚障害者支援総合センター　2012年）
- 視覚障害者の雇用拡大と、その支援―三療以外の新たな職域開拓の変遷と現状―　独立行政法人高齢・障害・求職者雇用支援機構　障害者職業総合センター　研究部門資料シリーズNo.35
- 視覚障害者の職業アクセスの改善に向けた諸課題に関する研究　指田忠司著（障害者職業総合センター調査研究報告書No.138　2018年）
- 視覚障害者の日常生活訓練―改訂新版　視覚障害日常生活訓練研究会編著（視覚障害者支援総合センター　2011年）
- 視覚障害者の調理指導　第3刷　視覚障害者調理指導研究会著（日本盲人福祉研究会　視覚障害者支援総合センター　1997年）
- 視覚障害地方公務員、普通科教員の採用状況とその配属先についての全国調査報告　（視覚障害者支援総合センター　2012年）
- 視覚障害と人間発達の探求　セルマ・フレイバーグ著　宇佐見芳弘訳（文理閣　2014年）
- 視覚障害幼児の発達と指導　五十嵐信敬著（コレール社　1993年）
- 視覚性認知の神経心理学　鈴木匡子著（医学書院　2010年）
- 視覚特別支援学校における「寄宿舎教育」の実態　加藤彩・小林　秀之著（障害科学研究　41巻　2017年）
- 視覚に障害のある子どもの保育－幼児期に大切にしたいこと－　髙見節子著（視覚障害教育ブックレット1学期号　Vol.34　第3章　ジアース教育新社　2017年）
- 視覚に障害のある乳幼児の育ちを支える　猪平眞理編著（慶應義塾大学出版会　2018年）
- 肢体不自由教育シリーズ1　肢体不自由教育の基本とその展開　日本肢体不自由教育研究会監修（慶応義塾大学出版会　2007年）
- 改訂版　肢体不自由児の教育　川間健之助・西川公司著（一般財団法人放送大学教育振興会　2014年）
- 死亡事故も…視覚障害者が交通事故被害に（朝日新聞掲載記事　2016年4月12日）
- 弱視教育の基礎・基本　近用弱視レンズの処方・選定　小林秀之（視覚障害教育ブックレット2学期号　Vol.34　第1章　ジアース教育新社　2017年）
- 弱視児童生徒の特性を踏まえた書字評価システムの開発的研究　大内進著（独立行政法人国立特別支援教育総合研究所　2013年）
- 弱視乳幼児の育児と指導　猪平眞理著（弱視教育　第37巻第2号　日本弱視教育研究会　1999年）
- 写真でみる乳児の運動発達－生後10日から12ヵ月まで－　Lois Bly著　木本孝子他訳（協同医書出版社　1998年）

- 障害者基本計画（第 3 次）（内閣府　2013年）
- 障害者差別解消法【合理的配慮の提供事例集】（内閣府）
- 障害者差別解消法リーフレット「合理的配慮」を知っていますか　内閣府
- 障害者心理学　柿澤敏文編　（2017年　北大路書房）
- 障害者総合支援法が施行されました　厚生労働省
  http://www.mhlw.go.jp/stf/seisakunitsuite/bunya/hukushi_kaigo/shougaishahukushi/sougoushien/index.html
- 障害者の権利に関する条約　外務省
  https://www.mofa.go.jp/mofaj/gaiko/jinken/index_shogaisha.html
- 障害のある学生への支援・配慮事項　日本学生支援機構
- 障害のある子どもの認知と動作の基礎支援　香川邦生著（教育出版　2013年）
- 障害理解のための医学・生理学　宮本信也・竹田一則編著（明石書店　2007年）
- 障害を理由とする差別の解消の推進に関する法律（内閣府）
- 小・中学校における視力の弱い子どもの学習支援—通常の学級を担当される先生方のために　香川邦生・千田耕基編著（教育出版　2009年）
- 小児眼科学　東範行編（三輪書店　2015年）
- 眼科診療プラクティス20　小児眼科診療　樋田哲夫編（文光堂　2008年）
- 小児眼科診療の実際　湖崎克・田中尚子著（南江堂　1997年）
- 自立・社会参加を促す　寄宿舎教育ハンドブック　東京都立青鳥養護学校寄宿舎教育プロジェクトチーム編著（ジアース教育新社　2008年）
- 自立活動指導書　広島県立広島中央特別支援学校　http://www.hiroshima-sb.hiroshima-c.ed.jp/
- 視力の弱い子どもの理解と支援　大川原潔他編著　（教育出版　1999年）
- 白い道標　邑久光明園盲人会40年史（邑久光明園盲人会　1995年）
- 数式の読み上げ方の工夫　高村明良著（視覚障害教育ブックレット１学期号Vol. 25　第 3 章　ジアース教育新社　2014年）
- 図説　よくわかる障害者総合支援法　第 2 版　坂本洋一著（中央法規出版　2017年）
- 世界の盲偉人—その知られざる生涯と業績　指田忠司著（桜雲会　2012年）
- 世界盲人百科事典　世界盲人百科事典編集委員会編（日本ライトハウス　1972年）
- 0 歳〜6 歳子どもの発達と保育の本　第 2 版　河原紀子監修　港区保育を学ぶ会著　（学研　2018年）
- 全国視覚特別支援学校及び小・中学校弱視学級児童生徒の視覚障害原因等に関する調査研究—2015年度調査—報告書　柿澤敏文著　（筑波大学人間系障害科学域　2016年）
- 全国盲学校体育連盟の現状と課題　原田清生著（筑波大学附属視覚特別支援学校研究紀要第48巻　2016年）
- 知的障害のある子への「日常生活」の指導と教材　大高正樹著（明治図書出版　2014年）
- 点字数学記号解説暫定改訂版　日本点字委員会（2000年）
- 点字と共に　金夏日著（皓星社　2003年）
- 点字発達史　大河原欽吾著（培風館　1937年）

- 点字版『基本地図帳』の編集と特徴　丹治達義著（視覚障害ブックレット2学期号　Vol.8　第4章　ジアース教育新社　2008年）
- 点訳便利帳（2008年版）　点字学習を支援する会点字表記支援グループ（協進印刷　2008年）
- 点字理科記号解説暫定改訂版　日本点字委員会（2001年）
- 同行援護事業ハンドブックQ＆A　改訂版　利用者編　社会福祉法人日本盲人会連合・移動支援事業所等連絡会編（社会福祉法人日本盲人会連合・移動支援事業所等連絡会　2012年）
- 同行援護従業者養成研修テキスト第3版　同行援護従業者養成研修テキスト編集委員会編（中央法規出版株式会社　2014年）
- 特別支援学校及び特別支援学級在籍児童生徒の視覚障害原因等に関する調査研究　柿澤敏文（2013年）
- 特別支援教育における臨床発達心理学的アプローチ　本郷一夫・長崎勤編　川間健之助・佐島毅他著（ミネルヴァ書房　2006年）
- 特別支援教育基礎論　安藤隆男編　（放送大学教育振興会　2015年）
- 改訂新版　特別支援教育総論　拓植雅義・木舩憲幸（放送大学教育振興会　2016年）
- 特別支援教育の基礎・基本　新訂版　独立行政法人　国立特別支援教育総合研究所　（ジアース教育新社　2015年）
- 特別支援児の心理学［新版］　理解と支援　梅谷忠勇・堅田明義・生川善雄編著（北大路書房　2015年）
- 唱えて覚える漢字指導法　道村静江著（明治図書　2017年）
- 「日常生活の指導」の実践〜キャリア発達の視点から〜　丹野哲也監修　全国特別支援学校知的障害教育校長会編著（東洋館出版社　2017年）
- 日本盲人史考―視力障害者の歴史と伝承　金属と片眼神　森納著　（米子今井書店　1993年）
- 日本盲人社会史研究　加藤康昭著（未来社　1974年）
- 改訂版　乳幼児心理学　山口真美・金沢創編（放送大学教育振興会　2016年）
- 初めての料理ハンドブック　弱視・全盲のこどものために　鈴木文子・福田美恵子著（大活字　1999年）
- 塙保己一物語　埼玉県福祉部編
- 万人のための点字力入門－さわる文字から、さわる文化へ－　広瀬浩二郎編（生活書院　2010年）
- ひとが優しい博物館　ユニバーサル・ミュージアムの新展開　広瀬浩二郎編著（青弓社　2016年）
- 一人ひとりの子どもに学ぶ教材教具の開発と工夫　水口浚・吉瀬正則他著（学苑社　2006年）
- ふしぎだね？　視覚障害のおともだち　千田耕基監修（ミネルヴァ書房　2008年）
- 触れることの科学　デイヴィット・J・リンデン著　岩坂彰訳（河出書房新社　2016年）
- 保育所保育指針　厚生労働省（2017年）
- 見えない・見えにくい子供のための歩行指導Q＆A　青木隆一監修　全国盲学校長会編著（ジアース教育新社　2016年）
- 見えにくい子どもへのサポート　氏間和仁編著（読書工房　2013年）
- 見たことないもの作られへん　福来四郎著（講談社　1969年）
- 見たことないもの作ろう！　西村陽平著（偕成社　1984年）

- 発達支援学　その理論と実践　佐島毅著（共同医書出版社　2011年）
- 眼のはたらきと学習　原田政美著（慶応通信　1989年）
- 目の不自由な子の感覚育児百科　五十嵐信敬編著（コレール社　1987年）
- 免許法認定講習通信教育講座－視覚障害教育領域－各教科の指導Ⅳ（体育／保健体育）　土井幸輝著（独立行政法人国立特別支援教育総合研究所）
- 盲学校（視覚特別支援学校）寄宿舎における生活指導の現状と課題　大城英名著（秋田大学教育文化学部研究紀要　教育科学部門71　2016年）
- 盲学校・土の造形20年　山城見信著（土の造形20年展・図録出版推進委員会事務局　1981年）
- 盲学校のそろばんてびき書改訂版・教師用　渡辺すみ（渡辺すみ学習塾　1984年）
- 盲児に対する点字読み指導法の研究　点字読み熟達者の手の使い方の分析を通して　牟田口辰己著（慶応義塾大学出版会　2017年）
- 盲児の身体像に関する検査　Bryant J.Cratty and Theressa A.Sams
- 闇を光に―ハンセン病を生きて　近藤宏一著（みすず書房　2010年）
- 養護教諭のための現代の教育ニーズに対応した養護学概論　岡田加奈子・河田史宝編著（東山書房　2016年）
- よくわかる！大学における障害学生支援　竹田一則編著（ジアース教育新社　2018年）
- 眼科診療プラクティス14　ロービジョンケアガイド　樋田哲夫編（文光堂　2007年）
- 理科　指導のポイント　石崎喜治著（日本視覚障害理科教育研究会会報No. 21　2002年）
- ロービジョンケアの実際　視覚障害者のQOL向上のために　高橋広編著（医学書院　2006年）
- ロービジョンの総合的リハビリテーション　田淵昭雄・菊入昭著（自由企画　2016年）
- Factsheet on Persons with Disabilities（United Nations ENABLE　2009年）
  https://www.un.org/development/desa/disabilities/resources/factsheet-on-persons-with-disabilities.html
- Protecting specialist services for children with vision impairment（RNIB　2012年）
  https://pdfs.semanticscholar.org/426e/dc213078d8208f96799ecb582960297ba9db.pdf
- tripot　日用視野測定　氏間和仁
  https://itunes.apple.com/jp/app/日用視野測定/id618435262?mt=8
- tripot　日用視力測定　氏間和仁
  https://itunes.apple.com/jp/app/日曜視力測定/id510483652?mt=8

(2) すべての視覚障害児の学びを支える視覚障害教育の在り方に関する提言

すべての視覚障害児の学びを支える視覚障害教育の在り方に関する提言
―視覚障害固有の教育ニーズと低発生障害に応じた新しい教育システムの創造に向けて―

平成22年11月15日

関係各位

視覚障害教育研究者一同

【はじめに】

　平成22年9月19日、長崎市で開催された日本特殊教育学会第48回大会において、私達、視覚障害教育研究者は、視覚障害教育の当面する問題を話し合う集まりを持ちました。この席上において、障がい者制度改革推進会議における教育の議論が中心的な話題となりました。

　すべての障害者の人権及び基本的自由の完全かつ平等な享有を促進し、保護し、及び確保すること並びに障害者の固有の尊厳の尊重を促進するという障害者権利条約の冒頭にある目的と理念には、私達はもちろん賛成です。また、「障害者制度改革の推進のための基本的な方向（第一次意見）」において「障害の有無にかかわらず、すべての子どもは地域の小・中学校に就学し、かつ通常の学級に在籍することを原則」とする基本的方向が示されたことについては、通常の学校が、障害のある子どもをその一員として認めるという理念を共有するという点においては大切な原則と考えます。しかし、私達は、小・中学校の通常の学級において、視覚障害児の特別な教育的ニーズに必要な合理的配慮と支援、視覚障害児の最大限の発達を保障する教育がどのように実現されるのか、大変心配しています。視覚障害児、特に盲児は、特別な教育的ニーズを持つ子どもたちの中でも圧倒的に少数者であるため、その障害に対応した支援の専門性を地域の学校で継続することは非常に困難です。スウェーデン、イギリスなど、視覚障害児が地域の学校で学ぶことを基本にしている国においても、視覚障害児を担任する教員のほとんどが、視覚障害児を担当するのは初めてという実態があります。このような実態を真摯に見つめた上で、視覚に障害がある子どもたちの学習や成長をより良く育むことができる支援体制を小・中学校の通常の学級でどのように実現するのか、その方策が具体的に示される必要があります。また、子どものニーズにより、視覚障害に手厚く対応できる特別支援学校（盲学校）での教育を望む場合もあります。しかし、「最も適切な言語やコミュニケーションの環境を必要とする場合には、特別支援学校に就学し、又は特別支援学級に在籍できる制度」の対象者として「ろう者、難聴者又は盲ろう者」が挙げられている一方で、盲者が含まれていないことに大きな疑問を抱かざるをえません。

　障害者権利条約第三条(h)にあるように、障害のある児童の発達しつつある能力を尊重することが、条約の原則として挙げられています。すなわち、児童は能力を獲得・開発するという「発達の過程」にあることから、障害児の「人格、才能及び創造力並びに精神的及び身体的な能力をその可能な最大限度まで発達させる（権利条約第二十四条　教育）」こととされています。

　この目的を達成するために、視覚障害児には、その障害に起因する特別なニーズに的確に対応できる多様で柔軟な教育のしくみが必要です。視覚障害児が、多様なシステムのどの場を選んでも、そのニーズに

応える支援が保障されることが必要です。そのようなシステムにおいては、視覚特別支援学校（盲学校）を専門性の拠点（センター）として位置づけることが必要です。

【視覚障害児の学習を保障するための必要条件】
視覚障害児は視覚に依存しない学び方を学ぶ機会を必要とします。

　視覚障害児の教科教育は小・中学校及び高等学校と同じ目標で行われ、教科書も基本的に同じ内容のものが用いられています。

　しかし、一般の子どもの学習においては視覚がもっとも主要な手段になっているのに対し、重度の視覚障害児は視覚に依存した学習はほとんどできません。したがって、指導に当たっては、視覚に依存しない指導が不可欠であるとともに、その学習活動を通じて、視覚障害児自身が、視覚に依存しない学習の方法を身につけることが必要です。

(1) **視覚障害児は、音声を中心にした授業を理解する力を養う必要があります。**

　視覚障害児は、授業場面で、黒板や映像教材による視覚的な伝達手段を使うことができません。視覚障害児は音声を中心にして、授業内容を理解します。しかし、音声は、刻一刻消えていくため、それを正確に聞き取るためには、集中力の持続と、論理的な聞き取りによって頭の中に全体像を構築する技術を身に付ける必要があります。

　そのためには、話者（教師）には、全体の構造がわかりやすい論理的な話し方や図的な表現を言葉で説明する技術が必要です。黒板を指し示しながら、「これ」「ここ」といった指示語を多用する授業は、黒板を見ることができない視覚障害児には大きな不利が生じます。

　また、刻一刻消えていく音声をもらさず聞きながら、話の全体像を頭の中で組み立てるためには、静かな環境で、集中力と論理性を養う必要があります。多くの小・中学校の授業場面は騒音が多く、視覚障害児が音声のみに頼って情報を収集するためには苛酷な現実があることに目を向ける必要があります。

(2) **視覚障害児は、経験、イメージ、イメージの言語化というプロセスで、学ぶ力を付ける必要があります。このプロセスには、集中力、短期的な記憶力、時間が必要です。**

　視覚障害児の経験（体験）の主たる手段は、触覚の活用です。しかし、触覚による体験は、視覚による体験にくらべてその機会が著しく制限されます。動物の観察について言えば、視覚に障害のない子どもは、身のまわりの動物を繰り返し見ているだけでなく、動物園で珍しい動物や猛獣の姿を見ることができます。また、絵や写真、テレビなどの間接的な情報も身のまわりにあふれています。それに対して、触覚で動物を知るためには、実際に触わる必要があり、触わることが出来る動物は限られます。小・中学校の多くの子どもが知っている動物でも、視覚障害児はその名前を知っていても姿は知らないことがしばしばあります。

　このような視覚障害に起因する体験の不足を補うことが、視覚障害児の教育では大切なこととされています。しかし、触わることが出来るものは限られ、触わるには時間がかかるので、何もかも触わって体験するわけにはいきません。そこで、できるだけありふれたものの中から本質的なものを選んで、じっくり触察することが重要で、それを私達は、核になる体験と呼んでいます。

　触察という行為は、両手を使って全体をまんべんなく、細部まで丁寧に触わるという触運動を基本にした探索と、指先から断片的に入ってくる情報をつなぎ合わせて頭の中に全体像を構築するという作業を連続して行うことで成り立ちます。これが、イメージを持つと言うことです。この作業は時間がかかり、集中力が必要です。したがって、一目瞭然という言葉に代表される視覚による情報収集とは必要な時間が全く違います。触わる教材を用意するだけでなく、触覚によるイメージ形成のプロセスを理解して、十分な

時間をかけた触察指導がなされなければ効果を挙げることは困難です。さらに、触覚による観察とイメージ形成においては、対話が必要です。自分の得たイメージを言語化し、対話によって深めることでイメージの定着を図り、さらに観察を深めることは視覚障害児の観察指導には不可欠なプロセスです。

　触覚によるイメージ形成、言語化によるイメージの定着は、基本的・本質的なもののイメージの確立、次にその応用として類似のものに広げていくという順序を踏みます。基準になるイメージが確立できれば、その応用は比較的短時間で可能という特色もあります。一方で、一つのものをじっくり触わる時間をかけずに、次々に多くのものを提示すると、イメージが形成されないうちに次のものに触れることになり、混乱してしまいます。このように、触覚による情報収集は、視覚による情報収集と大きな差があります。

　したがって、視覚障害児が初めての体験をするときには、作業量を制限して十分に時間をかけ、核になるイメージを作るプロセスを保障することが必要であり、視覚に障害のない子どもとは、学習における時間配分に大きな違いがあります。

(3)　視覚障害児には、作業の前に、空間的な全体像（人や物の配置）、時間的な全体像（見通し）を把握する時間が必要です。

　視覚障害は空間認知の障害とも言われます。一瞬にして周りの様子がわかるということはないので常に全体を把握するための配慮が必要です。すなわち、理科の実験などでは、グループで実験をするより一人一人が自分の手で実験をすることが全体像の理解には有効です。当然、実験装置、観察対象は、できるだけ一人に一つ用意することが基本です。

　また、作業を始める前には、作業で使う物を手にとって確認し、置き場を決めることが必要です。また、作業手順を確認し、時間の流れを確認しながら作業を進めることで、見通しを持った主体的な行動が可能になります。

　このような全体像の把握ができなければ、視覚障害児は主体的な行動が出来ません。しかし、いつも全体像がわからない状態に置かれていると、そのことに本人も慣れ、受け身の行動しか出来ないことに、本人も周りの人も問題を感じないようになってしまいます。これは、視覚障害児から、見通しをもって主体的に行動する人間になるチャンスを奪ってしまうことと言っても過言ではありません。

(4)　読み書きの指導は、全教科で、指導内容に即して行わなければなりません。

　盲児に対する点字の指導、弱視児に対する視覚補助具の活用と読み書きの指導は、全教科で、教科の内容に合わせて行われます。例えば、小学校１年生の点字の指導は、国語だけでなく、算数では数字や数式の理解とともに、音楽では、歌う、楽器を演奏する等の音楽活動を通して音符、休符などの点字楽譜の基礎が指導されます。学習指導要領に示された内容を、点字の表記としても指導することは当然です。このような点字の指導は高等学校まで系統的に進められる必要があります。そのためには、各教科の担当教員が各教科の内容とともに、その内容の表記に関わる点字指導を行うことが必要です。

　読み書き能力は、当然のことながら学校教育だけに関わるものではなく、一生涯にわたる文字の処理能力、一生涯にわたる読書を保障するものです。したがって、読み書きの速さも含めて必要な文書処理能力を身につけることは、文化的な生活を送る土台を形成することでもあります。また、例えば点字の触読能力の育成には年齢が大きく左右するので、もっともふさわしい年齢に必要な指導を受けることが重要です。

　以上、例を挙げて示したように、「公平」な教育機会、教育の権利を保証するためには障害による困難さと能力の違いに目を向けて、それに応じた教材教具や指導内容・方法や環境を準備することが必要です。すべての児童は、「その能力に応じて、等しく教育を受ける権利（憲法第26条１項）」を有しており、障害のある子どもの教育においては障害による困難や能力の特性に応じた教材教具や指導内容・方法、環境が、いかなる場合においても第一義的に担保されなくてはなりません。ここに挙げたような、視覚障害児の学

ぶ力を育てるための指導は、視覚障害児が在籍する全ての学校において必要なことです。このことをどのように実現するのか具体的な議論がないままに、学校教育の場の共有だけが第一義的に進むことは、視覚に依存せずに学ぶ力を育てる機会を視覚障害児から奪うことになってしまいます。

【視覚障害児の心を育てる、同じ障害のある友達】

視覚障害児の発達には、同じ障害のある友達がいる一定規模の集団の確保が必要です。視覚障害児は、障害のある子どもたちの中でも少数であり、同じ障害のある子どもと偶然に出会う機会はほとんどありません。しかし、視覚障害児・者との出会いは、以下に述べるように、子どもの成長過程には不可欠な要素です。

⑴　視覚障害児どうしの共感を通して感覚を磨く場が必要です。

視覚障害児にとって、音への鋭い感覚は歩行のためにも欠かせないものですが、これは同じ障害のある友達との音遊びや、音に対する共感を通して育つものです。視覚特別支援学校（盲学校）の幼児たちは、水道の蛇口を調節して水の落ちる音や跳ね返る音を「天ぷらを揚げる音」として楽しんだりします。このような音の楽しみは、視覚障害児どうしではすぐに共感されるものの、視覚に障害のない子どもの共感は得にくいものです。周りの人の共感が得られなければ、視覚障害児自身がそのような音遊びをやめてしまい、さらには、音を敏感に感じる能力を自ら封じてしまいます。

また、視覚障害児は音に敏感で大きな音に驚きやすいため静かな環境を必要とします。しかし、小・中学校の教室は、多くの子どもたちで喧噪に満ちており、その中で視覚障害児が耳を塞いで耐えているうちに、音に対する感受性をも失っていくことが、スウェーデンの巡回教師（アドバイザー）等から報告されています。

耳を澄ませて音を聞き分けることが、奇異なことや不思議な能力として扱われるのでなく、視覚障害者として必要な当然の能力として認められ、楽しみながらその能力を伸ばすことができる環境はきわめて重要です。そのためには、視覚に障害のある友達どうしで遊ぶ経験が不可欠であると言えます。

⑵　視覚障害児には同じ障害のある友達と心を許して話し合える環境が不可欠です。

盲学校の卒業生の多くが語っているように、視覚障害のことや、視覚障害者としての将来について心を許して話し合えるのは、同じ障害をもつ友達です。

インクルーシブ教育の利点として、障害のない子どもが障害のある子どもに親切な態度を示すことが挙げられます。障害のない子どもにとっては、障害のある子どもを含めて多様な子どものいる集団で育つことは基本的に意義あることだと言えるでしょう。しかし、障害のある子どもにとって、それはいつも居心地のよい環境とはかぎらないという事実にも目を向ける必要があります。障害のない子の親切な行為が、同年齢の友達に対する態度ではなく、年少の者に向ける態度として行われていることがあります。そのことを苦痛に思う視覚障害児もいることや、友達の態度から、視覚障害という自分の重い現実に気づいた子どもが、自分一人だけが視覚障害者であることをどのように受けとめているかについても、慎重な検討がなされるべきだと考えます。

このようなときに、同じ障害を有する友達と、その苦痛や悩みを分かちあうことが必要です。子どもによっては、視覚に障害のある友達がいる視覚特別支援学校（盲学校）の環境が適している場合もあり、また、通常の学校に在籍する視覚障害児にも、学校外で視覚障害児どうしが友達になることができる機会を制度として保障する必要があります。

⑶　視覚障害児には、働く視覚障害者のモデルが必要です。

視覚障害者が少数であるがゆえに、大人の視覚障害者との出会いの機会も多くはありません。視覚特別

支援学校における視覚障害のある教員の働く姿は、視覚障害児や保護者にとってロールモデルになっています。同じ障害をもつ大人が活躍する様子に触れることは障害の受容や自己肯定感を育てる上で大きな役割を果たします。視覚特別支援学校は、そこで働く視覚障害のある教員のみならず、社会で自立して働く多くの先輩に、子どもたちや保護者が出会う場としての役割も果たしています。

　小・中学校で学ぶ視覚障害児にとっても、視覚特別支援学校との連携のもとで、働く視覚障害者と出会う機会を積極的に用意する必要があります。

【視覚障害教育のシステムについて】

(1) アセスメントに基づく早期支援体制

　視覚障害児の発達を保障するためには、視覚障害の状態と発達の状態の両面について、専門家によるアセスメントが必要であり、アセスメントに基づく早期支援体制が必要です。視覚機能の発達においても学習や運動能力の発達においても、著しい発達は乳幼児期に見られることから、この時期に専門家による支援がなされることが極めて重要です。各行政単位（都道府県）において、地域の実態に応じたきめ細かな支援システムを作る必要があります。

(2) 学校の選択

　特別支援学校、特別支援学級、通常学級などの教育の場の選択に当たっては、専門家による、視覚障害の状態と発達の状態の両面のアセスメントが的確に行われるシステムが不可欠であり、保護者にもこのことが理解される必要があります。

　教育の場の選択に当たっては、保護者の同意が当然必要であると考えます。しかし、その前提として、アセスメント結果や、選択可能な教育システムのそれぞれで受けることができる支援内容について、専門性に基づく判断材料が保護者に提示されることが不可欠です。

(3) 「副籍」

　幼稚園や、小、中、高等学校に在籍する視覚障害児が視覚特別支援学校から十分な支援を受けることができるようにするために、また、特別支援学校や特別支援学級の視覚障害児が通常学級との交流及び共同学習をさらに進めるためにも、すべての視覚障害児に、地域の通常学校の学籍と視覚特別支援学校の学籍を持たせる「副籍」制度が必要です。

(4) 多様な教育システム

　現在、全国の視覚特別支援学校（盲学校）69校2分校の幼児・児童生徒数の合計は約3,500人であり、ピーク時であった昭和34年の児童生徒10,264人のほぼ3分の1に減少しています。地域差も大きく、人口の少ない県では、学年集団が形成できない場合が多くなっています。このような状況を改善するために、戦後一貫して続いてきた盲学校の体制に、思い切った改革が必要です。

　また、弱視児の大半は現在でも通常の学校に在籍していますが、適切なアセスメントを受けたことがない、あるいはそのニーズに対応した支援を受けていない弱視児が非常に多く存在しています。適切なアセスメントと、補助具の選定、視覚機能の訓練は、視覚がもっとも発達する乳幼児期から始めることが必要で、この時期を逃すと、発達の遅れを生じてしまい、取り戻すことができなくなります。

　また、盲児や重度の弱視児が小・中学校の通常学級で学ぶ場合には、視覚障害教育の専門性を有する教員による手厚い支援制度が必要です。イギリスでは、特別支援の段階を、「スクール・アクション」、「スクール・アクション・プラス」、「ステイトメント」の3段階に分けていますが、視覚障害児は他の障害に比べて「ステイトメント」が多いのが特徴です。ステイトメントのレベルでは、必ず専門家の支援が必要とされ、そのための予算措置もとられています。

このような課題に対応するために、視覚特別支援学校（盲学校）、弱視特別支援学級、弱視通級指導教室などの制度改革と、通常の学校における視覚障害児の支援制度の充実を図ることが必要です。

① 寄宿制視覚特別支援学校（盲学校）

　障害のある子どもには、同じ障害のある友達や、同じ障害のある教員の存在がきわめて重要でありますが、視覚障害児は低発生の障害であることから、同じ障害のある子どもの集団を確保する観点から、寄宿舎生活にも積極的な意味があると言えます。また、通常の学校ではなかなかリーダーシップを発揮する機会のない視覚障害児にとっては、視覚特別支援学校における生徒会活動などの経験も必要です。このようなことから、小学部にももちろんのこと、特に中学部・高等部では、寄宿制視覚特別支援学校には積極的な意義があります。ただし、異なる障害を対象とする寄宿制特別支援学校の統合や併置には賛成できません。盲ろう分離の歴史を学べば分かることですが、同じ場での教育に問題があったからこそ、分離せざるをえなかったわけです。

　同じ障害のある生徒が切磋琢磨して成長できる集団を保障するための一つの方策として、視覚特別支援学校（盲学校）の生徒と通常の小学校、中学校、高等学校に在籍する視覚障害生徒が、都道府県の枠を越えて学習する機会も試みられています。平成21年度より科学技術振興機構の委託事業として進められている「視覚障害生徒のための科学へジャンプ」では、小学校高学年から高等学校までの学年の児童生徒が、視覚特別支援学校に在籍する者も小、中、高等学校に在籍する者も一緒に学ぶ機会を提供し成果を上げています。

　併せて、通常学校との交流や共同学習をさらに計画的、組織的に行うための形態、例えば視覚特別支援学校高等部の生徒を近隣の高等学校に通わせて、特定の教科（例えば、大学で専攻したい教科）の授業を継続的に受けて、高校での単位取得を可能にする制度を検討することも必要です。その場合、特別支援学校と通常の学校との両方に学籍を置く副籍の制度が有効に活用されると思われます。

② 視覚特別支援学校の分教室（サテライト）としての、準ずる教育が可能な視覚障害児を対象にした、小学校、中学校及び高等学校や中等教育学校内に設置する「視覚特別支援学級」

　現行の弱視特別支援学級、弱視通級指導教室を、視覚特別支援学校のサテライトとし、視覚支援学級として盲児の在籍を認める方式です。この方式の長所は、視覚障害児が自宅から通えること、同年齢の子ども集団の中で学習できること、視覚障害の専門家による支援が受けられることなどです。なお、サテライト方式の実現には、「副籍」が望ましいと考えられます。また、都道府県立の特別支援学校の教員を市区町村立小学校に派遣することになるので、人事面での手続きも必要になります。

　なお、イギリスでは、「地域の学校」とは徒歩で通える学校とは限らず、リソースベースのある学校に、チャーターしたタクシーで通う例も「地域の学校」への就学とされています。

③ 知的な障害がある重複障害児のための、「複数の障害に対応する特別支援学校」内に視覚特別支援学校（盲学校）のサテライトとして設置する「視覚障害部門」

　知的障害、肢体不自由のある子どもを対象にする特別支援学校に、視覚障害のある重複障害児が在籍する場合、視覚特別支援学校（盲学校）のサテライトとしての視覚障害部門を設置することが必要です。このことにより、視覚障害児が全体を把握できる小規模で静かな環境で、視覚障害教育の専門家によって、触覚や聴覚の発達、弱視児の視覚機能の発達を支援し、視覚障害児の発達を促すことができます。

④ 地域の学校への支援の充実

　全国の視覚特別支援学校では、特別支援教育の発足以後、小・中学校に在籍する視覚障害児童生徒の巡回訪問指導等が増加しており、支援対象児数は、視覚特別支援学校の在籍数を上回るほどになっています。弱視児のほとんどが通常学校に在籍していること、その中には非常に低視力の視覚障害児もいること

を考えると、小・中学校に在籍する支援の必要な視覚障害児は、視覚特別支援学校や視覚特別支援学級の在籍児の10倍程度は存在することが予測されています。

一方で、小・中学校に在籍している重度の視覚障害児の場合には、週に1回程度の訪問支援では効果が上がりにくいと言う現実があります。しかし、現状では、支援に携わっている視覚特別支援学校は、在籍する視覚障害児の教育を行いつつ人手と時間をやりくりして通常学校への支援を行っているため、これ以上の支援は困難な状況になっています。

今後、通常学校の視覚障害児への支援はさらに充実する必要があり、そのためには、視覚特別支援学校で通級指導を受けている視覚障害児や巡回指導を受けている視覚障害児を視覚特別支援学校との副籍での在籍児としてカウントし、その人数を視覚特別支援学校教員定数に反映させて、必要な人員を確保することが必要です。このことにより、小・中学校の通常学級に在籍している視覚障害児に対して、専門性が確保された支援を提供することができます。

【視覚障害教育の専門性の拠点】

視覚障害に起因する特別なニーズへの配慮には、視覚特別支援学校（盲学校）の実践によって培われてきた指導の専門性を活用することが重要であると考えます。

指導の専門性は、視覚障害児が視覚特別支援学校を選んでも、地域の学校を選んでも保障されなければならない要件です。

このことから、視覚障害教育の専門性の拠点（センター）として、各行政単位（都道府県）に1校以上の視覚特別支援学校（盲学校）を存続させ、充実させることが必要であると考えます。

視覚障害児の支援は乳幼児期からきめ細かく実施される必要があり、地域に密着した支援体制が必要です。一方、視覚障害は低発生の障害であり、市区町村単位では、ニーズの発現は単発的であり、支援の専門性の維持・発展は困難です。このような視覚障害児の実態があるからこそ、地域においてニーズに応じた専門性の高い教育を保障するためには、視覚障害教育・支援の拠点（センター）として、と各行政単位（都道府県）に1校以上存在する視覚特別支援学校（盲学校）の改革と活用が必要です。

以下に、専門性の拠点としての視覚特別支援学校（盲学校）の役割について述べます。

(1) **教員の専門性の拠点としての視覚特別支援学校（盲学校）**

視覚障害は低発生障害であることから、通常の小学校、中学校に視覚障害児が継続して在籍する可能性は低く、専門性の継続は困難です。したがって、視覚障害児が継続して在籍する視覚特別支援学校が専門性の拠点としての役割を果たす必要があります。

視覚特別支援学校の教員の人事には、視覚障害教育の専門性の拠点としての基本方針が必要です。大学・大学院で視覚障害教育を専攻し免許を所持していることを基本にしながらも、中学部、高等部においては、各教科の専門性も考慮されなければなりません。教科の専門性が高い教員を積極的に採用した場合には、一定期間のうちに視覚障害教育の免許を取得させる制度を確立する必要があります。

採用後の人事異動も、視覚障害教育の拠点校の機能を維持・発展させるという観点を第一に据えて行う必要があります。

その上で、現行の弱視特別支援学級、弱視通級指導教室を、視覚特別支援学校の分教室（サテライト）として位置づけることで、弱視特別支援学級や弱視通級指導教室の専門性を保障することが可能になります。

また、通常学級に在籍する視覚障害児に対する支援の専門性を確保するために、支援を必要とする視覚障害児の数に応じた教員を、視覚特別支援学校の教員定数として確保し、専門性の高い教員が巡回指導や

通級指導を行うことで、通常学級で学ぶ視覚障害児に対しても、専門性に基づく支援が可能になります。
(2) 教材センターとしての視覚特別支援学校
(ア) 点字教科書編集作業
　「文部科学省著作教科書」として作成されている点字教科書の編集作業においては、視覚障害教育の経験豊富な現場の教員が協力者として関わっています。この編集作業においては、理科の実験・観察の方法や社会科の地図や図表の表示方法などに、視覚障害児のニーズを踏まえた修正がなされています。また、国語、算数の点字教科書には、点字の入門期の指導のために入門用の分冊が特別に編集されています。また、点字による筆算の不便を補う方法として、小学2年生から珠算の能力を系統的な指導で育成するための「珠算編」が特別に編集されています。

　文部科学省著作教科書は、検定教科書を原本として編集され、視覚特別支援学校の小・中学部の盲児童生徒は、この教科書を用いて学習しています。また、小・中学校に在籍している児童生徒もこの点字教科書を使用することができます。

　このように、点字教科書編集の専門性を支えているのは、視覚特別支援学校（盲学校）の教員であり、この役割は今後も重要です。

(イ) 試験問題の点訳・墨訳
　平成2年に設立された「全国高等学校長協会入試点訳事業部」は、全国の大学等の依頼に基づき、入学試験の点訳・墨訳を行っています。この点訳・墨訳作業には、教科の専門家として視覚特別支援学校（盲学校）の教員が関わり、原問題の趣旨に沿いつつ盲生徒に解答が可能な試験にするために、大学側の出題者と協議しながら図版等の作成、一部問題の修正、漢字問題等の代替などの作業に当たっています。この作業に当たっては、点字の技術だけでなく、試験問題の内容の理解、高等学校（高等部）の教科学習の内容の理解、および視覚障害に起因する試験解答の困難さの理解等、視覚障害者に対する教科教育の専門性が総合的に求められるため、視覚特別支援学校（盲学校）の教員の関与が欠かせません。このことは、入学試験だけでなく入学後の定期試験にも共通します。また、地域の高等学校の定期試験問題の点訳や墨訳なども、視覚特別支援学校（盲学校）が外部支援活動として担っている事例も多くなっています。

　このように、試験の点字問題の作成・解答の墨訳作業は、試験問題という性格上、どのような組織が点訳・墨訳を担っているかは明らかにされない場合が多いのですが、実際には、その多くが、視覚特別支援学校（盲学校）によって支えられています。

(ウ) 教材・教具の工夫と普及
　視覚障害児の教育には、工夫された教材・教具が欠かせません。視覚障害児用に開発され市販されている教材・教具は少なく、多くの教材・教具は、視覚障害教育に携わる教員の自作教材です。また、「盲人用三角定規・分度器・ぶんまわし（コンパス）セット」のように、盲学校の教員の工夫による自作教具が商品化されたものもあります。理科の実験や調理実習に使われる器具のほとんどは一般に市販されているものですが、使い方を工夫したり、指標や目盛りをつけ加えたりすることにより、視覚障害児にも使えるようにしています。このように、視覚特別支援学校（盲学校）で長年にわたり続けられてきた教材・教具の開発によって、視覚障害児も、小、中、高等学校の児童生徒と同じように実験や実習を含む教科の学習を受けることが可能になりました。教材・教具の工夫と開発は今後も続けられる必要があります。

(3) 視覚障害教育の教員養成と研修の場
　教員養成における実習の場としても視覚特別支援学校の存在は不可欠です。北欧諸国では、通常学校における視覚障害児の支援に携わる巡回教師やリソース・ティーチャーは、制度の発足当時は盲学校の経験のある教員がその主体でありましたが、その世代の高齢化に伴い、次世代の専門教員の育成、特に実習場

所の確保が課題になっています。

　これまでも、視覚特別支援学校（盲学校）では、視覚障害教育に関わる研修が活発に行われ、通常学校の教員にも開かれて実施されてきました。教員の専門性は研修によって維持されるものであり、視覚特別支援学校（盲学校）が今後もその役割を果たすことが必要です。

(4) **視覚特別支援学校の専門性の危機とその要因**

　残念ながら、視覚特別支援学校（盲学校）の専門性は十分ではない現実があります。特に、現在の問題は、かつては各盲学校に必ず存在していた専門性の高い教員、たとえば点字指導や珠算指導の名人と言われるような、各学校の専門性を支える教員が極端に減っていることです。では、なぜ、特別支援学校の専門性が低下してしまったのでしょうか。私達は、その第一の要因は、特別支援教育における専門性が軽視されてきたこと、その顕著な例として、各自治体における専門性を無視した人事異動にあると考えます。

　視覚障害特別支援学校における免許保持率の低さはしばしば問題にされてきました。しかし、一方で、大学で視覚障害を専攻した学生が、必ずしも視覚特別支援学校に就職できない現実がありました。視覚障害教育の専門性が教員採用の要件にならないためです。たとえ運良く視覚特別支援学校に就職できても数年間で移動しなければなりません。一方で、視覚障害教育を大学で学んでくる学生が少ないために、視覚特別支援学校に赴任する教員の多くは、初めて視覚障害児に出会い指導法を入門から学ぶ人たちです。しかし、視覚障害児の指導にようやく慣れ、免許も取得できた頃には異動しなければなりません。視覚特別支援学校（盲学校）は1県に1校であることが多く、転勤先の学校で視覚障害指導法を継続して学ぶ機会はほとんどありません。

　学校全体で見ると、高い専門性を有する教員が転出した後に、経験のない教員が転入してくる事態が続き、この繰り返しが、専門性の低下につながっています。

　イギリスでは、QTVI（Qualified Teacher of the Visually Impaired）とよばれる視覚障害の専門教員としての資格は、特別支援学校・学級の教員に法律で義務づけられているものですが、法的には義務づけられていない巡回教師やリソース・ティーチャーにおいてもQTVIの資格取得率が90％を超えています。資格取得が採用の条件になっているからです。もちろん、QTVIの資格を有する専門家を他の障害種の教員に移動させるような人事はありえません。

　専門性崩壊の第二の要因は、児童生徒数の減少と同時並行的に進んでいる重複障害児の割合の増加と、単一視覚障害児の指導機会の激減であると言えます。盲・知的障害児の指導で最も難しいことは、視覚に依存しない概念形成、すなわち、触－運動感覚を通して外界を捉え、認識の力を育てることですが、そのために、継時的な情報を頭の中で再統合することが必要であり、これは、単一視覚障害幼児・児童の指導における重要かつ基本的な課題でもあります。従って、重複障害児の指導の基礎には、視覚障害児の指導の専門性が必要ですが、実際には、教員が視覚特別支援学校に継続して勤務する期間が数年間しかないため、単一視覚障害児の指導に2、3年程度の経験しか有しない教員が重複障害学級の担任になり、重複障害の指導の専門性も育ちにくい状況になっています。重複障害児の割合が増えていることを理由に、教員には複数の障害種を経験する必要性が強調され、頻繁な人事異動の理由とされている場合があります。しかし、視覚障害のある知的障害児の指導は、視覚に障害のない知的障害児の指導とは全く異なるものであります。先に述べたように、重複障害児の指導の基礎には単一視覚障害児の指導の専門性が必要なことから、重複障害児の指導を充実させるためにも、視覚特別支援学校での継続した実践経験が必要であると言えます。

　視覚障害教育に限らず、教員の専門性は、大学で学んだ基礎の上に、教職体験を通じて積み重ねられるものです。視覚障害教育の専門性は、数年ごとのめまぐるしい人事異動の下では育ちません。また、免許

も持ち、専門性に裏付けられた実践をしている教員を、専門外の学校種に転勤させることは人的資源の無駄遣いです。

　このことから、視覚障害教育の拠点としての視覚特別支援学校の専門性を維持・発展させるためには、教員の採用、研修、異動について、独自の人事システムが必要であると考えます。

(5) 教科別研究会の発展と、視覚障害当事者の発信

　現在、教員の研修意欲は、かつてないほどに高まり、学校単位の研修会が活発に開かれています。また、大学等が主催する全国規模の研究会には、定員を大きく上回る希望者が殺到しています。視覚特別支援学校教員を中心にした有志による教科別研究会も活発になっており、1980年から30年間継続している日本視覚障害理科教育研究会に続いて、2007年には、日本視覚障害社会科教育研究会、視覚障害算数・数学研究会が相次いで発足し、視覚特別支援学校（盲学校）外からの参加者も含めて、活発に活動しています。これらの結果として、日本の視覚障害指導法、特に理数科の指導法は、欧米諸国と比べても非常に高度な水準に達しています。

　さらに、最近の動きとして特筆すべきこととして、盲学校出身の普通教科教員による、各教科の指導法への発言があります。盲学校で一貫した教科指導を受けた視覚障害者が、普通教科担当教員として採用されるようになったのはそう古いことではありません。大学の門戸開放や、点訳ボランティアなどの社会資源の整備、点字による教員採用試験などの課題を一つ一つ克服して教員として採用された視覚障害者が、実践経験を積み、今、やっと、自らの視覚障害体験と教える立場を重ね合わせて、指導法の発言ができるようになったと考えられ、今後が期待されます。

　このように考えると、視覚特別支援学校の専門性の再生は、人事異動や免許の実質化によって大きく改善されると思われます。小・中学校にこのような専門性を有する人材を新たに配置することよりも、特別支援学校の専門性の回復のほうが現実的であることは明らかです。特に、中学校、高等学校では教科担任制をとっていますので、視覚障害児の理解と配慮は全教員に求められます。一人の支援担当教員だけで教科の支援ができないことは先に述べたとおりです。

　視覚障害は低発生障害であることから、通常の小学校、中学校に視覚障害児が継続して在籍する可能性は低く、専門性の継続は困難です。その意味でも、視覚特別支援学校（盲学校）の専門性を充実させ、視覚特別支援学校を地域の視覚障害教育の専門性の拠点として位置づけることは、視覚特別支援学校、視覚特別支援学級、通常の学級のいずれで学ぶ視覚障害児にとっても有益なことであると考えます。

(3) 関係法令等

障害者の権利に関する条約（抜粋）

第1条　目的
　この条約は、全ての障害者によるあらゆる人権及び基本的自由の完全かつ平等な享有を促進し、保護し、及び確保すること並びに障害者の固有の尊厳の尊重を促進することを目的とする。
　障害者には、長期的な身体的、精神的、知的又は感覚的な機能障害であって、様々な障壁との相互作用により他の者との平等を基礎として社会に完全かつ効果的に参加することを妨げ得るものを有する者を含む。

第2条　定義
この条約の適用上、
　「意思疎通」とは、言語、文字の表示、点字、触覚を使った意思疎通、拡大文字、利用しやすいマルチメディア並びに筆記、音声、平易な言葉、朗読その他の補助的及び代替的な意思疎通の形態、手段及び様式（利用しやすい情報通信機器を含む。）をいう。
　「言語」とは、音声言語及び手話その他の形態の非音声言語をいう。
　「障害に基づく差別」とは、障害に基づくあらゆる区別、排除又は制限であって、政治的、経済的、社会的、文化的、市民的その他のあらゆる分野において、他の者との平等を基礎として全ての人権及び基本的自由を認識し、享有し、又は行使することを害し、又は妨げる目的又は効果を有するものをいう。障害に基づく差別には、あらゆる形態の差別（合理的配慮の否定を含む。）を含む。
　「合理的配慮」とは、障害者が他の者との平等を基礎として全ての人権及び基本的自由を享有し、又は行使することを確保するための必要かつ適当な変更及び調整であって、特定の場合において必要とされるものであり、かつ、均衡を失した又は過度の負担を課さないものをいう。
　「ユニバーサルデザイン」とは、調整又は特別な設計を必要とすることなく、最大限可能な範囲で全ての人が使用することのできる製品、環境、計画及びサービスの設計をいう。ユニバーサルデザインは、特定の障害者の集団のための補装具が必要な場合には、これを排除するものではない。

第7条　障害のある児童
1　締約国は、障害のある児童が他の児童との平等を基礎として全ての人権及び基本的自由を完全に享有することを確保するための全ての必要な措置をとる。
2　障害のある児童に関する全ての措置をとるに当たっては、児童の最善の利益が主として考慮されるものとする。
3　締約国は、障害のある児童が、自己に影響を及ぼす全ての事項について自由に自己の意見を表明する権利並びにこの権利を実現するための障害及び年齢に適した支援を提供される権利を有することを確保する。この場合において、障害のある児童の意見は、他の児童との平等を基礎として、その児童の年齢及び成熟度に従って相応に考慮されるものとする。

第20条　個人の移動を容易にすること
　締約国は、障害者自身ができる限り自立して移動することを容易にすることを確保するための効果的な措置をとる。この措置には、次のことによるものを含む。
　(a)　障害者自身が、自ら選択する方法で、自ら選択する時に、かつ、負担しやすい費用で移動することを容易にすること。
　(b)　障害者が質の高い移動補助具、補装具、支援機器、人又は動物による支援及び仲介する者を利用する機会を得やすくすること（これらを負担しやすい費用で利用可能なものとすることを含む。）。
　(c)　障害者及び障害者と共に行動する専門職員に対し、移動のための技能に関する研修を提供すること。
　(d)　移動補助具、補装具及び支援機器を生産する事業体に対し、障害者の移動のあらゆる側面を考慮するよう奨励すること。

第24条　教育
1　締約国は、教育についての障害者の権利を認める。締約国は、この権利を差別なしに、かつ、機会の均等を基礎として実現するため、障害者を包容するあらゆる段階の教育制度及び生涯学習を確保する。当該教育制度及び生涯学習

は、次のことを目的とする。
 (a) 人間の潜在能力並びに尊厳及び自己の価値についての意識を十分に発達させ、並びに人権、基本的自由及び人間の多様性の尊重を強化すること。
 (b) 障害者が、その人格、才能及び創造力並びに精神的及び身体的な能力をその可能な最大限度まで発達させること。
 (c) 障害者が自由な社会に効果的に参加することを可能とすること。
2 締約国は、1の権利の実現に当たり、次のことを確保する。
 (a) 障害者が障害に基づいて一般的な教育制度から排除されないこと及び障害のある児童が障害に基づいて無償のかつ義務的な初等教育から又は中等教育から排除されないこと。
 (b) 障害者が、他の者との平等を基礎として、自己の生活する地域社会において、障害者を包容し、質が高く、かつ、無償の初等教育を享受することができること及び中等教育を享受することができること。
 (c) 個人に必要とされる合理的配慮が提供されること。
 (d) 障害者が、その効果的な教育を容易にするために必要な支援を一般的な教育制度の下で受けること。
 (e) 学問的及び社会的な発達を最大にする環境において、完全な包容という目標に合致する効果的で個別化された支援措置がとられること。
3 締約国は、障害者が教育に完全かつ平等に参加し、及び地域社会の構成員として完全かつ平等に参加することを容易にするため、障害者が生活する上での技能及び社会的な発達のための技能を習得することを可能とする。このため、締約国は、次のことを含む適当な措置をとる。
 (a) 点字、代替的な文字、意思疎通の補助的及び代替的な形態、手段及び様式並びに定位及び移動のための技能の習得並びに障害者相互による支援及び助言を容易にすること。
 (b) 手話の習得及び聾社会の言語的な同一性の促進を容易にすること。
 (c) 盲人、聾者又は盲聾者（特に盲人、聾者又は盲聾者である児童）の教育が、その個人にとって最も適当な言語並びに意思疎通の形態及び手段で、かつ、学問的及び社会的な発達を最大にする環境において行われることを確保すること。
4 締約国は、1の権利の実現の確保を助長することを目的として、手話又は点字について能力を有する教員（障害のある教員を含む。）を雇用し、並びに教育に従事する専門家及び職員（教育のいずれの段階において従事するかを問わない。）に対する研修を行うための適当な措置をとる。この研修には、障害についての意識の向上を組み入れ、また、適当な意思疎通の補助的及び代替的な形態、手段及び様式の使用並びに障害者を支援するための教育技法及び教材の使用を組み入れるものとする。
5 締約国は、障害者が、差別なしに、かつ、他の者との平等を基礎として、一般的な高等教育、職業訓練、成人教育及び生涯学習を享受することができることを確保する。このため、締約国は、合理的配慮が障害者に提供されることを確保する。

障害者基本法（抜粋）

（目的）
第1条 この法律は、全ての国民が、障害の有無にかかわらず、等しく基本的人権を享有するかけがえのない個人として尊重されるものであるとの理念にのっとり、全ての国民が、障害の有無によって分け隔てられることなく、相互に人格と個性を尊重し合いながら共生する社会を実現するため、障害者の自立及び社会参加の支援等のための施策に関し、基本原則を定め、及び国、地方公共団体等の責務を明らかにするとともに、障害者の自立及び社会参加の支援等のための施策の基本となる事項を定めること等により、障害者の自立及び社会参加の支援等のための施策を総合的かつ計画的に推進することを目的とする。

（定義）
第2条 この法律において、次の各号に掲げる用語の意義は、それぞれ当該各号に定めるところによる。
一　障害者　身体障害、知的障害、精神障害（発達障害を含む。）その他の心身の機能の障害（以下「障害」と総称する。）がある者であって、障害及び社会的障壁により継続的に日常生活又は社会生活に相当な制限を受ける状態にあ

るものをいう。
二　社会的障壁　障害がある者にとって日常生活又は社会生活を営む上で障壁となるような社会における事物、制度、慣行、観念その他一切のものをいう。
（差別の禁止）
第4条　何人も、障害者に対して、障害を理由として、差別することその他の権利利益を侵害する行為をしてはならない。
2　社会的障壁の除去は、それを必要としている障害者が現に存し、かつ、その実施に伴う負担が過重でないときは、それを怠ることによって前項の規定に違反することとならないよう、その実施について必要かつ合理的な配慮がされなければならない。
3　国は、第1項の規定に違反する行為の防止に関する啓発及び知識の普及を図るため、当該行為の防止を図るために必要となる情報の収集、整理及び提供を行うものとする。
（教育）
第16条　国及び地方公共団体は、障害者が、その年齢及び能力に応じ、かつ、その特性を踏まえた十分な教育が受けられるようにするため、可能な限り障害者である児童及び生徒が障害者でない児童及び生徒と共に教育を受けられるよう配慮しつつ、教育の内容及び方法の改善及び充実を図る等必要な施策を講じなければならない。
2　国及び地方公共団体は、前項の目的を達成するため、障害者である児童及び生徒並びにその保護者に対し十分な情報の提供を行うとともに、可能な限りその意向を尊重しなければならない。
3　国及び地方公共団体は、障害者である児童及び生徒と障害者でない児童及び生徒との交流及び共同学習を積極的に進めることによって、その相互理解を促進しなければならない。
4　国及び地方公共団体は、障害者の教育に関し、調査及び研究並びに人材の確保及び資質の向上、適切な教材等の提供、学校施設の整備その他の環境の整備を促進しなければならない。

障害を理由とする差別の解消の推進に関する法律（抜粋）

（目的）
第1条
　この法律は、障害者基本法（昭和45年法律第84号）の基本的な理念にのっとり、全ての障害者が、障害者でない者と等しく、基本的人権を享有する個人としてその尊厳が重んぜられ、その尊厳にふさわしい生活を保障される権利を有することを踏まえ、障害を理由とする差別の解消の推進に関する基本的な事項、行政機関等及び事業者における障害を理由とする差別を解消するための措置等を定めることにより、障害を理由とする差別の解消を推進し、もって全ての国民が、障害の有無によって分け隔てられることなく、相互に人格と個性を尊重し合いながら共生する社会の実現に資することを目的とする。
（国民の責務）
第4条
　国民は、第1条に規定する社会を実現する上で障害を理由とする差別の解消が重要であることに鑑み、障害を理由とする差別の解消の推進に寄与するよう努めなければならない。
（社会的障壁の除去の実施について必要かつ合理的な配慮に関する環境の整備）
第5条
　行政機関等及び事業者は、社会的障壁の除去の実施についての必要かつ合理的な配慮を的確に行うため、自ら設置する施設の構造の改善及び設備の整備、関係職員に対する研修その他の必要な環境の整備に努めなければならない。
（行政機関等における障害を理由とする差別の禁止）
第7条
　行政機関等は、その事務又は事業を行うに当たり、障害を理由として障害者でない者と不当な差別的取扱いをすることにより、障害者の権利利益を侵害してはならない。
2　行政機関等は、その事務又は事業を行うに当たり、障害者から現に社会的障壁の除去を必要としている旨の意思の表明があった場合において、その実施に伴う負担が過重でないときは、障害者の権利利益を侵害することとならない

よう、当該障害者の性別、年齢及び障害の状態に応じて、社会的障壁の除去の実施について必要かつ合理的な配慮をしなければならない。
（事業者における障害を理由とする差別の禁止）
第8条　事業者は、その事業を行うに当たり、障害を理由として障害者でない者と不当な差別的取扱いをすることにより、障害者の権利利益を侵害してはならない。
2　事業者は、その事業を行うに当たり、障害者から現に社会的障壁の除去を必要としている旨の意思の表明があった場合において、その実施に伴う負担が過重でないときは、障害者の権利利益を侵害することとならないよう、当該障害者の性別、年齢及び障害の状態に応じて、社会的障壁の除去の実施について必要かつ合理的な配慮をするように努めなければならない。

障害者の日常生活及び社会生活を総合的に支援するための法律（抜粋）

（目的）
第1条　この法律は、障害者基本法の基本的な理念にのっとり、身体障害者福祉法、知的障害者福祉法、精神保健及び精神障害者福祉に関する法律、児童福祉法その他障害者及び障害児の福祉に関する法律と相まって、障害者及び障害児が基本的人権を享有する個人としての尊厳にふさわしい日常生活又は社会生活を営むことができるよう、必要な障害福祉サービスに係る給付、地域生活支援事業その他の支援を総合的に行い、もって障害者及び障害児の福祉の増進を図るとともに、障害の有無にかかわらず国民が相互に人格と個性を尊重し安心して暮らすことのできる地域社会の実現に寄与することを目的とする。
（基本理念）
第1条の2　障害者及び障害児が日常生活又は社会生活を営むための支援は、全ての国民が、障害の有無にかかわらず、等しく基本的人権を享有するかけがえのない個人として尊重されるものであるとの理念にのっとり、全ての国民が、障害の有無によって分け隔てられることなく、相互に人格と個性を尊重し合いながら共生する社会を実現するため、全ての障害者及び障害児が可能な限りその身近な場所において必要な日常生活又は社会生活を営むための支援を受けられることにより社会参加の機会が確保されること及びどこで誰と生活するかについての選択の機会が確保され、地域社会において他の人々と共生することを妨げられないこと並びに障害者及び障害児にとって日常生活又は社会生活を営む上で障壁となるような社会における事物、制度、慣行、観念その他一切のものの除去に資することを旨として、総合的かつ計画的に行わなければならない。
（国民の責務）
第3条　すべての国民は、その障害の有無にかかわらず、障害者等が自立した日常生活又は社会生活を営めるような地域社会の実現に協力するよう努めなければならない。
（定義）
第4条　この法律において「障害者」とは、身体障害者福祉法第四条に規定する身体障害者、知的障害者福祉法にいう知的障害者のうち18歳以上である者及び精神保健及び精神障害者福祉に関する法律第5条に規定する精神障害者（発達障害者支援法（平成16年法律第167号）第2条第2項に規定する発達障害者を含み、知的障害者福祉法にいう知的障害者を除く。以下「精神障害者」という。）のうち18歳以上である者並びに治療方法が確立していない疾病その他の特殊の疾病であって政令で定めるものによる障害の程度が厚生労働大臣が定める程度である者であって18歳以上であるものをいう。
第5条　この法律において「障害福祉サービス」とは、居宅介護、重度訪問介護、同行援護、行動援護、療養介護、生活介護、短期入所、重度障害者等包括支援、施設入所支援、自立訓練、就労移行支援、就労継続支援、就労定着支援、自立生活援助及び共同生活援助をいい、「障害福祉サービス事業」とは、障害福祉サービス（障害者支援施設、独立行政法人国立重度知的障害者総合施設のぞみの園法第11条第1号の規定により独立行政法人国立重度知的障害者総合施設のぞみの園が設置する施設（以下「のぞみの園」という。）その他厚生労働省令で定める施設において行われる施設障害福祉サービス（施設入所支援及び厚生労働省令で定める障害福祉サービスをいう。以下同じ。）を除く。）を

行う事業をいう。
4　この法律において「同行援護」とは、視覚障害により、移動に著しい困難を有する障害者等につき、外出時において、当該障害者等に同行し、移動に必要な情報を提供するとともに、移動の援護その他の厚生労働省令で定める便宜を供与することをいう。

第28条　介護給付費及び特例介護給付費の支給は、次に掲げる障害福祉サービスに関して次条及び第30条の規定により支給する給付とする。
　3　同行援護

学校教育法施行規則の一部を改正する省令等の公布について（通知）

28文科初第1038号
平成28年12月9日

各都道府県教育委員会教育長
各指定都市教育委員会教育長
各都道府県知事
高等学校及び中等教育学校を設置する学校設置会社
を所轄する構造改革特別区域法第12条第1項の　　殿
認定を受けた各地方公共団体の長
附属高等学校を置く各国立大学法人学長
附属中等教育学校を置く各国立大学法人学長
附属特別支援学校高等部を置く各国立大学法人学長

文部科学省初等中等教育局長
藤　原　　誠

　このたび、「学校教育法施行規則の一部を改正する省令」（平成28年文部科学省令第34号）【別添1】及び「学校教育法施行規則第百四十条の規定による特別の教育課程について定める件の一部を改正する告示」（平成28年文部科学省告示第176号）【別添2】が、平成28年12月9日に公布され、平成30年4月1日から施行することとされました。
　改正の趣旨、概要及び留意事項については、下記のとおりですので、事務処理上遺漏のないよう願います。
　各都道府県教育委員会におかれては、指定都市を除く域内の市町村教育委員会及び所管の学校に対して、各指定都市教育委員会におかれては、所管の学校に対して、各都道府県及び構造改革特別区域法第12条第1項の認定を受けた地方公共団体におかれては、所轄の学校及び学校法人等に対して、各国立大学法人におかれては、附属学校に対して、このことを十分周知されるよう願います。

記

I　改正の趣旨

　今回の制度改正は、平成28年3月の高等学校における特別支援教育の推進に関する調査研究協力者会議報告「高等学校における通級による指導の制度化及び充実方策について（報告）」（平成28年3月高等学校における特別支援教育の推進に関する調査研究協力者会議）（以下「協力者会議報告」という。）を踏まえ、現在、小学校、中学校、義務教育学校及び中等教育学校の前期課程において実施されている、いわゆる「通級による指導」（大部分の授業を通常の学級で受けながら、一部の授業について障害に応じた特別の指導を特別な場で受ける指導形態）を、高等学校及び中等教育学校の後期課程においても実施できるようにするものである。
　具体的には、高等学校又は中等教育学校の後期課程に在籍する生徒のうち、障害に応じた特別の指導を行う必要があるものを教育する場合には、特別の教育課程によることができることとするとともに、その場合には、障害に応じた特別の指導を高等学校又は中等教育学校の後期課程の教育課程に加え、又はその一部（必履修教科・科目等を除く。）に替えることができることとし、また、障害に応じた特別の指導に係る修得単位数を、年間7単位を超えない範囲で全課程の修了を認めるに必要な単位数に加えることができることとする。

あわせて、小学校、中学校、義務教育学校、高等学校又は中等教育学校における障害に応じた特別の指導の内容について、各教科の内容を取り扱う場合であっても、障害による学習上又は生活上の困難を改善し、又は克服することを目的とする指導として行うものであるとの趣旨を明確化するため、改正を行うものである。

Ⅱ 改正の概要
第1 高等学校における通級による指導の制度化
1 学校教育法施行規則（昭和22年文部省令第11号。以下「規則」という。）の一部改正
 (1)高等学校又は中等教育学校の後期課程において、言語障害者、自閉症者、情緒障害者、弱視者、難聴者、学習障害者、注意欠陥多動性障害者又はその他障害のある生徒のうち、当該障害に応じた特別の指導を行う必要があるものを教育する場合には、文部科学大臣が別に定めるところにより、規則第83条及び第84条（第108条第2項において準用する場合を含む。）の規定にかかわらず、特別の教育課程によることができること。（規則第140条関係）
 (2)規則第140条の規定により特別の教育課程による場合においては、校長は、生徒が、当該高等学校又は中等教育学校の設置者の定めるところにより他の高等学校、中等教育学校の後期課程又は特別支援学校の高等部において受けた授業を、当該高等学校又は中等教育学校の後期課程において受けた当該特別の教育課程に係る授業とみなすことができること。（いわゆる「他校通級」）（規則第141条関係）
2 学校教育法施行規則第140条の規定による特別の教育課程について定める件（平成5年文部省告示第7号。以下「告示」という。）の一部改正
 (1)高等学校又は中等教育学校の後期課程において、上記1の(1)に該当する生徒に対し、規則第140条の規定による特別の教育課程を編成するに当たっては、当該生徒の障害に応じた特別の指導を、高等学校又は中等教育学校の後期課程の教育課程に加え、又はその一部に替えることができるものとすること。
  ただし、障害に応じた特別の指導を、高等学校学習指導要領（平成21年文部科学省告示第34号）第1章第3款の1に規定する必履修教科・科目及び総合的な学習の時間、同款の2に規定する専門学科においてすべての生徒に履修させる専門教科・科目、同款の3に規定する総合学科における「産業社会と人間」並びに同章第4款の4、5及び6並びに同章第7款の5の規定により行う特別活動に替えることはできないものとすること。（本文関係）
 (2)高等学校又は中等教育学校の後期課程における障害に応じた特別の指導に係る単位を修得したときは、年間7単位を超えない範囲で当該修得した単位数を当該生徒の在学する高等学校又は中等教育学校が定めた全課程の修了を認めるに必要な単位数のうちに加えることができるものとすること。（3関係）
第2 障害に応じた特別の指導の内容の趣旨の明確化
1 告示の一部改正
  小学校、中学校、義務教育学校、高等学校又は中等教育学校における障害に応じた特別の指導は、障害による学習上又は生活上の困難を改善し、又は克服することを目的とする指導とし、特に必要があるときは、障害の状態に応じて各教科の内容を取り扱いながら行うことができるものとすること。（1関係）

Ⅲ 留意事項
第1 高等学校における通級による指導の制度化関係
1 単位認定・学習評価等について
 (1)改正後の規則第140条の規定により特別の教育課程を編成し、障害による学習上又は生活上の困難を改善し、又は克服することを目的とする指導（特別支援学校における自立活動に相当する指導）を行う場合には、特別支援学校高等部学習指導要領を参考として実施すること。
  また、現在、高等学校学習指導要領の改訂について中央教育審議会で審議がなされているが、「次期学習指導要領等に向けたこれまでの審議のまとめについて（報告）」（平成28年8月26日教育課程部会）別紙6における記述をふまえ、高等学校学習指導要領の改訂（平成29年度末を予定）等においては、以下について記述を盛り込む予定であるため、この方向性を踏まえて対応いただきたいこと。
 ・高等学校における通級による指導の単位認定の在り方については、生徒が高等学校の定める「個別の指導計画」に従って通級による指導を履修し、その成果が個別に設定された目標からみて満足できると認められる場合に

は、当該高等学校の単位を修得したことを認定しなければならないものとすること。
- 生徒が通級による指導を2以上の年次にわたって履修したときは、各年次ごとに当該特別の指導について履修した単位を修得したことを認定とすることを原則とするが、年度途中から開始される場合など、特定の年度における授業時数が、1単位として計算する標準の単位時間（35単位時間）に満たなくとも、次年度以降に通級による指導の時間を設定し、2以上の年次にわたる授業時数を合算して単位の認定を行うことも可能とすること。また、単位の修得の認定を学期の区分ごとに行うことも可能とすること。

(2)通級による指導を受ける生徒に係る週当たりの授業時数については、当該生徒の障害の状態等を十分考慮し、負担過多とならないよう配慮すること。

(3)指導要録の記載に関しては、指導要録の様式1（学籍に関する記録）裏面の「各教科・科目等の修得単位数の記録」の総合的な学習の時間の次に自立活動の欄を設けて修得単位数の計を記載するとともに、様式2（指導に関する記録）の「総合所見及び指導上参考となる諸事項」の欄に、通級による指導を受けた学校名、通級による指導の授業時数及び指導期間、指導の内容や結果等を記載すること。なお、他の学校において通級による指導を受けている場合には、当該学校からの通知に基づき記載すること。

2　実施形態について

(1)通級による指導の実施形態としては、①生徒が在学する学校において指導を受ける「自校通級」、②他の学校に週に何単位時間か定期的に通級し、指導を受ける「他校通級」、③通級による指導の担当教員が該当する生徒がいる学校に赴き、又は複数の学校を巡回して指導を行う「巡回指導」が考えられる。実施に当たっては、対象となる生徒の人数と指導の教育的効果との関係性、生徒や保護者にとっての心理的抵抗感・通学の負担・学校との相談の利便性、通級による指導の担当教員と通常の授業の担任教員との連絡調整の利便性等を総合的に勘案し、各学校や地域の実態を踏まえて効果的な形態を選択すること。

(2)他校通級の場合の取扱いについては、通級による指導を受ける生徒が在学する学校の設置者が適切に定め、当該定めに従って実施すること。

(3)他校通級の生徒を受け入れる学校にあっては、当該生徒を自校の生徒と同様に責任をもって指導するとともに、通級による指導の記録を作成し、当該生徒の氏名、在学している学校名、通級による指導を実施した授業時数及び指導期間、指導の内容等を記載し、適正に管理すること。また、当該生徒が在学する学校に対して、当該記録の写しを通知すること。

　さらに、当該生徒が在学する学校において単位の認定を行うに当たっては、当該記録の内容や通級による指導の担当教員から得た情報、通常の学級における当該生徒の変化等を総合的に勘案し、個別に設定された目標の達成状況について評価すること。

(4)他の設置者が設置する学校において他校通級を行う場合には、生徒が在学する学校の設置者は、当該生徒の教育について、あらかじめ他校通級を受け入れる学校の設置者と十分に協議を行うこと。

3　担当する教員について

(1)通級による指導を担当する教員は、高等学校教諭免許状を有する者である必要があり、加えて、特別支援教育に関する知識を有し、障害による学習上又は生活上の困難を改善し、又は克服することを目的とする指導に専門性や経験を有する教員であることが必要であるが、特定の教科の免許状を保有している必要はないこと。ただし、各教科の内容を取り扱いながら障害に応じた特別の指導を行う場合には、当該教科の免許状を有する教員も参画して、個別の指導計画の作成や指導を行うことが望ましいこと。

(2)通級による指導の実施に当たっては、その担当教員が、特別支援教育コーディネーター等と連絡を取りつつ、生徒の在籍学級（他校通級の場合にあっては、在籍している学校の在籍学級）の担任教員との間で定期的な情報交換を行ったり、助言を行ったりするなど、両者の連携協力が図られるよう十分に配慮すること。

(3)教員が、本務となる学校以外の学校において通級による指導を行う場合には、任命権を有する教育委員会が、兼務発令や非常勤講師の任命等により、当該教員の身分の取扱いを明確にすること。

(4)通級による指導の担当教員の専門性向上のため、既に多くの教育委員会において実施されている高等学校段階の特別支援教育推進のための研修について、高等学校における通級による指導の制度化を踏まえた研修対象者の拡充や研修内容の充実に努めること。また、高等学校と特別支援学校の間で教員の人事交流を計画的に進めるなどの取組も有効であること。

4　実施に当たっての手続き等について
　(1)通級による指導の対象となる生徒の判断手続等については、協力者会議報告に示された、①学校説明会における説明、②生徒に関する情報の収集・行動場面の観察、③生徒と保護者に対するガイダンス、④校内委員会等における検討、⑤教育委員会による支援、⑥生徒や保護者との合意形成といったプロセス等を参考として、各学校や地域の実態を踏まえて実施すること。
　(2)通級による指導の実施に当たっては、教育支援委員会等の意見も参考に、個々の障害の状態及び教育的ニーズ等に応じて適切に行うこと。また、生徒の障害の状態及び教育的ニーズ等の変化等に応じて、柔軟に教育措置の変更を行うことができるように配慮すること。なお、通級による指導の対象とすることが適当な生徒の判断に当たっての留意事項等については、「障害のある児童生徒等に対する早期からの一貫した支援について」（平成25年10月4日付文部科学省初等中等教育局長通知）【別添3】を参照されたい。

5　個別の教育支援計画及び個別の指導計画の作成・引継ぎ等について
　(1)対象生徒に対する支援内容に係る中学校からの引継ぎや情報提供のための仕組み作りが必要であることから、市区町村教育委員会においては、保護者の同意を事前に得るなど個人情報の適切な取扱いに留意しつつ、都道府県教育委員会とも連携しながら、通級による指導の対象となる生徒の中学校等在籍時における個別の教育支援計画や個別の指導計画の作成や引継ぎを促進するなどの体制の構築に努めること。なお、学習指導要領の改訂についての中央教育審議会における審議においては、通級による指導を受ける児童生徒及び特別支援学級に在籍する児童生徒については、一人一人の教育的ニーズに応じた指導や支援が組織的・継続的に行われるよう、「個別の教育支援計画」や「個別の指導計画」を全員作成する方向で議論されていることを踏まえること。
　(2)高等学校においては、保護者の同意を事前に得るなど個人情報の適切な取扱いに留意しつつ、個別の教育支援計画や個別の指導計画を就職先・進学先に引き継ぎ、支援の継続性の確保に努めること。

6　その他
　(1)高等学校においては、特別支援教育コーディネーターの指名や校内委員会の設置をはじめ、学校全体として特別支援教育を推進するための校内体制の一層の整備に努めること。また、通級による指導を受ける生徒の心理的な抵抗感を可能な限り払拭するよう、生徒一人一人が多様な教育的ニーズを有していることをお互いに理解し、個々の取組を認め合えるような学校・学級経営に努めること。
　(2)通級による指導を行うに当たっては、中学校等との連携を図ることが重要であり、通級による指導を受ける生徒の卒業した中学校等や近隣の中学校等との間で、通級による指導をはじめとした特別支援教育に関する情報交換や研修会の機会を設けることも有効であること。
　(3)都道府県教育委員会（市区町村立の高等学校がある地域においては、当該市区町村の教育委員会を含む。）においては、専門家チームや教育支援委員会による助言、巡回相談の実施、障害者就業・生活支援センター、NPO等の関係機関とのネットワークの活用、学校教育法第74条に基づく特別支援学校のセンター的機能の強化等により、高等学校への支援体制の強化に努めること。
　(4)通級による指導はあくまでも個別に設定された時間で行う授業であり、障害のある生徒の学びの充実のためには、他の全ての授業においても指導方法の工夫・改善が重要となること。すなわち、障害のある生徒にとって分かりやすい授業は、障害のない生徒にも分かりやすい授業であることを全ての教員が理解し、指導力の向上に努めること。

第2　告示1ただし書きの改正の趣旨について
　改正前のただし書きは、「障害による学習上又は生活上の困難を改善又は克服する」という通級による指導の目的を前提としつつ、特に必要があるときは、障害の状態に応じて各教科の内容を取り扱いながら指導を行うことも可能であることを明示する趣旨であるが、単に各教科・科目の学習の遅れを取り戻すための指導など、通級による指導とは異なる目的で指導を行うことができると解釈されることのないよう、規定を改め、その趣旨を明確化したものである。
　したがって、当該改正部分は、高等学校のみならず、小学校、中学校、義務教育学校及び中等教育学校の前期課程においても十分に留意することが必要であり、各設置者においては、各学校が通級による指導を教科等の内容を取扱いながら指導を行う場合にも、障害による学習上又は生活上の困難を改善し、又は克服する目的で行われるよう周知及び指導を徹底すること。

監修者

青 木 隆 一		文部科学省初等中等教育局視学官（併）特別支援教育課特別支援教育調査官
神 尾 裕 治		元長野大学教授

執筆者一覧

<Q&A>

序章	青 木 隆 一	文部科学省初等中等教育局視学官（併）特別支援教育課特別支援教育調査官
Q1	生 川 きみ江	三重県立盲学校教諭
Q2	柿 澤 敏 文	筑波大学附属視覚特別支援学校校長 筑波大学人間系障害科学域教授
Q3	江 﨑 みさ子	沖縄県立沖縄盲学校教諭
Q4	伊 藤 嘉奈子	静岡県立浜松視覚特別支援学校教諭
Q5	永 井 伸 幸	宮城教育大学教育学部准教授
Q6	佐 藤 将 朗	上越教育大学臨床・健康教育学系准教授
Q7	辰 己 祐 幸	大阪府立大阪北視覚支援学校教諭
Q8	小 林 秀 之	筑波大学人間系障害科学域准教授
Q9	星 　 祐 子	独立行政法人国立特別支援教育総合研究所 インクルーシブ教育システム推進センター長 上席総括研究員
Q10	佐 島 　 毅	筑波大学人間系障害科学域准教授
Q11	秋 山 卓 也	北海道帯広盲学校教諭
Q12	相 羽 大 輔	愛知教育大学特別支援教育講座講師
Q13	石 黒 真 里	愛知県立岡崎盲学校教諭
Q14	上 村 英 昭	静岡県立沼津視覚特別支援学校教諭
Q15	樋 口 正 美	広島県立広島中央特別支援学校指導教諭
Q16、93	土 田 道 也	千葉県立千葉盲学校教諭
	岩 井 久美子	千葉県立千葉盲学校教諭
	鈴 木 明 美	千葉県立千葉盲学校教諭
	大 田 有 美	千葉県立千葉盲学校教諭
	大 野 優 子	千葉県立千葉盲学校教諭
	上 田 千 佳	千葉県立千葉盲学校教諭
	林 田 香 子	千葉県立千葉盲学校教諭
	小 川 瑞 季	千葉県立千葉盲学校教諭
Q17	佐 島 順 子	葛飾区立住吉小学校教諭
Q18	越 　 久 子	長野県長野盲学校教諭
Q19	池 谷 尚 剛	岐阜大学教育学部教授
Q20	櫻 井 義 素	群馬県立盲学校教諭
Q21	澤 田 真 弓	独立行政法人国立特別支援教育総合研究所 研修事業部部長（兼）上席総括研究員
Q22	福 田 麻 子	東京都立久我山青光学園教諭
Q23	上 原 　 崇	石川県立盲学校教諭

Q24	安川 和子	香川県立盲学校教諭
Q25	吉川 雅子	神奈川県立平塚盲学校教諭
Q26	魚形 幸助	大分県立盲学校校長
Q27	酒井 栄一	横浜市立盲特別支援学校主幹教諭
Q28	種田 優子	富山県立富山視覚総合支援学校教諭
Q29	田中 康代	福岡県立北九州視覚特別支援学校教諭
Q30	薬袋 愛	山梨県立盲学校教諭
Q31	青木 美佳	福岡県立柳河特別支援学校教頭
Q32	林 淳子	熊本県立盲学校教諭
Q33	氏間 和仁	広島大学大学院教育学研究科准教授
Q34	松島 賢知	東京都立葛飾盲学校主任教諭
Q35	中野 泰志	慶應義塾大学経済学部教授
Q36	北脇 幸生	島根県立盲学校非常勤講師
Q37	田中 昌晃	鹿児島県立鹿児島盲学校教諭
Q38	深川 亮	秋田県立視覚支援学校教諭
Q39	道村 静江	元横浜市立盲特別支援学校教諭 点字学習を支援する会会長
Q40	柏倉 秀克	日本福祉大学社会福祉学部教授
Q41	佐藤 世津子	東京都立文京盲学校指導教諭
Q42	大西 秀輝	兵庫県立視覚特別支援学校教諭
Q43	都築 加奈	愛知県立名古屋盲学校教諭
Q44	辻 靖之	滋賀県立盲学校教諭
Q45	青柳 まゆみ	愛知教育大学特別支援教育講座准教授
Q46	宮﨑 茂	東京都立久我山青光学園主任教諭
Q47	西村 留美	東京都立文京盲学校主任教諭
Q48	座主 真奈美	石川県立盲学校高等部主事
Q49	國松 利津子	東京都立八王子盲学校校長
Q50	原田 清生	筑波大学附属視覚特別支援学校教諭
Q51	松本 一輝	埼玉県立特別支援学校塙保己一学園教諭
Q52	荒木 清徳	長崎県立盲学校教諭
Q53	片淵 竜太郎	宮崎県立明星視覚支援学校教諭
Q54	関谷 隆志	栃木県立盲学校教頭
Q55	永吉 和之	福岡県立福岡高等視覚特別支援学校教諭
Q56	黒柳 美千代	愛知県立名古屋盲学校教諭
Q57	山岸 直人	東京都立葛飾盲学校校長
Q58	伊藤 公子	山形県立山形盲学校養護教諭
Q59	岸 哲志	岡山県立岡山盲学校主任寄宿舎指導員
Q60	松浦 正人	静岡県立静岡視覚特別支援学校教諭
Q61	矢野口 仁	長野県松本盲学校校長
Q62	菅井 みちる	東京都立八王子盲学校指導教諭
Q63	中谷 薫	北海道札幌視覚支援学校教諭
Q64	品川 竜典	山口県立下関南総合支援学校教諭
Q65	左振 恵子	帝京平成大学現代ライフ学部児童学科准教授
Q66	加藤 学	奈良県立盲学校教諭

Q67	相賀　　　直	東京都立久我山青光学園校長
Q68	千葉　秀　輝	北海道札幌視覚支援学校教諭
Q69	馬場　俊　一	静岡県立浜松視覚特別支援学校副校長
Q70	秋葉　博　之	埼玉県立特別支援学校塙保己一学園主幹教諭
Q71	鈴木　英　隆	奈良県立盲学校教諭
Q72	小笠原　一　恵	青森県立八戸盲学校教頭
Q73	黒田　徳　子	神戸市立盲学校臨時講師
Q74	阿部　真由美	宮城県立視覚支援学校教諭
Q75	木下　　　学	北海道函館盲学校教諭
Q76	指田　忠　司	独立行政法人高齢・障害・求職者雇用支援機構 障害者職業総合センター特別研究員
Q77	桑山　一　也	東京都立文京盲学校校長
Q78	水野　知　浩	大阪府立大阪南視覚支援学校教諭
	和泉　克　典	大阪府立大阪南視覚支援学校教諭
Q79	栗原　勝　美	東京都立文京盲学校主任教諭
Q80	米田　肇　美	高知県立盲学校教諭
Q81	髙橋　弘　明	茨城県立盲学校教諭
Q82	新岡　正　茂	愛媛県立松山盲学校教諭
Q83	山下　融　子	京都府立盲学校副校長
Q84	窪田　和　美	福井県立盲学校教諭
Q85	末成　智　子	福岡県立福岡視覚特別支援学校教諭
Q86	眞名田　亜沙美	岐阜県立岐阜盲学校教諭
Q87	高村　明　良	全国高等学校長協会入試点訳事業部専務理事
Q88	森　　　まゆ	広島大学大学院教育学研究科講師
Q89	梅津　和　敏	山形県立山形盲学校教諭
Q90	石原　　　薫	鳥取県立鳥取盲学校主事
Q91	松﨑　純　子	国立障害者リハビリテーションセンター学院教官
Q92	金野　　　守	岩手県立盛岡視覚支援学校教諭
Q94	坂口　勝　弘	和歌山県立和歌山盲学校校長
Q95	石畑　賢　一	新潟県立新潟盲学校校長
Q96	工藤　正　一	社会福祉法人日本盲人会連合総合相談室長
Q97	宮内　久　絵	筑波大学人間系障害科学域助教
Q98	角田フローラ華子	大阪府立大阪南視覚支援学校教諭
Q99	学校支援チーム	徳島県立徳島視覚支援学校
Q100	須田　康　仁	福島県立視覚支援学校校長
Q101	小山田　　　寛	青森県立盲学校教諭

<コラム>

コラム①	佐野　貴　仁	埼玉県立特別支援学校塙保己一学園校長
コラム②	河田　正　興	元岡山県立岡山盲学校校長
コラム③	岸　　　博　実	京都府立盲学校・関西学院大学非常勤講師
コラム④	長岡　英　司	社会福祉法人日本点字図書館常務理事・館長 筑波技術大学名誉教授
コラム⑤	濱井　良　文	毎日新聞社点字毎日編集部編集次長
コラム⑥	松友　輝　子	愛媛県立松山盲学校教諭

コラム⑦	星川 安之	公益財団法人共用品推進機構専務理事兼事務局長
コラム⑧	神尾 裕治	元長野大学教授
コラム⑨	橋詰 郁朗	北海道旭川盲学校教諭
コラム⑩	丹羽 弘子	東京都立葛飾盲学校主任教諭
コラム⑪	村井 一文	元広島県立広島中央特別支援学校教頭
コラム⑫	蓮田 金重	石川県立盲学校教頭
コラム⑬	伊藤 将大	熊本県立盲学校教諭
	辻井 直樹	島根県立盲学校教諭
コラム⑭	山奥 淳幹	奈良県立盲学校教諭
コラム⑮	石畑 健一	新潟県立新潟盲学校校長
コラム⑯	原田 清生	筑波大学附属視覚特別支援学校教諭
コラム⑰	三上 友佳子	北海道札幌視覚支援学校主幹教諭
コラム⑱	中澤 惠江	横浜訓盲学院学院長
コラム⑲	岩崎 洋二	元筑波大学附属視覚特別支援学校教諭
	横山 エミ	筑波大学附属視覚特別支援学校教諭
コラム⑳	舘林 良恵	佐賀県立盲学校教諭
コラム㉑	小川 和男	埼玉県立特別支援学校塙保己一学園教諭
コラム㉒	野口 敬子	神奈川県立相模原中央支援学校
コラム㉓	青木 隆一	文部科学省初等中等教育局視学官 （併）特別支援教育課特別支援教育調査官
コラム㉔	坂本 俊二	全国盲学校PTA連合会事務局長
コラム㉕	冨沢 紀子	愛知県立岡崎盲学校中学部主事
コラム㉖	田中 良広	帝京平成大学現代ライフ学部児童学科教授
コラム㉗	白浜 一	
コラム㉘	山田 玉樹	神奈川県立平塚盲学校総括教諭
コラム㉙	竹中 健太	千葉県立千葉盲学校教諭
コラム㉚	荒川 明宏	株式会社ラビット代表取締役

（所属・役職等は2018年3月現在）

点字の読み方一覧表

50音 / 拗音 / 特殊音

(点字表: ア行〜ン、キャ・キュ・キョ等の拗音、イェ・シェ・ジェ・チェ等の特殊音)

濁音・半濁音

(ガ行・ザ行・ダ行・バ行・パ行の点字表)

記号

長音・促音　中点　継ぎ　句点　読点　？　／
棒線　小見出し符　～　点訳者挿入符
カギ　～　ふたえカギ
カッコ　二重カッコ

アルファベット

外字符　a b c d e f g h
i j k l m n o p q r
s t u v w x y z
大文字符　二重大文字符　外国語引用符

数字

数符　1 2 3 4 5 6 7 8 9 0
小数点　(1.2)　アポストロフィー　('93)
分数線　(1/3)　＋　－　×　÷

その他

％　＆　ギリシャ文字 α β γ

毎日新聞社　点字毎日より

盲学校児童生徒芸術作品

藝大アーツ・スペシャル2017　障害とアーツ展示作品
　「新聞で遊んで作る大きな動物　イルカの兄弟」
　　　　横浜市立盲特別支援学校
※新聞紙をちぎって、丸めて、くっ付けて、みんなで作ったイルカの兄弟です。座っても壊れません。

平成28年アートプロジェクト展展示作品
「マンション」
東京都立文京盲学校高等部
※お城のような立派なマンションです。

「なすびとトマトができたよ」
　神戸市立盲学校幼稚部
※みずやりして　そだてた　やさいたちです。

■ 監修

青木　隆一		文部科学省初等中等教育局視学官 （併）特別支援教育課特別支援教育調査官
神尾　裕治		元長野大学教授

■ 編集委員（五十音順）

委員長

矢野口　仁	長野県松本盲学校校長

委員

相賀　直	東京都立久我山青光学園校長
魚形　幸助	大分県立盲学校校長
柿澤　敏文	筑波大学人間系教授 筑波大学附属視覚特別支援学校校長
神田　正美	愛知県立名古屋盲学校校長
國松利津子	東京都立八王子盲学校校長
桑山　一也	東京都立文京盲学校校長
中谷えり子	青森県立八戸盲学校校長
西村　壽倫	岡山県立岡山盲学校
林　厚子	福井県立盲学校校長
茂垣　之弘	北海道帯広盲学校校長
山岸　直人	東京都立葛飾盲学校校長
和内　正也	横浜市立盲特別支援学校校長

所属は2018年3月現在のものです。

新訂版　視覚障害教育入門Q＆A
― 確かな専門性の基盤となる基礎的な知識を身に付けるために ―

平成30年9月20日　初版発行
平成30年11月21日　初版第2刷発行
令和6年5月1日　オンデマンド発行

監　修　青木　隆一　神尾　裕治
編　著　全国盲学校長会
発行者　加藤　勝博
発行所　ジアース教育新社
　　　　〒101-0054 東京都千代田区神田錦町1-23　宗保第2ビル
　　　　Tel. 03-5282-7183　Fax. 03-5282-7892
　　　　E-mail：info@kyoikushinsha.co.jp　URL http://www.kyoikushinsha.co.jp

■ 表紙デザイン　土屋図形株式会社
ISBN978-4-86371-472-4
乱丁・落丁はお取り替えいたします。（禁無断転載）

新訂版
視覚障害教育入門Q＆A　テキスト引換券

■視覚障害などの理由により本書をお読みになれない方へ、本書のテキストデータを提供いたします。官製はがきに左の引換券（コピー不可）を添付し、お名前、電話番号、メールアドレスを記載のうえ、㈱ジアース教育新社『新訂版視覚障害教育入門Q＆A』テキストデータ係にお申し込みください。お知らせいただいたメールアドレスにテキストデータを添付してお送りいたします。